U0603625

AMERICAN NEIGHBORHOODS

美国社区与居住分异

AMERICAN NEIGHBORHOODS AND RESIDENTIAL DIFFERENTIATION

[美] 迈克尔·J. 怀特（Michael J. White）　著

王晓楠　傅晓莲　译

社会科学文献出版社
SOCIAL SCIENCES ACADEMIC PRESS (CHINA)

Michael J. White. *American Neighborhoods and Residential Differentiation*. © 1987.
Russell Sage Foundation, 112 East 64th Street, New York, NY 10065. Published in Chinese with permission.

本书根据 Russell Sage Foundation 1987 年版译出

拉塞尔·塞奇基金会

拉塞尔·塞奇基金会，美国最早的通用基金会之一，由玛格丽特·奥利维亚·塞奇女士于1907年成立，旨在改善美国的社会和生活条件。该基金会以促进美国在政治、社会和经济等方面的知识的传播与发展为使命，开展了有关社会科学和公共政策的研究，并基于研究结果出版书籍与刊物。

基金会由理事会负责监管、制定总方针，主席负责项目和员工的行政指导，办公室人员与员工提供协助。此外，主席还要对出版基金会手册的决策负最终责任。为做出关于每项研究的竞争力、精确性和客观性的判断，主席需要接受员工和选中的专家、读者的建议。基金会出版物中的结论和解释由出版著作的作者负责，与基金会、基金会的理事会或其员工无关。因此，基金会出版了某著作并不意味着认可该著作研究的全部内容。

1980 年美国人口普查研究国家委员会成员

Charles F. Westoff	普林斯顿大学　主席、执行董事
John S. Adams	明尼苏达大学
Anthony Downs	布鲁金斯学会
Leobardo Estrada	加利福利亚大学拉斯维加斯分校
Reynolds Farley	密歇根大学
Victor R. Fuchs	斯坦福大学
Bernard R. Gifford	加利福利亚大学伯克利分校
Paul C. Glick	亚利桑那州立大学
Sidney Goldstein	布朗大学
Charles V. Hamilton	哥伦比亚大学
Tamara K. Kareven	克拉克大学
Nathan Keyfitz	哈瓦那大学
Cora B. Marrett	威斯康星大学
Robert K. Merton	哥伦比亚大学
Isabel V. Sawhill	城市研究所
William H. Sewell	威斯康星大学
Michael S. Teitelbaum	阿尔弗雷德·斯隆基金会
James R. Wetzel	美国人口普查局
Raymond E. Wolfinger	加利福利亚大学伯克利分校
职员	
David L. Sills	社会科学研究理事会

委员会得到了社会科学研究理事会、拉塞尔·塞奇基金会、阿尔弗雷德·斯隆基金会与美国人口普查局共同赞助。委员会同意出版本书，但书中作者所持的观点及相关发现、结论或建议不代表委员会或赞助机构的观点。

前　言

《美国社区与居住分异》是有着宏伟愿景的丛书中的一本，旨在将1980年人口普查统计数据的结果转化为对美国人生活领域的重大变化和发展趋势的权威性分析。“20世纪80年代美国的人口”丛书代表了社会科学研究的一个重要节点，复兴了独立普查分析的传统。始自1930年，之后，1950年、1960年，社会科学家团队与美国人口普查局共同针对每十年一次的人口普查所揭示出来的重要的社会、经济和人口发展情况进行调查研究。这些普查项目做了三大里程碑式的系列研究，为我们目前所从事的研究工作奠定了坚实的基础并设定了严格的高标准。

事实上，早期那些普查项目与本普查项目之间并不仅仅具有理论上的延续性关系。正如之前所做出的努力，这个新的人口普查项目得益于美国人口普查局与一批杰出的、跨学科的学者之间的密切合作。与1950年和1960年的研究项目一样，1980年的人口普查研究仍然由社会科学研究理事会和拉塞尔·塞奇基金会发起。在再次推进普查分析合作项目的决策中，拉塞尔·塞奇基金会和社会科学研究理事会不仅对20世纪80年代人口普查局的出版及宣传活动予以严格的预算限制，而且关注点主要集中在近二十年美国人生活中众多领域所发生的翻天覆地的变化。

“20世纪80年代美国的人口”丛书由1980年美国人口普查研究国家委员会——一个由社会科学研究理事会任命、由拉塞尔·塞奇基金会与斯隆基金会提供经济资助，并得到美国人口普查局协助而成立的特殊委员会——策划、委托和监管。该委员会主要由各个领域（包括人口学、经济学、教育学、地理学、历史学、政治学、社会学和统计学）的社会科学家组成。委员会的任务是选择研究的主要议题、挑选高水平的专家进行研究，并提供必要的框架来促进研究人员内部及研究人员与美国人口普查局之间的合作。

本丛书所涉及的主题事实上涵盖了所有美国族群（黑人、西班牙裔、外国世系群体）的主要特征、空间维度（移民、社区、住房、区域以及大都市区的发展与衰落）和身份群体（不同收入水平群体、家庭及家户、女性）。作者被鼓励不但要使用1980年的人口普查数据，还要使用以前的人口普查数据和后续的国家人口普查数据。每个独立的研究项目被分配给一个特殊的顾问小组。小组中的成员：一名来自委员会，一名由美国人口普查局提名，一名由美国国家科学基金会提名，此外还有一位或两位其他相关专家。顾问小组主要负责项目的联络和审核工作，同时向国家委员会提出建议，并为每份报告的出版做准备。在最终获得国家委员会主席的批准后，每份报告将提交至拉塞尔·塞奇基金会，准备出版和发行。

由于项目规模大、范围广、组织复杂程度高，因而需要感谢的人和单位很多，委员会必须对此表示诚挚的谢意。首先，感谢赞助单位——社会科学研究理事会、拉塞尔·塞奇基金会和斯隆基金会。正是这些组织及个人的愿景和长期坚持才使这个研究项目得以持续多年。美国人口普查局积极、主动的合作也对项目在各个阶段的推进有着重要的意义。感谢美国人口普查局经济学家 James R. Wetzel 投入的精力和付出的努力，感谢社会科学研究理事会的 David L. Sills（也是委员会的成员），他在组织、行政和沟通方面的技巧保证了复杂项目能够得以顺利运作。

其次，委员会还想感谢那些为1980年人口普查报告提供额外资金赞助的组织，包括福特基金会及其副总裁 Louis Winnick、美国国家科学基金会、国家老年研究所、国家儿童健康和人类发展研究所。诚挚地感谢他们对整体研究项目及几个特殊研究项目所给予的支持。

国家委员会及其资助机构的最终目标是呈现明确的、精准的、全面的20世纪80年代美国人口的图景。本书不仅主要具有描述性意义，而且通过历史视角并在对当今趋势进行分析的基础上，深化了对已有问题的研究，增强了迎新未来挑战的意识。我们期望读者认同本书为实现这一目标所迈出的重要一步。

CHARLES F. WESTOFF

1980年美国人口普查研究国家委员会主席与执行董事

献给我的父母亲

致　谢

1980 年人口普查可以反映出社区与居住分异模式的哪些信息？本书试图找出这个问题的答案。居住系统不断演变，就如同一部采用复杂电影艺术拍摄的电影。美国一些统计系统持续沿用居住系统的部分元素，人口普查每隔十年就会将居住系统的情况记录一次并对结果予以重现。只有借助人口普查的详细信息，我们才能够系统地了解美国的社区概况。人口普查概览让我们能够直接了解美国居住系统的社会和经济组织架构。

本书对 21 个大都市区的社区进行了调查，这些社区是各种美国人居住社群的代表。由于我们关注的是居住系统的总体情况，因此我在本项研究中同时纳入了美国部分规模较小的大都市区和部分规模较大的大都市区。通过对选定社区进行细致研究，我希望能够了解美国整个居住系统的情况。为了调查居住分异及大都市区组织架构模式的变化，我将 1980 年人口普查数据与以往可比较的人口普查信息进行了对比；在某些案例中，甚至查找了早至 1940 年的人口普查信息。

在人口普查研究项目的初始阶段，作者们被要求对美国进行“权威性描述”。我们的基本问题（“谁住在哪里?”）的前提条件是居住分异模式可以反映社会情况。本书是以下两个愿望相互妥协（有时候并不容易）的产物：一个愿望是提供具有代表性的、可为所有人群理解的描述；另一个愿望是给出尽可能深入地研究大都市区居住分异的结构。我们有意识地同时调查了居住分异的各种特征，并超越常规居住分异研究的一般关注点。在大多数情况下，我们引入了新的方法，从而进一步表明需要采用新的方式来看待美国城市以及了解如何根据居住社区对美国人口进行分类。

尽管居住分异这一主题贯穿于本书各章节，并将各章节联系在一起，但各章节仍可以分开阅读。第一章探讨了社区的定义以及社区在公共政策中所起的作用，并介绍了本项目的研究对象——大都市区。第二章和第三章讨论居住分异问题，并对其起源和维度进行了基础性分析。第四章论述“隔离”这一人们长期关注的话题。第五章对空间组织进行了分析——这一议题对“谁住在哪里”进行了更直接的探讨。第六章概述了过去几十年中大都市系统发生的变化，包括单个社区的演变。在第七章中，我们试图对前几章的信息进行汇总，并概述大都市区在20世纪晚期的情况。最后一章（第八章）讨论了我们的研究结果对部分公共政策问题的解决将产生何种影响。

在出版本专著的过程中，许多人士和机构为我们提供了帮助。拉塞尔·塞奇基金会通过1980年美国人口普查研究国家委员会（National Committee for Research on the 1980 Census）为本书的研究和写作提供了大力支持。社会科学研究理事会的David L. Sills以及拉塞尔·塞奇基金会的Priscilla Lewis为我们提供了全程帮助和指导。Donnelley营销信息公司为我们的项目提供了自有的小区域数据文件摘录以及阴影图[①]。而Gary Hill和Carry Meyer的大力协作使得本项目能够顺利进行。本专著是我在普林斯顿大学工作期间撰写的，学校的数位同事也为我提供了许多帮助。在为期6个月的项目实施过程中，Ozer Babakol巧妙地对复杂的数据文件进行了处理。而Melissa zur Loye和Beverly Rockhill则负责一些计算工作。Andrew Foster负责设计大都市等高线图，而Carol Ryner、Kathy Reynolds、Mary Ann Prytherch和Hieu Ly则开展了大量的工作，使项目成员能够通过各种电子媒体进行交流。

此外，我还要感谢本项目顾问小组的成员John S. Adams、William Clark、Richard Forstall和Omer Galle，他们在项目实施的各个阶段给了我许多建议。美国1980年人口普查研究国家委员会主席Charles Westoff阅读了本书的完整手稿，并提出了许多有益的建议。此外，Peter Mueser、Julian Wolpert和Richard Nathan为本书的撰写提出了诸多宝贵意见并给予鼓励。

最后，我还要感谢Jane耐心细致的工作。

迈克尔·J. 怀特

于城市研究所

---

① 阴影图见本书第五章。——译者注

序言（中文版）

城市时刻处于动态变化中，这一陈述至少对 1987 年出版的《美国社区与居住分异》一书而言是适用的。时光如梭，距本书采用数据（每十年开展一次的美国人口普查）的数据收集工作结束已 30 年之久。城市景观已经发生了翻天覆地的变化，这一变化不仅仅体现在美国的城市中，更是遍及世界上的每一个国家。由于此序言是为《美国社区与居住分异》的中文版而撰写，因而我们必须放眼未来，并将当前观察到的城市现象置于数十年间城市演变的背景中去解释。我们可以提几个比较实际的问题：城市模式和发展进程中的哪些内容即使在经历了几十年的变化后仍然成立与适用？21 世纪面临的城市生活新问题有哪些？学者“在拥有更先进的技术和较新的数据形式”的基础上，在帮助人们更好地理解当代城市社会图景中将发挥何种作用？

当年，《美国社区与居住分异》一书出版时，美国的绝大多数人口主要居住在城市。在多数工业化国家（即很多北半球国家），情况亦是如此。而与之相反，发展中国家的城市化程度要低得多。在随后的几年里，世界本身已经演变为一个城市，即世界上的绝大多数人口现在主要居住在城市。事实上，在城市化和社会经济发展方面，中国是最引人注目的例子之一。自 20 世纪 80 年代以来，中国的城市人口比例迅速提升。当然，基于城市所起的引领作用，中国经济飞速增长。放眼世界，城市人口和经济的增长通常伴随着城市内部（社区间的人口分类）居住的进一步分异。

的确，当代都市生活的许多方面都与以前大致相同。《美国社区与居住分异》一书描述的许多现象和盛行于城市社会科学文献中的诸多主题仍然存在于当今的城市中，其中主要包括按社会特征确定的人口分类标准，如年龄和家庭结构、收入和社会经济地位，以及族群－世系－语言背景。城市的发展、移民导致的人口增长，以及当地不断加剧的地理分化，促使一些城市中的社区数量增加，而另外一些城市则经历着社区数量减少的命运。国家政策仍然影响着城市模式，国家（或地方）在交通和其他基础设施方面的选址可以帮助形塑城市。住房政策在市中心和郊区社区人口的分类过程中发挥着重要的决定作用。一个国家的族群构成（对新移民的接纳或抵制能力）在城市社区中同样发挥着不可或缺的功能。可以肯定的是，使用本书中所采用的研究方法去探究当代世界的各大城市，很可能会揭示出一些与1980年发现于美国城市中的社会空间模式极其相似的模式。

现在，让我们展望一下未来，我们还需要知道些什么？拥有高收入经济体的城市将继续发展至成熟，且其在21世纪中的模式将在科技（生产和消费）发展及人口扩张趋动下被塑造。拥有中等收入经济体的城市则可能更多地呈现与之前相同的城市生活面貌，但也有可能出现一些显著的差异。城市社会模式存在于以大量城市群为特征的世界，人口也往往聚集在规模较大的城市，此外，也涌现出一些特大城市。有关城市规划的决策对气候变化产生了影响，这一影响尤其体现在沿海城市中。国家内部及国家之间的收入差距将告诉我们更多有关21世纪什么人居住在何种社区中的信息。世界上的大城市正在不断地通过数字通信、贸易和人口流动进行交流。

将以上现象联系在一起，人们可能会问：21世纪城市研究的主要议题有哪些？以下是我的一些想法：城市演变轨迹也许会引起学者们的研究兴趣；“新”的及正在不断扩张（最近主要发生在南半球）的城市将在何种程度上显示出与适用于北半球城市的相同的社会空间模式？他们会遵循相同的社会经济分类和年龄－家庭分异轨迹吗？下一代城市研究者将被期待去探索有关城市模式和发展一致性的问题，以探讨21世纪的新城市是否会复制过去的模式，或与过去有所分歧。

美国城市研究中一个至关重要的问题是对种族和族群的理解。种族－族群隔离是1980年城市社区分化的一个推动力量（在本书中）。尽管这种隔离的程度在许多美国城市中有所下降，但仍然是美国城市景观的一个重要特征。自1980年以来，北半球的城市发生了诸多变化。新国际移民的浪潮塑造了更加多元的社会生活。族群隔离的模式（通过扩展、空间同化和整合）同样适用于这些新群体吗？社会已经发生了变化，针对移民、住房和社会经济容量的政策一直在发生变化。这个问题不仅发生在作为接收传统移民的大型城市地区，也发生在正在经历移民数量增长或承载来自其他地区人口压力的大量高收入城市。即使是在低收入和中等收入国家，我们也能发现他们正在处理源自不同文化和语言背景的城市移民问题。这些移民的产生主要缘于交通和通信技术的进步，而有时则缘于附近不幸的政治冲突，这些原因均使得国际迁移变得尤为可能。

人们生于何处主要归结为命运，但世界各地大规模的人口迁移将会最终导致一些城市群产生，追踪已经在世界上大部分国家/地区中发生的人口转型（人口出生率和死亡率最终处于低水平的演变进程）极为重要。这一现象尤其体现在那些对人口老龄化问题高度重视的国家，其中主要是中国和东亚的一些其他国家。就这些社会中的不同年龄群体居住于不同社区（尽管其中一些社区曾经沿着“家庭主义”的维度发生分异）而言，政策担忧也随之出现。

社会经济分类无疑仍是城市图景的一个主要特征，但它将如何体现？不同的国家中同样的问题会呈现新的、不同的意义。在美国这样的地区，收入不平等问题加剧导致社会经济居住隔离程度加深（目前已经在一些研究中提及）。其他社会中整体生活水平的提高或许会促使原先较为均匀（通常在农村）的人口分布转变为分异程度更高的城市住房市场，从而产生处于不同社会经济发展水平的社区——从贫民窟到封闭的精英社区。因此，空间分层可能仍然是城市图景的一个核心特征。与此同时，有关该分异方面知识的积累以及对分异结果的担忧——缘于在城市社会科学研究基础上建立的知识库——可能会促使政策制定者试图调整或重新定位城市社会空间分异的作用。对分异社区的经济、社会和政治力量进行区分仍将是一项非常重要且充满挑战的任务。

有关社区的学术研究自1987年以来并未驻足不前，完全相反的是，在过去的几十年里，社会科学研究取得了巨大进步。可以说，大量的数据和方法的创新使人口地理学与城市社会科学获益匪浅。数据现在被用于很多地方，以帮助理解某一特定城市的景观，研究者通常可以确定单个家户的x－y坐标。在符合保密规定的情况下，可以将这些家户特征以描述性或推理性的方式与城市图景的其他特征相关联。这些其他特征主要包括：社区的社会经济特征、学校等机构、城市服务和环境条件。研究所取得的进展令人激动，城市研究方面的洞见也许将远远超过20世纪80年代早期的研究成果，但是研究者们仍需继承与发扬《美国社区与居住分异》研究中所蕴含的研究精神。

迈克尔·J. 怀特

目 录

表目录 …… 1

图目录 …… 1

第一章 社区与城市社会 …… 1

第二章 **20** 世纪 **80** 年代美国社区发展概况 …… 22

第三章 社区社会维度 …… 52

第四章 社区多样性与隔离 …… 72

第五章 大都市的空间组织 …… 108

第六章 动态大都市中的社区变化 …… 167

第七章 演变中的大都市结构 …… 208

第八章 社区、大都市演变和公共政策 …… 233

附录 **A** **1980** 年人口普查中小区域数据的质量 …… 250

附录 **B** 地理概念和数据来源 …… 265

参考书目 …… 279

人名索引 …… 282

主题索引 …… 287

后 记 …… 326

表目录

表 1－1　样本大都市区的基本特征 …………………………………… 20
表 2－1　1979 年家户收入的中位数……………………………………… 27
表 2－2　从事专业技术和管理职业的劳动者比例 ……………………… 28
表 2－3　贫困家庭比例 …………………………………………………… 30
表 2－4　女性支撑家户中的贫困儿童比例 ……………………………… 31
表 2－5　平均家户规模 …………………………………………………… 33
表 2－6　老年人口比例（65 岁以上） …………………………………… 34
表 2－7　非传统家庭家户比例 …………………………………………… 36
表 2－8　黑人比例 ………………………………………………………… 40
表 2－9　西班牙裔比例 …………………………………………………… 41
表 2－10　社区种族和单一世系的中位数 ……………………………… 43
表 2－11　社区种族和单一世系的极大值 ……………………………… 45
表 2－12　高密度住房比例 ……………………………………………… 49
表 2－13　居住年限 ……………………………………………………… 50
表 3－1　随机样本社区的模型概况 ……………………………………… 66
表 3－2　21 个统计区及总体的主要变量之间的关联…………………… 69
表 4－1　社会经济地位和劳动力状况的相异指数：21 个统计区………… 78
表 4－2　职业两两相异指数：21 个统计区……………………………… 81
表 4－3　生命周期和家户状况的相异指数：21 个统计区……………… 83
表 4－4　种族、西班牙裔和国籍的相异指数：21 个统计区…………… 86
表 4－5　族群隔离构成：21 个统计区…………………………………… 89
表 4－6　住房、住房密度和居住流动性的相异指数：21 个统计区……… 91
表 4－7　按种族划分的贫困状况相异指数：21 个统计区……………… 93

表 4 - 8　按种族划分的家户类型的相异指数：21 个统计区 ……………… 97
表 4 - 9　所选特征的熵值（H）：21 个统计区 ……………………………… 100
表 5 - 1　人口密度的辐射状分布 ……………………………………………… 123
表 5 - 2　白领工人的辐射状分布 ……………………………………………… 124
表 5 - 3　平均家户规模的辐射状分布 ………………………………………… 126
表 5 - 4　黑人的辐射状分布 …………………………………………………… 127
表 5 - 5　所选特征辐射状 eta^2 的均值 ……………………………………… 128
表 5 - 6　人口密度的社会空间等高线统计结果（街区内每平方英里人口数量的对数） …………………………………………………………… 152
表 5 - 7　专业技术人员的社会空间等高线统计结果（专业技术人员比例的街区对数） ……………………………………………………………… 155
表 5 - 8　家户规模的社会空间等高线统计结果（街区内每个家户内的人口数） ………………………………………………………………… 155
表 5 - 9　1980 年黑人的社会空间等高线统计结果（街区内黑人比例的对数） ………………………………………………………………… 157
表 5 - 10　按特征划分的空间组织的主要模型 ……………………………… 158
表 5 - 11　按统计区划分的空间组织的主要模型 …………………………… 161
表 6 - 1　1940 ~ 1980 年的种族分异情况 …………………………………… 170
表 6 - 2　种族隔离程度下降：是个伪事实吗？ ……………………………… 173
表 6 - 3　隔离程度变化汇总：1940 ~ 1980 年 ……………………………… 176
表 6 - 4　空间组织的变化：1940、1970、1980 年 ………………………… 183
表 6 - 5　空间组织的变化：1940、1970、1980 年 8 个大都市区 ……… 186
表 6 - 6　印第安纳波利斯及其部分社区的信息 ……………………………… 192
表 6 - 7　社区特征的稳定性：1970 ~ 1980 年 ……………………………… 197
表 6 - 8　1970 ~ 1980 年按同心圆划分的社区演变 ………………………… 200
表 6 - 9　按同心圆划分的社区更新 …………………………………………… 206
表 7 - 1　大都市分异等级 ……………………………………………………… 218
附表 A - 1　替代率和配置率（按地区的类型和规模划分） ……………… 254
附表 A - 2　人口普查街区插补率的描述性统计 …………………………… 256
附表 A - 3　插补的空间集中度：21 个统计区 ……………………………… 258
附表 A - 4　替代和配置的回归分析（汇总，$N = 5993$） ………………… 259
附表 A - 5　人口替代的回归结果（按统计区划分） ……………………… 261

图目录

图 2 - 1　1980 年的家户收入 …… 25
图 2 - 2　1980 年家户中的人口数 …… 33
图 2 - 3　1980 年 21 个大都市区中社区内黑人的分布情况 …… 39
图 2 - 4　1980 年 21 个大都市区的人口密度分布情况 …… 48
图 2 - 5　1980 年 21 个大都市区的单户型住房分布情况 …… 48
图 3 - 1　4 个统计区的主成分分布 …… 58
图 3 - 2　21 个统计区中 14 个变量的因子分析 …… 63
图 3 - 3　大型统计区中 39 个变量的因子分析 …… 64
图 4 - 1　21 个统计区中种族、西班牙裔和世系相异指数的均值 …… 103
图 4 - 2　21 个统计区所选特征的平均熵值 …… 105
图 5 - 1　城市结构模型示意图 …… 110
图 5 - 2　得克萨斯州圣安东尼奥统计区 1980 年白领工人比例 …… 114
图 5 - 3　加利福尼亚州斯托克顿统计区 1980 年白领工人比例 …… 115
图 5 - 4　密歇根州弗林特统计区 1980 年白领工人比例 …… 116
图 5 - 5　得克萨斯州圣安东尼奥统计区 1980 年平均家户规模 …… 117
图 5 - 6　加利福尼亚州斯托克顿统计区 1980 年平均家户规模 …… 118
图 5 - 7　密歇根州弗林特统计区 1980 年平均家户规模 …… 119
图 5 - 8　得克萨斯州圣安东尼奥统计区 1980 年黑人人口比例 …… 120
图 5 - 9　加利福尼亚州斯托克顿统计区 1980 年黑人人口比例 …… 121
图 5 - 10　密歇根州弗林特统计区 1980 年黑人人口比例 …… 122
图 5 - 11　印第安纳州印第安纳波利斯统计区家户收入的等高线图 …… 132
图 5 - 12　华盛顿州西雅图统计区劳动力分布的等高线图 …… 133

图 5 - 13 肯塔基州列克星敦统计区外籍群体分布的等高线图 ………… 134
图 5 - 14 得克萨斯州圣安东尼奥统计区人口密度的等高线图 ………… 137
图 5 - 15 加利福尼亚州斯托克顿统计区人口密度的等高线图 ………… 138
图 5 - 16 密歇根州弗林特统计区人口密度的等高线图 ……………………… 139
图 5 - 17 得克萨斯州圣安东尼奥统计区专业技术人员的等高线图 …… 140
图 5 - 18 加利福尼亚州斯托克顿统计区专业技术人员的等高线图 …… 142
图 5 - 19 密歇根州弗林特统计区专业技术人员的等高线图 …………… 143
图 5 - 20 得克萨斯州圣安东尼奥统计区家户规模的等高线图 ………… 144
图 5 - 21 加利福尼亚州斯托克顿统计区家户规模的等高线图 ………… 145
图 5 - 22 密歇根州弗林特统计区家户规模的等高线图 ……………………… 146
图 5 - 23 得克萨斯州圣安东尼奥统计区黑人人口比例的等高线图 …… 147
图 5 - 24 加利福尼亚州斯托克顿统计区黑人人口比例的等高线图 …… 149
图 5 - 25 密歇根州弗林特统计区黑人人口比例的等高线图 …………… 150
图 5 - 26 1980 年样本统计区的人口密度梯度…………………………… 153
图 5 - 27 空间组织 ……………………………………………………… 163
图 6 - 1 1940 ~ 1980 年 10 个大都市区的居住隔离程度…………………… 179
图 6 - 2 芝加哥的人口密度：1940 ~ 1980 年 …………………………… 182
图 6 - 3 按同心圆划分的社区人口变化：1970 ~ 1980 年人口
普查街区的数量及人口平均增加和流失量 ……………………… 200
图 7 - 1 20 世纪末大都市区的形态 ……………………………………… 220
附图 B - 1 地理层级 ……………………………………………………… 267
附图 B - 2 5995 个人口普查街区的街区文件汇总 ……………………… 274

第一章

社区与城市社会

居住系统模式是当代社会体现社会结构的显著、有效方式。除了提供了一个社会学研究视角外，社区模式还可以告诉我们关于居住系统的一般形式和功能。[①] 人们的居住地也部分取决于工作场所和工厂的位置、交通和通信技术以及当地公共服务的可获得性（和选择性偏好）。

社区这一概念在城市政策、社会科学和城市日常生活中至关重要，然而社区是一个较难定义和界定的实体。社区有时候是一个分析单位，有时候又是一个社群情感的聚合体。对我们来说，社区是整合进程的发生地点（场域），也就是我们所说的居住分异的场所。一旦我们理解了居住分异，[②] 或社区如何组合在一起时，我们便可以开始对当前的居住系统和我们看到的变化的推动力做出推断。

的确，无论是社会的、地理的，还是技术的力量让社区得以形成，社区一旦形成，就开始承担自己的角色。社区会发展机构（或在机构周边发展社区）、当地社群组织，甚至形成一些内部经济结构。社区可能通过草根组

---

① 我们使用一些抽象的术语“居住系统”或“住宅系统”来描述人口空间位置的整体分布。我们将其视为一个整体，包括所有的人。鉴于我们被限定在大都市区内的居住地这一实际存在的问题，因此，我们也将会把大都市住宅系统纳入讨论。我们所有的分析几乎都是关于大都市区（metropolitan areas）的分异，本书我们也将其描述为大都市（metropolises）、标准大都市统计区（SMSAs）或城市（cities），三者概念等同。当我们特别提到核心自治区时，我们将使用术语“中心城市”（central city）。

② 自所使用的数据类型不可用及更富人性化风格时代开始，Adna Weber 提供了一个更适合我们主题的描述：“城市是社会的分光镜；它对人口进行分析及审核，将不同的人口进行区分并归类。” Adna Weber, *The Growth of Cities in the Nineteenth Century* (New York: Macmillan, 1899)。

织、社区基层组织进入政治系统，且近年来，社区本身已成为政策关注的焦点。对于当地社群生活居住基础的研究，对1980年社区整合进程的观察可为其提供一些线索。

社区和社群的概念

社区是一个常见和模糊的术语，是一个物理实体，同时又充满着象征意义。这个术语一次又一次地出现在本土城市的对话之中，例如，我们会说“生活在一个好的社区”或“我成长的社区”，父母不允许孩子在居住的社区外玩耍，甚至划定了精确的地域边界。我们也会依据某些特征来统称某类社区，如墨西哥人社区、单身社区，甚至更简单地说“有趣”的社区。你可能会从报纸的文章中看到地方就是“社区组成的城市”这一观点，或者基于城市动态性提出的一系列主张，如“社会衰退”或者“社区被颠覆”（通常带有一种价值判断）。这些观点已经渗入政治舞台，与此同时，当政客、官僚和普通市民谈论“社区发展”、“社区保护”或“强大社区”时，这些术语的背后通常都掩盖着潜在的争议话题。

社区及其在大都市中的位置，在20世纪早期就已成为美国城市社会学的研究对象。帕克（Robert E. Park）强调情感、传统和历史占据社区生活的主流。他认为，社区是城市社会和政治组织中的最小单位；同时社区内几乎不存在或根本没有正式组织。①

另一个早期城市社会学家麦肯齐（Roderick D. McKenzie）在“生态学”的传统中，更为直接地将社区与大都市联系起来：

> 持续的城市人口筛选和分类的一般影响……制造出因文化、种族及语言特点不同而彼此互为分异的区域聚合体。一般来说，这些地区通常被定义为聚居地、区域、殖民地或社区。②

---

① Robert E. Park, “The City: Suggestions for the Investigation of Human Behavior in the Urban Environment,” in Robert Park and Ernest Burgess, *The City* (Chicago: University of Chicago Press, (1925) 1967), p. 7.

② Roderick D. McKenzie, “The Neighborhood,” in R. D. McKenzie, *On Human Ecology* (Chicago: University of Chicago Press, (1921) 1968), p. 73.

尽管麦肯齐似乎忽略了社会经济地位和生命周期特征（另一种说法是它们嵌入在文化差异中），但我们将通过美国的人口普查及其他特征把它们包括在此项研究中。

社区这一术语在使用时大多有共同的含义——物理边界区域，其特点是某种程度的相对同质性和/或社会凝聚。麦肯齐指出："社区"这个词总体上有两层内涵：一是物理层面上对所关注的对象的接近，二为人因彼此住得较近而组成的亲密团体。[①] 这意味着一种"内部"和"外部"感知。几乎所有的社区概念都没有在整体上反映出城市多样性的内涵。更正式的说法是，社区并不仅仅是一个大都市人口的随机样本。从这一共识开始，规范制度和实际应用开始分道扬镳。Suzanne Keller 强调在这一进程中邻里的社会性角色，她认为社区（"邻里居住地"）可以被清晰地划定或者只是被模糊地定义为城市的一部分。[②] 在对有关社区进行讨论的著作中，Robert K. Yin 承认"社区没有标准的定义"。[③] 国家社区委员会（NCN）认为，没有任何级别的政府拥有一个可以被普遍接受的"社区"定义，同样社区也没有统一的标准特征。它依靠亚特兰大所采用的一种"合理的"定义来命名，其中包含"显著的特征"和/或居民的普遍认同。[④] 委员会声称："在最后的分析中，单个社区被定义为居住的居民所理解的社区的概念。"[⑤] Albert Hunter 试图走出定义的泥潭，即：一方面，通过特定程序和政策使社区成为可操作的定义；另一方面，将对社区的定义设置为实证社会科学调查问卷中的一个问题。[⑥]

社区有别于另一个社会学术语"社群"。虽然社群通常表示具有共同利益和价值观（推而广之，通常指在某种程度上具有同质性）的集合体，但它不需要物理上的定义。许多社群的特性已经超越了社区的概念。当

---

① McKenzie, "The Neighborhood."

② Suznne Keller, *The Urban Neighborhood: A Sociological Perspective* (New York: Random House, 1968), p. 12.

③ Robert K. Yin, *Conserving America's Neighborhoods* (New York: Plenum Press, 1982), p. 121.

④ National Commission on Neighborhoods, *People, Building Neighborhoods.* Final Report to the President and Congress of the United States (Washington, D. C.: Superintendent of Documents, 1979), p. 7.

⑤ National Commission on Neighborhoods, *People, Building Neighborhoods*, p. 7.

⑥ Albert Hunter, "The Urban Neighborhoods: Its Analytical and Social Contexts," *Urban Affairs Quarterly*, 14 (March 1979): 267 - 288.

然，“社群”概念具有更高的含糊性，并且存在许多相互抵触的定义。[①] 一些习俗或趣缘群体的集体性通常都是隐含的。社区社群的成员之间存在某种纽带联结，这种联结可能不仅仅停留在物理上的邻近，同时还常常延伸到其他社会特征中。[②] “城市社群”这个词的使用比较接近社区的概念，例如，Morris Janowitz 认为：“城市社群……意味着地理区域的情感聚合地和载体，无论这种聚合多么短暂或复杂。”[③] 在某种程度上，这些特点可在人口普查信息中显现，以便我们可以深入探究城市社群。与此同时，我们也将对“邻里”和“睦邻友好”进行探讨，并把它们分别作为社会角色和社会规范。[④]

从某种程度上说，社区被视为更正式的存在，是负责执行和监督社区相关政策的专业规划者。最重要的是，它是（通常在社区协商或争议当中）必须为服务提供或政策活动划定边界的政策制定者。同时，政策制定者也帮助事实存在的（甚至在法律上存在的）社区开发和维护信息，“社区规划”甚至已经发展为社区的一个子领域。[⑤]

社区可以成为政治活动和组织的场所。虽然狭窄的空间或管辖区域都可以被视为事实存在的社区，但实际上它通常会受到相对等的人口规模和边界周期重置的制约。政治学中的社区定义忽视固定区域边界，强调居民之间的协作模式和政治行动的可能性。社区运动，无论是成功的还是失败的，都被视为城市的草根运动。[⑥] 冲突，无论是潜在的还是显在的，都是由“城市商

---

① Colin Bell and Howard Newby, *Community Studies* (New York: Praeger, 1972), pp. 28 – 29.

② Keller 同样指出了社区的物理和社会组成部分，但是发现的维度有时却彼此互为矛盾。Keller, *The Urban Neighborhood*, pp. 87 – 123。

③ Morris Janowitz, *The Community Press in an Urban Setting* (Chicago: University of Chicago Press, 1967), p. vii.

④ Keller, *The Urban Neighborhood*, and Herbert J. Gans, *The Levittowners* (New York: Pantheon Books, 1967)。

⑤ 例如，见丛书。Philip L. Clay and Robert M. Hollister, eds., *Neighborhood Policy and planning* (Lexington, Mass.: Lexington Books, 1983), Particularly chapters 10 – 13。

⑥ Robert Bailey, Jr., *Radicals in Urban Politics* (Chicago: University of Chicago Press, 1974), p. 43; Milton Kotler, *Neighborhood Government* (Indianapolis: Bobbs-Merrill, 1969); Dvid J. O'Brien, *Neighborhood Organization and Interest-Group Processes* (Princeton, N. J.: Princeton University Press, 1975); Geno Baroni, "The Neighborhood Movement in the United States," in P. Clay and R. Hollister, *Neighborhood Policy and Planning*. (Lexington, Mass: Lexington Books, 1983)

业中心”和“社区”之间的利益矛盾造成的。社区和社区组织得到了相当程度的关注，因为它们都出现在政治制度的正式组织结构之外。[①] 近年来，许多城市（包括这项研究中的一些城市）中的社区组织已经得到市政厅的正式认可，并获得了准法律和法律地位。

关于社区的经济学文献贡献了“社区外部性”这一重要概念并做了大量的实证研究。“社区外部性”，或者简单地说，即社区效应，描述了个体和邻居的行为并不完全独立的经济实况，即使他们的个体市场行为并不能反映此点。相互依存的程度在大多数情况下取决于他们在城市地区政策活动中所扮演的角色。为此，经济学家试图发展和测试社区模型的需求、供给和动态性。[②]

本书关于社区的研究与人类生态学的早期传统较为接近。将生态取向作为起点，我们认为社区是社群在城市版图上的地理呈现。基于大量以前的生态学工作，我们将通过人口普查数据来观察社区，以期了解社群的结构。生态学视角的文献更偏好使用“社群”这个术语，而不是“社区”。一些传统问题——如多样性、隔离、演替——将会困扰我们。我们使用的生态学方法借鉴了其他有关社区的社会科学概念，并在其中加入了更多来自人口普查资料的定量数据。社区作为生态社群主要体现在以下三个层面：①物理界定；②一定程度的自立性和集中性；③某种程度的同质性。第三个层面可能源于大都市分异一般进程中的另外两个层面。

在接下来的章节中，我们将吸纳相关的理论和实证研究，以预测或描述“谁住在哪里”。这是一项扎根于社会学、经济学以及地理学的跨学科文献的工作，尽管这些文献汗牛充栋，但是也存在以下三个相同的主题：第一是对居住隔离与演替、社群中社会群体的分离，以及社区的社会构成变化过程的关注；第二是对城市分异的基本构成要素，即生命周期、社会经济地位、种族特点起何作用的关注；第三是通过个体特征信息对住宅位置进行清晰的预测。这些文章还描述了大都市住宅结构的竞争模型，我们的讨论也将回顾以上内容。

---

① Matthew Crenson, *Neighborhood Politics* (Cambridge, Mass.: Harvard University Press, 1983).

② 例如，参见 David Segal, ed., *The Economics of Neighborhood* (New York: Academic Press, 1979)。

社区规模和边界

从实践层面界定社区始终存在两大棘手的问题：首先是社区的绝对规模和地理边界；其次是社区或社群同质性的重要性。

在功能层面上的准确定位或在社会学层面上的价值判断，二者难以就社区规模达成共识。Clarence A. Perry 是城市规划中社区概念的早期提出者，他认为社区应该包含6000名居民和具有当地标志性的1所小学。① 简·雅各布（Jane Jacobs）在其著名的城市规划实践的评论中提出社区存在三个级别：最小的是区块，中间是社群或约有100000人口的地区，最大的是作为一个整体的城市。② 生态学方法将维系最低水平经济活动的服务区域（通常是一个药店或者街角杂货店）视为社区。其他机构，如教堂或当地报社同样适用这个功能定义。③

Herbert J. Gans 对波士顿市中心西区的都市村庄进行了研究，研究区域当时大约有7000名居民，在20世纪之初，约有1/3的人口居住在附近的同一区域。④ 作为Gans后续研究的主体，宾夕法尼亚州的莱维敦镇是一个不断增长和规划的新郊区，起初包含约12000人，后来增加到25000人。⑤ Gans并没有声称这些都属于统一的社区，确切地说，西部地区由于居民的不一致而被细分为更小的社区。Gerald D. Suttles 和 William Kornblum 在芝加哥内城区进行的社群研究，通过自然边界和内部清晰的人群组成，划定了整个地区并概括了几个特殊的分区。⑥ 历史悠久的芝加哥社群区域依靠历史身份认同、贸易、机构及自然特征组合在一起。⑦ 一个新型规划小城市——马

① Clarence A. Perry, *The Rebuilding of Blighted Areas* (New York: Russell Sage Foundation, 1933).

② 有趣的是，雅各布限定的100000人口规模与我们所研究的标准大都市统计区中的两个大都市（班戈和希博伊根）的总人口数相等。Jane Jacobs, *The Death and Life of Great American Cities* (New York: Random House, 1961), p. 117。

③ Janowitz, *The Community Press in an Urban Setting.*

④ Herbert J. Gans, *The Urban Villagers* (New York: Free Press, 1962), p. 8.

⑤ Gans, *The Urban Villagers*, p. 22.

⑥ Gerald D. Suttles, *The Social Order of the Slum* (Chicago: University of Chicago Press, 1968), and William Kornblum, *Blue Collar Community* (Chicago: University of Chicago Press, 1974).

⑦ Evelyn M. Kitagawa and Karl E. Taeuber, *Local Community Fact Book* (Chicago: Chicago Community Inventory, 1963).

里兰州哥伦比亚市位于巴尔的摩和华盛顿之间，依靠边界和名称界定了先天存在的社区。这些都嵌入在整个社区研究中。

居民本身有时难以描述他们所在社区的边界，甚至这些官方界定的边界也不一致。有关芝加哥“象征性的社群”的一项研究显示，居民对社区边界的感知存在相当大的模糊性。[①] 其他研究认为，大多数居民可以快速识别他们的社区及一些相关联的边界。[②] Keller 评价了为明确社区及其边界所做出的努力。难题并不总是社区大小或人口规模，而往往是主要的物理特性如铁轨、公园、地标、主干道起到辅助作用。[③] 一旦这些物理特征消失，社区边界就将变得不固定。主要机构（教堂教区、小学学区等）提供了一个固定且同时存在竞争性的边界的额外来源。旧的生态概念“自然区域”在很大程度上关注的是物理特征，并将其作为起点。[④]

市政当局或其代表可以采用一套公认的官方或半官方的社区界定方式，如芝加哥的 77 个社群区域，或巴尔的摩的 277 个社区。即便如此，这些区域的规模仍然在不断变化且定义也十分具有争议性。[⑤]

在社区认同和界定方面，人们对社会同质性扮演的角色很难达成共识。这引申出一种分歧，即社会构成是定义本身的一个部分，还是生态分异运作的结果，即把人们归入先前存在的社区。沿着被测量的同质性的维度（或特征）也没有建立。事实上，对这一对象界定的分歧导致调查研究不断分化，进入风险的再循环过程。

我们介绍“统计社区”这个词不仅仅是出于实践的必要性，尽管它看起来没有吸引力或平淡无奇，事实是，如果我们要对社区进行定量分析，就必须对

---

① Albert Hunter, *Symbolic Communities* (Chicago: University of Chicago Press, 1974).

② Roger S. Albrecht and James V. Cunningham, *A New Public Policy for Neighborhood Preservation* (New York: Praeger, 1979).

③ Kevin Lynch, *The Image of the City* (Cambridge, Mass.: MIT Press, 1960).

④ Robert E. Park, "The City: Suggestions for the Investigation of Human Behavior in the Urban Environment," in Robert E. Park and E. W. Burgess, eds., *The City* (Chicago: University of Chicago Press, 1968), pp. 1 - 46; Harvey W. Zorbaugh, *The Gold Coast and the Slum* (Chicago: University of Chicago Press, 1929); Paul Hatt, "The Concept of Natural Area," *American Sociological Review* 11 (August 1946): 423 - 427; and Donald J. Bogue, "Ecological Community Areas," in Donald J. Bogue and Michael J. White, eds., *Essays in Human Ecology* Ⅱ (Chicago: Community and Family Study Center, 1984), pp. 1 - 25.

⑤ 例如，芝加哥的第 77 个社群区域由于不断增加的分异和社群压力而与其他的社群区域相分离。

离散地区的信息进行收集、整理。统计社区就是建立在统计表格方案基础上的小型区域。统计社区为城市内数据的运用提供了一种方式，并形成了一种如上述研究提及的观察单位。统计社区所普遍使用的人口普查街区，最早于20世纪早期发展起来，其更加关注用系统方法来收集当地社区的数据。一旦统计学的地理信息系统建立起来，人口普查街区便成为一种事实存在的社会系统分类之一，所有后续分析均可得益于这一系列边界。尽管对社区边界进行了恰当的描述，但是对研究城市社区的学者、规划者和社区组织者来说，这些仍然是小区域数据。我们在这一章节的后面会较为详细地描述我们的“统计社区”。

作为政策关注焦点的社区

近年来，学术界主要关注与政策有关的社区结构及其动态。对过去城市政策的反思以及对中心社区的影响的感知无疑是必需的。但是重要的是对城市复兴策略思考的转变。美国没有明确的社区政策，也没有完善的城市政策。然而，大量的政策会对社区产生影响。① 在居住系统内，旨在改变人口分布和构成的任何活动，无意中都将对社区施加影响。在这里，我们提出几个重要的观点。②

20世纪50～70年代，一些规划对城市的面貌及许多单个社区产生了重要的影响。城市复兴规划导致大规模清理和重建，公共政策彻底改变了社区。③

---

① U. S. Department of Housing and Urban Development, *The President's National Urban Policy Report* (Washington, D. C.: Superintendent of Documents, 1983).

② 关于20世纪70年代美国城市政策更全面的概览可参见 Committee on National Urban Policy, *the Evolution of National Urban Policy 1970 - 1980* (Washington, D. C.: National Academy of Sciences, 1982).

③ 1937年的住房法案允许对贫民窟进行清理和重建。1949年住房法案的正式创设闻名于20世纪60年代的城市复兴项目，随后又在50年代和60年代进行了几次修改。更广泛的审查程序和具体批判包括 James Q. Wilson, ed., *Urban Renewal: The Record and the Controversy* (Cambridge, Mass.: MIT Press, 1966); Ashley A. Foard and Hilbert Fefferman, "Federal Urban Renewal Legislation" in James Q. Wilson, ed., *Urban Renewal*; and Michael J. White, *Urban Renewal and the Changing Residential Structure of the City* (Chicago: Community and Family Study Center, 1981)。这一项目中的规划并不是没有被批评，前文提及（*The Death and Life of Great American Cities*, 1961）的雅各布是第一个攻击第二次世界大战后的规划实践的学者，她详细地讨论了社区社会模式。雅各布健康城市社区（以及此后的城市）的关键在于活动的多样性。实践和时间进程表的混合不同于提倡分离的当代规划实践，同样，其与具有主要居住特征的郊区社群的发展现实也显著不同。

城市重建主要是通过改变社区项目的社会构成，试图振兴城市。[①] 60 年代，示范型城市项目运行，对重要城市的低收入地区提供财政援助（通过转移支付）。70 年代，城市政策的转变促进了社群发展项目基金的启动。这些款项主要来自收入共享资金，同时在申请的限制上比 60 年代的项目要少了很多。许多城市将这部分资金用于开展与社区相关的活动。[②] 在此之后，城市发展行动基金很快被启动，旨在运用联邦基金来拉动当地投资，以此刺激指定大都市的经济复苏。示范型城市对社区和城市内部结构的影响很难被识别。

一些立法和行政政策为城市区域的重建与保护提供了资金保障。部分城市复兴的规划有资金方面的考量。[③] 1979 年，通过《社区再投资合作法案》和《社区自助发展法案》，所得资金专门用于为社区提供保护。社区组织可以通过提出申请获得一定的资金，且这些申请通常与住房重建相关。[④]

另外，某些规划也间接地与城市及其社区的命运相关联。尤其引发分歧的是联邦税收扣除利息、当地财产税的征收和大都市区联邦资助公路的建设，进一步推进了郊区城镇化，并且使以中产阶层为主的中心城市的数量逐渐减少。联邦政府在这一进程中发挥了多大的作用我们无从知晓，但是人口分散化的现实却显而易见。此外，在许多大都市区，中心城市和郊区之间变化的内部人口和社会经济平衡已经很好地确立起来。

自 1980 年以来，联邦城镇规划中只有极少的项目在重要的大都市区发挥了积极作用，显性的历史遗留仍然存在。城市结构模型和隐含在政策中的动力假设也存在。1980 年住宅模式的分析有助于 20 世纪 80 年代及以后公共政策的制定。

---

① 1949 ~ 1975 年美国约实施了 2000 个城市复兴项目，总成本 100 亿美元［U. S. Department of Housing and Urban Development, *HUD Statistical Yearbook*（Washing, D. C. : U. S. Government Printing Office, 1976）, Table 18］。受影响的居民难以计数，尽管我们知道 1971 年的项目已经拆除了一半住宅，取而代之的是大约 200000 个新住宅及 325000 个计划［John C. Weicher, "The Effect of Urban Renewal on Municipal Service Expenditures," *Journal of Political Economy* 80（Jan. /Feb. 1972）: 86 – 101］。

② Paul R. Dommel et al. , *Targeting Community Development*（Washington, D. C. : U. S. Department of Housing and Urban Development, 1980）, p. 123.

③ 出现于 1954 年的房屋法案中。

④ Rachel G. Blatt, "People and Their Neighborhoods: Attitudes and Policy Implications," In Phillip L. Clay and Rober M. Hollister, eds. , *Neighborhood Policy and Planning*（Lexington, Mass. : Lexington Books, 1983）, pp 133 – 150.

近年来，有一些对美国城市政策的本质进行再反思的呼声。但这些呼声有着不同的“论调”，所涉及的范围从对自由市场的倡导和把人口流动作为城市复兴和国家经济[1]复苏的手段，到希望对公共部门进一步干预，以纠正关于中心城市与郊区或者阳光地带与冰冻地带之间对立的公平认知偏差（或公共政策本身的偏见）。1982 年住房与城镇发展部的双年度报告听起来远不同于 1980 年的报告，其内容强调：解决城市问题的关键是国家经济的复苏，以及在城市内更多地依赖私人部门的活动。[2]

在反思期间，政策制定者要求更加关注社区。1977 年 4 月《国家社区政策法案》建立了国家社区委员会。它的职责是：“调查社区衰落的原因，并建议公共政策转变，以使联邦政府更加支持社区稳定。”[3] 1979 年 3 月，历经 15 个月的研究和在全国各个城市进行现场听证，委员会向卡特总统递交了报告。

出于对早期联邦城市规划和最近联邦预算紧缩的不满，该委员会写到，不想把更多的联邦资金投入这一问题，并承认私营企业在社区问题及相关策略方面所发挥的不可或缺的作用。委员会建立了五个工作组来调查与其职责相关的关键问题：支付费用、经济发展、再投资、人类服务、社区转型的财政和法律阻碍及社区治理。

委员会描述了其所关注的社区如何成为公共部门和私人部门撤资的牺牲品，及社区内的穷人和少数族群如何忍受不平等的歧视负担。报告描述了目前政府中社区的分异以及社区运动的增加。毫无疑问，委员会提倡把适用的、花费较少的政治决策选择放在重要位置，即通过当地的投资策略和提高转移支付水平的方式来增强现有的社区宜居性。

在这些建议中，委员会主张取消社区的财政不平等待遇，同时引进资金和立法援助社区重建。后续的建议强调全体的社群就业、财产和收入税收改革的观念，使城市的城镇社区居民受益、社区恢复对转移支付的关注，并提高公民在联邦和地方规划项目中的参与度。该委员会的最终报告包括为决策

---

① U. S. President's Commission, *Urban American in the Eighties* (Washington, D. C.: U. S. Government Printing Office, 1981).

② U. S. Department of Housing and Urban Development, *National Urban Policy Report* (Washington, D. C.: U. S. Government Printing Office, 1982).

③ National Commission on Neighborhoods, *People*, *Building Neighborhoods*, p. vii.

者提供的38页具体建议。

相当有趣的是，报告中有一些明显关于社区的假设，首要的就是：社区是大城市的一个现象。委员会描述的社区倾向于位于面积较大和老旧的中心城市，其中很多出现在陷入困境的城市中。委员会的听证会举办地点给出了其中部分城市的名单：巴尔的摩、克利夫兰、圣路易斯、芝加哥、洛杉矶以及西雅图。社区进一步等同于穷人、老年人和少数族群（minorities）的居住地。尽管该委员会记录了社区类型和构成的多样性，但几乎没有提到中产阶层或富裕社区。可以肯定的是，该委员会关于社区的观点已经注意到了社会问题较为严重的一些地区，并且认识到问题产生的首要根源在于公共和私人部门之间城市政策的不均等现象。委员会含蓄地指出城市人口生活质量的改善是通过指向小地方的政策得以最大限度的改善来实现的，与同一时期那些倡导改变“援助社区”的政策文件的观点形成鲜明对比。

近期关于社区转型和生存能力的著作层出不穷，其中大多数与当地社区的生态观念有着密切联系。这些著作强调边界、信息流的存在及对价值观和利益共享的认知，与细化的政策所倡导的内容不同。

Roger S. Albrecht 与 James V. Cunningham 认同通过维护和改善“社区结构”来建立更强大社区的研究和政策观点。[①] 社会结构提供了社群凝聚力和涉及社区内的个人和非正式组织之间的关系网络联结。James H. Johnson 认为夯实理解社区转型的理论基础是必要的。[②] Sandra Schoenberg 和 Patricia L. Rosenbaum 在其关于社区的分析中阐述了体制问题。[③] 他们对社区实体的定义强调共同认可的边界、固有的社区名称、存在的机构以及居民之间的社会关系。基于这些特征，他们进一步发展了关于社区生存能力的命题。

社区变化、社区再投资和社区动态性成为国家城市政策词汇中的一部分。1979年的《美国规划协会杂志》针对这一问题专门召开了社区转型研讨会，发表的论文主题涉及城市-社区关系、社区运动、中产阶层化及其替代。[④] 在

---

① Roger S. Albrecht and James V. Cunningham, *A New Public Policy for Neighborhood Preservation*, (New York: Praeger, 1979) p. 199.

② James H. Johnson, "The Role of Community Action in Neighborhood Revitalization," *Urban Geography* 4 (1983).

③ Sandra Schoenberg and Patricia L. Rosenbaum, *Neighborhoods That Work* (New Brunswick, N. J.: Rutgers University Press, 1981).

④ *Journal of the American Planning Association* 45 (October 1979).

近期印发的同一期刊中，Rolf Goetz 和 Kent W. Colton 将住房市场的人口变化与社区内的变化联系起来。①

Anthony Downs 对“政策的某些方面应该受到单个社区与城市发展进程之间联系的影响”这一观点进行了深入分析。② 他沿着可逆性的连续统对社区变化进行了复杂的类型学分析。Downs 的政策建议与上述观点完全不同。他建议一系列解决方案需要与社区所处的阶段和发展方向相匹配，这些解决方案涵括从对稳定和有活力的社区的正常维持到对无法生存的社区进行清空和重新开发。他的方法与早期城市经济学家的方法形成了鲜明对比，这标志着密度不断增加的社区类型的演变过程通常伴随着社区的清空与重建。③

另一个更有争议的问题是对城市社区分类（triage）的概念的选择，这里借用了军事医学的一个术语。它给出了在整体资源缩水后对社区间选择性的展望；有些是为救援而设计，其他的则被遗弃。分类的概念已经受到了大量的尖锐批评。④

许多关于社区的政策争论所衍生的问题已经超出了本书的研究范畴。然而，我们却可以对 1980 年大都市居住系统的状况进行描述，为学者们对有关现状的观点的有效性提供线索。同样，我们也可以提供关于数据和方法方面的一些帮助。许多政策主张显然缺少单个社区的信息和一般城市的生态特征，此外，还缺乏对一个观点或前提是否正确进行评估的方法。

大都市的背景

社区嵌入在由大都市社群构成的社会和经济活动的网络中。社区的命运与大都市区周边的人口、经济和社会变革息息相关。在某种程度上，城市中

① Rolf Goetz and Kent W. Colton, “Dynamics of Neighborhoods: A fresh Approach to Understanding Housing and Neighborhood Change,” *Journal of the American Planning Association* 46 (1980): 184 – 194.

② Anthony Downs, *Neighborhoods and Urban Development* (Washington, D. C.: Brookings Institution, 1981).

③ Edgar M. Hoover and Raymond E. Vernon, *Anatomy of a Metropolis* (New York: Doubleday-Anchor, 1962).

④ Peter Marcuse, Peter Medoff, and Andrea Pereira, “Triage as Urban Policy,” *Social Policy* (Winter 1982): 33 – 37; and Julian Wolpert and John Seely, “Why Urban Triage Will Not Work,” paper presented to the Association of Collegiate Schools on Planning, Atlanta, October 1985.

任何特定地方的未来均是由它的生态地位和固有行为决定的，在那个年代，这些行为存在于大都市的外围。事实上，我们可以将大量的政策辩论视为在大都市背景下对单一社区确定性程度的争论。接下来，我们将描述席卷20世纪70年代美国大都市的一些主要力量。需要强调的是，这里仅仅是概述，人口普查系列中的另一本书将详细讨论这个主题。①

我们确定了大都市进程中社区的三个一般人群流动趋势：①扩散化；②地区再分配；③移民化。

在人口扩散化的观点下，我们把涉及人口和就业分布的一系列相关趋势置于重要位置，包括非大都市的转型、扩散化和中产阶层化。众所周知，整个20世纪70年代美国大都市区持续郊区化或扩散化。在大多数大都市区，郊区数量的增长已经超过了中心城区。在1950年的人口普查中，郊区可容纳市区人口的41%。1970年，郊区人口所占份额已经超过一半，而到1980年人口普查时已经攀升至60%，延续了美国城市化所固有的趋势。② 然而，最近值得关注的是非大都市区增长的复苏，这些地区处于官方认可的标准大都市统计区（SMSA）（下文中简写为“统计区”）的外围。Calvin L. Beale③，Larry Long 和 Diana DeAre④ 及其他人的工作记录了这一既不是统计学上的巧合，也不仅仅是城市增长的蔓延，但改变了美国人口分布模式的长期趋势。⑤ 一般来说，地区越向外扩张，城市化程度越高，其人口增长或下降越缓慢，这一现象几乎出现在所有地区。⑥ 大都市社区尤其是较大城市的社区处于人口分布的另一端，经历着人口的大量减少。对本研究来说，仍然用城市多样性、隔离和在社会空间结构内社区相对位置的重新分布带来的净效益的方式来证明。

---

① William Frey and Alden Speare, Jr., *Regional and Metropolitan Growth and Decline in the United State*, The population of the United States in the 1980s: A Census Monograph Series (New York: Russell Sage Foundation, 1988).

② U. S. Bureau of the Census, *1980 Census of Population and Housing* (PC80 - S1 - 5, 1981), p. 1.

③ Calvin L. Beale, "The Population Turnaround in Rural Small-Town American," in William P. Browne and Don F. Hadwinger, eds., *Rural Policy Problems: Changing Dimensions* (Lexington, Mass.: Lexington Books, 1982), chapter 4.

④ Larry Long and Diana DeAre, "Repopulating the Countryside: A 1980 Census Trend," *Science* 217 (September 1982): 1111 - 1116.

⑤ 大约有1/3的非大都市增长“过剩”，且在1980年后较大都市的增长率有所恢复。

⑥ Long and DeAre, "Repopulating the Countryside".

私人市场的复兴和旧城市中心的重新安置，即所谓的中产阶层化为大家所诟病。这种现象确实存在于20世纪70年代，但它远远超越了中产阶层家庭向外扩展的流动。所谓的“返回城市”运动指的是郊区的租房者或住房拥有者通过向城市流动来改善其住房条件和社区设施。[①]

总的来说，我们称这种地区内的趋势为“扩散化”。我们引入这个词来强调城市经济和生态结构的传统形态与20世纪70年代、50年代或者20年代相比不太适用于80年代。以密集的建筑群为核心，城市中心包括商业和工业机构、周边由居民区环绕的图景在不断被割裂。工厂、办公室和公寓遍布整个郊区，现在甚至出现在一些农村地区。市中心的引力已经被削弱，但目前的租金和人口梯度却比30年前更加稳定。

随着20世纪70年代地区间的扩散加剧，南部和西部的区际流动也在不断加剧。在60年代甚至50年代，这种趋势只在局部明显，但在最近十年，人口再分布受到大众的普遍关注，部分原因与其东北部地区的大面积城市群聚集持续停滞相关联。

1950年，东北和中北部人口普查区域涵盖了美国人口的55%。但这一数据稳步下降，直到1980年它们的份额已经下降到不足五成。[②] 1975～1980年，从北方迁移到南方和西部地区的移民导致超过300万人口的净损失。[③]

20世纪70年代，近450万合法移民进入美国，达到20世纪前20年的最大值。[④] 与过去的移民流相比，70年代显现出亚洲和南美洲的移居占较大比重，但欧洲移民持续增多的特点。源头变化导致贸易中心城市的变化。南部和西部城市作为居住首选地变得越来越重要。[⑤] 当然，这十年间我们也目睹了大量非法移民进入。虽然世纪之交的密集移民社区现已不显著，但这些刚进入美国的新移民绝大多数主要在美国的大都市中居住和生活。

---

① Franklin D. James, “The Revitalization of Older Urban Housing and Neighborhoods,” in Arthur P. Solomon, ed., *The Prospective City* (Cambridge, Mass.: MIT Press, 1980).

② U. S. Bureau of the Census, *State and Metropolitan Area Data Book* (Washington, D. C.: U. S. Government Printing Office, 1982).

③ U. S. Bureau of the Census, *Statistical Abstract* (Washington, D. C.: U. S. Government Printing Office, 1984), p. 15.

④ 1971～1980年的数据，U. S. Bureau of the Census, *Statistical Abstract*, p. 88。

⑤ 迈阿密是美国1980年外籍住户比例最高的城市（*New York Times*, March 1, 1983, p. A21）。

人口扩散化的趋势、区域再分布和移民状况共同推动人们去分析 20 世纪 80 年代美国社区中一些值得探索的事情。我们可以分析扩散化进程。与许多假设相反，我们很可能会发现，中心城市社群与郊区社群一样存在同质性。我们希望找到租房、低密度且分散在整个大都市区内的社会阶层群体的居住区域。美国地区之间的人口再分布及其向地区规模梯度中规模较小的地区的分布趋势意味着我们将发现：在我们的样本地区间存在巨大的增长率差异，例如，一个大型东北部城市和一个小型西南部城市间的增长率差异显著。伴随人口数量的增长，我们可以或看到人口的变化性、多样性和种族隔离的新模式，或意识到传统观点被再次证实。确定老城区的演变和分化模式是否在人口增长地区重现是一件很有趣的事。我们可以质疑美国是否存在相同的分异模式。移民的十年将同化的假设和挑战再次传递到社会中。我们可以调查城市中的多样性和隔离模式，并致力于识别城市是否仍然继续扮演着“熔炉”的角色。1980 年的人口普查允许我们沿着这一维度来比较各种不同群体。

研究设计

本书的分析就其本身而言是偏统计学的，我们调查了多个社区，同时对它们的特征进行分类并探寻它们所属的模式。通常，我们会对样本中城市间的社区结构（生态分异）如何变化感兴趣。我们并不提供社区的案例研究，也不对个别城市及其下属区域的发展进行历史回顾。这一抉择可能会令一些读者失望，因为这无疑缺失了对城市社会生活中一些深层机理的看法。另外，我们希望本书枯燥的统计分析有助于对城市生活进行历史研究，提供能更好地将城市问题的碎片整合在一起的方法。

可以将我们的方法和假设概括如下：

（1）我们把社区研究与普遍意义上的城市分异研究联系在一起。我们不是分析单个社区，而是通过人口普查获得的社区信息提供的“窗口”，探寻其继续存在的城市模式。

（2）在大都市范围内，生态分异的过程会促进较小的生态社群的发展。这些社群的地理边界就是社区，其导致社区范围内一定程度的社会同质性。我们的努力将指向分类程度的测量和地理系统如何分类。长时间内，大量政策的关注点主要集中在社区多样化和城市分异演变的问题上。

（3）一个针对分析的一致的统计系统是必要的。我们选出的人口普查街区是全面的、具有连续性的，并尽量保持一致。它们是相互排斥和详尽的单位。街区成为我们统计意义上的社区，这使另一个假设得以清晰。我们相信社区贯穿于整个大都市区而存在。一般来说，社区这一术语只适用于内城地区，或者存在大量的街头生活或社群活动的地区。即使人们也许对社区边界的精确性存有合理的分歧，但是我们承认就大都市区而言，社区具有综合性，表明我们把大都市及其内部的社区作为分析单位至关重要。我们不会详细讨论中心城市与郊区的对立，而将着眼于居住区域"内"与"外"的对立。

（4）我们做了一些跨时间的比较截面分析和有限的纵向分析，以便更好地勾勒1980年的图景、展示解决理论和政策实践问题的方法。

社区统计和统计社区

对社区和居民社会生活的多数描述不太关注社区边界的具体划分，而是关注社会生活的质量和所在社区的公共附属品。过往对相互排斥和详尽的边界界定的关注更是少之又少，但在统计方法中这种界定很早就被优先考虑了。在本节中，我们将阐述本书使用的数据和方法，并对21个选入分析的大都市区进行介绍。

我们最大限度地利用了人口普查数据。据美国人口普查局的描述，街区（tract）是：

> 面积较小、相对不变的地区，是以小地区提供统计数据为目的，进而将大都市和某些其他地区进行划分后形成的区域。人口普查街区（census tract）确立后，其被设计成在人口特征、经济地位和生活条件方面相对接近的地区。一个街区一般有2500~8000名居民。[①]

---

① U. S. Bureau of the Census, *1980 Census of Population and Housing* (Washington, D. C.: Government Printing Office, 1982).

当然，这是理想状态。人口普查街区应该有4000人口的规模，一方面为使总体达到均衡要将这个数值设定得足够小，但另一方面也要为避免干扰抑制的问题（见下文）而将其设计得足够大。城市街区提供的数据更全面，然而，数据太多，经常要为保护个人反馈的隐私而受到干扰抑制。街区内的平均人口规模由于人口在城市间和内部的流动而很难前后一致。例如，从芝加哥到远郊的黄金海岸，或从芝加哥到圣安东尼奥。①

我们的调查共涵盖近6000个人口普查街区的21个大都市区，街区平均规模为4200人。鉴于各街区人口规模之间的差异较大，我们将4000人作为一个统一标准。大约60%的街区规模为2400~6400人。附录B中详细描述了街区样本的统计特征与街区系统的发展和标准化。

正如1980年人口普查中的定义，人口普查街区构成了大都市区。标准大都市统计区（SMSA，下文简称“统计区”）由相邻城市构成，通常这些城市通过一个至少拥有50000人口的城市作为核心进行经济和社会整合。②统计区包含了所有的郡县人口。大都市区的郊区（也就是单个街区）事实上与某些农村的特征相似。这种现象通常发生在自身郡县非常大的地区，比如西部地区。街区的建立理念基于时间跨度上的一致性，故而街区数据与其他小区域数据不同，我们在将第六章充分利用这一特性。

为达成我们的目标，我们将人口普查街区视为统计学意义上的社区。因此，我们在21个大都市中选取了5995个社区，包括2700多万人口。街区在规模、同质性、数据有效性和可比性等方面具有绝对优势。事实上，已有文献中，街区的定义与社区的概念（除了价值和观点）并不存在较大的差异。由于街区是我们所需的分析单位，这与对生态谬误的无休止的争论不太相关。我们并不打算用人口普查数据推断关于个人（实际上，公众使用微数据样本更容易直接获取这类信息）的特点，而是努力了解社群自身的特点。

---

① 街块群数据和官方社区统计提供了另外一种可能性，但存在街块的同质性问题。街块数据已经非常成功地被用于其他研究，也是详细的社会经济和规划所必需的、非常小的住房数据的唯一来源。社区统计项目创建于1980年的人口普查。从本质上说，该项目为大都市和大都市区内的社区提供了人口普查统计数据的特殊制表，但附录B给出了我们不选择使用该规划NSP数据的原因。

② 在新英格兰，统计区是基于城镇而不是郡县。1980年人口普查后一些定义发生了变化。附录A和人口普查局出版物中的数据给出了关于定义的更多细节。

事实上，几乎所有适用于州和国家的表格都是为人口普查街区创建的。我们统计了社区中关于每个人年龄、种族、性别、婚姻状况、教育、世系、职业、收入、住房类型及房屋质量的信息。原则上，国家层面上的大量分析对社区研究是可用的。然而在实践中，我们通常对基本特征的空间变化比其完整细节更感兴趣。此外，为减少因保障涉及私密的数据而导致的干扰抑制，我们也删除了许多详细的表格数据。①

以前的研究主要使用的是在地理学和主题延伸方面差异巨大的街区小区域数据。一方面，尤其是有关种族隔离的一些研究，提供了统计区内几乎每个街块和街区以及主要城市的数据以进行一个或几个特征的分析；另一方面，一些研究人员专注于一个或适当数量的城市，他们提供了大量的人口普查主题特征以供统计处理。本书对此采取中间立场。由于我们想归纳国家居住模式中的分异，因此我们为有关大都市区的分析提供了大量特征，以便研究。

大都市区

我们针对 21 个大都市区的抽样样本需要反映区域、群体规模和增长率的多样性，为此历史数据要适用于划分合理的、一致的街区边界，并与以前使用的都市生态研究中的样本相吻合。② 这一过程并不是随机的，我们期望它是具有广泛代表性的城市样本，进而使得我们的研究发现可以用以描绘美国大都市的总体特征。1980 年的人口普查中，统计区的数量增长到 318 个，涵盖大约 40000 个街区，包括美国 3/4 的人口，由于数量庞大而不能单独处理。③

① 我们运用了包含广泛信息的汇总磁带文件 1（STF1）和汇总磁带文件 3（STF3）。STF1 包括每个街区 321 个完整的表格（简短形式），STF3 包含 1123 条样本（长篇幅形式）信息。6000 个街区汇集了 850 万条信息。我们不采用 STF2 或 STF4 是因为其内含有相应的、详细的交叉表格。

② 芝加哥大学社群大都市生态项目和家庭研究中心的大都市地区汇总人口普查街区数据可追溯到 1940 年。我们这里所使用的数据，参见 Donald J. Bogue, "Ecological Community Areas," in Donald J. Bogue and Michael J. White, eds., *Essays in Human Ecology* Ⅱ (Chicago: Community and Family Study Center, 1984), pp. 1-25。

③ 另外 5 个统计区在 1980 年的人口普查中被划归波多黎各。这些街区地区，加上许多不属于统计区的郡被推荐参与普查街区项目，因此总共增加了 2000 个街区（见表 1-1）。

本书对近6000个社区进行研究是有价值的，这些社区恰巧分布在21个大都市区内。社区由五彩斑斓的马赛克瓷砖组合而成，马赛克地区就是我们所说的美国的居住系统。我们通过仔细观察21个大都市区以探寻马赛克区域组合的模式。在某种程度上，我们发现这一模式重现于大量大都市区，足以证明该模式在全国具有普适性。

近年来，成为统计区的资格要求已经放松，甚至增加了几个相当小的地区，而且不能确定这些地区是否拥有大都市或大城市的地位。我们选择不依据一个较大的阈值规模来限定对定义的影响。因此，我们在整体范围内选取具有代表性的指定统计区，以获得官方认可，并在更大的范围内进行比较。此外，我们对普遍意义上的居住系统也颇有兴趣，但我们的关注点不仅仅是这个系统中最大的居住点。班格尔和希博伊根作为最小的统计区，在1980年的人口普查中首次被视作统计区，其中心城市拥有不到50000人。在做时间跨度上的对比时，我们选择采用在所有普查中始终保持一致的统计区边界。总之，我们夜以继日的研究不仅建立在不同次人口普查间地理单元精确可比较的基础之上，而且包含了每个十年间[①]的所有大都市领地。

表1-1包含21个统计区的一些基本信息。从表1-1中我们可以清楚地看到前面讨论的总体人口分布趋势。20世纪70年代大都市的增长率普遍低于60年代，总体比例从17%下降到10%。北部和东部统计区的增长尤其缓慢，波士顿、纽瓦克和圣路易斯统计区的注册人口数出现了绝对下降。阳光地带人口回升显著。这里的回升是指统计区人口数量的增长，如阿马里洛、亚特兰大[②]、盐湖城、圣地亚哥及斯托克顿。伴随着东北老中心城市登记数量不达标、绝对人口数减少，中心城市人口占城市总人口的比例下降。收入之间的差距在统计区间和内部十分明显。统计区的平均收入跨度从班格尔的最低值14042美元到弗林特的最高值20810美元。总的来说，我们的21个大都市区包含美国大约1/6的人口，与美国大都市的一般增长率（10%）相比，70年代的累计增长率为7.2%。

---

① 美国人口普查每十年开展一次。——译者注

② 在一些情况下，统计区同样会因为新郡县的加入而发生扩张。亚特兰大作为最显著的案例，其在1970~1980年间增加了10个新的郡县。此外，列克星敦增加了5个，盐湖城增加了2个，艾伦镇、纽瓦克、圣路易斯和圣安东尼奥则均分别增加了1个新郡县。

表 1－1　样本大都市区的基本特征

大都市区*	地区	1980 年的统计区人口（人）	1980 年的中心城市人口（人）†	1970～1980 年统计区人口变化（%）	1960～1970 年统计区人口变化（%）	1970～1980 年中心城市人口变化（%）	1980 年统计区中心城市人口的比例（%）	1980 年家户收入中位数（美元）	1980 年黑人在统计区的比例（%）	1980 年西班牙裔在统计区的比例（%）	人口普查街区数（个）	街区平均人口数（人）
艾伦镇，宾夕法尼亚州	NE	635481	200204	6.9	9.0	-5.6	32	18333	1.4	2.4	155	4100
阿马里洛，得克萨斯州	S	173699	149230	20.3	-3.4	17.5	86	16979	4.9	8.6	63	2757
亚特兰大，乔治亚州	S	2029710	425022	27.2	36.5	-14.1	21	18355	24.6	1.2	352	5766
班格尔，缅因州	NE	83919	31643	5.0	-2.3	-4.6	38	14042	0.3	0.3	27	3108
伯明翰，亚拉巴马州	S	847487	284413	10.5	2.8	-5.5	34	15586	28.3	0.7	204	4154
波士顿，马萨诸塞州	NE	2763357	562994	-4.7	7.9	-12.2	20	18694	5.8	2.4	584	4732
芝加哥，伊利诺伊州	NC	7103624	3005072	1.8	12.1	-10.8	42	20726	20.1	8.2	1516	4686
弗林特，密歇根州	NC	521589	159611	2.5	18.9	-17.4	31	20810	15.1	1.6	125	4173
印第安纳波利斯，印第安纳州	NC	1166575	700807	5.0	17.7	-4.9	60	18674	13.5	0.8	269	4337
列克星敦，肯塔基州	S	317629	204165	19.1	25.8	88.8	64	15688	10.0	0.7	80	3970
新贝德福德，马萨诸塞州	NE	169425	98478	5.0	7.9	-3.2	58	13965	1.8	3.1	46	3683
纽黑文，康涅狄格州	NE	417592	179293	1.5	14.4	-5.9	43	18164	12.0	3.2	94	4442
新奥尔良，路易斯安那州	S	1187073	557515	13.4	15.4	-6.1	47	15883	32.6	4.1	327	3630

续表

大都市区*	地区	1980年的统计区人口(人)	1980年的中心城市人口(人)†	1970~1980年统计区人口变化(%)	1960~1970年统计区人口变化(%)	1970~1980年中心城市人口变化(%)	1980年统计区中心城市人口的比例(%)	1980年家户收入中位数(美元)	1980年黑人在统计区的比例(%)	1980年西班牙裔在统计区的比例(%)	人口普查街区数(个)	街区平均人口数(人)
纽瓦克,新泽西州	NE	1965969	329248	-4.4	12.2	-13.8	17	20759	21.3	6.7	466	4219
圣路易斯,密苏里州	NC	2356460	453085	-2.3	12.4	-27.2	19	18510	17.3	0.9	438	5380
盐湖城,犹他州	W	936255	227440	32.7	22.4	-7.3	24	18641	0.9	5.0	189	4954
圣安东尼奥,得克萨斯州	S	1071954	785880	20.7	20.7	20.1	73	15156	6.8	44.9	198	5414
圣地亚哥,加利福尼亚州	W	1861846	875538	37.1	31.4	25.5	47	17106	5.6	14.8	384	4849
西雅图,华盛顿州	W	1607469	548259	12.8	28.7	-6.2	34	20726	3.6	2.0	367	4380
希博伊根,威斯康星州	NC	100935	48085	4.4	11.8	-0.8	48	18719	0.3	1.0	24	4206
斯托克顿,加利福尼亚州	W	347342	149779	19.3	16.4	36.2	43	16071	5.5	19.2	86	4039
21个统计区		27665390	9975761	NA	NA	NA	36	NA	15.0	6.7	5995	4615
所有统计区		169430623	67949383	10.2	17.0	0.1	40	17880	12.7	7.6	40319	4202
美国总计		226545805	67035302	11.4	13.4	3.0	30	16841	11.7	6.4	43222	5241

* 以上为本书中使用的城市名称。其中，少量统计区包括额外的中心城市、综合县，或与其他国家领土交叉的地区。

† 可能包括多个指定的中心城市；参见上文脚注。

第二章

20 世纪 80 年代美国
社区发展概况

本章旨在对 20 世纪 80 年代美国大都市区及其社区的发展概况进行事实性描述，重点是直接查看社区相关统计数据，从而帮助读者全面了解美国人口普查提供的小区域信息以及社区内的特征信息种类。

首先，我们将比较社区内的特征分布情况以及全国的人口分布特征，从而了解全国居民及家庭在社区内的聚集情况。其次，我们将了解部分特征在各大都市区内的分布情况，从而从两个层面回顾第一章提及的一般分类进程：①从全国到大都市区；②从大都市区到社区。

本章所做工作为后续章节的分析做了铺垫。本书后续章节的大部分工作都将社区作为统计研究的分析单位。本章将揭示上述方法背后隐含的信息。

城市社会学和生态学为我们提供了需要寻找哪些信息的建议。标准大都市统计区（SMSA）（下文中简写为“统计区”）内的特征分布是第一大关注点。某一特征在城市内的平均集中度及其范围或广度是怎样的？城市相关统计数据与全国数据对比结果如何？这些问题与政策以及决策所需信息相关。以下示例将帮助我们理解。

新的美国移民潮在城市格局中应该有所体现，对此我们可以提出一个问题：城市社区内，某一特定种族群体或世系群体的平均集中度如何？或者，我们也可以关注地区贫困率以及收入高于或低于某个阈值（fraction）的城市社区的比例，以及这些数据与其他城市的数据相比结果如何。

一种生态学推理思路认为：随着城市（统计区）规模不断扩大，社会分异程度也在逐渐加深，因此规模更大的统计区内的社区应该被进一步细化。换句话说，在小城市中，我们预计每个普查街区的分布情况应该与整个城市的分布情况相似；但是在大城市中，我们预计社区内会存在更高的同质性，起码规模相同的地块（parcels）是这样，例如人口总数为 4000 人的普查街区（tracts）。我们可以在描述性统计中检验这一预设是否正确。如果确实如此，我们就可推断：普查街区的分布离差（dispersion）数值将随着城市规模的扩大而增大。①

另一种推理思路的观点则恰好相反：推断大城市内的社区在社会和物理特征方面具有更大的异质性。②

我们使用的方法很简单，即对所选变量进行单变量分布研究，普查街区就是观察的基本单位（例如，在分析社区的教育情况时，教育变量的值就是该社区内成年人群的平均受教育程度）。对于部分特征，我们将把 21 个统计区内所有普查街区的特征分布情况绘制成柱状图；如有可能，将把所有数据进行叠加，绘制成美国总体人口的特征分布柱状图。对于大都市区内的特征分布情况，我们将用表格展示第 25 百分位、第 50 百分位和第 75 百分位的数值及其平均值和标准差。中值意味着该城市有一半的普查街区位于该数值之上、一半位于其下；在集中趋势的度量中，中值可以等同为平均值。四分位区间（Interquartile Range）（IQR，第 75 百分位数和第 25 百分位数的

---

① 统计论证更为复杂。假设两个城市的同一种特征的分布水平相同，使 A 城市比 B 城市更大，但是保证两个城市内的普查街区规模相同。同时，假设两个城市内的普查街区彼此分异（例如：每个普查街区仅是整体的一个部分，且该部分与其他普查街区之间不存在任何重叠，即完全被隔离。

两个城市都具有内部同质性。根据方差分析的基本分解，我们可以得到以下公式：

$$\begin{aligned} SS_T &= \sum_j \sum_i (X_{ij} - \bar{x})^2 \\ &= \sum_i \sum_j (X_{ij} - \overline{x_i})^2 + J \sum_i (\bar{x}_i - \bar{x})^2 \\ &= SS_{WI} \quad + \quad SS_{BT} \end{aligned}$$

（街区内平方和）　（街区间平方和）

其中，i 指的是普查街区，j 指的是所有普查街区内的人口数量，J 指的是各个普查街区内的人口数量。因为我们已经设定了界限，因此 SS_{WI} 已经最小化了；此外，由于大城市内的普查街区更可能存在同质性，故而其 SS_{BT} 更大。当然，还可能有其他可能性，从而导致结果不同。两个城市内的普查街区可能不存在分异或者分异程度相对较低，或者这两个城市的初始分布情况完全不同。

② Jane Jacobs, *The Death and Life of Great American Cities* (New York: Random House, 1961), pp. 143 – 238.

差值）被用来测量广度或离差；根据定义，即该城市内有 1/2 的普查街区位于该范围内，而在正态分布曲线下，2/3 的观察对象位于平均值的一个标准差范围内。将这些统计数据进行汇总，我们可以观察特征分布的形状。在使用这些统计数据时，有一个值得关注的巧合之处：普查街区的数值等于中等水平的平均值。

单变量结果：标准社区和非标准社区

当我们纵览大都市区及其社区情况时，可能会将某个社区描述为标准或非标准社区。标准社区基本分布在该大都市区或全国的统计平均值附近，而非标准社区更有可能分布在极端值处。本章提及的统计数据从数值角度对标准社区和非标准社区进行了定义。社会科学分析表明：社会经济地位、生命周期阶段和族群是导致大都市区出现社会分异的重要因素。[①] 下文中将呈现城市社会组织在以上三个维度上的特征。此外，我们还将提及与居住分异相关的特定住房、人口密度和居住流动性特征。对所有特定变量的选取均在生态学分析复制研究结果的指导下完成。

社会经济地位

人们常常认为社会经济地位是大都市的主要分异因素。相关研究表明，贫困社区（社区内居民从事社会地位较低的职业且受教育程度较低）与城市马赛克地区的高档社区被隔离开来。受教育程度和职业是非常好的衡量社区状况的综合指标。与这两个特征相关的收入水平是衡量家户（household）商品和服务购买力的最直接的指标。由于收入水平与受教育程度和职业相关，因此它也能在一定程度上体现居民的“购买”能力，或者至少能表明其在高档社区购买一栋住宅的能力。那么，在大都市区的社区内，人们的一般收入水平怎样？收入水平的相差范围有多大？

图 2－1 显示了本研究中相关社区的收入分布情况以及美国家户的总体收入分布情况。1979 年，约 13% 的美国家户收入低于 5000 美元（根

---

① 我们将按照惯例，将人口普查中种族、西班牙裔及世系的信息视为族群这一总体特征的各项指标。

据1980年人口普查收集的信息），另有5%的居民位于收入分布图的最右端，收入超过5万美元。近一半的家户收入介于1万~2.5万美元之间。

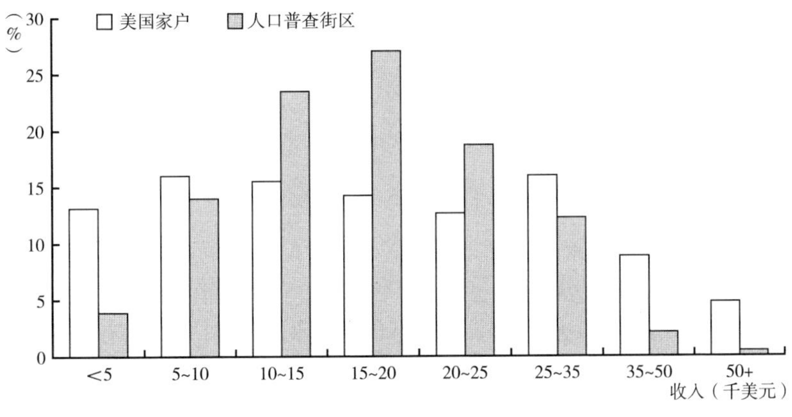

图2-1 1980年的家户收入

这是美国总体的家户收入情况，社区的家户收入情况稍有差别，原因在于我们通过计算社区内家户收入的平均水平来测量“社区收入”。我们用家户收入中位数来代表一个社区的平均收入水平；社区内一半家户的收入低于该中位数，而另一半家户的收入高于该数值。[①] 不足称奇的是，在社区收入分布柱状图中，有很多观察对象（普查街区）的收入会位于美国收入分布图的中部。这就是上面提到的“中等水平的平均值”效应。

在我们所研究的任意一个大都市区（21个）中，“标准”社区的平均家户收入介于1.5万~2万美元之间。但是，该社区内许多家户的收入仍然有可能在该范围之上或之下，只是很少有社区的平均收入分布会像全国家户收入分布那样出现极端值。对于收入处于5万美元档的社区，其一半以上家户的收入必须至少为5万美元。实际上，只有极少数社区（少到可以忽略）拥有如此多的高收入家户。

同样，在收入分布图的最左端，13%的美国家户的收入在5000美元之下，只有4%的家户收入在5000美元之下。

① 中位数是对集中趋势的度量（社区内收入分布的平均值）。

在后续工作中，我们将主要关注某个或其他社会特征的社区平均值。需要注意的是：这里的平均值指的是社区内数值分布的平均水平。当然，首要关注点是社区的数值，原因在于这些数值被视为居住系统和社群中的分异点。

表 2－1 呈现了本研究中的各大都市区内所有社区的家户收入中位数的分布情况，使得我们可以比较大都市区之间标准社区的收入水平以及统计区内部社区收入水平的分布情况。该平均值在统计区内存在较大的差异，反映了不同的工资水平、生活费用水平甚至不同的家户组成。收入数值从约 1.3 万美元/年（伯明翰）到超过 1.9 万美元/年（西雅图）不等。根据表2－1，在一般情况下，较大的北方大都市区的家户收入水平更高，尽管观察者很快指出这些地区的生活费用也高得多，甚至可能抵消大部分超出平均值的收入。四分位环提供了一些用以了解大都市区富裕社区的分布极限情况的线索。经分析，纽瓦克的社区收入水平分布范围最广，最高收入与最低收入之间约差 1.3 万美元。纽瓦克最引人注目的特点是：其上四分位环的收入为 2.6 万美元，即在纽瓦克统计区的所有社区中，有 1/4 的社区的收入水平在 2.6 万美元之上。这一收入水平在所有统计区中为最高水平。将所有数据结合起来分析，研究发现，纽瓦克统计区内有许多极度富裕和极度贫困的社区。毫无疑问，导致这种贫富两极分化现象的是纽瓦克统计区与纽约之间的连接带——新泽西州北部经济区。与纽瓦克相反的是希博伊根统计区——其上四分位社区（普查街区）与下四分位社区之间的差值小于 4000 美元。

社区收入的极值（extremes）为多少？在表 2－1 中，我们还给出了统计区内家户收入（社区平均水平）的极小值和极大值，这些数据源自普查街区内居民填写的信息。在大部分大都市区，最贫困的普查街区的收入水平为 5000 美元，其中也存在部分普查街区的收入低于这一数值。几乎每个城市内高档社区的家户收入中位数都在 5 万美元之上（1979 年），这意味着在该普查街区内，有一半家户的收入超过 5 万美元。就收入水平而言，芝加哥名列前茅，其下属的一个社区内的收入水平甚至高达 5.6 万美元。规模较大的大都市区可能存在更多的极值，原因在于大都市区拥有更多的普查街区以及上文提及的整体分异。

表 2-1　1979 年家户收入的中位数

单位：美元，个

大都市区	极小值	下四分位数	中位数	上四分位数	极大值	四分位区间	均值	标准差	社区数量
艾伦镇	3815	14337	17422	20157	31898	5820	17192	5063	155
阿马里洛	5773	10421	15918	18795	31948	8374	15884	6048	63
亚特兰大	2453	10732	15599	20685	42170	9954	16071	7515	352
班格尔	3407	9062	13202	14494	17527	5432	12241	3765	28
伯明翰	3289	9918	13044	17868	42761	7951	14061	6632	202
波士顿	2500	11958	16835	21903	47950	9944	17551	7475	580
芝加哥	2168	12406	17559	22875	56721	10469	17949	8199	1485
弗林特	5119	14531	18946	23118	33575	8588	18618	5713	124
印第安纳波利斯	3602	13133	17518	21173	42887	8041	17508	6438	269
列克星敦	2500	11463	14586	17548	33569	6086	14708	5240	79
新贝德福德	4371	9333	11759	15732	19772	6399	12279	4095	44
纽黑文	5098	12478	17133	21618	36038	9140	17495	6740	93
新奥尔良	2399	8907	13936	18984	38772	10078	14465	6951	319
纽瓦克	2500	12631	18734	26025	53309	13394	19726	9179	462
圣路易斯	1250	11224	16469	20356	51542	9132	16515	7158	435
盐湖城	3566	13156	17722	20443	41711	7287	17427	6419	189
圣安东尼奥	3135	9347	12528	16985	33059	7638	13678	6045	197
圣地亚哥	2500	11567	15889	20621	46330	9055	16890	7183	379
西雅图	2500	15523	19517	23401	41410	7878	19435	6427	353
希博伊根	8578	15398	18510	19273	22971	3875	17701	3657	24
斯托克顿	3253	10369	14653	18403	26182	8034	14877	5319	85

注：极小值是指在大都市区人口普查街区的家户收入最低值。

下四分位数是指 25% 的人口普查街区家户收入低于这个值，75% 的人口普查街区家户收入高于这个值。

中位数是指 50% 的人口普查街区的家户收入低于这个值，50% 的人口普查街区的家户收入高于这个值。

上四分位数是指 75% 的人口普查街区的家户收入低于这个值，25% 的人口普查街区的家户收入高于这个值。

极大值是指人口普查街区的家户收入最高值。

四分位区间是指上四分位减去下四分位的差值，是用来度量分布幅度的方法。

社区数量是指统计区内人口普查街区的数目，是制表的基础。

表格并不用来衡量人口普查街区的规模，且可能偶尔会出现一些明显异常的结果。

四分位区间描述了各个大都市区内收入居于前 25% 的社区与居于底部 25% 的社区之间的差距（也即平均收入差别，以美元为单位）。在最大的统计区（包括芝加哥、纽瓦克、新奥尔良、波士顿和亚特兰大），其社区收入水平呈现出极大的差异，这是更大的整体分异造成的。

收入体现了一个家户或个人的购买力，而职业则是大家普遍认可的社会地位指标。在家户寻找与其社会地位相匹配的社区时，居住流动性有助于维持都市马赛克地区的存在。每十年一次的人口普查表提供了广泛的职业类别，从而便于据此推断社区的社会经济地位。从事社会地位较高职业的劳动者所占比例越大，那么该社区的经济地位就越高。[①]

表2-2列出了所有（根据人口普查信息）从事专业技术和管理职业的劳动者（男性和女性）的分布情况。其中许多劳动者都是高级白领，在人口普查划分的普查街区的职业类别中位于地位等级的顶端。此外，城市之间及城市内部再次出现了明显的差别。在表2-2的数据中，最引人注目的一个现象是它们很好地反映了过去几十年中经济结构的变化。服务业的比例逐渐上升而制造业的比例相应下降，这两个行业分别雇用了29%和22%的美国劳动者。此外，这种产业转移还伴随着职业变化——蓝领工人比例下降而白领工人比例上升，以致在本研究的标准社区中，白领工人占劳动力总人数的20%。

表2-2　从事专业技术和管理职业的劳动者比例

单位：%，个

大都市区	极小值	下四分位数	中位数	上四分位数	极大值	四分位区间	均值	标准差	社区数量
艾伦镇	0.7	12.1	16.3	22.7	47.9	10.6	18.5	8.8	155
阿马里洛	3.8	8.8	14.7	26.0	44.6	17.1	17.9	10.6	63
亚特兰大	0.0	12.6	19.0	29.3	56.7	16.7	22.1	12.4	352
班格尔	11.9	19.0	23.4	26.8	42.9	7.9	23.9	6.5	28
伯明翰	0.0	10.7	15.4	22.1	59.5	11.5	18.9	11.9	202
波士顿	0.0	17.7	25.6	36.7	100.0	19.0	28.2	13.9	578
芝加哥	0.0	11.0	17.6	28.3	76.7	17.3	21.0	13.3	1483
弗林特	3.9	10.5	14.5	21.4	42.7	10.9	16.3	8.0	124
印第安纳波利斯	2.3	11.7	18.3	26.4	60.1	14.6	20.7	11.9	269
列克星敦	7.1	15.4	22.2	30.8	51.9	15.4	23.6	11.0	78
新贝德福德	4.1	7.9	15.1	19.9	42.6	12.0	16.1	8.7	44
纽黑文	6.9	15.8	24.3	33.7	53.1	17.9	26.4	12.2	93
新奥尔良	0.0	12.9	21.2	30.5	58.7	17.5	22.6	12.0	319
纽瓦克	1.7	13.6	23.2	35.8	62.3	22.2	25.1	13.8	462
圣路易斯	0.0	13.2	18.0	26.9	58.1	13.7	21.3	11.5	434
盐湖城	0.0	16.6	21.2	31.5	52.5	15.0	23.9	10.6	189

① 在我们对分异进行的多变量分析（在第三章中涉及）中，我们发现职业地位是最能够体现本研究中统计区社会经济地位分异的指标。

续表

大都市区	极小值	下四分位数	中位数	上四分位数	极大值	四分位区间	均值	标准差	社区数量
圣安东尼奥	0.0	9.6	15.9	28.0	54.6	18.4	19.6	12.6	197
圣地亚哥	2.9	16.9	23.7	31.2	100.0	14.3	25.4	11.8	376
西雅图	0.0	19.1	24.3	31.8	58.1	12.7	25.8	9.8	352
希博伊根	7.4	12.0	16.1	19.5	34.3	7.5	16.6	6.3	24
斯托克顿	0.0	9.5	15.6	20.2	100.0	10.6	17.0	12.6	85

注：参见表 2－1。

大都市社区的职业构成也体现了其经济基础。在伯明翰和弗林特——两个传统的重工业城市，其标准社区（第 3 列）中只有约 15% 的劳动者属于白领阶层，而且在 25% 的社区（第 2 列）中，不到 1/9 的劳动者属于白领阶层。而另一个极端情况是，社区中有较大比例的城市（和郊区）专业技术人员，因此近几年来已经成为关注的焦点。例如在波士顿，这一现象非常明显；标准社区中，25% 以上的劳动者（居住在社区内）从事专业技术和管理职业，而且在其 578 个社区中，大约有 144 个社区的 1/3 以上的居民也属于这一职业群体（第 4 列）。在部分大都市区，甚至存在大部分劳动者都从事专业技术和管理职业的社区（第 5 列）。

同收入一样，职业地位在统计区也呈现出很大程度的分异（第 6 列）。由于职业往往体现为收入，因此相关分布情况与收入分布情况差不多。纽瓦克的四分位区间再一次成为最大值。尽管收入水平非常高而且是许多国家金融机构的聚集地，但就这个变量而言，芝加哥在所有统计区中处于中等水平，这足以证明其基础经济的广度。实际上，在其内 1/4 的社区中，从事专业技术和管理职业的劳动者占比为 11%，为所有统计区中最低的比例之一。在印第安纳波利斯，有约 15% 的社区处于两个四分位数之间，这与其他统计区极其相似。规模更小的大都市区往往四分位区间更小，但是伯明翰、圣路易斯和西雅图这些规模较大的大都市区的四分位区间也很小，表明这些地区的产业集中度更低。前两个大都市区（伯明翰和圣路易斯）的区间较小是由于相对缺少高级白领，但是西雅图的区间较小则是由于拥有过多的高级白领。

收入分布只能在一定程度上反映相对经济地位。因此，贫困线标准还应考虑到家户人口数量以及生活费用。在 1980 年人口普查制表过程中，工作人员开展了统计评估工作以了解每个家庭（及其所有成员）是否生活在贫困线以下。统计部门不仅关注贫困程度，而且关注贫困集中度。政策分析家们非常关心人们在贫困社区中成长所受到的影响，这里的贫困社区也即周围的大部分同龄人都处于极度不利环境中的社区。

表2－3和表2－4直接阐述了贫困社区的离散度和集中度。在标准社区（表2－3的第3列）中，大约有1/12的家庭生活在贫困线以下，但这一数值在大都市区内部及之间存在较大差异。正如人们所料，在很多社区中，贫困家庭的比例为零或者接近于零，但也有许多社区的贫困家庭比例很高。在新奥尔良和圣安东尼奥统计区，上四分位数表明：在最贫困的25%社区中，有约1/4的家庭生活在贫困线以下。而且在几个特大都市区中，至少有一个社区的绝大部分家庭（甚至是100%的家庭）生活在贫困中。在纽瓦克统计区，大约有212000人被划为贫困人群，还有超过43000人生活在最贫困的28个社区内（总社区数量为461个）。

表2－3　贫困家庭比例

单位：%，个

大都市区	极小值	下四分位数	中位数	上四分位数	极大值	四分位区间	均值	标准差	社区数量
艾伦镇	0.0	2.7	4.1	6.6	32.9	3.9	5.9	5.8	155
阿马里洛	0.0	2.8	5.7	11.2	33.8	8.4	8.2	7.6	63
亚特兰大	0.0	4.1	8.4	15.9	79.1	11.9	13.6	15.3	352
班格尔	0.0	4.1	7.3	11.6	22.0	7.5	8.0	5.6	28
伯明翰	0.5	5.4	10.7	18.1	65.4	12.7	14.5	13.1	202
波士顿	0.0	3.0	5.4	11.9	57.0	8.9	9.2	9.7	576
芝加哥	0.0	2.4	5.8	18.1	100.0	15.6	12.6	14.9	1478
弗林特	0.0	4.5	6.9	14.6	42.6	10.2	11.1	9.8	124
印第安纳波利斯	0.0	2.5	5.4	10.6	43.9	8.1	8.4	8.8	269
列克星敦	0.8	4.4	10.2	14.7	57.2	10.3	11.5	9.4	78
新贝德福德	1.8	5.8	9.7	15.2	30.1	9.4	12.1	7.7	44
纽黑文	0.0	2.5	4.6	9.2	100.0	6.7	9.6	14.0	93
新奥尔良	0.0	5.1	10.5	24.3	81.5	19.1	16.2	15.3	319
纽瓦克	0.0	1.9	4.4	14.4	67.8	12.6	11.0	13.8	463
圣路易斯	0.0	2.6	5.3	12.2	100.0	9.7	10.2	12.6	434
盐湖城	0.0	3.6	5.8	9.6	100.0	5.9	8.6	10.7	189
圣安东尼奥	0.0	5.7	12.6	24.8	69.6	19.1	16.1	12.6	197
圣地亚哥	0.0	3.9	6.6	11.7	39.3	7.8	8.8	6.9	374
西雅图	0.0	2.7	4.2	7.0	35.2	4.3	5.9	5.6	351
希博伊根	0.8	3.0	3.8	4.8	10.3	1.8	4.0	1.9	24
斯托克顿	0.0	5.8	8.6	15.8	46.5	10.0	12.3	9.5	85

注：参见表2－1。

当我们关注人口普查中生活在女性支撑家户中的儿童时，结果更为惊人。表 2－4 统计了生活在女性支撑家户中的贫困儿童比例。在标准社区内，所有生活在女性支撑家户中的儿童中，有 1/4 ~ 1/2 的儿童生活在贫困线以下。几乎每个城市都至少存在一个社区，其内所有生活在女性支撑家户中的儿童均为贫困儿童。尽管这些统计数据不能表明普查街区内具体有多少人属于贫困人群，但是它们显然表明了一个现象：美国几乎每个大都市区内都有大量的贫困地区，而且有孩无偶的单亲女性更有可能居住在这些地区。

表 2－4　女性支撑家户中的贫困儿童比例

单位：%，个

大都市区	极小值	下四分位数	中位数	上四分位数	极大值	四分位区间	均值	标准差	社区数量
艾伦镇	0.0	15.4	29.1	44.4	100.0	29.0	31.3	21.5	153
阿马里洛	0.0	6.0	25.0	40.3	100.0	34.3	29.1	27.0	61
亚特兰大	0.0	14.6	27.6	46.9	100.0	32.3	32.6	22.8	348
班格尔	0.0	28.8	34.8	44.8	62.4	16.0	36.1	15.3	25
伯明翰	0.0	21.5	39.8	55.2	100.0	33.7	38.9	21.6	199
波士顿	0.0	18.1	31.3	49.1	100.0	31.0	33.7	21.4	567
芝加哥	0.0	14.6	28.7	51.9	100.0	37.2	33.6	24.6	1454
弗林特	0.0	21.8	33.1	51.6	87.5	29.9	36.5	19.0	123
印第安纳波利斯	0.0	11.8	27.0	40.6	100.0	28.8	28.5	20.6	268
列克星敦	0.0	20.4	36.6	51.8	100.0	31.4	37.6	23.5	76
新贝德福德	10.4	35.5	50.8	61.0	80.7	25.5	49.4	17.6	44
纽黑文	0.0	13.3	28.5	47.9	100.0	34.6	31.7	22.6	93
新奥尔良	0.0	20.0	40.4	57.6	100.0	37.6	39.9	24.4	316
纽瓦克	0.0	13.4	29.4	48.3	100.0	34.9	32.1	23.9	457
圣路易斯	0.0	14.7	29.9	46.5	100.0	31.8	31.4	20.4	431
盐湖城	0.0	22.0	30.9	43.7	100.0	21.7	33.4	20.8	184
圣安东尼奥	0.0	24.1	44.8	62.3	100.0	38.2	43.2	23.3	190
圣地亚哥	0.0	18.2	30.5	44.5	100.0	26.3	32.4	19.9	369
西雅图	0.0	12.4	22.8	33.8	100.0	21.4	24.7	17.1	346
希博伊根	0.0	9.3	22.9	31.1	42.9	21.8	21.2	14.4	22
斯托克顿	0.0	25.2	38.8	53.7	100.0	28.5	41.8	21.7	83

注：参见表 2－1。

家庭状况

生命周期或家庭状况特征构成了与城市地区社会分异相关的第二组变量。近来美国人口年龄构成和家户构成的变化受到极大的关注。1970～1980年，由于出生率仍然很低且婴儿潮逐代衰退，美国人口年龄的中位数增加了2岁。此外，老年人口的规模也受到人们一定的关注。1980年，11%的美国人口（250万人）年龄超过了65岁。与此同时，受诸多因素的影响，美国家户的平均规模缩小，从1940年的3.67人减少为1970年的3.17人直至1980年的2.75人。在城市的部分地区，单亲家庭家户和非标准家庭家户的比例逐渐上升，这引起了人们越来越多的关注。这些家庭结构被视为长期存在的社会问题，因此人们关注的领域延伸到了政策层面。与此相关的问题是这类群体在某些社区内的集中情况。人口普查特征可以帮助我们衡量生命周期和家庭类型的空间分布。

图2－2绘制了1980年美国实际的家户规模以及社区平均水平的分布情况。由于美国人口的实际家户规模只能取离散值（1、2、3、4、5、6＋），我们以这些点为参照对社区平均水平进行分组。从整个国家层面来看，1980年有1/5以上的家户仅有1名成员，1/3左右的家户仅有2名成员，这种情况极可能是由一对夫妻组成的家户，3～4人规模的家户占1/3左右，成员人数在4人以上的家户比例显著下降。在普查街区中，2人家户（全国标准家户规模）的分布非常集中。（与收入一样，普查街区的分布比全国的分布更加集中）。存在大规模家户集中现象的社区数量几乎可以忽略不计。

21个大都市区在平均家户规模方面并不存在明显差异（见表2－5）。多种因素均可以导致社区家户规模出现差异，但是通常最具影响力的因素是社区生育率（或儿童的比例）。平均家户规模的分布将体现社区内高生育率人口及独居人口的显著集聚。几乎所有的统计区或标准社区内家户规模的中位数均为3人以下。在生育率很高的盐湖城，25%社区的家户规模在3.7人以上。在大多数大都市区，内城的分异程度处于中等水平，约有1/2的人口分布于第75百分位数和第25百分位数之间。盐湖城的分异程度最高，芝加哥、圣安东尼奥和圣地亚哥的分异也不容小觑（在这一方面，标准差比四分位区间更能体现差异）。在位于另一个极端的各大都市区内，社区中存在家户聚集和生育率的同质性，例如在新贝德福德。

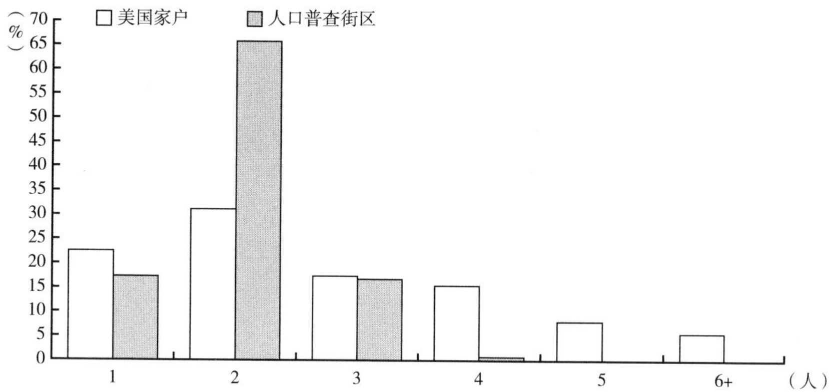

图 2－2　1980 年家户中的人口数

表 2－5　平均家户规模

单位：人，个

大都市区	极小值	下四分位数	中位数	上四分位数	极大值	四分位区间	均值	标准差	社区数量
艾伦镇	1.6	2.5	2.8	2.9	3.3	0.4	2.7	0.3	155
阿马里洛	1.6	2.3	2.7	3.0	3.7	0.7	2.7	0.5	63
亚特兰大	1.3	2.4	2.9	3.1	4.1	0.7	2.8	0.5	352
班格尔	1.4	2.4	2.7	3.0	3.2	0.6	2.6	0.5	28
伯明翰	1.5	2.6	2.8	3.0	3.5	0.5	2.8	0.4	202
波士顿	1.4	2.4	2.7	3.0	4.1*	0.6	2.7	0.5	579
芝加哥	1.0	2.5	2.8	3.2	5.0	0.7	2.9	0.6	1482
弗林特	1.3	2.6	2.9	3.2	3.6	0.6	2.9	0.4	124
印第安纳波利斯	1.3	2.5	2.8	3.0	3.9	0.5	2.8	0.4	269
列克星敦	1.8	2.5	2.8	3.0	3.3	0.5	2.7	0.4	78
新贝德福德	1.4	2.5	2.6	2.8	3.2	0.3	2.7	0.3	44
纽黑文	1.6	2.5	2.7	3.0	3.4	0.5	2.7	0.4	93
新奥尔良	1.1	2.4	2.8	3.1	4.8	0.7	2.7	0.5	318
纽瓦克	1.4	2.6	2.9	3.1	3.9	0.5	2.9	0.4	462
圣路易斯	1.2	2.5	2.8	3.0	4.1	0.6	2.8	0.4	434
盐湖城	1.1	2.6	3.1	3.7	4.7	1.1	3.1	0.7	189
圣安东尼奥	1.4	2.7	3.0	3.4	4.6	0.7	3.0	0.6	197

续表

大都市区	极小值	下四分位数	中位数	上四分位数	极大值	四分位区间	均值	标准差	社区数量
圣地亚哥	1.0	2.2	2.7	3.1	4.6	0.8	2.7	0.6	379
西雅图	1.1	2.3	2.6	2.9	3.9	0.7	2.6	0.5	353
希博伊根	1.7	2.6	2.9	3.1	3.4	0.6	2.8	0.4	24
斯托克顿	1.6	2.4	2.8	3.0	4.0	0.6	2.7	0.4	85

注：参见表 2 -1。

* 波士顿的一个人口普查街区中有一个家户内有 7 个人，但其余的人口并不在家户中居住。

表 2 -6 描述了老年人口的分布情况。这一变量呈现了中等程度的城市内部分异，以及小部分明显的大都市区的内部分异，且这些分异并不总是与人们最初的预测相一致。在大部分地区，社区上四分位数（老年人口比例最高）和下四分位数（老年人口比例最低）区间介于 6 ~ 8 之间——呈现中等程度的分异。如果我们观察中等普查街区，大约有 10% 的人口年龄在 65 岁以上，这一数值与全国人口的比例相似。但是当我们仔细观察老年人口的分布时，会发现一些非常有趣的特征。标准社区中老年人口比例最高（第 3 列）的大都市区并不是那些位于众所周知的阳光地带的大都市区，而是一些旧的工业城市，其中许多位于美国北部（例如新贝德福德、艾伦镇以及波士顿）。在发展较快的美国南部和西部统计区，中等普查街区（例如圣地亚哥、亚特兰大）的老年人口比例相对较低。

表 2 -6 老年人口比例（65 岁以上）

单位：%，个

大都市区	极小值	下四分位数	中位数	上四分位数	极大值	四分位区间	均值	标准差	社区数量
艾伦镇	1.2	9.3	11.8	15.9	44.1	6.7	13.1	5.9	155
阿马里洛	1.0	5.7	10.2	13.8	24.7	8.0	10.5	6.0	63
亚特兰大	0.8	4.8	7.8	11.6	34.4	6.8	9.1	5.7	352
班格尔	2.1	7.7	10.2	13.3	29.7	5.6	10.9	5.0	28
伯明翰	1.6	9.2	11.6	15.8	26.9	6.6	12.6	5.1	202
波士顿	0.1	9.0	12.5	15.6	66.7	6.6	12.7	5.9	580
芝加哥	0.0	6.0	9.8	14.3	58.4	8.3	10.8	6.1	1486
弗林特	2.9	5.4	7.5	11.4	24.5	6.0	8.8	4.3	124
印第安纳波利斯	0.0	6.4	9.4	13.5	35.1	7.1	10.4	5.7	269

续表

大都市区	极小值	下四分位数	中位数	上四分位数	极大值	四分位区间	均值	标准差	社区数量
列克星敦	0.6	6.5	9.4	12.2	24.5	5.6	9.5	4.7	79
新贝德福德	6.2	12.5	15.3	17.7	49.5	5.2	15.7	6.4	44
纽黑文	1.8	8.3	12.8	16.2	25.9	8.0	12.8	5.1	93
新奥尔良	1.0	6.2	10.6	14.4	43.3	8.2	10.9	6.3	318
纽瓦克	2.5	7.1	10.5	13.9	39.5	6.7	11.2	5.3	462
圣路易斯	0.2	8.0	11.7	15.9	49.7	7.9	12.8	6.7	435
盐湖城	0.2	3.7	6.6	14.0	26.7	10.3	8.9	6.4	189
圣安东尼奥	0.0	5.6	9.3	14.0	55.8	8.4	10.3	6.8	197
圣地亚哥	0.0	5.4	9.8	15.5	79.7	10.0	11.5	8.8	379
西雅图	0.0	5.5	9.3	14.4	47.1	8.9	10.8	7.1	353
希博伊根	7.4	9.6	11.8	15.2	30.9	5.6	13.2	5.4	24
斯托克顿	2.2	7.8	10.7	14.5	27.7	6.7	11.8	5.5	85

注：参见表 2 - 1。

可以肯定，这 21 个大都市区并不包括最有名的“退休”城市，但是如果对圣地亚哥的数据进行进一步分析，可以发现这些大都市区内各年龄层的分布情况。总体而言，圣地亚哥 10.3%（总）的人口年龄在 65 岁以上。虽然圣地亚哥对退休人员也颇具吸引力，但是其老年人口比例小于迈阿密（15.7%）和坦帕圣（21.4%）等城市。虽然大部分普查街区的老年人口比例非常低——实际上，1/4 普查街区的老年人口比例低于 5.4%，但是仍然有一小部分普查街区中老年人口的比例非常高。在没有展示出来的一些数据表格中，研究发现在圣地亚哥的 379 个普查街区中，约有 38% 的普查街区内至少有 1/5 的居民年龄在 65 岁以上。这一比例比其他 20 个统计区的比例都要高。1980 年的人口普查数据显示，有一个普查街区年龄在 65 岁以上的居民比例接近 80%。一般来说，老年人口高度集中的现象很有可能出现在大力发展退休产业的统计区；然而事实却是，老年人口在大都市区的社区内更为集中。

表 2 - 7 中呈现的家户类型的比例即我们划分为非传统家庭家户的比例。在这一类别的家户中，其家户成员因家庭关系而联系在一起，但并不包括已婚夫妇（家户可以分为家庭户和非家庭户，非家庭户的成员包括独居者以

及一群无家庭关系的个体）。在这一类别中，大部分家户为育有小孩的单亲家庭家户。其中，绝大部分家户由女性担任户主，因此尽管这一类别不等同于女性支撑家户，但是其分布与后者相同。其他家户往往是拥有庞大家庭体系的家户，主要为数代人住在一起及同一代人中的数名成员住在一起。

表 2－7 非传统家庭家户比例

单位：%，个

大都市区	极小值	下四分位数	中位数	上四分位数	极大值	四分位区间	均值	标准差	社区数量
艾伦镇	4.4	8.1	10.1	13.2	30.8	5.1	11.2	4.5	155
阿马里洛	3.5	7.8	9.8	13.2	29.6	5.4	10.9	4.7	63
亚特兰大	0.0	9.0	12.5	22.8	66.1	13.8	17.3	12.0	352
班格尔	0.0	9.8	11.0	13.2	27.9	3.4	11.7	5.4	28
伯明翰	5.4	9.3	12.3	21.4	44.8	12.0	15.9	9.1	202
波士顿	0.0	10.7	13.4	17.7	64.2	6.9	15.7	8.7	579
芝加哥	0.0	9.8	14.4	24.2	82.0	14.3	18.7	12.7	1482
弗林特	3.8	10.0	13.0	19.6	43.2	9.6	17.0	9.9	124
印第安纳波利斯	1.8	7.8	11.5	18.1	44.2	10.3	13.9	8.2	269
列克星敦	5.8	7.9	10.9	14.1	51.3	6.2	12.4	6.7	78
新贝德福德	5.9	10.9	13.7	19.3	29.3	8.4	15.3	5.7	44
纽黑文	5.0	9.6	11.7	15.6	62.5	6.0	15.1	10.0	93
新奥尔良	2.2	11.0	14.5	25.0	76.6	14.1	18.6	11.6	318
纽瓦克	0.0	9.7	13.5	23.3	61.0	13.7	18.1	11.8	462
圣路易斯	4.1	8.9	11.5	17.6	53.2	8.6	15.6	10.4	434
盐湖城	2.6	7.8	10.0	12.1	36.8	4.4	10.3	3.9	189
圣安东尼奥	0.8	9.6	14.0	18.2	44.2	8.6	14.7	7.3	197
圣地亚哥	0.0	9.4	12.2	15.2	36.2	5.8	12.8	5.3	379
西雅图	0.0	8.7	10.5	12.5	42.9	3.8	11.1	4.5	353
希博伊根	4.2	6.2	7.5	8.6	13.4	2.4	7.7	2.4	24
斯托克顿	0.0	9.3	12.4	16.4	41.7	7.1	13.9	6.5	85

注：参见表 2－1。

大都市区再一次出现明显的非传统家庭家户的集中现象，尤其是在芝加哥和新奥尔良。在这两个统计区，标准社区内有 1/7 左右的家户属于这种家庭类型。研究发现，在这些规模较大的大都市区中，少量普查街区内存在大量的单亲家庭家户和有庞大家庭体系的家户。纽瓦克 10% 的社区（约 45 个）中至少有 38% 的非传统家庭家户（并未在表 2 – 7 中显示），最高比例甚至高达 61%。根据与规模相关的一般规律，这 45 个社区中有 10 万个相似的家户，其中有 4 万个左右属于这种非传统家庭家户。无论根据何种标准，这表明该大都市区的少数地区存在非核心家庭家户高度集中的现象。将 21 个大都市区的数据进行汇总，我们发现在所有社区中，有 10% 的社区存在非传统家庭家户集中的现象，这类家户类型在普查街区所有家户中的占比接近 1/3。规模较大的统计区通常具有极端最大值，其中绝大多数家户属于这种类型。

同样引人注目的是非传统家庭家户社区集中度的离差（根据四分位区间和标准差）。在一些城市（包括阿马里洛、波士顿、盐湖城和西雅图），社区之间非传统家庭家户集中度相对差别不大；但是在几个大都市区，四分位区间尤其大，例如亚特兰大、芝加哥、新奥尔良和纽瓦克。在这些大都市区，黑人所占比例较大，而且与白人相比，黑人中单亲家庭家户的比例更高。毫无疑问，种族居住隔离促使这些大都市区出现非传统家庭家户社区集中度的离差，但是不管在何种情况下，这些大都市区中都有部分地区既包含非传统家庭家户并不常见的社区，也包含非传统家庭家户比较多的社区。

根据结论稍做推断，我们发现在普通美国社区中，约有 1/5 的家户为独居家户，此外还有 1/10 的家户属于不含已婚夫妇的家户。尽管平均集中度处于中等水平，但是我们有充分的证据表明，几乎在每个统计区内，部分社区的非传统家庭家户集中度非常高——具体来说，这些社区具有较高的单一类型家户集中度（非标准现象）。部分社区主要包括核心家庭家户及子女抚养型家庭家户，还有部分社区包括许多（甚至比例极其高的）单亲家庭家户，甚至还有部分社区包括许多独居家户。在过去几年中，核心家庭（夫妻两人及其孩子）家户的数量大幅减少，仅占所有家户中的一小部分。与此同时，独居家户的比例大幅增加，其中主要是年轻人和老年人。关于家户结构和形成趋势的分析已经指明：收入增长、生育率下降、婚姻不稳定以及独居生活偏好是导致美国家户结构发生变化的主要因素。社区居住系统中也包括这些因素。

我们将女性劳动参与也纳入生命周期特征中，原因在于我们预计女性劳动参与率和抚养孩子以及生命过程中的其他特征相关。近几十年来，女性劳动参与越来越普遍。截至 1980 年，女性劳动参与率超过了 50%，而 1970 年这一比例下降至为43%，1940 年这一比例仅为 25%。[①] 我们有兴趣了解的是，这类劳动参与是否会在城市居住特征中体现，以及随着时间的推移，居住分异发生了何种变化。

几乎在每个统计区中，普查街区内女性劳动力的比例（未用表格显示）均在50%左右，接近全国平均水平。在大多数城市中，大约一半的社区处于50%上下浮动5%或8%所组成的区域内。女性劳动参与率特别高（75%以上）的社区所占比例非常小，女性劳动参与率特别低的社区同样占比非常小，在25%以下。需要指出的是，尽管研究发现大都市区内社区在年龄或生命周期结构方面的分布仍然较为集中，但是社区内孩子的出生并不能立即体现为社区内的女性即刻撤出劳动力市场。根据美国国家统计局提供的信息，虽然育有子女的女性的劳动参与率有所下降，但其仍是劳动力大军中的重要组成部分。尽管抚养孩子是大都市区生命周期变化的一个重要影响因素，但是关于传统核心家庭“男主外、女主内”的看法已经过时。

族群构成

在所有特征中，与美国社区最相关的特征是其种族和族群构成。的确，1980 年人口普查的第一批表格中就包含这些特征（为了政治区域重新划分）。[②] 在部分人看来，族群同源性是构建社群凝聚力不可或缺的组成部分。有时候，族群同质性被理解为多数族群（majority）歧视少数族群（minority）的一种表现。我们将全面、深入地关注族群隔离，但是隔离数据并不能确定城市社区内各族群的规模，也不能表明统计区之间的族群构成分异（实际上，隔离统计数据旨在消除分布的这一特性）。因此，接下来我们将描述大都市区内按种族和世系划分的人口分布情况。

虽然根据目前的说法，种族－族群通常被视为一个分析维度，但是人口普查分类涉及好几个问题，因此可将种族和族群视为多个维度。我们将使用三种分类方法，每一种分类方法均源自不同的人口普查问题。括号中给出了主要的分类类别，具体如下所示。

（1）种族（白人、黑人、亚洲人、美洲印第安人及其他种族）；

① Donald J. Bogue, *The Population of the United States* (New York: Free Press, 1985), p. 487.

② 美国《191 公共法》(The Public Law 191) 的文件于 1981 年发布。

（2）西班牙裔（包括波多黎各裔、墨西哥裔、古巴裔、其他西班牙以及非西班牙裔）；

（3）世系（15 个独特的单个世系群体，以及其他单个世系和未指明的世系）。

根据自我认同，每个人都将根据上述三个方面进行自我分类。调查向所有受访者询问第 1 个和第 2 个问题；而第 3 个问题只针对长期样本对象。①此外，询问长期样本对象的出生地，从而将外籍人口制成表格，并在后续工作中对该特征进行处理。我们将保留术语“族群划分”，用来指代相关维度——这些维度是美国人口分类的依据——的复杂性。根据人口普查的定义，我们在分析中将单独处理各个要素。

图 2－3 清晰显示了黑人和其他种族群体（白人在非黑人人口中占绝大多数）很少住在同一个社区内（这个方面没有国家分布数据可供有效叠加，但是在 1980 年人口普查中，美国总人口中 11.7% 的人是黑人）。尽管这 21 个大都市区在整体种族构成方面存在差异，但数据显示很少有社区同时包含两个种族。图形呈 U 形，其中一侧比另一侧短。这个根据约 6000 个社区数据所绘制的图形预示了根据大都市区所绘图形的大致可能形状。

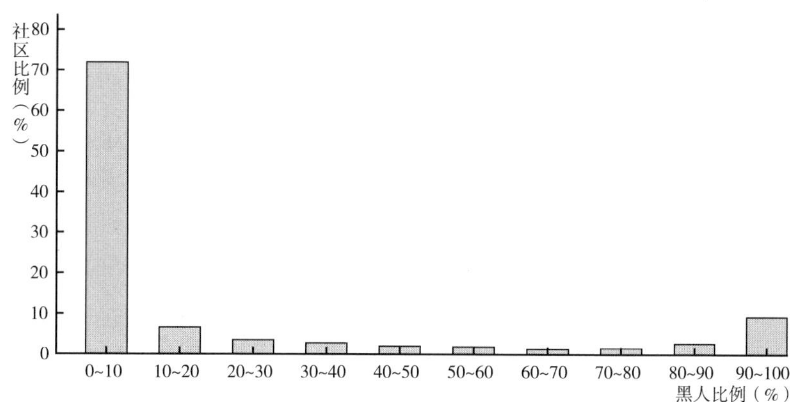

图 2－3　1980 年 21 个大都市区中社区内黑人的分布情况

① 对种族/族群讨论中常见的一些群体（例如盎格鲁人和犹太人）没有任何明确分类。这种分类与以往的人口普查也有所不同。与这些问题有关的更广泛的讨论请参见人口普查文档及本系列丛书中的其他书——其主题是种族和族群的地位。

表2－8更精确地解释了大都市区的不同种族构成及区域内黑人的分布情况，并且与第一章中提及的统计区的种族构成相一致。几乎在每个统计区都有很大比例的（通常超过1/4）社区内没有黑人居住。在大部分大都市区，即使是在中等规模的社区内也几乎不包含任何黑人，尽管该统计区人口中有相当大的部分是黑人。在另一个极端，我们发现一种非常普遍的现象：一小部分普查街区内居住的几乎全是黑人；而且大部分统计区都至少包含一个（通常是数个）几乎全是黑人居住的普查街区。四分位区间进一步表明，普查街区分布具有明显的种族构成差异。四分位区间包含1/2的范围分布情况，通常人口数量越大，囊括一半普查街区种族构成数值的四分位区间就越大。在黑人比例较大的大都市区，四分位区间非常大；在其他统计区，四分位区间相对较小，这表明，通常情况下，几乎所有的黑人都住在少部分普查街区内。第四章试图用隔离统计数据的某个数值来反映整体分布的不均衡性。

表2－8 黑人比例

单位：%，个

大都市区	极小值	下四分位数	中位数	上四分位数	极大值	四分位区间	均值	标准差	社区数量
艾伦镇	0.0	0.1	0.5	1.6	25.6	1.5	1.8	3.5	155
阿马里洛	0.0	0.4	1.0	2.7	97.8	2.3	6.6	17.7	63
亚特兰大	0.0	2.0	8.1	56.5	99.8	54.5	29.9	36.9	352
班格尔	0.0	0.0	0.2	0.4	1.7	0.4	0.3	0.4	28
伯明翰	0.0	2.2	12.0	63.7	99.8	61.4	31.4	36.0	202
波士顿	0.0	0.3	0.9	3.2	95.6	2.9	8.2	20.4	580
芝加哥	0.0	0.2	1.7	38.1	100.0	37.9	25.4	38.9	1486
弗林特	0.0	0.1	1.0	13.4	95.9	13.3	18.3	32.1	124
印第安纳波利斯	0.0	0.2	1.1	11.7	98.9	11.5	15.5	28.7	269
列克星敦	0.0	1.6	3.7	8.8	74.9	7.2	9.8	16.4	79
新贝德福德	0.0	0.3	0.7	2.6	13.5	2.3	2.2	3.2	44
纽黑文	0.1	0.6	1.6	12.9	92.2	12.3	11.3	19.2	93
新奥尔良	0.0	2.1	16.4	64.6	99.9	62.5	34.4	36.1	318
纽瓦克	0.0	0.7	3.9	47.6	99.2	46.9	24.8	34.1	462
圣路易斯	0.0	0.3	2.0	29.2	99.4	28.9	21.1	34.0	435
盐湖城	0.0	0.1	0.4	1.2	47.7	1.0	1.4	4.1	189
圣安东尼奥	0.0	0.5	1.6	6.6	90.1	6.1	7.3	15.3	197

续表

大都市区	极小值	下四分位数	中位数	上四分位数	极大值	四分位区间	均值	标准差	社区数量
圣地亚哥	0.0	0.7	1.6	4.5	79.6	3.8	5.1	10.4	379
西雅图	0.0	0.5	1.1	1.9	85.0	1.4	3.9	10.2	353
希博伊根	0.0	0.0	0.1	0.1	7.8	0.1	0.4	1.6	24
斯托克顿	0.0	0.4	1.9	6.4	52.7	6.0	6.3	10.4	85

注：参见表 2 - 1。

在所研究的 21 个大都市区中，约 7% 的居民拥有西班牙裔，但表2 - 9显示这 21 个大都市区的分异较大。根据第 50 个百分位数，我们清楚地知道美国西南部地区西班牙裔美国人比较集中。在圣安东尼奥，西班牙裔美国人的比例在 40% 以上，标准社区中有 38.2% 的人口为西班牙裔。此外，较大的城市往往也包含很大比例的西班牙裔美国人，例如在波士顿、纽瓦克和芝加哥，一些社区内住着较大比例的西班牙裔美国人。

表 2 - 9　西班牙裔比例

单位：%，个

大都市区	极小值	下四分位数	中位数	上四分位数	极大值	四分位区间	均值	标准差	社区数量
艾伦镇	0.0	0.4	0.8	2.1	36.3	1.7	2.8	5.8	155
阿马里洛	1.3	3.1	5.8	8.9	70.9	5.8	9.5	12.4	63
亚特兰大	0.0	0.7	1.0	1.3	13.2	0.7	1.2	1.1	352
班格尔	0.0	0.1	0.4	0.5	1.0	0.4	0.4	0.3	28
伯明翰	0.0	0.4	0.6	0.9	5.7	0.5	0.7	0.5	202
波士顿	0.0	0.6	1.0	2.8	67.0	2.2	3.3	6.7	580
芝加哥	0.0	1.2	2.6	9.6	90.3	8.4	10.8	18.3	1486
弗林特	0.4	0.9	1.4	2.2	9.2	1.3	1.8	1.5	124
印第安纳波利斯	0.1	0.4	0.7	1.0	6.6	0.5	0.8	0.6	269
列克星敦	0.0	0.4	0.6	0.9	2.4	0.4	0.7	0.4	79
新贝德福德	0.5	1.3	2.4	4.6	16.3	3.3	3.6	3.3	44
纽黑文	0.2	0.7	1.1	2.9	35.9	2.2	3.7	6.6	93
新奥尔良	0.0	2.1	3.2	5.0	43.3	2.9	4.0	3.5	318
纽瓦克	0.2	1.3	2.2	6.3	70.6	5.0	7.3	12.0	462
圣路易斯	0.0	0.6	0.8	1.1	19.5	0.5	1.0	1.1	435
盐湖城	0.2	1.8	4.1	7.2	42.0	5.4	6.0	6.6	189

续表

大都市区	极小值	下四分位数	中位数	上四分位数	极大值	四分位区间	均值	标准差	社区数量
圣安东尼奥	2.8	14.7	38.2	70.1	98.7	55.4	44.3	30.7	197
圣地亚哥	0.3	6.4	9.9	18.2	92.5	11.8	15.4	15.3	379
西雅图	0.1	1.4	1.9	2.4	6.6	1.0	2.1	1.0	353
希博伊根	0.2	0.4	0.7	1.4	3.2	1.0	1.1	1.0	24
斯托克顿	3.5	11.6	15.7	26.9	63.4	15.3	20.9	14.3	85

注：参见表 2－1。

美国是一个移民国家，而且 1980 年的人口普查数据显示，美国城市内包含的多个族群以及社区人口结构对大都市区的特定特征产生了影响。人口普查于 1980 年第一次要求调查对象提供世系信息，从而了解有关人口起源及族群划分的持久性信息。1980 年人口普查以普查街区为单位，对 15 个左右的族群世系进行了统计，但是此处如果要详细阐述每一个族群的话，信息量太大。因此，我们只做一个概括，并显示哪些大都市区是哪些特定族群群体的集中区。

表 2－10 介绍了各城市社区内种族和单一世系群体的中位数集中度，所有数据被按照统计区的规模从小到大排列。我们通过分析仅填写了单一世系的调查对象的数据，并包含了表 2－8 和表 2－9 中的中位数列以便进行对比。表 2－10 清晰显示了各世系群体在美国居住系统中的分布差异。美国境内的主要世系群体包括英国世系、德国世系、爱尔兰世系、法国世系、意大利世系和波兰世系（按相应顺序排列）。几乎在每个统计区内，英国世系、德国世系和爱尔兰世系的比例都不容小觑。在美国南部城市以及盐湖城和班格尔，英国世系美国人较为集中。而在美国中西部统计区，德国世系美国人所占比例更大。众所周知，圣路易斯内的社区有较高比例的德国世系美国人。在这个大都市区，标准社区中德国世系美国人的比例高达 15.1%。而爱尔兰世系和意大利世系美国人则主要分布在东北部海岸地带。在波士顿统计区，中等规模普查街区中爱尔兰世系美国人的比例为 13.2%。而在纽黑文，意大利世系美国人的比例特别高——在标准社区内，1/6 的人口是意大利世系美国人。在地理区域内统计的 6 个主要世系群体中，最后两个是法国世系美国人和波兰世系美国人。其中，法国世系美国人在新英格兰地区

（这里有许多来自法国和加拿大的移民）和新奥尔良最为集中。在芝加哥的标准普查街区内，波兰世系美国人的比例要比其他统计区普查街区的比例高。我们应该指出，这些表格适用于整个大都市区，而且族群社区既存在于郊区，也存在于城市中心地带。

表2-10 社区种族和单一世系的中位数

单位：%

大都市区	黑人	西班牙裔	英国世系	法国世系	德国世系	爱尔兰世系	意大利世系	波兰世系
班格尔	0.2	0.4	21.1	9.4	2.0	6.8	0.8	0.3
希博伊根	0.1	0.7	2.1	0.5	41.1	0.9	0.3	1.0
新贝德福德	0.7	2.4	7.0	6.8	0.6	2.5	1.0	2.3
阿马里洛	1.0	5.8	17.1	0.8	5.9	5.2	0.2	0.2
列克星敦	3.7	0.6	24.0	0.6	5.4	6.2	0.4	0.2
斯托克顿	1.9	15.7	7.4	0.7	5.9	3.0	2.9	0.2
纽黑文	1.6	1.1	5.7	1.3	3.2	6.8	14.8	3.0
弗林特	1.0	1.4	10.4	1.4	6.9	2.9	0.5	1.6
艾伦镇	0.5	0.8	4.3	0.3	23.9	2.8	3.4	1.8
伯明翰	12.0	0.6	21.3	0.4	2.3	5.5	0.4	0.0
盐湖城	0.4	4.1	24.9	0.5	3.9	1.5	0.7	0.2
圣安东尼奥	1.6	38.2	5.9	0.4	6.5	2.4	0.4	0.6
印第安纳波利斯	1.1	0.7	14.1	0.7	9.6	4.5	0.5	0.3
新奥尔良	16.4	3.2	5.9	6.8	3.8	2.9	2.6	0.1
西雅图	1.1	1.9	8.2	0.9	6.6	3.1	1.1	0.5
圣地亚哥	1.6	9.9	9.4	1.1	6.3	3.6	2.0	0.9
纽瓦克	3.9	2.2	2.8	0.3	4.4	4.8	8.8	2.7
亚特兰大	8.1	1.0	20.4	0.6	2.9	5.2	0.3	0.2
圣路易斯	2.0	0.8	6.5	0.9	15.1	4.2	1.1	0.8
波士顿	0.9	1.0	6.4	1.4	1.4	13.2	6.5	1.3
芝加哥	1.7	2.6	2.1	0.3	6.0	3.5	2.1	3.6

大都市区	荷兰世系	希腊世系	匈牙利世系	挪威世系	葡萄牙世系	俄罗斯世系	苏格兰世系	瑞典世系	乌克兰世系	其他世系
班格尔	0.3	0.0	0.0	0.2	0.0	0.2	2.0	0.7	0.0	3.9
希博伊根	2.3	0.0	0.0	0.5	0.0	0.2	0.1	0.3	0.0	4.3
新贝德福德	0.0	0.2	0.0	0.0	26.6	0.0	0.2	0.0	0.0	7.5
阿马里洛	0.4	0.0	0.0	0.0	0.0	0.0	0.5	0.1	0.0	9.1
列克星敦	0.3	0.0	0.0	0.0	0.0	0.0	0.5	0.0	0.0	6.5
斯托克顿	0.4	0.1	0.0	0.3	0.9	0.0	0.3	0.6	0.0	21.8

续表

大都市区	荷兰世系	希腊世系	匈牙利世系	挪威世系	葡萄牙世系	俄罗斯世系	苏格兰世系	瑞典世系	乌克兰世系	其他世系
纽黑文	0.1	0.3	0.5	0.1	0.2	0.8	0.5	0.6	0.3	6.6
弗林特	0.4	0.0	0.6	0.1	0.0	0.0	0.5	0.3	0.0	7.5
艾伦镇	1.6	0.1	1.7	0.0	0.0	0.3	0.2	0.1	0.8	6.9
伯明翰	0.3	0.0	0.0	0.0	0.0	0.0	0.4	0.0	0.0	13.4
盐湖城	1.0	0.3	0.0	0.5	0.0	0.0	0.8	1.2	0.0	9.6
圣安东尼奥	0.1	0.0	0.0	0.0	0.0	0.0	0.2	0.0	0.0	44.4
印第安纳波利斯	0.5	0.0	0.0	0.0	0.0	0.0	0.4	0.1	0.0	4.9
新奥尔良	0.0	0.0	0.0	0.0	0.0	0.0	0.1	0.0	0.0	19.3
西雅图	0.6	0.1	0.1	2.9	0.0	0.2	0.8	1.7	0.0	9.8
圣地亚哥	0.5	0.1	0.2	0.6	0.2	0.3	0.6	0.7	0.0	16.8
纽瓦克	0.2	0.2	0.5	0.0	0.1	0.8	0.4	0.2	0.3	13.1
亚特兰大	0.2	0.0	0.0	0.0	0.0	0.0	0.4	0.1	0.0	10.6
圣路易斯	0.2	0.0	0.1	0.0	0.0	0.0	0.2	0.1	0.0	6.0
波士顿	0.1	0.6	0.0	0.1	0.4	0.8	0.9	0.5	0.0	7.1
芝加哥	0.1	0.2	0.2	0.2	0.0	0.1	0.1	0.6	0.1	22.6

相比较而言，其余 9 个欧洲世系群体的比例要小得多。虽然根据表 2－10 提供的数据，这几个世系群体的比例非常低，但是仍然可以看出其中部分世系群体在某些统计区较为集中。荷兰世系美国人在希博伊根和艾伦镇相对较为集中。而斯堪的纳维亚世系（包括挪威世系和瑞典世系）美国人则在盐湖城和西雅图更为集中。根据表 2－10 中的数据，较小的新贝德福德统计区内葡萄牙世系美国人相对较多，因此标准社区内有约 1/4 的人口是葡萄牙世系的后代。“其他世系”组记录了只填写单一世系但并不属于表2－10中 15 个世系的人群。由于每个人的世系均被计入表内数值中，因此本表格中的数据能够反映统计区内黑人、西班牙裔群体以及其他欧洲（和非欧洲）世系群体的相对集中度。

美国的大城市被称为“大熔炉”。大众媒体和其他媒介通常将这类城市描述为“社区城市”。在这种情况下，社区的概念意味着它是多族群的聚居地。表 2－11 给出了统计区内普查街区的最大世系集中度；通过这些数据，我们可以更好地了解多族群聚居社区（多世系群体的聚居地）在大都市区的分布是更为广泛还是更为集中。在表 2－11 中，大都市区被按照规模从小到大进行排列。根据上述探讨，我们发现通常某些群体在城市和地区中相对更为集中；然而表2-11显示，规模更大的统计区尽管拥有多个群体，但是通常其中只有某个群体的比例相对较高。由于按绝对数字计算，主要的大都市区拥有更多的社区（普查街区），因此也更有可能出现各个世系群体高度集中的现象。

表2-11 社区种族和单一世系的极大值

单位：%

大都市区	黑人	西班牙裔	英国世系	法国世系	德国世系	爱尔兰世系	意大利世系	波兰世系
班格尔	1.7	1.0	45.4	27.5	4.0	15.3	3.0	2.0
希博伊根	7.8	3.2	4.5	2.1	60.0	2.8	0.8	1.8
新贝德福德	13.5	16.3	22.2	21.5	2.1	8.8	4.5	7.5
阿马里洛	97.8	70.9	30.6	3.9	13.4	13.9	2.0	4.0
列克星敦	74.9	2.4	42.6	2.5	14.6	11.3	2.9	1.3
斯托克顿	52.7	63.4	20.0	1.9	28.2	7.4	16.4	2.0
纽黑文	92.2	35.9	20.0	4.1	6.9	21.9	49.2	10.0
弗林特	95.9	9.2	18.5	6.3	14.6	7.0	2.7	6.7
艾伦镇	25.6	36.3	17.7	1.6	48.5	8.9	25.4	8.3
伯明翰	99.8	5.7	50.5	3.4	15.4	14.7	7.8	3.1
盐湖城	47.7	42.0	39.3	3.0	12.4	7.0	3.8	2.1
圣安东尼奥	90.1	98.7	19.3	4.3	43.4	8.2	3.7	18.6
印第安纳波利斯	98.9	6.6	32.1	5.5	20.5	11.7	7.5	3.0
新奥尔良	99.9	43.3	22.5	37.7	12.3	9.3	11.4	3.1
西雅图	85.0	6.6	17.1	8.9	16.0	15.4	5.9	3.5
圣地亚哥	79.6	92.5	24.2	5.1	14.9	10.3	23.7	5.1
纽瓦克	99.2	70.6	17.3	2.7	18.1	15.6	61.7	25.2
亚特兰大	99.8	13.2	44.9	4.9	8.1	14.3	3.1	3.0
圣路易斯	99.4	19.5	27.0	9.2	69.8	20.7	53.3	8.6
波士顿	95.6	67.0	23.0	16.1	7.1	59.3	76.8	30.6
芝加哥	100.0	90.3	22.6	4.4	29.1	39.2	43.1	67.1

大都市区	荷兰世系	希腊世系	匈牙利世系	挪威世系	葡萄牙世系	俄罗斯世系	苏格兰世系	瑞典世系	乌克兰世系	其他世系
班格尔	1.6	3.8	1.6	0.7	1.1	3.4	4.5	2.3	0.4	85.6
希博伊根	50.7	0.8	0.4	2.1	0.2	0.8	0.6	0.9	0.3	12.4
新贝德福德	0.7	2.6	0.3	3.0	79.6	1.4	1.2	1.4	0.3	55.9
阿马里洛	2.2	0.7	0.4	1.3	1.0	1.0	3.7	1.3	0.1	86.7
列克星敦	2.3	1.5	0.8	1.5	0.3	0.9	2.3	0.9	0.4	58.7

续表

大都市区	荷兰世系	希腊世系	匈牙利世系	挪威世系	葡萄牙世系	俄罗斯世系	苏格兰世系	瑞典世系	乌克兰世系	其他世系
斯托克顿	21.1	2.3	0.8	3.2	14.3	1.2	1.3	2.6	1.6	83.9
纽黑文	1.1	3.4	3.4	0.7	6.6	15.5	3.1	3.5	2.1	80.7
弗林特	1.6	1.8	2.4	1.2	0.2	2.5	3.5	1.6	1.9	86.8
艾伦镇	8.6	3.4	11.8	0.8	9.9	3.1	1.4	0.9	7.3	46.4
伯明翰	4.1	1.8	1.1	1.1	1.0	2.8	2.8	1.3	1.1	94.1
盐湖城	4.4	3.2	1.4	3.4	2.1	1.2	3.6	3.4	0.6	64.1
圣安东尼奥	1.8	1.2	0.9	0.8	0.7	1.9	2.3	1.1	0.4	94.6
印第安纳波利斯	2.3	1.6	1.2	1.4	0.3	4.0	2.0	2.6	1.5	91.1
新奥尔良	3.9	1.9	1.7	1.8	1.1	4.6	1.8	1.4	2.1	91.8
西雅图	8.6	2.4	3.5	12.5	1.9	4.0	2.8	5.8	2.3	80.1
圣地亚哥	2.5	2.2	2.3	3.5	25.6	9.1	3.6	3.0	1.5	100.0
纽瓦克	3.4	11.5	7.9	6.6	62.9	14.1	3.0	2.0	8.7	93.5
亚特兰大	2.5	2.9	1.0	1.5	1.7	5.7	2.7	1.7	2.5	95.3
圣路易斯	3.4	3.1	3.4	1.0	1.2	14.6	4.6	1.6	1.4	94.1
波士顿	1.8	13.8	2.7	3.2	42.9	21.0	5.8	5.0	1.9	90.7
芝加哥	36.2	24.6	5.6	5.3	3.7	17.4	2.5	12.0	33.0	98.4

表 2－11 表明，大城市世系群体在各个城市内都存在。每个城市都至少有一个或两个平均集中度较高的群体（例如希博伊根市内的德国世系美国人），但是很显然，在规模最大的统计区内，有更多的社区分布在数值高的一侧。在 15 个单一世系群体（不包括“其他世系”组）中，班格尔有 2 个社区拥有集中度超过 25% 的世系群体，希博伊根也有 2 个社区，而新贝德福德只有 1 个社区。在中等规模的统计区中，伯明翰、盐湖城和圣安东尼奥也分别有 2 个社区拥有比例较高的世系群体。圣路易斯和波士顿分别有 4 个和 5 个社区拥有比例超过 25% 的单一世系群体。在芝加哥，将近一半的世系群体在相应社区内的比例都超过了 25%；还有 4 个世系群体在社区内的最大比例介于 10% ~25% 之间。如果我们同时考虑社区内宣称有该世系以及其他某个世系的人群（有 31% 的美国人是这样宣称的），城市社区的族群特征将更为明显（从数值角度来说）。

因此，几乎在每个大都市区内都能根据人口普查数据找到一个或两个“族群”聚居地，但是在规模最大的统计区，聚居地的分布更为广泛：有更多的社区同时有多个世系群体。这种人口分布情况存在的可能性并不总是体现为“街头可见度”：族群餐厅、口头语言、专卖店等。对某些特定世系群体而言，尤其是更早时候定居在某些地区的世系群体（例如爱尔兰世系和法国世系），其集中度相对较低甚至为零。族群餐厅的存在并不总是意味着周围社群人口构成的独特性。

囿于城市规模的影响，美国南方城市出现族群多样性的可能性更小。一般情况下，南方城市中英国世系群体及少量其他群体的比例较高。[①]“其他世系”群体的比例相对较高，这是由于在美国出生的非裔美国黑人的比例较高。同样，在西南部的统计区中，“其他世系”群体的比例也相对较高，这是由于那里的西班牙裔美国人通常宣称自己还是墨西哥、西班牙或南美世系。

尽管我们针对大都市的同化及其功能给出了一般假设，但这些人口普查数据提供了一些相当明确的证据证明美国文化中“族群划分”的持久性。许多社区都有非常鲜明的族群印记（在询问种族、西班牙裔或世系问题时有所体现）。这种持久性可能是没有被同化的结果（例如族群联姻和住宅分散），从而得以保存单一世系，也可能是同一世系群体的近代移民造成的。毫无疑问，美国大都市区成为混合进程的大熔炉，而混合进程是逐渐发生的，且尽管表面看起来进展非常顺利，但大部分地区保留了其原有的风俗传统。

住房密度、住房和居住流动性

我们最终的变量组并不能被简单地划分到前述三个主要领域（社会经济地位、生命周期和族群划分）的特征，但是这些特征都是能够描述大城市情况的重要和显著因素（物理分异与社会分异是否相关是另外一个要探讨的话题）。居住流动性为居住系统提供了促变因素，从而导致人口增加或减少、社会经济地位波动以及族群构成的变化。

图 2 –4 反映了本研究中 21 个大都市区内普查街区人口密度的分布情况。和其他概览图一样，这里的数值受到统计区平均人口密度以及大都市区人口分布情况的影响。本研究中，近半数社区的人口密度小于 4000 人/平方英里，且人口密度较高社区的比例呈现持续下降趋势（我们将人口密度分

---

① 得克萨斯统计区尽管位于南部普查地区，但在某种程度上是个例外。

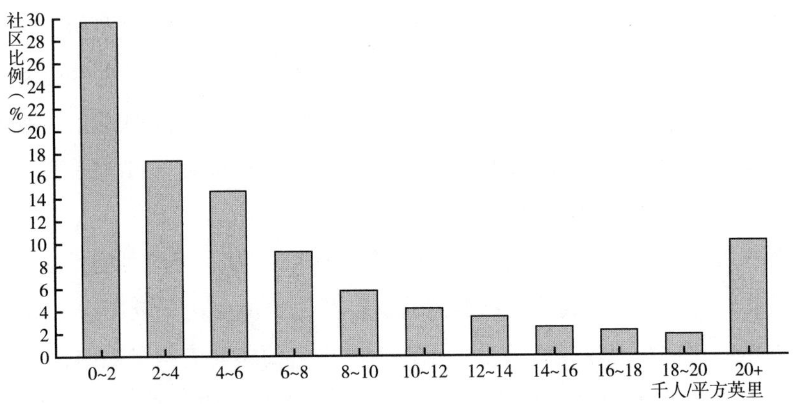

图 2－4　1980 年 21 个大都市区的人口密度分布情况

布右侧的长“尾巴”划为一组）。但是，约 10% 的社区人口密度略超过 20000 人/平方英里。

出现这种人口密度分布情况的部分原因在于社区内的住房结构类型。单户型和多户型住房的平衡使得居住社群呈现一定的“特征”。图 2－5 描述了 21 个统计区内单户型住房的分布情况。在 6000 个社区中，大约有 1/4 的社区包含单户型住房。单户型和多户型住房比例相当的社区相对较少。分区规则有可能进一步影响人们对混合社区的偏好。

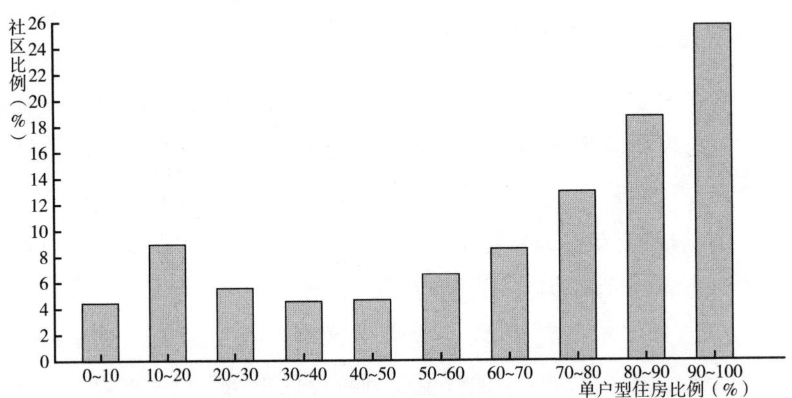

图 2－5　1980 年 21 个大都市区的单户型住房分布情况

表 2－12 进一步说明了空间结构（即住房密度）的独特性，重点指出了单元结构中包括 5 个或以上单元的比例。一般情况下，这一数值与区域住房密

度有很强的相关性。在大多数城市，标准普查街区中只有一小部分高密度住房。通常情况下，至少有1/4的社区几乎没有高密度住房。在规模最大的7个统计区（除圣路易斯外），上四分位数中至少有15%的住房是多单元结构。几乎所有的大都市区都有一部分社区有较多的高密度住房。随着较大比例的城市房地产公司致力于修建公寓，单变量分布的范围也随之扩大。有趣的是，尽管大部分与生活方式和生命周期特性相关的参数都与住房类型有关，但社区在住房类型方面的分异与家户（见图2－5）的集中趋势并不完全一致。

表2－12　高密度住房比例

单位：%，个

大都市区	极小值	下四分位数	中位数	上四分位数	极大值	四分位区间	均值	标准差	社区数量
艾伦镇	0.0	0.2	2.1	7.0	51.9	6.8	5.9	9.1	155
阿马里洛	0.0	0.0	3.0	9.7	68.1	9.7	8.1	13.2	63
亚特兰大	0.0	0.4	5.9	18.0	73.0	17.6	11.1	13.4	352
班格尔	0.0	1.4	3.0	7.7	85.7	6.3	10.2	20.4	28
伯明翰	0.0	0.1	1.1	4.8	51.8	4.8	4.8	8.9	202
波士顿	0.0	1.5	6.7	16.6	88.4	15.1	12.9	16.9	579
芝加哥	0.0	1.0	4.6	15.5	100.0	14.4	12.2	18.3	1483
弗林特	0.0	0.1	1.0	6.7	68.1	6.7	5.1	8.9	124
印第安纳波利斯	0.0	0.2	1.7	6.3	74.8	6.2	5.4	9.8	269
列克星敦	0.0	0.3	4.7	14.0	49.1	13.7	9.8	11.8	78
新贝德福德	0.0	0.1	0.9	3.6	62.4	3.6	4.2	10.1	44
纽黑文	0.0	0.9	4.5	12.5	54.6	11.6	9.5	12.5	93
新奥尔良	0.0	0.2	3.1	11.4	74.7	11.2	8.1	13.0	318
纽瓦克	0.0	0.9	6.8	21.1	88.2	20.3	14.4	18.4	462
圣路易斯	0.0	0.4	1.7	5.6	86.6	5.2	5.4	10.8	434
盐湖城	0.0	0.2	2.3	10.1	90.0	9.9	8.4	14.6	189
圣安东尼奥	0.0	0.3	2.6	13.4	68.1	13.1	9.0	13.2	197
圣地亚哥	0.0	1.6	9.2	20.6	86.6	19.0	13.6	14.8	379
西雅图	0.0	1.3	7.8	17.5	90.7	16.2	13.3	17.5	353
希博伊根	0.0	0.1	1.1	5.0	25.4	4.9	3.9	6.2	24
斯托克顿	0.0	0.9	2.7	12.1	74.9	11.2	8.9	13.5	85

注：参见表2－1。

人口流动的一般规律是：约1/5的人口每年都会变更其居住地点，从而导致美国以一个“流动性很大的社会”而闻名。如果仅从统计数据的角度来预测，大约在3年之后，美国一半的人口都将变更其居住地。在全国范围内，特别是在社区内，人们待在一个居住地的平均年限有很大的差异；这种差异自然会导致部分社区被划为稳定地区，而其他社区被划为流动率较高的社区。另外，这种划分与幸福感、犯罪率、种族变化等因素相关。快速增长或有大量大学生或军人居住的社区的平均居住时长可能较短，而中年人居住的社区的平均居住时长可能较长。就这个方面而言，美国社区的情况如何？

在表2-13中，我们计算了户主（以前称为“户长”）一直住在该社区内的平均年限。[①] 在标准美国城市社区（第3列）中，这一数值大致介于3~5年之间，与频繁流动的普遍看法一致，但是比独立统计数据得出的结论要更为深入。即使只看平均值，我们也可以发现大都市区之间存在相当大的差异。在增长较为缓慢（甚至为0）的美国东北部城市，其平均值是南部和西部统计区平均数值的两倍。由于1980年人口普查是根据人们的居住地来收集信息的，因此所有计划从东北部地区搬迁至西南部地区的人们也被计算在内。由于平均值比中位数大，因此居住年限呈偏态分布。分布图的上尾部分值得我们关注，原因在于它指出了在每个大都市区内最为稳定的社区。20世纪70年代增长率低于平均值的艾伦镇、新贝德福德、纽黑文和纽瓦克，其1/4社区的户主平均居住年限超过7年（第4列）。在部分东北部城市以及伯明翰（一个位于南部的老工业城市，算是一个特例），最稳定社区居民的平均居住年限介于10~20年之间。

表2-13 居住年限

单位：年，个

大都市区	极小值	下四分位数	中位数	上四分位数	极大值	四分位区间	均值	标准差	社区数量
艾伦镇	1.6	3.8	6.0	8.1	17.4	4.2	6.3	3.0	155
阿马里洛	0.4	2.0	2.6	3.8	8.9	1.8	3.0	1.9	63
亚特兰大	0.4	1.9	2.6	3.8	13.9	1.9	3.0	1.8	352
班格尔	0.3	1.6	2.4	4.1	6.7	2.5	2.8	1.6	28
伯明翰	0.4	2.9	4.8	6.7	26.9	3.8	5.2	3.2	202

① 与家户收入一样，我们计算了每个普查街区的居住年限中位数，即一半户主的居住年限小于该数值，而另一半户主的居住年限大于该数值。表2-13体现的是平均水平的平均值。

续表

大都市区	极小值	下四分位数	中位数	上四分位数	极大值	四分位区间	均值	标准差	社区数量
波士顿	0.4	2.7	4.7	6.8	12.5	4.1	4.9	2.5	580
芝加哥	0.4	2.3	3.3	5.8	19.8	3.5	4.3	2.7	1485
弗林特	0.4	2.7	3.6	5.3	11.1	2.6	4.1	2.0	124
印第安纳波利斯	0.4	2.4	3.0	4.5	11.0	2.1	3.6	2.0	269
列克星敦	0.4	1.7	2.7	3.5	8.1	1.8	2.8	1.5	79
新贝德福德	1.8	3.4	5.3	7.1	11.9	3.6	5.6	2.6	44
纽黑文	1.1	2.7	4.2	7.4	11.9	4.7	5.1	3.0	93
新奥尔良	0.4	2.4	3.3	5.7	14.6	3.3	4.2	2.6	319
纽瓦克	0.4	2.9	4.7	7.0	15.6	4.2	5.2	2.7	462
圣路易斯	0.4	2.7	4.4	6.1	13.1	3.4	4.7	2.4	435
盐湖城	0.3	1.7	2.4	3.4	14.3	1.7	3.1	2.4	189
圣安东尼奥	0.3	1.9	3.2	6.3	11.8	4.3	4.1	2.7	197
圣地亚哥	0.4	1.3	1.9	2.6	10.4	1.3	2.2	1.7	379
西雅图	0.3	1.8	2.3	3.3	9.7	1.5	2.8	1.7	353
希博伊根	2.4	4.0	5.2	5.8	7.4	1.8	5.0	1.5	24
斯托克顿	0.3	1.9	2.8	4.5	7.1	2.6	3.1	1.7	85

注：参见表 2－1。

小　结

本章旨在使读者了解居住系统中社区具有的多样性以及社区的社会构成。我们的观点是：社区内的分异模式将体现社会分异的一般情况。本章的表格展示了大都市区之间及其内部存在的分异。部分特征（例如家户规模）仅呈现中等程度的分异，但是还有一些特征（例如贫困率和住房类型）在特定地理区域内较为集中地呈现出来。每个城市都有一定程度的族群隔离和集中现象。整体来看，我们发现：大部分分异现象存在于规模较大的大都市区的社区内（与规模较小的大都市区相比），这与我们的理论预测相一致。接下来两章的重点将对大都市区的内部分异情况进行更直接的调查。

第三章

社区社会维度

本章中，我们将探讨每十年一次的人口普查中小范围区域的诸多人口统计学特征之间的相互关系。这样做是出于两个方面的考虑：一方面，我们希望向大量人口普查信息用户介绍地区的社区概况；另一方面，我们希望在数据整理过程中广泛探讨社会特征之间如何相互交织，以及了解这些特征是否指出了城市分异的独立基本维度。我们的分析借鉴了社会区域分析法和因子生态分析法中的大量研究传统。本章首先详细介绍了概况描述的概念和因子分析法。在给出 1980 年人口普查数据的因子生态分析结果之后，我们将对一个更为典型的社区的概况进行讨论。

社区和社群概况

也许人口普查数据最常见的用途便是了解社群内所有居民的基本信息，包括家庭成员、种族背景、收入水平等。这些统计数据可以帮助读者了解一个区域的相关信息，从而对从居民处可直接看见或听见的内容进行补充。人口普查补充材料通常不涉及大规模的研究设计，但是有助于改善规划和转移支付，并且可以为居民提出的要求提供支持信息。许多情况下，居民和官员只是希望从人口普查数据中获得了解社区或社群统计描述的信息。但是有时，社群的统计信息需要通过更加正式且有组织的方式获得，同时也需要为城市或大都市区中的小片区域编制纲要或简短的统计摘要。

许多社群概况都是关于特定地区基本社会统计数据的工具书或说明手

册。这些概况有多个目标，且彼此之间经常相互冲突。概况被要求既要简洁，又要全面。因此，编写者必须从原始资料中提取最为有用的内容，这些内容必须能够为大多数人所理解，且不能出现冗余信息。许多读者从来没有接触过统计数据，他们希望只要看一眼概况，就能够了解哪些特征是需要被关注的。许多概况也希望能够做到客观。这些概况并不鼓励对数据进行特定的解释，其中汇编的统计数据只能被用于有关社区、城市或地区政策问题的讨论。

美国人口普查局的 G. M. Young 曾经看过许多这样的概况，但是很少对其中的内容和形式表示赞同。[①] 他的例子说明：这些概况中包含的信息十分广泛。尽管人口统计、社会经济和住房特征的比重之间差异较大，但是这些概况中的人口普查表格信息作用至关重要。有时候这些数据需要用官方统计信息进行补充，例如出生率和死亡率、房屋建筑、犯罪率、公园和学校等，一般都能提供每个社区的文字说明，甚至还可能提供一些历史数据。在某些情况下，特别是当需要进行对比时更是要使用地图和图片进行介绍。Young 从区域内和区域间两方面对概况进行了区分：前者主要提供每个社区的信息，后者则主要用于在不同的社区之间进行比较。区域概况的例子有很多。芝加哥的《社群概况》（*The Community Fact Book*）可能是最古老且最有名的，也是其他概况的范本。

我们对编制概况的贡献仅限于如何解释每十年一次的人口普查数据。[②] 大都市区或城市内部概况的具体形式依赖于社群的需求。分析力求做到全面、明确和准确，目的是帮助研究者选择可用的特征并将其包含在概况中。这些分析本身是非常有趣的，我们可以从中了解这些特征是如何形成地理区域的，也就是我们所谓的社区。

在概况编制过程中出现了两个方法论问题。第一个问题是怎样为社区概况选择适当的地理单元。纽约市共有 59 个社群，平均每个社群大约有 10 万

---

① George M. Young, "Areas Profiling," Manuscript (Washington, D. C.: U. S. Bureau of the Census, 1979)。

② 尽管一些非人口普查来源的统计信息也可以满足需求，但是这些信息采用了不同的收集方式，无法与人口和家庭普通数据在地理空间上进行对比。关于每个社区人口的其他社会和态度信息可能非常有趣，但是很难通过可靠的方式收集城市或大都市区所有社区的此类信息。收集独立信息所花费的时间和费用让小范围区域的人口普查数据显得更为重要。

人。举例来说，Taylor 等使用社区联合会界限（根据多种文献）来重新描述巴尔的摩；这些社区的人口普查数据应当被聚合。[①] 另一个例子是芝加哥，该市的 77 个社群分布在数百个不同的人口普查街区。[②] 在城市之外的区域，社群定义则通过市政当局的边界进行确定。这些边界在 20 世纪 20 年代被划定之后便没有发生过变更。社区范围的定义在一定程度上可以替代关于社区的定义。近年来，Bogue 尝试了另外一个定义系统：首先通过人口普查街区数据定义社群范围，其次对其准确性进行测试。[③] 我们使用人口普查街区数据的原因是其适合用于统计地理学分析，且所有的统计区（SMSA）均存在人口普查街区。研究的分析结论甚至完全可以推广到其他系统。

第二个问题更加难以解决，这个问题便是怎样选择使用的变量。只需通过少数几个易于理解的变量就可以展示社区多种特征的大量信息，这样可以扩大社区概况的用途。为达到这一效果，现有的做法差异很大。芝加哥的《社群概况》主要包括人口、种族、住房质量、劳动参与率和社会地位方面的信息。在诸如以上案例中及其他许多情况下，都需提前决定分析中选用的变量。

此外，还有一种可能性：人们可以使用专门适用于资料整理的统计方法，例如因子生态分析法。本书中也运用了该方法进行资料的事先整理，下文中将进行详细介绍。Goldsmith 等曾使用因子分析法来描述健康区域概况。[④] 甚至有人开始重视针对小面积区域社会指标的开发方法。[⑤] 人们始终关注的一个问题是使用这种多变量的方法如何获得易于解释的结果。[⑥] 对此，我们采用了一种折中的方式，第一步先使用多变量方法，然后再返回，对概况包含的原始变量进行研究。

---

① Ralph B. Taylor, Sidney J. Brower, and Whit Drain, *Toward a Neighborhood Based Data File: Baltimore* (Baltimore: Johns Hopkins Center for Metropolitan Planning and Research, 1979).

② Chicago Factbook Consortium, *Local Community Facebook: Chicago Metropolitan Area.* (Chicago: Chicago Review Press, 1984).

③ Donald J. Bogue, *Procedure for Delimiting Ecological Community Areas*, Manuscript, 1983。

④ Howard Goldsmith, Ann S. Lee, and Beatrice Rosen, "Small Area Social Indicators," *National Institute of Mental Health, Mental Health Service System Reports Series BN#3* (Washington, D. C.: U. S. Government Printing Office, 1982).

⑤ U. S. Bureau of the Census, *Social Indicators for Small Areas*, Census Tract Papers GE46. (Washington, D. C.: U. S. Government Printing Office, 1973).

⑥ Herbert Bixhorn and Albert Mindlin, "Composite Social Indicators: Methodology and Results in Washington, D. C.," in U. S. Census Bureau, *Social Indicators*, pp. 3 – 17.

因子分析法

“城市分异的基本维度是什么?”社会区域分析的文献解答了这一问题，因子生态分析法则更加具体地呈现了这些维度。

社会区域分析法是20世纪40年代和50年代发展起来的一种分析方法，用于分析全市范围内的分异现象，Shevky和Bell的著作对这一方法进行了详细说明。[①] 在大多数数据应用中，通常只会计算小片城市区域——通常主要是人口普查街区的社会地位、家庭状况以及族群隔离（术语不同）指数。根据获得的分数，我们可以将社区分为三个维度。[②] 社会区域分析法存在一种伴随理论，但是这种理论似乎是在初始指数处理工作完成后方才使用。[③]

随着因子分析法统计技术的发展，社会区域分析法逐渐被因子生态分析法代替。与社会区域分析法不同，后者将多个变量置于因子分析中。随后，研究人员用产生的因子以及原始变量为这些因子赋予的权重进行解释，以使人们了解当地的居住分异信息。

一些批评人士称这两种方法均以数据为基础，缺乏理论依据。统计学意义上的社会区域不一定在物理上相接近。[④] 尽管如此，因子生态分析法的支持者依然对多种文化背景下的大量城市进行了广泛研究。

本章中使用因子生态分析法的原因是：这种方法可以帮助我们确定最为精简的变量聚合，从而了解居住区域的分异信息。因子生态分析法属于多变量方法，原因是该方法同时分析多个变量的变化。在提供每个观察区域（本书中为人口普查街区）的数据后，因子分析可以决定将哪些变量聚合在

---

① 参见Ezref Shevky和Wendell Bell编写的*Social Area Analysis*：*Theory*，*Illustrative Application*，*and Computation Procedure*（Stanford，Cal.：Stanford University Press，1955）。

② Ezref Shevky and M. William，*The Social Areas of Los Angeles*（Los Angeles：University of California Press，1949）.

③ R. J. Johnston，“Residential Area Characteristics，” in George Theodorson，ed.，*Urban Patterns*（University Park：Pennsylvania State University Press，1982），pp. 297 - 315.

④ 对于因子分析法的详细说明、应用和一些理论性问题包含在R. J. Johnston的“Residential Area Characteristic”以及Bernard Hamm的“Social Area Analysis and Factorial Ecology”中，这两篇论文均收录在George Theodorson，ed. 的*Urban Patterns*（University Park：Pennsylvania State University Press，1982）中。

一起，从而产生一组独立的“因子”，这些因子是原始变量的加权聚合。例如，在收入较高的区域，人们的受教育水平普遍更高，且专业技术人员的数量也更多。由于存在这种相关，因此可以使用一个因子对这三个变量进行加权。这样在统计当地的社区差异信息时，无须使用大量的变量，只需使用少数几个因子即可。

在使用因子生态分析法进行分析之前，变量的数量在十几个到数十个之间。根据统计条件、变量聚合等因素，分析结果可以产生一个或多个主因子。研究人员通常使用一个更为广义的维度标记这些因子。这些因子通常被按照统计重要性的次序进行提取，排名越靠前的因子越容易被标记。

贯穿这些分析的一条主线是确定三个主要维度，这三个维度分别是社会经济地位（SES）、家庭状况或者生命周期水平（LC）及族群或种族隔离（ES）。一些学者通过经验/规律对城市分异的三大基本维度进行了概括，即这三大基本维度相互依赖且因子载荷之间也有所重合。[①] 这些内容我们将在后续章节继续讨论，目前我们需要确定的是，在 1980 年人口普查中：①哪些变量被聚合在一起；②哪些变量或者特征最能充分说明城市分异；③因子中的哪些变量可以代表该因子。这些问题的答案可以帮助我们获得关于城市区域有用且简练的概况信息。从这方面来讲，因子分析可以起到辅助作用。

我们对 21 个大都市区的人口普查街区数据进行了主成分分析。[②] 因子生态分析法中变量的选择至关重要却又困难重重，在做了大量的准备工作之后，我们实施了双管齐下的战略。首先，对 21 个标准大都市统计区（下文中简写为“统计区”）分别进行小规模（14 个变量）的因子分析；其次对 8 个最大的统计区进行大规模（39 个变量）的因子分析。通过这些变量进一步证实基本假设，并探索变量的更多细节。

---

① Brian J. L. Berry and Frank E. Horton, *Geographic Perspectives on Urban Systems* (Englewood Cliffs, N. J.: Prentice-Hall, 1970).

② 主成分分析法与传统的因子分析法不同，这种方法可被视为运用更加复杂的因子分析法的准备步骤。H. H. Harmon, *Modern Factor Analysis* (Chicago: University of Chicago Press, 1967)。主成分分析法将多个变量重新组合为一系列的线性组合（因子），这些因子可以预测潜在的特征。变量对因子的载荷是每个变量对因子的相对贡献。从结构上讲，因子是垂直的，即因子之间并没有相关关系。我们根据不同的标准进行了多种类型的因子分析，在大多数情况下这些分析结果与主成分分析结果一致。主成分分析法是最为直观且争议最少的方法，也是对数据进行最少假设的方法。因子分析法的另外一种用途是提炼包含在变量相关数据中的信息。

基础分析

在一项著名的研究中,[①] 14 个变量被包含在社会经济地位、生命周期和族群隔离三个因子中，本文的研究沿用了这 14 个变量，并在族群隔离维度中又增加了两个变量（西班牙裔和亚裔），同时，使用 1980 年人口普查数据来反映 20 世纪 70 年代的移民模式。在对之前的一些基准研究进行核查及比较考察之后，我们进行了更加广泛的分析。[②] 这些工作进一步证明针对大城市的分析结果是合理且可靠的。

图 3 - 1 对 4 个大都市区 14 个变量的因子分析结果进行了简要说明。图 3 - 2 给出了 21 个统计区的详细信息，包括每个因子中包含的变量。所有统计区中都提取出了 3 个或 4 个因子，这些因子可对初始变量约 3/4 的变化进行解释。[③] 在一个典型的城市中，使用 3 个或 4 个主成分（也可以称为基本维度）获得的社会特征信息，几乎相当于之前使用 14 个原始变量获得的信息。此外，方差解释率与统计区的规模及其所处地区之间似乎并不存在任何关联。

在图 3 - 1 中，我们为每个变量聚合添加了标签，这些标签在图3 - 2 中给出。饼图的比例构成说明了变量聚合或因子的相对重要性，其中比较重要的是社会经济地位、生命周期和族群隔离。在大多数城市中可以明显看到类似的形式，这种形式对传统的因子和社会区域分析至关重要。

印第安纳波利斯（见图 3 - 1C）是传统模式的代表。排名前三的三个因子分别是社会经济地位（包括高收入、受教育程度和白领就业）、族群隔离（黑人）和生命周期（包括较大家户规模、出生率与死亡率）。第四个因子

---

① 参考 B. J. L. Berry and Frank L. Horton, *Geographic Perspectivs on Urban Systems*, p. 356, 表 10 - 16。数据源于 Philip Rees, "The Factorial Ecology of Metropolitan Chicago," MA Thesis, University of Chicago, 1968。

② Philip H. Rees, *Residential Patterns in American Cities: 1960* (Chicago: Department of Geography, University of Chicago 1979); and Bernard Hamm, "Social Area Analysis and Factorial Ecology", Theodorson, ed., *Urban Patterns*.

③ 因子分析可以从原始变量中提取尽可能多的因子。换言之，我们可以从 N 个原始变量中提取 N 个因子，这样可以精确复制数据集中的所有观察值。我们使用标准 1.0 作为特征值，因此无需报告较小的因子。

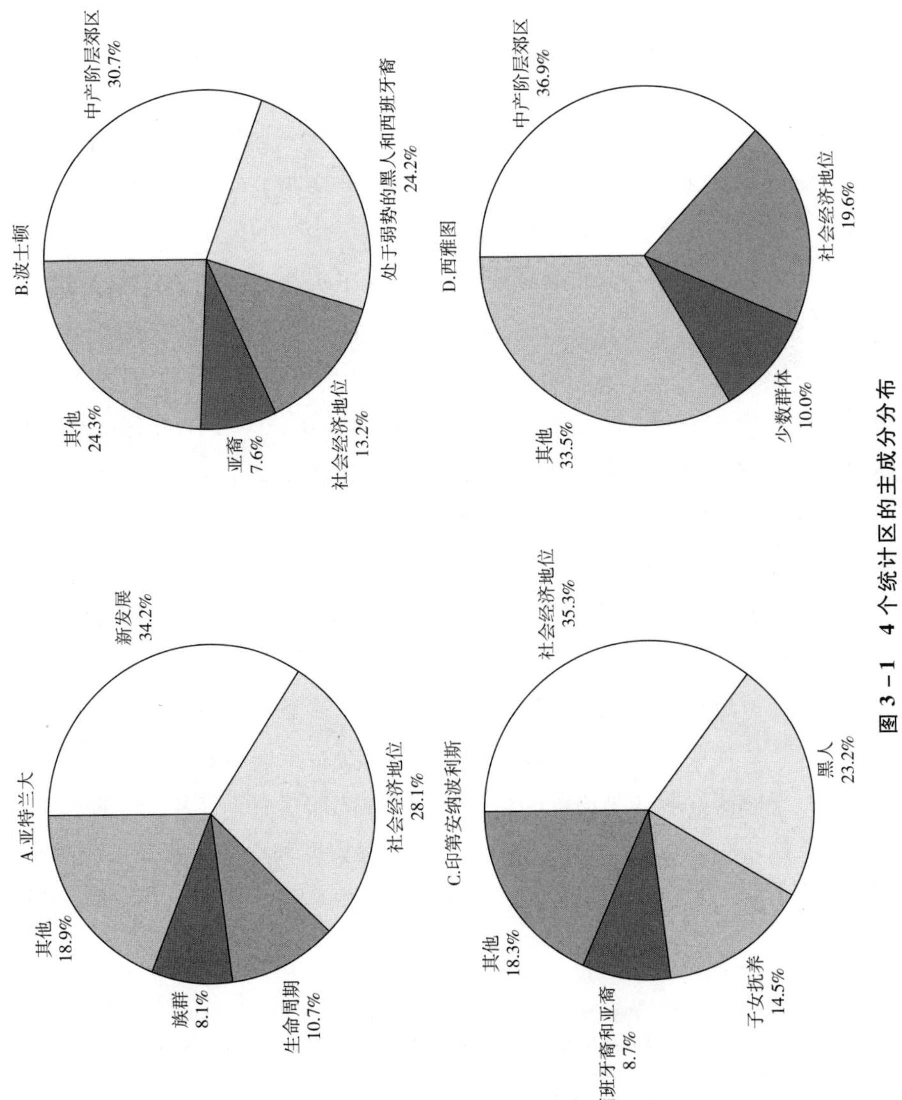

图 3－1　4 个统计区的主成分分布

呈现了较小的方差解释率，为西班牙裔因子。在印第安纳波利斯，这四个因子可以对81.7%的整体信息进行方差解释，其余的18.3%被标记为“其他”。

在亚特兰大，社会经济地位、生命周期和族群隔离因子均非常明显，但是最显著的因子是“新发展”。20世纪70年代，亚特兰大统计区发展迅速，该因子所关注的社区通常拥有大量低密度的新建住房，所住居民主要为白人和收入高于平均水平的已婚夫妇家庭家户。

波士顿和西雅图的首要因子是“郊区”，该因子强调的是有孩子的家庭，通常房屋密度较低（同样也是西雅图的新建住房），且社区收入较高。与增长迅速的亚特兰大不同的是，社会经济地位和生命周期分异是其两个独立的因子，而在西雅图和波士顿，生命周期分异则主要被包含于首要因子中。

如何建立因子与社区之间的关联呢？再以印第安纳波利斯为例，我们发现，可以用社会经济地位因子中的社会地位对所有的社区进行排序。部分社区在收入、受教育程度和职业方面高于平均值，而其他社区在这三方面均低于平均值。在印第安纳波利斯，第二个维度（社区的种族结构）通常表示黑人与白人之间的隔离。关于第三个维度，我们发现在一些社区，无论其社会地位和种族状况如何，大多数家庭都育有子女，而在其他一些社区，有子女的家庭很少。最后一个因子为亚裔和西班牙裔的聚合。

社会经济地位因子的核心内容包括职业地位、收入和受教育程度。家庭收入的平均水平、接受教育的年限，以及白领的比例三者之间通常存在密切的关联。社会经济地位因子得分较高的社区尽管可能在物理距离上并不接近，但是基本都位于社会地位较高的区域。

从图3-2中我们可以观察到不同统计区模式间的差异。这些差异极其重要，因为它们不仅说明了具体大都市区的特质，而且展示了足够的例外情况来挑战人们关于社区只有三个独立维度的惯有观念。

在上述几个统计区中，“白人中产阶层郊区”这一主因子包含多种特征。[①] 该因子（高收入、低人口密度、已婚夫妇家庭较多和较低的黑人比例）同时出现在芝加哥、弗林特、纽瓦克和圣路易斯。在芝加哥和圣路易斯，该因子与手工劳动者相关；而在芝加哥与弗林特，这个因子则与新建住

① 一般来说，因子分析中第一个因子通常是由多个变量组成的“共性因子”。

房相关。在一些规模较大且存在时间较长的统计区，首要因子不仅仅解释了社会地位分异，同时也展示了一个重要的社区类型，这种社区在生命周期、族群构成以及种族方面均有所不同。在这些较大的统计区，我们可以使用另外一个因子来解释职业、受教育程度和收入等特征。

从图 3－2 中可以观察到：黑人对社会经济地位因子中的变量产生了负向载荷作用，说明黑人的社会地位较低。这一发现说明，种族（黑人）与社会经济地位之间存在较强的相关性，在居住系统中难以分割。

生命周期分异在这些结果中非常显著。生命周期因子通常以育有子女的中产阶层社群为导向，且我们观察了上文中讨论的“郊区”因子。在另外一些城市（例如印第安纳波利斯和圣安东尼奥），我们发现了一个特殊的生命周期因子，该因子强调家户规模和年龄分布，更加类似于之前的传统因子研究。当这一特殊因子出现时，生命周期因子通常被排在第二位。

因子生态研究方面的文献通常将族群或种族视为分异的第三个维度。族群变量中的一个特殊因子说明，族群聚合因子中的组成特征与生命周期和社会经济地位之间相互独立且存在区别。换言之，在规模较大但存在隔离的族群中，我们更有可能发现在其特定社区内存在涵盖范围较广的社会经济地位和生命周期类型。

我们的分析中包含了亚裔、西班牙裔和非裔的比例。几乎在所有的城市中，我们都可以获得一个能够被命名为族群的因子，但是其中的关系模式并不一定与前述因子生态分析法的预测相一致。在大部分统计区中，黑人都是最大的少数族群，但是黑人比例最高的社区通常也包括其他一些社会经济变量，这一点尤其体现在有大量黑人居住的统计区。最常见的情况是单亲家庭家户比例与黑人比例发生聚合形成因子，说明这两种特征被包含在相同的社区中（换言之，在非黑人社区，单亲家庭家户类型并不常见，因此无法构成城市分异的一个单独维度）。正如上文中所提及的，在一些统计区中，黑人比例会对社会经济地位因子的构成产生负向影响。只有在少数几个大都市区，我们才发现含有城市社区黑人比例变量的独立因子（圣安东尼奥、希博伊根）。

亚裔和西班牙裔的情况非常有趣。族群假设认为，我们应当为亚裔和西班牙裔群体寻找独立的因子，特别是在人口数量庞大的大城市中。然而事实上，我们发现的模式更加复杂。在大多数城市，我们发现这两个群体的因子与黑人群体的因子均有所不同。[①] 常见的模式是西班牙裔与亚裔的比例极其相似，例如在亚特兰大、伯明翰、印第安纳波利斯和新奥尔良。在住着大量西班牙裔的得克萨斯和加利福尼亚统计区以及芝加哥，西班牙裔变量对当地的社会经济地位因子产生了负向载荷影响，而亚裔群体是唯一对社会经济地位产生正向载荷影响的族群 - 种族群体。不过，我们不能说这些社区的亚裔群体有较高的社会经济地位，只能说有较高社会经济地位的社区包含大量的亚裔群体。只有芝加哥呈现了独立的亚裔群体因子，说明该统计区许多社区中居住着大量的亚洲人，但是这些居民的生命周期和社会经济地位各不相同。

大型标准大都市统计区

对于 8 个最大的统计区，我们进行了更加全面的分析，这些地区通常都拥有足够庞大的人口普查街区数量，以供我们对变量进行研究。研究使用主成分分析法对芝加哥、波士顿、圣路易斯、亚特兰大、纽瓦克、圣地亚哥、西雅图和新奥尔良的 39 个变量进行了分析。这 39 个变量包括上面讨论的 14 个变量，以及三大基本维度中的其他附加变量、详细的世系信息以及一些有关住房和物理特征的变量。通过使用大量的变量，我们可以在结果中发现更多的分异，从而验证、推翻或扩展我们在上文中陈述的结论。图 3 - 3 对这些结果进行了概要介绍，并按照规模从大到小的顺序对统计区进行排序。

8 个统计区中，社会经济地位因子在 6 个统计区内发挥了主导作用，家庭收入、房价、租金、职业和受教育程度等指标也相当显著。毫不意外的是，我们在这个因子中发现，住房质量（通过住房有无管道缺陷进行说明）和失业率与社会经济地位相关。生命周期是第二重要的因子，其中包含的变量与在 14 个变量的因子分析中得到的结果相一致。在圣地亚哥和西雅图，生命周期因子呈现了社区特征中的最大分异。[②] 除了之前包含在生命周期内的特征集之外，这一分析还有助于填补一些其他空白。有关生育行为（生育总数和一般生育率）的具体数据进一步表明大都市的一些社区属于子女养育型社群，这种分异在统计数据上十分显著。此外，在另外一些情况下，

① 例外情况是波士顿和新贝德福德的黑人与西班牙裔、盐湖城的黑人与亚裔，以及西雅图的这三个群体聚类为同一因子。

② 造成这种结果的原因可能是这两个统计区均住着大量的军人。

我们可以看到由生命周期另外一端的人群组成的社群：老年人在高密度住房中独自生活。

部分统计区内的族群地位因子最为复杂。这一因子中包含了黑人、西班牙裔和亚裔，以及人口普查局确定的六大主要世系群体——英国世系群体、法国世系群体、德国世系群体、爱尔兰世系群体、意大利世系群体和波兰世系群体。斯堪的纳维亚世系群体（瑞典世系群体和挪威世系群体）同样也被包含在内，主要因为其无法被归类于以上六类群体，而只能呈现为人口组成中的一个独立世系。黑人、亚裔和西班牙裔的模式与之前的族群模式基本类似。我们在这一分析中还可以观察到一些族群如何与其他族群相隔离，以及他们（所在社区）所具有的社会经济特征。

在芝加哥，存在一个主要代表相同单一世系（波兰世系群体和爱尔兰世系群体）的因子，但是这个因子中包含了手工劳动者这一变量，而并没有显示黑人变量。芝加哥的另一个因子则涵盖了英国世系群体、德国世系群体、斯堪的纳维亚世系群体和法国世系群体。因此在该统计区中我们可以发现种族和族群隔离的证据，以及职业和家庭类型之间的相关性。在波士顿，法国世系群体与手工劳动者之间存在相关性，而爱尔兰世系群体和波兰世系群体则出现在不同的因子中。圣路易斯的德国世系群体较多，而纽瓦克的意大利世系群体较多。与此相反，亚特兰大和新奥尔良的族群多样性与群体分异较小，英国世系群体、爱尔兰世系群体、德国世系群体的家庭类型和地位差别不大。此外，我们也可以明显看到新奥尔良的法国世系群体呈现为一个独立因子。

大型大都市的这些结果显示了一些变量在分异方面的相关性，而这种相关性在之前的研究中并不显著。女性劳动参与率通常呈现为一个独立因子。人口密度（远郊区）也会对因子（通常为家庭状况）产生重要影响，尽管这个变量也可能与其他变量聚合在一起。例如，大型统计区的集体宿舍人数（不在家户中居住，而是居住在宿舍、军营和养老院等地）不断增加。最后，一些证据显示居住流动率特征存在独立性。

从因子分析到社区概况

总的来说，这一部分分析中的许多城市分异维度已经在之前的小规模研究中被识别，且都通过社会经济地位、生命周期和种族 - 族群对统计区数据

0 5 10 15 20 25 30 35 40 45 50 55 60 65 70 75 80 85 90

芝加哥：INCHI HHINC VAL UNITI INCLO(−) RENT MCF EDUC WHCOL* ODLHSE(−) UNEMP(−) PLM(−) SERV(−) POPDEN(−) LONEHH(−)* | KIDS(−) HHZ(−) ELDER AGE LONE [GFR(−)] | ANCSIN POL CRAFT BLACK(−) ITAL SPF(−) | ENGL GERM SCAN FR [IRISH] BLACK(−)* | ASIAN [SPAN] | UNIT1 NEWHS [MOVE IN(−) | LFF (−) | GRP QTR |

波士顿：EDUC WHCOL VAL RENT INCHI SERV(−) HHINC ENG GERM INCLOW(−) UNEMP(−) SPF(−) [SCAN] | LONE(−) HHZ MCF UNITI MOVEIN UNITID(−) KIDS POPDEN(−) [CEB] PLM(−) INCHI* HHINC* INCLO(−)* | AGE ELDER ANCSIN ITAL | FRENCH CRAFT BLACK(−) | GFR ASIA(−) | NEWHS OLD HSE(−) | IRISH SPAN (−) | GRP QTR LFF (−) | POL-ISH |

圣路易斯：VAL WHCOL INCHI RENT HHINC EDUC INCLO(−) UNEMP(−) SERV(−) PLM(−) ASIAN OLDHSE(−) [GFR] [CEB] [SCAN] MCF* | HHZ(−) LONE KIDS(−) ELDER AGE UNIT1(−) UNIT1 MCF(−) [GRPQTR] | ANCSIN GERMAN BLACK(−) SPF(−) CRAFT [ITAL] | ENGLISH FRENCH IRISH POPDEN(−) | MOVEIN (−) NEWHSE | SPAN POL-ISH | LFF (−) |

亚特兰大：VAL WHCOL INCHI RENT EDUC HHINC GERMAN POLISH CRAFT(−) PLM (−) INLLO(−) ITAL [GFR(−)] [SCAN] | ANCSIN BLACK(−) ENG IRISH SPF(−) SERVICE(−) UNEMP(−) FRENCH(+) [NEWHSE] GERMAN* CRAFT* INCLOWH* MCF* | LONE(−) HHZ(+) UNITI UNIT10(−) MCF KIDS[CEB] | AGE ELDER MOVEIN OLDHSE | LFF(−) POPDEN | SPAN ASIA | GRP QTR |

纽瓦克：HHINC VAL INCHI UNIT1 RENT WHCOL INCLO(−) ENGLISH MCF GERM [FR] UNEMP(−) DEN(−) EDUC BLK(−) IRISH SPF(−) SERV SCAN LFM AGE | HHZ(−) LONE AGE KIDS(−) ELDER UNIT10 | ITAL ANCSING ASIA | POL(−) CRAFT(−) | SPAN(−) MOVEIN (−) | LFF(−) CEB | OLD HSE (−) NEW HSE(−) | GRPQTR GFR(−) |

圣地亚哥：MCF LONE(−) UNIT1 UNIT10(−) HHZ INCLO(−) KID POPDEN(−) HHINC* | ANCSING GERM SPAN(−) IRISH FRENCH ENGLISH SCAN BLACK(−) [SPF(−) SERV(−) CEB(−) [POLISH] | VAL WHCOL INCHI (CRAFT) RENT HHINC MDEDUC(−) UNEMP | ELDER(+) LFF(−) AGE SCAN(−) | PLM GFR | NEW HSE(−) MOVEIN | ITA(−) OLD HSE(−) | GRP QTR (−) |

西雅图：LONE(−) MCF HHZ UNIT1 KIDS UNIT10(−) HHINC INCLO(−) INCHI POPDEN(−) ELDER(−) SERV(−) OLDHSE(−) SPAN(−) | WHCOL EDUC VAL CRAFT(−) RENT UNEMP(−) CEB(−) GFR(−) ANCSING GERM ENGLISH IRISH | LFF AGE | SPF BLK SCAN(−) | NEWHSE (−) MOVEIN | PLM GRP QTR [FR] | ITAL ASIA | POL-ISH |

新奥尔良：WHCOL VAL INCHI EDUC RENT HHINC INCLO(−) SERVICE(−) GERMAN UNEMP(−) POLISH IRISH GFR(−) SCAN ANCSING* BLACK(−)* SPF(−)* | FRENCH ANCSING CRAFT BLK(−) POPDEN(−) SPF(−) MCF ITAL | HHZ ELDER 65(−) KIDS LONE(−) AGE(−) OLDHSE(−) CEB NEWHSE MCF* | UNIT10 UNIT1 (−) | MOVEIN ENG | LFF (−) | GRPQTR PLM | SPAN ASIAN |

图 3-3 大型统计区中 39 个变量的因子分析

注：指标变量已被缩写。

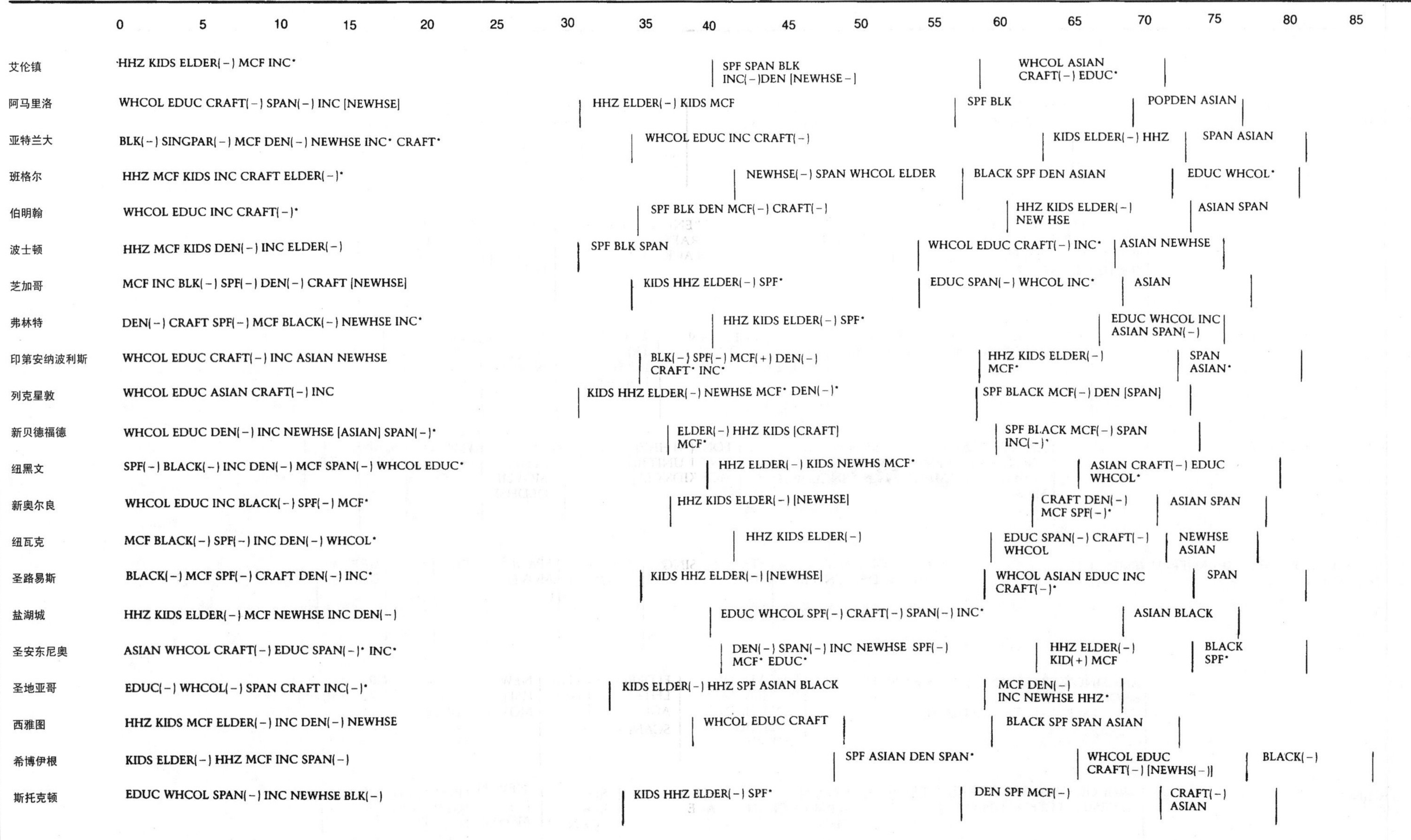

图 3-2　21 个统计区中 14 个变量的因子分析

图 3-2 和图 3-3 中英文缩写的解释

生命周期指标	
HHZ	每家户人数
KIDS	0~15 岁人口比例
ELDER	65 岁以上人口比例
MCF	已婚家庭家户比例
SPF	单亲家庭家户比例
社会经济地位指标	
INC or MHINC	家户收入中位数
WHCOL	白领劳动者比例
EDUC	受教育程度中位数
CRAFT	手工劳动者比例
种族及族群指标	
BLACK or BLK	黑人比例
SPAN	西班牙裔群体比例
ASIAN	亚裔群体比例
住房和人口密度指标	
DEN	人口密度(每英亩人口数)
NEWHSE	1970 年新建住房比例
大型统计区使用的其他变量(见图 3-3)	
INCHI	收入超过 3500 美元的家户比例
INCLO	收入低于 8000 美元的家户比例
VAL	房价中位数
RENT	每月房屋租金中位数
SERV	服务行业工人比例
LONE	独居家户比例
GFR	生育率
CEB	35~44 岁女性生育数
AGE	人口年龄中位数
ANCSIN	单一世系的人口比例
FRENCH	法国世系比例
GERMAN	德国世系比例
IRISH	爱尔兰世系比例
ITALIAN	意大利世系比例
POL	波兰世系比例
SCAN	斯堪的纳维亚世系比例
UNEMP	失业人口比例
LFF	女性劳动力比例
GRPQTR	集体宿舍人口比例
MOVEIN	家户搬入单元房的年限中位数
UNIT1	1 个单元的住房单元比例
UNIT10	10 个以上单元的住房单元比例
OLDHSE	1940 年以前的住房单元比例
PLM	存在管道缺陷的住房单元比例

* 次级效应系数绝对值≥0.5；
[ ] 初级效应系数绝对值<0.5；
(-) 负向载荷变量。

进行处理。但是除了这些，本部分的分析还包含了更多的内容。一方面，社会经济地位是美国大都市最重要的分异指标（方差解释率最高）；另一方面，生命周期是大都市中更容易识别的特征，其中包含的变量最具一致性。在我们进行的主成分分析中，种族、西班牙裔和世系的聚合便足以产生独立的因子，但是不同统计区内的因子聚合结果有很大的差异，这种差异不仅表现在该地区的种族构成上，也反映在不同族群的社会经济地位和生命周期特性上。对更大的样本进行分析有助于发现其他变量的存在，这些变量（人口密度、流动性、女性劳动参与率和集体宿舍）也与大都市分异息息相关，但这些变量不仅仅是之前所述维度的子集。

我们可以“使用”这些多变量分析方法来定义美国大都市的社区概况。在大多数情况下，对众多反应特征的变量而言，采用因子所代表的特征变量比因子本身更有意义或更容易理解。① 这一结果可以通过因子分析的方法获得，让最重要的变量聚合成因子。变量与因子之间密切相关，可以充分代表因子，而且不会造成数据失真。我们试图选择在所有城市均出现的变量，这些变量无须复杂的解释便可以被人们理解。

模型概况

手册或概况中应当包含哪些内容？最适合解答这个问题的便是编制这些信息的机构或人员，他们非常了解当地信息和居民的需求。但是我们也可以在筛选人口普查数据方面提供一些帮助。多变量分析方法让我们可以针对每个感兴趣的类别编制候选项列表。从这些候选项中，我们可以选出最能说明一个具体维度且最为直观的变量。这些变量既能说明城市分异的不同维度，又能让非专业人士在无须解释的情况下进行理解。

为了实现这个目标，我们编制了模型概况（见表 3 - 1）。这个表格从 6000 个人口统计区中随机挑选了 30 个作为样本。② 因此其中包含的变化可能超过 21 个统计区中的任何一个（原因是统计区内部变化与统计区之间的变化被混合在一起），但却可以代表书中的所有统计区，并且能够准确说明

① 可以分别计算每个统计区不同维度的得分，因此可以计算城市中每个社区的社会经济地位分数，这种方法的一个好处是可以继续使用因子分析结果。

② 作为随机样本进行挑选，与统计区无关。

本书处理的信息类型。除了唯一的例外——人口密度，表 3－1 中列出的值或源于人口普查表的真实报告，或根据适当的数据按照一定的比例算出。[①] 这个概况强调的人口特征与我们的研究方向一致。

表 3－1　随机样本社区的模型概况

社区	白领劳动力比例（%）	每家户人数（人）	65 岁以上人数（人）	已婚家庭家户比例（%）	黑人比例（%）	亚裔比例（%）	西班牙裔比例（%）	早期流入的人口中位数（人）	女性劳动力比例（%）	人口密度（人/平方英里）
1	20.2	2.5	7.9	48.5	1.6	2.1	25.4	2.2	40.1	165
2	32.3	2.6	11.6	58.4	1.6	0.6	17.2	4.5	42.9	2309
3	48.7	2.2	15.3	47.0	5.9	0.9	1.2	1.8	51.4	2717
4	50.4	2.4	12.9	50.7	3.1	2.4	1.4	3.5	49.3	2227
5	64.3	3.3	3.3	84.8	0.2	0.3	1.0	2.5	57.7	453
6	45.9	2.4	13.5	47.5	19.4	0.2	0.5	2.3	42.0	4274
7	69.4	1.6	14.4	23.0	11.9	0.9	1.0	0.5	61.4	3641
8	67.8	2.8	4.9	63.0	1.2	0.3	0.7	2.3	59.0	3436
9	36.4	2.9	11.2	35.2	35.0	2.7	34.3	4.3	32.5	10782
10	51.7	2.7	9.1	28.2	93.8	0.2	3.1	5.8	46.6	14716
11	54.5	2.3	15.7	39.3	0.4	2.7	14.5	2.5	55.3	15892
12	48.7	2.6	12.2	58.3	0.0	0.2	5.0	2.9	60.3	7254
13	75.1	3.2	10.5	75.4	0.0	0.7	0.8	8.8	52.0	6862
14	79.7	2.7	17.8	57.8	0.4	1.6	1.1	6.2	51.0	5347
15	57.1	2.3	10.4	36.1	9.4	1.2	18.7	2.1	59.0	2471
16	52.6	2.4	12.8	56.6	10.6	3.0	8.4	2.2	57.3	3708
17	60.8	2.7	11.8	65.0	0.1	0.2	0.8	5.4	50.4	3263
18	83.9	2.6	15.5	68.4	12.8	1.1	0.8	2.8	49.8	2700
19	83.1	2.0	2.7	38.8	6.0	0.7	0.6	0.4	80.5	1860
20	47.6	1.9	19.2	16.1	79.1	0.5	0.7	2.1	58.2	13564
21	37.6	3.1	8.8	76.9	0.0	0.0	0.2	4.3	44.7	51
22	82.5	2.2	8.3	56.1	1.7	1.5	0.4	2.0	58.3	4114
23	58.5	1.6	23.4	20.0	17.1	1.7	8.5	1.2	44.9	18313
24	56.3	2.5	11.9	39.1	50.8	2.6	4.3	2.8	60.8	18228
25	73.5	2.6	3.9	64.8	2.2	1.5	1.7	1.9	66.8	880
26	58.3	3.1	8.1	83.0	1.6	0.0	0.1	4.8	55.2	130
27	65.2	2.5	7.5	55.8	1.1	4.1	7.4	3.1	59.7	4410

① 我们在人口统计数据中增加了关于统计区面积的信息，用于计算人口密度。

续表

社区	白领劳动力比例（%）	每家户人数（人）	65 岁以上人数（人）	已婚家庭家户比例（%）	黑人比例（%）	亚裔比例（%）	西班牙裔比例（%）	早期流入的人口中位数（人）	女性劳动力比例（%）	人口密度（人/平方英里）
28	45.4	2.9	10.0	64.8	11.2	7.9	18.9	0.9	46.5	2475
29	53.9	3.3	6.4	78.6	1.1	3.8	1.3	2.7	53.4	1668
30	42.6	2.7	13.7	73.1	0.8	4.7	9.4	3.8	48.1	138
均值	56.8	2.6	11.2	53.7	12.7	1.7	6.3	3.1	53.2	5268
标准差	15.7	0.4	4.7	18.7	23.1	1.7	8.7	1.8	9.2	5512

在主成分分析中，白领所占比例是所有城市区域最具一致性的预测指标，其次是收入、受教育程度以及住房消费。此外，我们可以将对某种指标（例如受教育程度）的测量转化为对职业地位和收入指标的测量，这与社会学中大多数关于社会经济地位的研究处理方式相吻合。以租赁和房价变量对社会经济地位因子的影响为例，我们发现收入可以直接转化为住房消费，这样的优点是产生的输出偏差较小，因此所发布表格中的绝对值不大可能产生误导性。

我们在概况中使用家户规模平均人数、65 岁以上人口比例以及已婚家庭家户比例来呈现生命周期分异。经由因子生态分析，研究发现家户规模是生命周期所含变量中最为重要的元素：家户规模高于平均值的普查街区通常有很多需要抚养的子女，家户规模低于平均值的普查街区通常有很多老人，因此这两个变量相互关联。

没有一个单独的变量可以完整地说明族群构成，因此我们必须使用多个变量，以整个大都市区人口为基础进行说明（正如描述性统计所示）。由于假设的微型城市中人口普查街区是在 21 个大都市区中抽取的样本，因此其中包括黑人、亚裔和西班牙裔。

最后，模型概况中的部分变量并没有被聚合在三大基本维度中。例如居住时长是社区人口稳定性体现的一个方面，但是这个变量无法被归类到年龄、种族或社会经济地位中。与之对应的是，我们的分析偶然发现工作的女性群体呈现独立聚合。这一现象通常出现在单身人口较多的城市，且城市中的大部分人参加工作。此外，概况中还包括人口密度。

现在我们将介绍概况中的 30 个社区。尽管大都市区是假设的，但每个普查街区的数据均是在真实的6000个普查街区中随机抽取的。我们对概况中的社区进行了连续编码。

社区1中的居民年龄低于平均值，且西班牙裔人口数量较多（是我们样本中的第二大西班牙裔人口聚集区）。这个社区的社会经济地位远远低于平均值，事实上，该社区的白领比例是整个城市中最低的。社区6的社会经济地位和典型生命周期指标最低，但是该社区有很多黑人和非西班牙裔白人。该社区可能是稳定的跨种族社区，也可能是正在转型的社区，但是单看1980年的数据无法确定。社区10基本上居住的都是黑人，该社区的社会经济地位低于平均值，尽管人口密度很高，但是平均家户规模只比平均值略高些许。这些特征加上极低的已婚家庭家户比例，表明这很可能是一个处于市中心的贫困普查街区。

与之形成鲜明对比的是社区13，这是一个以家户为主导的中产阶层社群。其中3/4的家户为已婚家庭家户，各家户平均规模为3.2人，在30个社区中排名第二。值得注意的是，在这个社区中，参加工作的适龄女性比例超过一半。该社区的居住状况非常稳定：各个家户在这里居住的平均年限基本将近9年，居住的几乎都是白人，且职业地位高于平均值。

另外，我们也可以找到鲜有子女抚养和家庭活动的社群。这些社群大都是年轻的单身上班族/老年人。以社区7为例，该社区平均家户规模较小，且已婚家庭家户的比例很低。住户的平均居住时长为一年半的社区，在所有样本中只存在三个。此类社区的住户流动率可能非常快，或者这里可能刚开始进行住宅建设。

在社区19中，有4/5的适龄女性参加工作。该社区的居民大多为白领，老年人很少，平均家户规模不大，而且其他有色人种很少。此外，该社区的居住流动率很高，因此可能和上个例子一样，居民均为参加工作的年轻人。社区23的家户变量得分不高，其内住着大量的老年人，社区人口密度很大，职业地位处于平均水平，且种族和族群呈现多样化的态势。

社区28的社会经济地位低于平均值，家庭地位较高，居民年龄较小，且参加工作的适龄女性相对较少。社区内住有大量的黑人、亚裔和西班牙裔人口，人员流动率很高。该社区种族和族群可能正在发生转变，但是由于没有关于这个社区的第一手资料及其他时间点的信息，因此我们无法得出确定的结论。

表 3－1 中的概况可以让我们确定大都市区的社区特征。人们可以使用这些信息对城市中的社群进行分类。应当说明的是，少数几个精心挑选的人口普查变量可以告诉人们关于社群特征的大量信息，不过，人口普查本身也无法提供全部的信息。人口普查无法提供关于社群的第一手资料，一次人口普查也无法提供关于社区变化的更全面的信息。这个概况可以帮助当地管理人员为每项类似的分析选择一些最具相关性的变量，并呈现同时提供第一手资料与真实情况（有时候让人感到惊讶）的价值。

针对这个包含 30 个社区的“虚拟城市”的描述统计展示了社会经济与人口统计方面的一些极端变化。族群和种族变量的变化非常明显，人口密度也是如此。大部分社区生命周期的变化不太明显，社会经济地位的变化也较为适度。这些事实证实了我们在第二章人口普查街区中观察到的微观层面的模式。

双变量检验

用关键变量代表整个因子是我们在这个概况中做出的妥协。这样做的风险有多大？这些特征之间存在多大程度的相关性？表 3－2 中的双变量关联呈现了关键变量之间的相关程度。前三列分别展示了白领、家户规模与黑人之间的相关度，这三个变量的相关关系分别代表社会经济地位、生命周期和族群。

表 3－2　21 个统计区及总体的主要变量之间的关联

大都市区	白领和家户规模	白领和黑人	黑人和家户规模	白领和受教育程度
艾伦镇	0.06	－0.21	－0.28	0.68
阿马里洛	－0.17	－0.40	0.08	0.84
亚特兰大	－0.29	－0.57	0.08	0.90
班格尔	－0.19	0.07	－0.32	0.60
伯明翰	－0.38	－0.56	0.19	0.90
波士顿	－0.09	－0.33	0.07	0.82
芝加哥	－0.39	－0.33	0.32	0.83
弗林特	－0.35	－0.53	0.15	0.72
印第安纳波利斯	－0.24	－0.29	0.08	0.85

续表

大都市区	白领和家户规模	白领和黑人	黑人和家户规模	白领和受教育程度
列克星敦	-0.42	-0.38	0.02	0.82
新贝德福德	-0.01	-0.57	0.07	0.84
纽黑文	0.17	0.01	-0.36	0.87
新奥尔良	-0.12	-0.51	-0.11	0.90
纽瓦克	-0.29	-0.72	0.18	0.87
圣路易斯	-0.25	-0.40	0.29	0.77
盐湖城	0.00	-0.42	-0.02	0.87
圣安东尼奥	-0.57	-0.17	-0.00	0.88
圣地亚哥	-0.26	-0.39	0.22	0.80
西雅图	0.00	-0.12	-0.11	0.84
希博伊根	-0.32	-0.38	0.21	0.69
斯托克顿	-0.24	-0.32	0.35	0.80
总体值	-0.21	-0.37	0.19	0.81
均值	-0.06	-0.36	0.06	0.81
标准差	0.18	0.19	0.20	0.08

在大多数城市，这些特征中的任意两个变量之间的相关度均较为适度。白领与家户规模之间通常为负相关关系，而黑人与家户规模之间通常为正相关关系。在一些大都市区，职业地位与黑人比例之间的相关系数超过了0.5。例如，纽瓦克的种族结构充分展示了一个社区的社会经济地位。我们在双变量分析中可以发现种族被包含于社会经济地位维度中，这在因子分析结果中也清晰可见。

为了在主成分分析中展示相同因子中两个变量之间的相关度，我们在表3-2中的第4列展示了白领与受教育程度之间的关系，两者之间的相关系数一般均超过0.8。正如表3-2所示，完全可以使用一些关键变量来测量潜在特征，无须使用复杂且难以理解的方法。

小　结

本章的目标是分析1980年人口普查中哪些特征倾向于聚合在一起（至少从统计观点来看）。因子生态分析法让人们可以从多个角度了解人口是如何（自愿或者被迫）分布到美国大都市区的各个社区内的。生态研究中关于确定社会经济地位、生命周期和族群因子方面的惯例做法在 1980 年的分析结果中找到了支持证据（也有一些例外情况）。族群及种族通常与社会经济地位相关。部分其他变量无法被轻易列入上述三个评估指标中。我们还发现中产阶层郊区中社会特征的聚合与其他规模较大、存在时间较长的统计区的三个标准维度有所不同。

许多人口普查数据用户希望编制各自社区以及小型社群的概况。我们已经展示了在实际操作过程中哪些人口统计数据最为有用，以及如何运用少数几个变量代表多数变量的信息。

第四章

社区多样性与隔离

社区可以被视为构成整个居住系统图像的一块块瓷砖。如果根据每个社区的社会特征强度标注每块瓷砖颜色的深浅，那么颜色的不均匀性便可以反映出社区的隔离状况。举例来说，我们可以将社区中接受高等教育成年人的比例作为社会地位指标，如果每个社区（人口普查街区）的社会地位指标都一模一样，那么大都市区的地图便会呈现为同一种颜色。与之相反，如果一些社区接受高等教育的成年人比例较高，而另外一些社区接受高等教育的成年人比例较低，那么大都市区的地图颜色便会不均匀。这种不均衡性或隔离（书中会交替使用这两个术语）展示了居住分异的一个方面。关于隔离的常见贬义用法需要依赖具体的情境。我们根据统计学方法对隔离程度进行了分析，通过使用指数对每个大都市区的不均衡现象进行概述。

过去数十年来，社区隔离一直是国内城市政策的热门话题。联邦政府提出并赞助了多个相关项目，致力于降低大都市区的隔离程度。其中最著名也最具争议性的项目便是废除公立学校系统中的种族隔离制度，以及消除城市住房市场中的种族隔阂，社会经济一体化也是这些项目的目标之一（通过实施一些住房补贴项目）。

对隔离程度进行精确且适当的量化非常重要。我们不能仅限于说“大城市的隔离情况非常严重”，或者说“黑人与白人之间存在隔离”，本章中提供了一种可以用来表明隔离“程度”的方法，并对隔离指数所代表的含义进行详细的解释。我们希望能够对不同的隔离情况进行对比，例如“黑人群体的隔离情况是否比西班牙裔群体更加严重?”、“族群的隔离程度是否使社会阶层更加分化?”（通过快速浏览本章中的图表便可见一斑。）在本书的第六章中，我们将进一步详细讨论过去数十年间隔离程度是否发生了改变。

隔离程度是否会随着城市规模的扩大而日益加重？本书第二章提到的一些城市分异理论认为事实的确如此。与位于西部地区历史较短但是发展迅速的新兴城市相比，位于东北部地区历史较长的工业化城市是否隔离程度更加严重？如果不同类型的城市存在不同程度的隔离，那么国家或各州颁布的政策（对各个地区或各种规模城市的发展产生显性或隐性的影响）也会对城市的隔离程度产生影响。

隔离程度与多样性

关于隔离程度的统计数据只能衡量社会的不均衡性，而空间聚集现象则可以对此进行双重解释。隔离可以呈现歧视以及偏见形成的过程，减少歧视与偏见成为政策的目标之一。但是，隔离程度也可以体现（有利的和不利的）市场力量以及自我选择的过程，在进行未来规划时可以考虑这些地理上的隔离程度。举例来说，如果有大量符合条件的群体聚集在一小块区域，那么便可以加快向这些特殊群体（例如老年人）提供服务的速度。

在考虑如何恰当地衡量隔离程度与多样性（同一枚硬币的正面和反面）[①] 的过程中，我们遇到了一系列的方法论问题，近年来这些方法论问题在多个领域的文献中不断出现。本章展示的结果反映了我们在解决方法论问题方面所做的工作。在大多数情况下，我们会要求自己采用更加简单且更为传统的指数，为对隔离程度以及多样性进行直接测量提供了一条最佳的途径，通过这种方法可以查看分类操作的结果。当然，我们无法持续观察到社群结构的变化过程，但是可以通过相关资料了解 20 世纪 80 年代之前的情况。

人们对隔离进行了大量的实证研究，其中大部分研究关注城市内部的种族及族群分布的不均衡。一些经典的研究分析了大量城市中种族隔离[②]或族

① 隔离指标的作用是说明大都市区内不均衡现象的程度，而多样性指标的作用是对城市社区的内部不均匀性进行明确的量化。在许多应用中，这两个指标可以交替使用。参见 Michael J. White, "Segregation and Diversity Measures in Population Distribution," *Population Index* 52 (Summer 1986): 198 - 221。

② Karl E. Taeuber and Alma F. Taeuber, *Negroes in Cities* (Chicago: Aliaine, 1965).

群隔离[①]的程度。在这个基础上增加了一些其他的更新数据,[②] 也添加了一些历史数据。[③] 在之前进行的一些研究中，不同城市之间的隔离程度差异得到确认。从这些研究结果中可以看出，与来自国外的白人群体相比，黑人群体的隔离程度明显更加严重。[④] 西班牙语系群体的隔离程度并不明确，而且各个地区的隔离程度存在差异。根据 Noman Kantrowitz 开展的研究，纽约市西班牙裔群体的隔离程度与黑人群体的隔离程度相差无几。[⑤] 而 Douglas Massey 对 10 个区域（大多数位于新南部地区）开展的研究发现，西班牙裔群体的隔离程度要低于黑人群体。[⑥]

隔离程度分析的范围开始慢慢扩大到其他群体特征方面，一般来说对所有界定明确的不同群体都可以进行分析。一些研究者根据职业和行业类别对社会分异情况进行了分析与研究。[⑦] 研究发现，两类群体在职业地位上的分异越大，他们在人口普查街区中的分布情况就越不同。其他的社会地位指标（例如租金、收入以及受教育程度）也呈现类似的情况。随着人们对人口老龄化问题兴趣的增加，一些人开始对老年人口的隔离程度进行分析研究。[⑧]

---

① Otis D. Duncan and Stanley Lieberson, "Ethnic Segregation and Assimilation," *American Journal of Sociology* 64 (1959): 364 - 374.

② Annemette Sϕrenson, Karl E. Taeuber, and Leslie J. Hollingsworth, Jr., "Indexes of Racial Residential Segregation for 109 Cities in the United States: 1950 to 1970," *Sociological Focus* 8 (April 1975): 125 - 142; and T. L. van Valey, W. C. Roof, and J. E. Wilcox, "Trends in Residential Segregation: 1960 - 1970," *American Journal of Sociology* 84 (January 1977): 826 - 844.

③ Stephanie Greenberg, "Industrial Location and Ethnic Residential Patterns in an Industrializing City: Philadelphia, 1880," in Theodore Hershberg, ed., *Philadelphia* (New York: Oxford University Press, 1981).

④ Stanley Lieberson, *A Piece of the Pie* (Berkeley: University of California Press, 1980).

⑤ Norman Kantrowitz, *Ethnic and Racial Segregation in the New York Metropolis* (New York: Praeger, 1973).

⑥ Douglas Massey, "Effects of Socioeconomic Factors on the Residential Segregation of Black and Spanish Americans in U.S. Urbanized Areas," *American Sociological Review* 44 (December 1979): 1015 - 1022.

⑦ Otis D. Duncan and Beverly Duncan, "Residential Distribution and Occupational Stratification," *American Journal of Sociology* 60 (1955): 493 - 503.

⑧ Donald O. Cowgill, "Residential Segregation by Age in American Metropolitan Areas," *Journal of Gerontology* 33 (1978): 446 - 453; Joseph T. Tierney, "A Comparative Examination of the Residential Segregation of Persons 65 - 74 and Persons 75 + in 18 United States Metropolitan Areas for 1970 and 1980." *Journal of Gerontology* 42 (1987): 101 - 106.

大部分研究结果显示尽管年龄隔离情况非常明显，在制定相关政策时应予以考虑，但是并没有像族群或社会经济隔离程度那样普遍。

最后，把表格量化为指标之后，便可以对不同时期的隔离程度进行对比。事实上，我们掌握了从 1950 年到 1970 年许多城市的种族隔离指标，这些指标以街块为基础进行计算。[①] 在对这些城市的隔离程度进行历时分析之后，我们发现大多数城市的隔离程度保持稳定或者略微下降。T. L. van Valey、W. C. Roof 和 J. E. Wilcox[②] 对 237 个标准大都市统计区（SMSA）（下文中简写为“统计区”）1960～1970 年的人口普查数据进行了分析，发现这些城市的隔离程度的确有所下降，但是下降幅度很小，且下降的部分原因是增加了一些隔离程度较低的统计区。有研究者在对费城从 19 世纪到 21 世纪的一些人口普查数据展开分析之后，也得出了相同的结论。[③] 在对不同群体的隔离程度进行历时分析之后，得出的大部分结论均不符合现有的空间同质化假说模型，特别是一些假说认为黑人属于较新的移民群体，他们所经历的同化过程与其他群体相同。另外，上述结论也对同化假说提出了挑战，Frances Kobrin 和 Calvin Goldscheider 得出的结论是：尽管随着时间的推移，族群的本质已经发生变化，但族群因子依然对居住流动性以及居住集中度产生深远的影响。[④] Douglas Massey 和 Brendan Mullan 使用多个统计区的人口普查数据对空间同质化假说进行了直接测量，发现尽管黑人的社会经济地位有了显著的提升，但依然聚集在城市中心贫民窟地区，这与西班牙裔群体形成了鲜明的对比。[⑤]

关于这方面的研究结果以及产生的其他问题通常会对政策制定产生直接的影响。的确，由于公众对住房以及就业隔离情况十分关注，因此需要对这两方面的隔离程度进行准确的测量（无论因果机制如何）。为了评估一项专门用于降低阶层、族群或其他方面隔离程度的政策，我们必须能够准确测量

---

① Sϕrenson, Taeuber and Hollingsworth, “Indexes of Racial Residential Segregation for 109 Cities in the United States: 1950 to 1970.”

② van Valey, Roof, and Wilcox, “Trends in Residential Segregation: 1960 - 1970.”

③ Theodore Hershberg, ed., *Philadelphia* (New York: Oxford University Press, 1981).

④ Frances Kobrin and Calvin Goldscheider, *The Ethnic Factor in Family Structure and Mobility* (Cambridge, Mass.: Ballinger, 1978), p. 226.

⑤ Douglas S. Massey and Brendan P. Mullan, “Processes of Hispanic and Black Spatial Assimilation,” *American Journal of Sociology* 89 (1984): 836 - 873.

政策实施之前、实施期间以及实施之后的隔离程度。近年来，随着新的移民不断涌入美国各个城市，关于空间同化以及时间同化的问题被再次提出。在本章，我们将直接探讨1980年之前一些族群的隔离程度。希望明确城市社会空间结构中的哪些维度与大都市区的特征关系最为密切，然后可以将这些结果与第三章中的多变量研究结果（因子生态分析）放在一起进行解读。

1980年的隔离程度

研究所采用的是非常独特的隔离程度分析法，是不仅包含种族与族群，而且包含了大量的社会经济以及住房特征。为了与已有相关文献的传统保持一致，研究大部分数据的呈现方式受制于相异指数。根据第三章中所探讨的城市分异传统维度，对不同的特征进行分组。对于适用的变量，我们将通过表格展示使用最新方法测量出的隔离程度，其中包含多个变量类别。对于每个单独的特征，我们将会展示其隔离程度与大都市区人口总数以及增长速度之间的相关度。

在使用传统方法对隔离程度以及社区空间分异情况进行测量时，一般都会采用相异指数。这种指数很容易被计算和解释，且在城市人口统计研究中使用了很长的时间（特别是其在最初的方法论审查中获得青睐之后）。[①] 但是，越来越多新发表的论文开始对这种技术的权威性提出质疑。

相异指数的公式如下：

$$D = \frac{1}{2}\sum_{i=1}^{K}\left|\frac{P_{1i}}{P_1} - \frac{P_{2i}}{P_2}\right|$$

其中，P_{1i}为第 i 个统计区中群体1的人数；P_1 为城市中群体1的人数；总共包含城市中的 K 个人口普查街区。相异指数 D 代表平等对角线与隔离曲线之间的最大垂直距离，这个指数的作用在于说明一个群体的数量需要进行多大比例的重新分配，才能在所有的社区中实现平均分配。

研究使用的第二个指数来自信息理论，Henry Theil 曾经对这个指数进行

① Otis D. Duncan and Beverly Duncan, "A Methodological Analysis of Segregation Indexes," *American Sociological Review* 20 (1955): 210 - 217.

了详细研究。[①] 这个指数具有多个受青睐的属性，但是在城市社会学文献中却很少被使用。具体的计算公式如下。对每个社区（人口普查街区），即 i，平均熵的计算方法如下：

$$H_i = \sum_{l=1}^{L} - P_{il} log P_{il}$$

其中，l 涵盖了人口普查街区中的所有群体。对于统计区或整个城市，我们也可以按照以下公式计算熵值：

$$H_c = \sum_{l=1}^{L} - P_l log P_l$$

在获得所有社区的信息之后，平均减少的熵值便代表了隔离程度（获得的信息增加）：

$$H = \frac{H_c - \left(\sum_{i=1}^{I} \frac{N_i}{N} H_i \right)}{H_c}$$

当没有隔离时指数 H 的值为 0，当 $H = 0$ 时，社区的构成与城市完全相同，即没有任何可供解释的信息，当指数为 1 时代表完全隔离，换言之即可解释的信息最为丰富。这个指数有多个受青睐的属性，包括可以测量含有多个变量的特征的隔离程度。

我们在表格中使用百分数来表示指数 D 和指数 H，因此这两个指数的数值在 0 到 100 之间。

社会经济地位

第三章的分析结果强调了社会经济地位在大都市分异方面所扮演的重要角色。表 4－1 根据 21 个大都市区社会经济地位的多个特征，使用相异指数（D）对这 21 个大都市区的隔离程度进行了测量。[②] 相异指数显示，在大多数大都市区，在第 1 列显示的大学毕业生群体中，大约有 1/3 的毕业生需要

① Henri Theil, *Statistical Decomposition Analysis* (Amsterdam: North-Holland, 1972).

② 需要注意的是，包含连续变量（例如社会经济地位）的隔离统计值。相异指数的变量选择是随意的，因此可能会影响指数的计算值。

表 4－1 社会经济地位和劳动力状况的相异指数：21 个统计区

大都市区	高等教育以上	收入 3 万美元以上	专业技术人员和管理人员	技术人员	房屋价值高于 5 万美元	房屋价值低于 2.5 万美元	租金在 200 美元以上	租金在 40 美元以下	女性劳动者	失业
艾伦镇	28	25	22	22	46	47	46	40	10	16
阿马里洛	36	36	28	25	62	60	51	44	11	26
亚特兰大	38	34	25	29	55	56	61	63	16	24
班格尔	18	22	11	15	21	21	21	23	10	12
伯明翰	44	34	29	28	55	47	63	62	15	25
波士顿	35	33	25	23	45	44	42	38	11	18
芝加哥	38	31	27	27	58	63	54	54	14	28
弗林特	30	24	23	18	48	47	38	34	9	19
印第安纳波利斯	36	31	26	23	56	58	59	56	13	24
列克星敦	33	29	23	25	43	58	48	50	15	23
新贝德福德	32	27	24	27	44	25	56	36	8	14
纽黑文	33	33	25	21	44	48	36	37	10	20
新奥尔良	35	33	26	25	45	49	58	53	13	25
纽瓦克	37	38	28	32	55	65	46	52	12	26

续表

大都市区	高等教育以上	收入3万美元以上	专业技术人员和管理人员	技术人员	房屋价值高于5万美元	房屋价值低于2.5万美元	租金在200美元以上	租金在40美元以下	女性劳动者	失业
圣路易斯	36	30	25	24	53	51	60	59	12	24
盐湖城	30	30	22	21	47	50	38	37	10	16
圣安东尼奥	43	38	31	29	68	61	62	65	17	20
圣地亚哥	30	34	21	21	45	50	41	46	14	16
西雅图	28	26	19	18	37	41	36	40	11	15
希博伊根	17	15	15	10	27	27	22	18	6	17
斯托克顿	29	30	21	20	51	53	46	52	15	24
均值	32.6	30.1	23.6	23.1	47.8	48.5	46.8	45.7	12.0	20.5
标准差	6.7	5.7	4.6	5.1	10.9	12.0	12.3	12.7	2.8	4.7
相关：										
1980年的统计区	0.38*	0.27	0.31	0.36	0.33	0.41*	0.27	0.06	0.28	0.43*
1970～1980年的统计区变化	0.06	0.22	0.00	0.05	0.15	0.21	0.11	0.19	0.45*	-0.06

* α≤0.05时显著。

进行迁移，才能实现平均分配。其中 D 值最高的城市为伯明翰与圣安东尼奥，这两个城市的 D 值均超过 40。

表 4－1 显示，受教育程度与收入水平之间的相关度很高。收入超过 3 万美元的家户在全国所占的比例大约为 20%。这一群体（第 2 列）的平均隔离程度几乎达到 50（D 值）。在所有的统计区中，居民受教育程度较高的统计区通常收入更高。事实上，在这 21 个统计区中，受教育程度与收入水平之间的相关系数达到 0.65。我们将不同地区的隔离差异（没有呈现 eta^2 统计值）与人口规模及其增长速度（相关系数）进行了测量。在这 21 个统计区中可以发现受教育程度和收入水平与大都市普查街区规模之间的关系。最终的统计结果证明大面积区域的居住分异程度要高于小面积区域。另外，在统计操作过程中发现了一些地区分异，南部地区在社会地位特征方面的隔离程度要高于北部地区。

第 3 列和第 4 列展示了职业相异指数，职业地位层级的顶层为专业技术人员和管理人员，底层为工人。我们分别将每个群体与其他群体进行比较。亚特兰大专业技术和管理人员的相异指数为 25，这代表专业技术人员和管理人员与其他人员的隔离程度，而技术人员的相异指数为 29，这代表技术工人与其他人员的隔离程度。几乎在所有的统计区中，专业技术人员和管理人员的隔离程度与受教育程度的隔离程度非常相似。因此我们可以从这些社区信息中发现高等教育与高级职业地位之间的关系。总体而言，工人的不均衡性略低于专业技术人员和管理人员。从相关系数来看，我们可以发现大城市的隔离程度要高于小城市。

如果我们对社会经济地位的隔离程度进行更为详细的审查，那么这种隔离模式是否仍经得起推敲？之前开展的一些研究发现，处于职业地位两端的人员在真实世界中也遇到了隔离，具体可体现在各职业地位人员在迁移率以及人际交往方面的社会距离。由于 1980 年人口普查中职业编码发生了变化，因此我们无法进行准确的对比分析。但是我们制作了表 4－2“职业两两相异指数”，其中包括 6 个广泛的职业群体。这个表格将每个群体的 D 值与其他群体进行对比。表格中包含的 D 值为 21 个大都市区统计的平均值。其中隔离程度最高的职业群体是农场工人。这种隔离不仅反映在农场位于大都市区的郊区地带，也反映在农场工人（大多为流动工人）主要居住在大都市区新扩建的地区（通常较为贫穷）。而两个白领群体（专业技术人员和管理人员及辅助人员）之间的隔离程度很低。另外我们发现，两个蓝领工人群体（手工工人和技术工人）之间的隔离程度也很低，尽管前者的数值通常要高于后者。白领与蓝领工人之间的隔离十分明显，特别是专业技术人员和管理人员与蓝领工人之间的隔离。为了让每个社区的专业技术人员和管理人员与技术工人保持恒定的比例，需要将其中一个群体中36%的人员进行迁移。服务人员在劳动力群体中属于灰领工作者，这个群体的隔离程度处于中等水平，除了专业技术人员和管理人员之外，其他非农业群体之间的隔离程度均不高。

表4－2　职业两两相异指数：21个统计区

	专业技术人员和管理人员	辅助人员	服务人员	农场工人	手工工人	技术工人
专业技术人员和管理人员	—	16	28	47	29	36
辅助人员	—	—	18	44	18	25
服务人员	—	—	—	43	19	17
农场工人	—	—	—	—	41	43
手工工人	—	—	—	—	—	16
技术工人	—	—	—	—	—	—

对大多数家户来说，社会地位和收入可以直接体现为房屋购买力。因此所预计住房开支（租金水平和房价）的隔离程度应当与其他身份地位相符。将近一半的房价超过5万美元或月租金超过200美元的房屋进行“迁移”，才能让统计区内每个社区拥有相同比例的高价房屋，同样，对低价房屋而言也是如此。住房开支的隔离程度要远远高于受教育程度和收入，可能的原因是家庭人数以及生命周期对房屋购买力产生了额外的影响。

从表4－1中还可以看到两个可说明劳动参与率特征的隔离情况。截至1980年，全国16岁及以上女性中有44.7%的人参加工作，高于1970年的30.5%。在大多数城市中，代表女性劳动参与率的D值介于10～15之间，这说明工作的女性在大都市区已经相当普遍。从分析结果来看，完全符合传统生活方式（女性不参加工作，专门在家养育子女）的社区并不多。另外，未参加工作的女性群体的隔离程度略低于参加工作的女性群体，这反映了不同社会经济地位人群在失业率上的差异。许多城市有大量的失业人员，在阿马里洛、伯明翰、芝加哥以及纽瓦克，失业人员的隔离程度 D 值均至少在 25 以上。

生命周期

表 4－3 中呈现了生命周期特征的 D 值。尽管生命周期在大都市结构的因子分析中占据主导地位，但是这一特征的隔离程度较低。正如所预料的那样，位于底层的是性别隔离，在大多数城市，代表性别隔离的 D 值只有 3 或 4；在表 4－3 中可以很明显地看出军事人员对圣地亚哥人口构成的影响，只有这个地区代表性别隔离的 D 值超过了 4。一些地区不同年龄群体的隔离程度令人担忧，尤其是老年群体的隔离程度。一些地区的老年群体隔离程度较高。在独自居住的老年群体中（其中很多人的年龄超过 65 岁），大约 1/4 的人需要改变住处才能消除隔离。南部和西部的大都市区在 20 世纪 70 年代出现了快速的人口增长，这些地区老年人口的隔离程度更高，老年群体的隔离程度更加明显，原因可能是新移民选择居住在不同的社区内。西部地区 4 个统计区老年群体的隔离值达到 10 以上，高于西北部地区 6 个统计区的隔离值。

非传统家庭家户（包括独自居住的人员以及没有亲属关系的住户）的隔离程度略低。婚姻状况为离异、孤寡与分居的平均隔离值为 19，在各个统计区中，这一特征只有很小的差异。阿马里洛以及盐湖城的隔离程度最高。常见的统计区关系在这些地区并不成立（例如，波士顿的隔离程度最低），不同地区的隔离程度存在较大差异，这可能与大都市区的年龄构成有关。

表 4－3 中令人惊讶的是单亲家庭家户儿童的隔离程度要远远高于其他家户类型，平均值达到 30。在所有的社会经济特征中，我们发现统计区规模与隔离值之间的相关度（R ＝ 0.46）非常高，而区域增长速度与隔离值之间几乎毫无关系。这意味着在人口增长停滞不前的大规模大都市区，儿童的分布更加不均匀。在纽瓦克统计区，44% 的单亲家庭家户儿童需要通过转移才能让这种类型的隔离消失。在所有的单亲家庭家户儿童中，黑人儿童的比例要远远高于其他族群儿童的比例，因此近来有大量黑人居住的大都市区，该类型家户的隔离程度更高。这反映出当地的种族隔离程度。由于在展开政策讨论时儿童家户类型非常重要，因此下文中将继续讨论家户类型的隔离程度，并探讨家户类型与贫困程度以及种族之间的关系。许多单亲家庭家户非常贫困，我们将在下一章针对这一方面进行探讨。

表 4－3　生命周期和家户状况的相异指数：21 个统计区

大都市区	性别	小于 18 岁	65 岁以上	家户类型 单人居住	非家庭家户	单亲家庭 儿童	婚姻状况 分居－孤寡－ 离异	家户规模 5 人以上	集体宿舍
艾伦镇	3	10	18	19	17	25	15	14	76
阿马里洛	3	14	28	26	25	23	23	24	74
亚特兰大	4	13	26	30	29	37	21	21	72
班格尔	3	15	16	19	19	20	17	13	81
伯明翰	4	11	18	23	23	35	20	19	69
波士顿	4	15	18	25	24	31	15	19	63
芝加哥	4	16	26	27	20	40	19	23	69
弗林特	3	9	21	20	17	33	19	16	73
印第安纳波利斯	3	11	24	24	20	33	21	18	67
列克星敦	4	14	22	22	25	28	18	17	73
新贝德福德	3	8	14	17	13	28	15	11	57
纽黑文	4	13	20	23	22	39	18	18	68
新奥尔良	4	16	29	28	25	39	21	21	78
纽瓦克	3	13	20	24	17	44	20	17	67

续表

大都市区	性别	小于 18 岁	65 岁以上	家户类型 单人居住	非家庭家户	单亲家庭 儿童	婚姻状况 分居 - 孤寡 - 离异	家户规模 5 人以上	集体宿舍
圣路易斯	4	12	24	24	19	38	22	18	62
盐湖城	3	17	34	35	29	24	23	28	69
圣安东尼奥	4	14	30	26	23	22	19	25	76
圣地亚哥	6	19	30	30	24	22	19	30	76
西雅图	3	17	28	28	21	23	19	23	68
希博伊根	3	7	13	19	17	21	17	15	58
斯托克顿	4	12	23	23	19	23	17	21	68
均值	3.6	13.1	22.9	24.3	21.4	29.9	19.0	19.6	69.8
标准差	0.7	3.0	5.7	4.3	4.1	7.5	2.4	4.8	6.2
相关:									
1980 年的统计区	0.24	0.38	0.28	0.37	0.06	0.46*	0.09	0.29	0.10
1970～1980 年统计区变化	0.35	0.49	0.67*	0.62*	0.66*	-0.47*	0.35	0.72*	0.45*

* $\alpha \leqslant 0.05$ 时显著。

集体宿舍人群是被有意隔离的，这一过程通常由自己或社会决定。居住在集体宿舍中的人群包括军营里的军人、大学宿舍中的学生、监狱服刑人员以及其他体制内人员。这些人员的 *D* 值最高，将近 70。值得肯定的是，我们以这种极高的数值为标准与其他社会和经济特征比较。

族群

学者和政策制定者最为关注的是大都市区内不同种族与国籍的隔离情况。从 1940 年开始，研究人员便对城市以及大都市区内该方面的相异指数进行反复计算。在表 4－4 中，我们按照种族、西班牙裔以及国籍来比较隔离情况，1980 年人口普查数据给出了确定数值。大都市区的种族隔离情况依然十分严重。在 21 个统计区的黑人群体隔离程度方面，班格尔的值是最低的，只有 40（全市黑人比例低于 1%），而芝加哥的值最高，达到 86，这一地区的隔离程度在全国范围内一直位居前列。如果将中位数作为标准值，那么大都市区超过 2/3 的黑人（或非黑人）需要迁移住所，才能让每个街区的黑人与非黑人的比例保持平衡。在规模较大且增长缓慢的大都市，黑人的隔离值明显要更高。另外，地区差异也具有统计显著性。在五个中北部地区的统计区中，*D* 值平均为 80，而西部地区的平均值则低于 60。

我们也对其他种族群体进行了分析，包括美洲印第安人、亚裔以及“其他种族”，白人被排除在外。不同地区的美洲印第安人和亚裔人口的隔离相异指数有较大差异，约等于黑人隔离值的一半。班格尔的印第安人隔离相异指数最大，该统计区内居住着大量的美国本土居民，且其中一个人口普查街区毗邻美国印第安人的居留地。在大多数统计区中，亚裔群体的 *D* 值在35～45 之间。西海岸的城市居住着大量的亚裔群体，但这些地区亚裔群体的隔离程度并不算高，隔离程度最高的地区反而是芝加哥、新奥尔良以及波士顿。“其他种族”群体的特征很难确定，因此这个群体的 *D* 值也很难被解释。在各个统计区中，这个群体的 *D* 值差异很大，显示了分类的不一致性以及该群体（不属于白人、黑人、印第安人或者亚裔群体）的真正隔离程度。由于人口普查数据是由个人填写的，因此个人可以随意选择自己的种族身份，许多人（特别是西班牙裔群体）在这个人口普查项目中选择了

“其他种族”，而美国人口普查局也没有对这些人员进行重新归类。①

在1980年人口普查中，受访者需要回答自己是否为西班牙裔。表4－4的第5列记录了西班牙裔群体与非西班牙裔群体的隔离程度。与黑人群体相比，西班牙裔群体的隔离程度更低，但是这一群体在统计区中较为分散。在居住着大量西班牙裔群体的城市中，并没有证据显示该群体的隔离程度较高或较低。第6列报告了西班牙裔群体内部关于种族隔离情况的相异指数。也就是说，研究的参照对象是西班牙裔群体，我们将其中的黑人群体与非黑人群体进行对比，这种对比只有将种族与西班牙裔进行交叉制表才能实现。我们发现，西班牙裔黑人群体的隔离程度远远高于西班牙裔非黑人群体，西班牙裔黑人群体的隔离程度几乎相当于非西班牙裔黑人群体的隔离程度。在最高值和最低值间似乎并没有可识别的模式，但是从中却可以发现区域差异。② 由于各个地区西班牙裔群体的种族构成差异很大，因此西班牙裔群体的隔离程度也有很大差别。

表4－4　种族、西班牙裔和国籍的相异指数：21个统计区

大都市区	种族				西班牙裔(5)	西班牙种族*(6)	外籍群体(7)
	黑人(1)	美洲印第安人(2)	亚裔(3)	其他(4)			
艾伦镇	58	41	35	60	55	44	24
阿马里洛	72	26	44	42	40	77	37
亚特兰大	77	31	38	34	22	78	32
班格尔	40	52	37	28	21	98	17
伯明翰	72	37	44	38	20	74	38
波士顿	76	38	47	60	52	47	26
芝加哥	86	42	49	64	62	71	40
弗林特	85	27	40	31	26	72	24
印第安纳波利斯	79	33	36	32	22	74	30
列克星敦	59	37	44	36	19	68	35

① 这些被访者在自己“真正”所属的种族群体中随机分布，这些行为会使“其他”和剩余四个群体的D值下降。

② 我们观察到的差异和波多黎各血统群体（大多位于东北部地区，被分类为黑人）与墨西哥血统群体（大多位于西部地区，被分类为白人）的隔离程度一致。

续表

大都市区	种族				西班牙裔(5)	西班牙种族*(6)	外籍群体(7)
	黑人(1)	美洲印第安人(2)	亚裔(3)	其他(4)			
新贝德福德	56	44	29	50	38	44	38
纽黑文	68	38	38	58	53	43	18
新奥尔良	70	39	53	34	27	68	35
纽瓦克	79	43	31	60	59	46	28
圣路易斯	82	29	38	29	20	81	31
盐湖城	54	32	23	37	33	57	25
圣安东尼奥	59	24	39	32	56	57	25
圣地亚哥	59	27	40	38	37	47	27
西雅图	66	27	37	25	16	58	22
希博伊根	69	34	24	38	32	92	22
斯托克顿	56	18	37	34	33	53	27
均值	67.6	34.2	38.2	41.0	35.3	64.3	28.6
标准差	11.9	8.0	7.5	12.3	15.1	16.3	6.7
相关:							
1980年统计区	0.54†	0.12	0.39†	0.40†	-0.39†	-0.04	0.35
1970～1980年统计区的变化	-0.41†	-0.50†	-0.07	-0.40†	-0.24	-0.06	0.10

* 西班牙裔黑人群体 vs. 西班牙裔非黑人群体。

†α≤0.05 时显著。

表4-4中最后分析的是国籍。我们计算了外籍群体对比国内出生人群的 *D* 值，主要根据这些大都市区的移民群体进行计算。外籍群体的隔离程度要低于表格中的任何其他群体。在被称为美国门户城市的芝加哥，需要迁移40%的外籍人口才能实现外籍群体与本地人口的均衡分布，但是8个统计区的 *D* 值只有25甚至更低。

单一“族群”

按照一般的族群观念，一个人只能属于一个群体，但1980年人口普查中使用了多个独立的分类，包括种族、西班牙裔及世系。

为了将所有的群体按照族群的不同进行分类，我们进行了一些简单的假设，以使每个人只能属于一个族群。[①] 表 4－5 中展示了 21 个大都市区中这一复合族群变量的平均值。这个变量中包含 13 个类别，并将人口普查街区中的每个人分到其中一个类别中（之后我们将重新使用单独的变量）。

从表 4－5 中可以发现两个黑人群体的隔离程度都相当高。西班牙裔黑人群体的隔离程度最高，*D* 值达到 80，而大部分白人群体只比非西班牙裔黑人的 *D* 值高。与西班牙裔白人相比（*D*＝69），西班牙裔黑人更愿意与非西班牙裔黑人（*D*＝36）居住在相同的社区，这说明在当代住宅社区中种族比语言更加重要。

与黑人群体相比，美洲印第安人以及亚裔群体的隔离程度较低。相异指数大约为 40。有趣的是，根据表 4－5，这两个种族群体与白人世系群体和西班牙裔群体在居住距离上既不太远，也不太近。

在白人世系群体中，我们发现英国世系、德国世系以及爱尔兰世系群体的隔离值较小，而法国世系群体的隔离值较大。这四个群体通常被视为“老”移民群体，因此这些群体在空间上的分布更为均匀。[②] 意大利世系美国人和波兰世系美国人的隔离程度略高于以上四个群体（*D* 值高于 25）。当忽略种族的影响之后，我们发现西班牙裔白人群体的聚落形态符合空间同化假说。这些来到美国大都市的新移民群体在隔离程度方面略低于其他世系群体，但是略高于六个欧洲世系群体。

住房、住房密度和居住流动性

在传统的城市扩张模型中，城市以中央商务区（CBD）为核心向外扩

---

① 我们从种族、西班牙裔以及世系这三个方面入手创建了这个变量。西班牙裔群体被分为白人和黑人西班牙裔群体。非西班牙裔白人群体按照世系的不同分为英国世系、法国世系、德国世系、爱尔兰世系、意大利世系、波兰世系及其他世系。这样，非西班牙裔黑人群体便和亚裔群体以及美洲印第安人群体一样，成为一个不同的类别。其他人全被归类为“其他群体”，根据多世系群体的相对分布情况，该群体在上述 7 个非西班牙裔白人群体中被进行相对应权重的分配。这样便创建了一个包含 13 种类别的单维度“种族”变量，这些类别之和相当于人口总数。总体而言，这个表格中的结果呈现了使用三个不同变量（种族、西班牙裔以及世系）两两结合得到的结果。

② Lieberson 的类型学分析主要包括来自欧洲西北部地区的老移民群体，以及来自欧洲中南部和东部地区的新移民群体。参见 Stanley Lieberson，*A Piece of the Pie*，p. 28。

表 4－5　族群隔离构成：21 个统计区

	英国世系	法国世系	德国世系	爱尔兰世系	意大利世系	波兰世系	其他（白人世系）	黑人（非西班牙裔）	亚裔	印第安人	西班牙血统（白人）	西班牙血统（黑人）	其他
英国	—	16	14	12	26	28	19	70	40	41	37	78	46
法国		—	16	15	25	27	22	70	39	40	35	78	45
德国			—	13	24	26	19	70	38	41	36	79	45
爱尔兰				—	23	26	17	69	38	39	34	78	44
意大利					—	29	29	71	39	46	39	79	47
波兰						—	30	72	41	47	41	80	49
其他白人（NH）							—	71	42	41	36	80	47
黑人（NH）								—	65	61	64	36	56
亚洲									—	49	43	74	46
印度										—	40	69	41
西班牙（W）											—	69	26
西班牙（B）												—	61
其他													—

注：（NH）＝非西班牙裔；
（W）＝白人；
（B）＝黑人。

展。如果这一模型适用，那么我们应当能观察到住房在建造时间以及结构密度方面有较高程度的隔离，原因是城市外围社区会兴建较低密度的住房单元。但是，市区改造以及郊区多单元建筑恰好与这一基本模型相矛盾。在表4－6中，我们可以发现传统特征的支持证据，至少在隔离模式上展现了传统特征。住房密度的第一个指标为多单元地址（一个地址包含10个或更多住房单元）分布的不均衡性。由于其内的社区较老且租金较高，因此这些地区的房屋十分密集。在大多数城市，大约需要迁移一半的此类住房单元才能消除这一隔离。

与上述住房相比，其他密度的住房 D 值要低得多。在第2列中，各个城市的单户型住房和独立单元住房的 D 值大约为40。尽管看起来我们进行了重复测量，但是通过分析低密度住房及高密度住房的不均衡性，我们可以发现单户型住房与城市规模的扩张速度保持一致。在年代较久的工业化统计区（例如波士顿、芝加哥、新贝德福德、纽黑文以及纽瓦克），单户型住房的隔离程度更高。

随着大都市的发展和年代累积，住房存量也会增加或减少。那么新建住房与老旧住房之间的隔离程度究竟有多高呢？在所有的统计区中，新建住房（建于1975～1980年）的平均 D 值小于50，基本上等于住房单元密度的 D 值。这一点符合我们的预期，因为在城市发展的历史中，新建住房的密度通常低于现有住房的密度。芝加哥被誉为众多生态理论的天然“实验室”，这里的“住房年龄”的不均衡性最高。此外，在房屋空置率和房屋所有权（第4列和第5列）的不均衡性方面，芝加哥同样在所有的统计区中位居前列。

大都市的房屋所有权是否会在所有者与承租人之间形成物理隔离？答案是肯定的，但是隔离程度并没有像住房存量等物理特征的隔离程度那么高。大多数统计区的相异指数在40左右。我们从附加的统计数据可以看出，房屋所有权与地区或扩张速度之间并没有统计显著性。与我们测量的其他变量不同，南部和西部地区快速发展的住房市场并没有导致住房存量的隔离程度大幅提高。另外，许多较老旧的高密度地区（芝加哥、波士顿、纽瓦克和新奥尔良）中有许多社区变为完全的租赁单元或自有单元。

表 4-6　住房、住房密度和居住流动性的相异指数：21 个统计区

大都市区	住房密度（一个地址包含 10 个或更多的住房单元）	住房密度（一个地址只含一个住房单元）	1975～1980 年新建房屋	房屋空置率	房屋所有权	1975～1980 年迁移人口	1950 年前迁来的人口
艾伦镇	53	38	41	23	31	15	25
阿马里洛	54	38	52	26	32	21	50
亚特兰大	50	44	47	24	43	20	43
班格尔	40	39	41	16	38	20	22
伯明翰	58	43	43	19	39	20	31
波士顿	51	50	43	35	45	20	24
芝加哥	56	56	60	28	47	23	41
弗林特	58	40	46	22	34	14	27
印第安纳波利斯	57	43	50	29	38	18	38
列克星敦	50	38	47	21	28	22	41
新贝德福德	63	57	51	26	46	14	17
纽黑文	50	51	45	28	48	20	25
新奥尔良	57	38	57	27	45	26	45
纽瓦克	56	60	49	34	52	18	28
圣路易斯	56	48	55	33	37	19	36
盐湖城	55	43	46	22	41	21	40
圣安东尼奥	54	39	57	24	32	30	52
圣地亚哥	45	40	42	27	43	24	50
西雅图	49	43	44	25	38	19	37
希博伊根	47	27	26	20	27	10	14
斯托克顿	51	36	54	22	27	26	39
均值	52.8	43.3	47.4	25.3	38.6	20.0	34.5
标准差	5.2	7.9	7.5	4.9	7.4	4.5	10.9
相关：							
1980 年统计区	0.13	0.51*	0.40*	0.49*	0.46*	0.23	0.24
1970～1980 年统计区的变化	-0.22	-0.42*	0.04	-0.38*	-0.23	0.49*	0.68*

* α≤0.05 时显著。

居住流动性在城市居住结构变化过程中扮演着重要的幕后角色。在1975～1980年这五年，将近一半的美国人改变了住所。这种快速的流动以及相对自由的住房和就业市场，可以快速改变整个国家以及大都市区的人口统计情况。流动人口是否会在整个大都市区内均衡分布？[①] 在对21个统计区进行统计分析后发现，流动人口的隔离程度较为适度。为了实现均衡分布，大约需要迁移1/5的流动人口，而且这个数值在所有统计区较为稳定。如果仔细观察分析这些数值，便可以在社区层面上看出美国的区域性迁移模式。大量新居民迁入了位于南部和西部的城市（新奥尔良、圣安东尼奥以及圣地亚哥），那里的住房市场相对活跃，隔离程度略高于位于北部的城市。这与西北部地区规模较小且存在时间较长的城市（例如艾伦镇和弗林特）形成了鲜明的对比，西北部的城市有大量的居民迁出。我们从中可以推断出区域性流动人口居住在西部和南部城市中的新建区域，因此隔离程度较高。由于我们无法衡量人口普查中小块区域人口的迁出情况，因此无法得知这些人口从西北部城市迁出后是否会选择在某些特定社区居住。

我们可以从另外一个角度来观察居住流动性，即整个家户搬到当前住所的时间。从表4－6的最后一列我们可以看出，在当前住所居住时间较长的家户（从1950年之前开始居住）在不均衡性程度上要高于其他家户。事实上，在某些统计区，常住居民的D值将近50。在增长速度不同的大都市区，这种分异格外明显。尽管流动人口的隔离程度处于中等水平，但对流动人口中选择定居的人群（个人选择或者条件限制）来说，其隔离程度相对较高，特别是在所谓的阳光地带的城市，那里新建了许多空间大小各不相同的居住社群，许多流动人口选择在那里定居。

总而言之，在年代较久的老的大都市区，研究发现：市中心老旧、密集的公寓住宅与城市外围单户型自有住房在住房存量上存在显著的隔离程度。在较为年轻的城市，住房分布情况有很大的不同，这里住房存量的分异并没有老的城市那么突出，但是随着近些年城市不断发展，社区逐渐呈现完全由老住户或新住户构成的更为独特的模式。

---

① 根据Clark的介绍，各个群体倾向于迁移到具有同等社会经济地位的区域。尽管白人可以容忍他们所在的社区居住一些黑人，但却不大乐意到黑人聚集区居住。W. A. V. Clark, "Residential Mobility and Neighborhood Change," *Urban Geography* 1 (April－June1980): 95－117.

关于贫穷和家户类型的详细分析

许多社会科学家和政策制定者特别关心的问题便是种族（族群）与社会阶层之间的相关关系。许多大城市的中心地带有这样一个特殊的弱势少数群体，这个群体成员有以下特征：在单亲家庭长大、十分贫困、没有工作以及缺少发展机遇。

表 4－7 深入探索种族与贫困和家户类型之间的相关关系。根据每个家户的人数以及收入，美国人口普查局将每个家户（以及家户中的每个成员）分为贫困线以上或者贫困线以下。这些按照种族进行划分的贫困信息表格覆盖了人口普查街区以及其他地理区域，表 4－7 给出了美国大都市区社会经济与种族隔离程度之间的相关关系。我们将首先观察总体的贫困隔离程度，然后再观察每个主要族群的贫困隔离程度。例如，在黑人群体中，我们将观察贫困线以上人群与贫困线以下人群的居住隔离程度。

表 4－7　按种族划分的贫困状况相异指数：21 个统计区

大都市区	总人口		按种族及西班牙裔划分的个人层面贫困状况相异指数		
	家庭层面	个人层面	白人	黑人	西班牙裔
艾伦镇	31	29	28	40	52
阿马里洛	35	33	29	21	35
亚特兰大	40	39	27	32†	54
班格尔	25	27	27	NA	88
伯明翰	36	35	28	25	71
波士顿	38	36	31	24	41†
芝加哥	52	49	36	34†	33†
弗林特	35	34	29	27	55
印第安纳波利斯	38	37	33	32	65
列克星敦	32	31	28	31	72
新贝德福德	30	30	29	50	36
纽黑文	45	44	36	23	39
新奥尔良	43	42	27	28†	49
纽瓦克	53	50	38	31†	45†
圣路易斯	44	43	31	29†	68
盐湖城	26	27	25	65	40
圣安东尼奥	39	38	39	34	26†
圣地亚哥	31	27	24	31	28†

续表

大都市区	总人口		按种族及西班牙裔划分的个人层面贫困状况相异指数		
	家庭层面	个人层面	白人	黑人	西班牙裔
西雅图	28	27	25	29	52
希博伊根	18	17	19	NA	58
斯托克顿	30	28	25	29	29
均值	35.7	34.4	29.2	32.4	49.3
标准差	8.8	8.1	5.0	10.1	16.6
相关					
1980 年统计区	0.59 *	0.56 *	0.38 *	-0.03	-0.24
1970~1980 年统计区的变化	-0.34	-0.38 *	-0.39 *	0.31	-0.31

* $\alpha \leq 0.05$ 时显著。

† 拥有某族群最大总人口数的统计区。

相异指数 *D* 代表家庭在贫困状况方面的隔离程度：一般来说，大约有 1/3 的贫困家庭需要通过迁移才能在所有的统计区中实现均衡分布。对许多观察者来说，这个数值似乎比较低。原因可能是贫困线以下的家庭与刚刚越过贫困线的家庭居住地相隔距离较近。与我们所观察到的许多变量一致，大型城市的 *D* 值较高，其中纽瓦克和芝加哥的家庭贫困 *D* 值大于 50。贫困状况隔离的表格（第 2 列）呈现了相同的情况。[①] 女性支撑家户的 *D* 值分布更加均衡。

为了对表格中的信息进行专项分析，我们将贫困状况按照种族（白人、黑人）或西班牙裔进行分类（与种族无关），并单独计算每个分类的 *D* 值。[②] 也就

① 我们还分析了女性支撑家户中贫困家庭与非贫困家庭的相异指数。这些家庭的 *D* 值与总体水平相当，但是在大都市区的分布略显平缓。我们原以为这些家庭的 *D* 值较低，原因是都知道很多单亲家庭非常贫困。但是在有大量黑人居住的大都市区，这些家庭的 *D* 值并不低。分析结果说明：女性支撑家户的隔离不是导致家庭贫困隔离的唯一原因。

② 如果人口普查街区中相应种族或族群的人数在 1~15 人之间，那么相应表格信息的准确性便会受到干扰。另外，在我们的磁带数据文件（STF3）中，“拼合街区”（被更高一级的地理单位分割）的每一块区域也都会受到干扰，因此当不同区域拼合在一起形成整体街区时，很可能会无法充分代表所有种族群体的情况。通过检查可以发现，我们的 *D* 值可以代表每个种族中 85%~90% 的居民。从某种程度上讲，这些由隶属于不同城市的小区域街区的贫困与非贫困人口的比值不同，结果也会有些不精确。举例来说，如果黑人居住在以白人为主的普查街区，那么就不大可能比一般人更贫穷（这是一种合理的预测），这样 *D* 值就会下降；反之，贫穷的白人也是如此。就算把这些人群都包括在内，也不会对计算的结果产生较大影响。我们只分析种族内部的分布情况，而不会分析其他变量中的种族隔离情况，因为种族数量是评估是否会受到干扰的标准。这种干扰在印第安人群体和亚裔群体中更为严重，因此我们将这两个群体从表 4-7 中排除。

是说，我们将每个族群视为整体，然后计算该族群中贫困人口与非贫困人口的内部隔离情况。在对表4－7中最后三列数据进行分析时，我们获得了一些有用的对比结果。几乎在所有的大都市区中，白人群体的贫困隔离程度通常都低于总体水平（数个点），而且各个统计区的统计方差值也更低。非白人群体的贫困人口比例较高，再加上种族隔离，导致非白人群体的贫困隔离程度要高于总体水平。在居住着大量非白人群体的大型城市（亚特兰大、芝加哥、新奥尔良、纽瓦克），*D*值下降幅度超过了10个点。一般而言，黑人群体的贫困隔离程度相对较低，但是不同城市的情况有所差异。在大约一半的统计区中，黑人群体的隔离程度要低于白人群体。在一些黑人比例较低的统计区，贫困隔离程度非常高。在5个居住着大量黑人群体的大都市区，黑人群体与白人群体的隔离程度更具有一致性。[①] 在规模更大的大都市区中，白人群体中的贫困隔离程度更高，但黑人群体并不是这样。这些结果总体与Reynolds Farley的研究结果相吻合，他发现即使在对社会经济地位进行控制之后，1970年的种族隔离程度依然相当明显。[②]

西班牙裔群体（最后一列）的贫困隔离程度处于中间水平。总体而言，需要迁移一半左右的贫困西班牙裔居民，才能让每个人口普查街区的贫困和非贫困西班牙裔群体的数量相同。在西班牙裔群体人数最多的5个统计区（按次序排列分别为芝加哥、圣安东尼奥、圣地亚哥、纽瓦克、波士顿），西班牙裔人口的平均隔离值为34.6，与白人和黑人之间的隔离值更加接近。

另外，我们也发现不同种族的家户类别有所区别。例如，在第二章中我们发现单亲家庭家户比例与黑人家户比例通常会同时出现。表4－8的第2～5列展示了所有群体中四个基本家户类型的*D*值。[③] 尽管已婚夫妇家庭家户最为常见，但是此类家户也只占全国所有家户的大约60%。在21个统计区中，

---

① 在居住着大量印第安人和亚裔的少数几个统计区，印第安人和亚裔的贫困隔离程度通常要高于白人或者黑人，而且差值通常会达到30点。尽管较小的绝对值以及前文所述的干扰让推断变得相当困难，但是可以很明显地看出与白人及黑人相比，亚裔以及印第安人中贫困人口以及非贫困人口的居住地相隔距离要更远。

② Reynolds Farley, "Residential Segregation in Urbanized Areas of the United States," *Demography* 4 (1977): 497－518.

③ 其他家庭家户类型中的成员存在亲属关系，但是并非配偶或父母与子女的关系。例如成年母亲和女儿，或者家人中包含堂兄弟，这些都属于其他家户类型。非传统家庭家户指的是受访者独自居住，或者是一群毫无关系的人共同居住在同一套住宅内。

已婚夫妇家庭家户的 D 值大约为 25，且各个统计区之间的差异并不大。单亲家户（家户中有子女，可能是父亲或者母亲，但绝大多数情况下只有母亲）的 D 值与已婚夫妇家庭家户非常接近，但是比不同城市之间的隔离值略大一些。这两种家户的隔离程度与大都市区的规模之间存在正相关关系。在芝加哥和纽瓦克，单亲家庭家户的隔离值依然只为 21 个统计区的一半左右。与已婚夫妇家庭家户相比，“其他家庭家户”的隔离程度更低，而“非传统家庭家户”的隔离程度更高。这两种类型家户与统计区的规模存在一定的关系。而非传统家庭家户与统计区的扩张速度之间关系十分密切，在西部和南部的一些统计区中，非传统家庭家户的隔离程度最高。造成这种情况的原因可能是统计区的郊区地带居住着大量的单身移民及老年人。

当我们按照白人群体、黑人群体以及西班牙裔群体进行分析时会得到怎样的结果呢？表 4-8 的最后六列给出了白人、黑人以及西班牙裔群体中单亲家庭家户以及非传统家庭家户的隔离统计数据。与总人口的 D 值相比，白人群体中单亲家户的 D 值降低了大约 10，但是非传统家庭家户的 D 值在大多数情况下都会超过总人口的 D 值。在黑人中，单亲家庭家户的平均隔离值基本等于总人口的隔离值，但是各个统计区的隔离值有所差异。在黑人最多的 5 个大都市区，平均 D 值达到 22.2。这个数值比白人群体的 D 值高出 2.4 个百分数，但是比总人口的 D 值低 12 个百分点。在黑人中，非传统家庭家户的 D 值比总人口的 D 值高出数个百分数，但是这种情况并不适用于居住着大量黑人的 5 个统计区。有趣的是，在快速扩张的大都市区，黑人和白人中非传统家庭家户的隔离值都较大，这可能是出于相同的原因。

与黑人和白人相反，西班牙裔群体的家户类型隔离程度要高于总体水平，而且各个城市之间的差异也很大。造成这种情况的部分原因是一些城市中西班牙裔群体的比例非常小，但是在西班牙裔群体最多的 5 个统计区中，单亲传统家庭家户的平均 D 值只为 32，非传统家庭家户的 D 值为 36，依然要比白人中的相应类型高出几个点。①

① 单亲家户 D 值最高的地区包括波士顿、芝加哥以及纽瓦克，这些地区的西班牙裔群体可能属于波多黎各裔，且认同自己是黑人。西班牙裔群体出现在第 5 列、第 7 列以及第 9 列。不幸的是，我们无法在家户类型分布方面同时控制种族以及西班牙裔。因此，在所有影响西班牙裔家户类型空间分异的因素中，我们无法将内部种族构成与其他因素（经济、文化）的影响相分离。

表 4-8　按种族划分的家户类型的相异指数：21 个统计区

大都市区	总人口				白人		黑人		西班牙裔	
	已婚夫妇家庭家户	单亲家庭家户	其他家庭家户	非传统家庭家户	单亲家庭家户	非传统家庭家户	单亲家庭家户	非传统家庭家户	单亲家庭家户	非传统家庭家户
艾伦镇	21	22	17	20	20	21	44	35	47	35
阿马里洛	27	18	21	29	16	28	17	30	39	47
亚特兰大	35	31	24	34	19	37	23†	29†	68	47
班格尔	23	17	15	23	21	20	NA	NA	NA	NA
伯明翰	29	29	26	25	18	30	22	20	73	57
波士顿	29	28	18	29	20	30	26	29	46†	49†
芝加哥	30	38	23	29	20	30	25†	33†	31†	36†
弗林特	25	28	22	21	17	23	22	20	55	56
印第安纳波利斯	28	28	23	26	21	26	21	27	71	63
列克星敦	26	27	20	26	22	27	26	27	81	66
新贝德福德	21	28	12	18	27	19	33	49	43	40
纽黑文	30	34	16	25	22	27	23	17	40	49
新奥尔良	34	33	24	30	21	36	20†	24†	51	47
纽瓦克	31	41	18	25	21	28	22†	24†	40†	31†

续表

大都市区	总人口				白人		黑人		西班牙裔	
	已婚夫妇家庭家户	单亲家庭家户	其他家庭家户	非传统家庭家户	单亲家庭家户	非传统家庭家户	单亲家庭家户	非传统家庭家户	单亲家庭家户	非传统家庭家户
圣路易斯	29	31	23	25	18	27	21†	25†	73	50
盐湖城	33	18	23	37	18	38	55	45	36	41
圣安东尼奥	24	21	26	27	21	28	21	30	17†	27†
圣地亚哥	29	22	17	33	20	33	28	39	24†	38†
西雅图	29	19	19	31	18	32	27	34	59	48
希博伊根	21	19	17	20	18	20	NA	NA	73	65
斯托克顿	23	21	19	24	18	23	37	41	24	35
均值	27.4	26.3	20.2	26.6	19.7	27.7	26.9	30.4	49.5	46.3
标准差	4.2	6.8	3.9	4.9	2.4	5.5	9.4	8.6	19.1	11.3
相关：										
1980 年统计区	0.45*	0.54*	0.29	0.34	-0.01	0.36	-0.14	-0.00	-0.18	-0.29
1970～1980 年间统计区变化	0.21	-0.49*	0.24	0.62*	-0.27	0.53*	0.32	0.44*	-0.26	-0.17

* α≤0.05 时显著。

† 拥有某族群最大总人口数的统计区。

总而言之，表4－8的结果展示了族群对家户类型隔离程度的测量值产生的影响。单亲家庭家户出现隔离的主要原因在于种族隔离。事实上，白人群体和黑人群体中不同类型家户的隔离程度非常相近。另外，在西班牙裔群体中，不同类型家户的隔离程度高于平均值，但是一致性低于平均值。

使用一个更加全面的隔离指标

在分析隔离程度时相异指数 D 的主要缺点是，它只能被用于二分类的分析，即：如果分析中包含两个以上的类别，那么需要对所有类别进行两两相互配对，才能全面了解整个系统中的隔离程度。我们根据职业和族群分析了配对隔离的平均值，但在大多数表格是将每个类别与其他类别进行对比。尽管如此，研究期待可以使用一个值来代表某个变量在所有类别中的分异程度。

为了解决这个多元问题，以及近年来许多文献提出的方法论问题，我们对指标进行了方法论分析。[①] 根据分析结果，我们得出了第二个衡量不均衡性和隔离程度的指标——熵指数（H）。该指数涵盖了不同类别变量的分布情况（名义变量也包括在内）。在进行标准化处理之后，这个指数的最小值为0（没有隔离），最大值为100（完全隔离），和 D 值一样。在只有两个类别的情况下，H 值和 D 值的作用基本相同，只不过 H 值的绝对值要低于 D 值，也就是说，除了涵盖的范围不同之外，这两个指数的作用基本上是等同的。H 值类似于对分类变量进行方差测量分析。

在表4－9中，我们给出了一些关于人口普查特征的 H 值，其中包括族群、生命周期和经济地位，我们在之前已经给出了这些特征的 D 值。在表4－9中，无论变量包含多少个类别，每个变量都只有一个统计值。根据表4－9中的统计数据，种族隔离的程度非常高，这些种族主要包括白人群体、黑人群体、亚裔群体、印第安人群体以及其他群体。隔离程度最高的城市和之前统计的结果相同。西部城市的数值要略低一些，而在居住着大量西班牙裔群体的统计区，这个数值也略低，原因可能是一部分西班牙裔群体在种族类别中选择了“其他”，从而导致隔离值减小。西班牙裔群体的隔离值要大

---

① Michael J. White, “Segregation and Diversity Measures.”

表 4－9 所选特征的熵值（H）：21 个统计区

大都市区	种族	西班牙血统	年龄	家户类型	有孩子的家户类型	已婚	职业	收入	贫困状况	房龄
艾伦镇	19	24	2	5	6	3	4	5	8	18
阿马里洛	30	17	3	7	6	4	6	9	9	27
亚特兰大	53	4	3	11	14	5	6	11	15	20
班格尔	23	2	6	5	4	10	2	4	6	20
伯明翰	52	2	2	8	12	4	7	9	12	15
波士顿	43	20	3	9	10	4	4	8	11	15
芝加哥	58	35	3	11	16	4	6	10	20	27
弗林特	55	5	1	6	10	3	4	5	10	16
印第安纳波利斯	53	3	2	8	11	4	5	8	12	24
列克星敦	30	2	4	8	9	6	6	8	10	24
新贝德福德	18	9	1	5	7	2	4	5	7	18
纽黑文	37	22	3	9	15	5	4	9	15	16
新奥尔良	47	6	4	11	16	5	6	11	17	33
纽瓦克	49	27	2	9	18	3	6	12	21	16
圣路易斯	59	3	2	8	14	4	5	9	16	25
盐湖城	10	9	4	10	6	4	4	9	8	22
圣安东尼奥	18	32	4	7	6	4	6	10	12	30
圣地亚哥	19	14	6	9	5	5	5	9	6	21
西雅图	20	2	4	9	6	4	3	7	7	19
希博伊根	11	6	1	4	5	2	3	2	3	9
斯托克顿	16	11	2	6	5	3	6	7	7	23
均值	34.3	12.1	3.0	7.8	9.5	4.2	4.9	8.1	11.1	20.9
标准差	17.2	10.6	1.3	2.1	4.3	1.7	1.3	2.6	4.9	5.8
相关：										
1980 年统计区	0.50*	0.48*	0.15	0.59*	0.50*	0.01	0.21	0.43*	0.61*	0.24
1970～1980 年统计区变化	−0.45*	−0.15	0.51*	0.23	−0.44*	0.12	0.18	−0.20	−0.33	0.34

* $\alpha \leq 0.05$ 时显著。

大小于黑人群体（H 值结果基本等于 D 值），但是西班牙裔群体非常分散。在圣安东尼奥以及芝加哥，西班牙裔群体的隔离程度最高。

当我们将注意力集中在生命周期以及家户状况变量（第 4 列到第 7 列）上时，我们会发现这些变量的不均衡性非常低。年龄隔离（4 个类别）基本上不存在，婚姻状况的隔离情况亦是如此。与种族隔离的情况完全不同，即使我们知道一个人居住的社区，也无法了解此人的婚姻状况或年龄。我们对家户类型猜测的准确率也只是略高一些。家庭状况（有子女）的分异程度略高，也更加分散。造成这种情况的原因可能是单亲家庭家户（通常只有母亲）的分布不均匀，而且这一群体在统计区社区的集中情况有所差异。

在因子分析中，社会经济地位指标最为突出。在使用 D 值展示社会经济地位的隔离程度时，我们只分析了分布的两个极端情况，例如专业人员或技术工人、贫困线以下的人群，或者收入超过 3 万美元的家户。一般来说，位于两个极端的群体的隔离程度通常都是最高的。在使用 H 值进行统计的表格（其中包括中等职业和收入类别，以及位于两个极端的群体）中，社会经济地位的隔离程度似乎并不明显。事实上，包含 6 个类别的职业的隔离程度（第 7 列）只是略高于婚姻状况的隔离程度。收入（3 个类别）的隔离程度要高于职业的隔离程度，但是低于家户类型的隔离程度。毫无疑问，造成这种情况的原因是：与其他人群相比，中间收入人群以及中产阶层职业地位的隔离程度较低。[①] 贫困人口分布的不均衡程度要高于收入的不均衡程度。大规模统计区在贫困人口隔离程度方面位居前列，和之前的分析结果相同，不同城市隔离程度出现差异的主要原因是大量的黑人贫困人口聚集在一起。

由于表 4－9 展示的是大都市的物理特征，因此把房龄（3 个类别）也包括在内。尽管包含 3 个类别（中产阶层房龄的隔离程度要低于其他两个类别），但是房龄的 D 值相当大，在表 4－9 中仅次于种族。大规模、老旧的统计区在这方面的分异更大，但是在统计数据上并不明显。

---

① 如果我们在收入（或者其他任何特征）上使用更多的分类，那么 H 值很有可能会更大。另外，尽管方差分析法更适用于对连续变量进行分析，但我们仍然使用该方法（参见 White, “Segregation and Diversity Measures”）对空间隔离情况进行了检验，并获得了类似的结果，人口普查表格在收入方面给出了 15 个类别。

结论：隔离程度“阶梯”

是否可以通过分层的方式将大都市区的社会特征进行排列？如果我们使用“阶梯”进行展示，最下面的阶梯代表没有隔离，最上面的阶梯代表完全隔离，那么应当如何在这个阶梯上放置各个社会特征？

图 4－1 使用这种方法展示了不同族群的隔离程度。我们按照种族、世系、西班牙裔以及国别对 21 个大都市区的相异指数平均值进行了展示。[①] 其中，总体统计本章各个表格中城市之间差异的平均值。

黑人群体和白人群体与其他种族群体的隔离程度差距大约为 15 个点。我们之前观察到，黑人群体的隔离程度高于任何其他种族群体。由于黑人群体的隔离值大于白人群体（见表 4－5），因此黑人群体与其他群体的隔离程度要高于白人群体与其他群体的隔离程度。位于这个阶梯中间位置的是亚洲人、印第安人（美洲原住民、爱斯基摩人以及阿留申人）和其他种族。西班牙裔群体（相对于非西班牙裔群体）也位于这个区域。几乎所有白人群体的隔离程度都要更低一些（如果显示西班牙裔白人，那么数值会更低）。[②] 在人口普查街区可以识别的 6 大世系群体中，意大利世系美国人和波兰世系美国人与其他世系美国人混合居住的情况最少。德国世系美国人、爱尔兰世系美国人和英国世系美国人的隔离程度最低。总体而言，这些群体中大约 1/5 的人需要迁移，才能在所有的大都市区实现均匀分布。我们预计意大利世系美国人和波兰世系美国人的隔离程度会更高一些，原因是这两个世系抵达美国的时间要晚于上述三个国家的移民群体。另外，法国世系美国人的隔离程度相对较高，原因是这个群体比其他老移民群体更加集中。

---

① 图 4－1 展示了人口的 4 个独立类别。第一个类别是按种族（白种人、黑种人、印第安人和其他种族）划分，第二个类别是按世系（英国世系、法国世系、德国世系、爱尔兰世系、意大利世系、波兰世系）划分，第三个类别是按西班牙裔划分，第四个类别是按有西班牙裔的其他群体（西班牙裔黑人）划分。通过将参照群体与变量其他类别的综合进行对比计算，然后叠加并获得 D 值。这与表 4－5 恰好相反，在表 4－5 中，我们将种族、西班牙裔以及世系综合为一个变量。

② 世系包括单个世系（只有一个祖国或者文化起源地的个人）以及混合世系（除了列出的世系群体之外，还至少属于另外某世系）。图 4－1 只使用了一个世系表格。多个世系的相应值则会下降，其中英国世系、意大利世系和波兰世系下降了大约 10 个点，爱尔兰世系和德国世系下降了大约 12 个点。

70		
68	黑人	
66		
64	西班牙裔黑人	
62		
60		
58		
56	白人	
54		
52		
50		
48		
46		
44		
42		
	其他种族	
40		
38		
36		
	西班牙裔群体	
34	印第安人	波兰世系
32		
30		
	外籍群体	
28	法国世系	
26		
24		
22	德国世系	
	爱尔兰世系	
20	英国世系	

图 4－1　21 个统计区中种族、西班牙裔和世系相异指数的均值

注：指数为按具体类别独立计算而得：种族（白人、黑人、印第安人、亚裔、其他种族）、西班牙裔、按西班牙裔交叉表分的种族（西班牙裔黑人）、世系（英国世系、法国世系、德国世系、爱尔兰世系、意大利世系、波兰世系）。

在我们得出的分析结果中，只有一部分的结果符合空间同化假说，也就是说，这些新近来到美国大都市的移民最先处于隔离阶梯的最顶层，之后随着时间的推移逐渐向下转移。来自欧洲的老移民群体目前位于隔离阶梯的底层，Lieberson 所说的“新移民群体”（包括意大利世系和波兰世系）位于中间位置，而新来的西班牙裔黑人群体位于阶梯的顶层。不过，种族的差异会对这一范式产生影响。可以很明显地看出种族隔离的影响超过了其他类别。即使是新近来到美国的移民（外籍群体），其隔离程度也不到黑人群体的一半。研究结果说明，空间同化假说并不完全适用于所有群体。

本章中的主要目标是对居住系统中的空间分布分异模式进行深入研究。除了在隔离研究中最为常见的特征之外，我们还期望对其他的特征进行详细的分析。图 4 –2 试图对多个特征进行全面的总结，这些特征被用于代表我们在文章中讨论的主要变量。研究中使用了之前介绍的熵指数，原因是这个数值可以包含多个类别的变量。举例来说，在对种族进行统计时，只需要用一个数值，便可以代表白人、黑人、亚裔、印第安人和其他群体的整体隔离程度。我们粗略地将所有的变量分为 4 类，并提供 21 个大都市区的平均值。由于社区多样性与隔离程度之间具有很高的相关度，在某个具体特征方面，隔离程度较低的大都市区通常有更加多样性的社区。

最为极端（社区多样性程度最低）的隔离情况出现在住房方面。在大都市区中，高层建筑和集体宿舍是隔离程度最高的两类。我们都知道高层建筑与单户型住房之间的隔离程度很高，而监狱、军营和集体宿舍一般都位于偏僻的社区。这两个变量非常重要，原因是它们可以作为测量其他特征时参照的基准，可以显示我们肉眼可见的最高隔离程度（住房类型），以及通过社会专门规划形成的最高隔离程度（集体宿舍）。

剩余的住房和居住流动性特征位于隔离阶梯的下层。在剩余的变量中，隔离程度最高的是房龄以及居住单元密度，造成这种情况的原因是房屋具有物理上的永久性。其次是所有者与租住者之间的隔离，这种隔离通常与住房类型和密度相关（市中心公寓 vs 郊区单户型住房）。与住房单元本身相比，房屋的住户可以快速变更居住地点。事实上，流动人口本身在大都市区的分布相当均衡。

21 个统计区的种族隔离程度相当具有戏剧性。事实上，种族与最大变量（高层建筑）之间的隔离程度基本上相当于种族与下一个变量（房价）

	社会经济地位	生命周期	族群	住房及其他
50				
49				
48				
47				
46				高层建筑
45				
44				
43				
42				
41				
40				
39				集体宿舍
38				
37				
36				
35				
34			种族	
33				
32				
31				
30				
29				
28				
27				
26				
25				
24				
23				
22	房价			
21	租金			房龄
20				密度
19				
18			西班牙裔	
17				房屋所有权
16				
15				
14	女性支撑家户的贫困情况			
13				
12			西班牙	
11	贫困人口			
10				
9				
8	受教育程度	家户类型		
7	收入			
6			出生地	
5	职业			居住流动性
4		家户规模	单一世系	
3		婚姻状况		
2		年龄		
1				
0		性别	多世系	

图 4-2　21 个统计区所选特征的平均熵值

之间的隔离程度。在大都市区，种族之间的隔离（特别是白人与黑人之间的隔离）非常普遍。图4－2种族一列中的剩余项目对图4－1的内容进行了概括。白人群体（世系）及外籍群体的隔离程度相对较低，西班牙裔群体的隔离程度位于中间水平，但其种族隔离程度相当高。

社会经济地位以及生命周期特征在居住分异方面一直相当重要。所有的生命周期特征在空间不均衡性方面排名都很低，特别是年龄（包括多个类别）、性别、婚姻状况以及家庭人数。家庭类型（包括单亲家庭、核心家庭及独居家庭）的隔离值低于10。许多社区的生命周期特征分布相当均衡。

收入、教育和职业是社会经济地位体系的基本要素，因此这些方面在城市社会学文献中获得了大量关注。我们发现尽管这三种特征的隔离程度超过了大部分生命周期指标，但是隔离程度依然不高。使用粗略的分类方法会降低收入和教育的重要性，但是其他分析（对于类别更加敏感）证明隔离程度之间的差异不只是方法论上的伪事实。毫无疑问，社会经济地位底层的隔离程度明显较高，但是中产阶层人数的大幅增加可以降低其总体的隔离程度。

当我们缩小范围、使用贫困表格时（涵盖了需求阈值以及家庭人数），隔离程度上升了数个点。到我们进一步分析以女性为户主的家户中贫困家户和非贫困家户的隔离程度时，隔离程度又提高了数个点，甚至超过了西班牙裔群体的隔离程度。

最后，我们分析了租金水平与房价。图4－2中，当我们对21个城市进行平均计算时，发现这两者的隔离程度相同。一方面，租金和房价显示了社会经济地位与生命周期的综合影响；另一方面，在大都市区，房价和租金最大限度上代表一个家庭的社会地位，原因是住房在家庭的总体预算中占非常大的比例，而房屋类型以及社区位置可以充分地显示家庭的财富。从这方面来讲，房价和租金是社会地位隔离程度的最佳指标，可以避免其他社会经济地位指标的一些问题，例如数据质量、报告偏差以及粗略的分类。[①] 通过使用这两个指标获得的社会经济地位隔离程度信息要远远超过使用其他人口统计特征（种族除外）指标。如果人们使用更加传统的指标（例如受教育程

① 关于居住分异的一项经典研究推动了扇形理论对租金水平变量的使用。参见 Homer Hoyt, *The Structure and Growth of Residential Neighborhoods in American Cities*（Washington, D. C.: U. S. Government Printing Office, 1939）。

度、收入以及职业），那么社会经济地位隔离程度就会显得较低。

毫无疑问，所分析的多个关键特征（种族、受教育程度和家户类型）之间具有相关性。因此使用了列联表，尽可能地对这三个类变量进行单独分析。分析结果显示，种族隔离足以将总体贫困隔离程度以及家户类型隔离程度提高数个百分数。另外，分析结果还显示，对黑人群体和白人群体而言，家户类型和贫困的隔离程度要低于其他种族，特别是西班牙裔群体。

在第二章中，我们所做的假设是与小型统计区相比，大型统计区的分异程度更高。研究发现，隔离程度的确是城市分异的指标。在所分析的几乎所有变量中，统计区的人口数量与隔离程度之间都存在正相关关系。这在多个方面都具有统计显著性，包括种族、大学教育、贫困状况以及一些住房特征。[①] 与族群、贫困和物理特征相比，社会经济地位、生命周期以及家户类型指标与城市规模的相关度较低。

地区性的差异一般都非常明显，且与1970～1980年统计区的扩张速度密切相关。一般来说，南部和西部地区的大都市区在这十年间的扩张速度要更快一些。地区和扩张速度对隔离程度的影响需要进一步讨论。一方面，扩张较快的区域不太容易受制于传统的人口和住房分布模式；另一方面，由于这些地区的流动人口增加，因此可以快速形成新的隔离社区。事实上，我们在隔离数据中发现了这两个现象的有力证据。南部和西部城市在年龄和家户类型方面的隔离程度更高，不过在种族、血统和世系方面的隔离程度较低。造成这种情况的原因可能是这些地区的人口增长速度较快，而且新老移民均选择居住在那些以单户型住房为主的地区。总体而言，城市发展并不意味着隔离程度的提高，种族隔离程度便是一个明显的例子。我们无法单独分析自我隔离和歧视对种族隔离造成的影响，但令人欣慰的是，统计区的人口增长与种族隔离之间存在负相关关系。

---

① 这需要一个约为0.40的皮尔森相关系数。导致各个统计区分异程度达到16的原因是21个统计区的规模不同。

第五章
大都市的空间组织

本章将对大都市社区呈现的空间模式进行直观分析。诚然，之前的章节已经对一些空间现象（尤其是隔离现象）进行了测量研究。但是隔离和因子生态分析法只反映了社会特征及基于不同社区分别观察获得的相互关系的不均匀分布。社区可以在大都市周围以任何形式被“分散”，本章中的表格将会证实此点。作为对居住分异的进一步分析，我们希望将社区间的相似性纳入考虑，以探寻其在社会经济地位、生命周期、族群以及住房方面分布的更普遍的模式。

有关大都市发展及其系统化模式的分析在城市社会科学的理论与实践研究方面是一个持续性的课题。本章中，首先对城市居住结构中的一些争论模型做简要回顾。其次将展示人口普查街区中三个大都市区基本特征的图形。由于与市中心的距离这一因素是大都市居住系统研究的传统焦点，因而为我们提供了部分特征的距离四分位数（同心圆模型）表。最后，本章的实证分析部分介绍对社会空间等高线图的分析，即一种试图将统计分析与图示分析结合在一起对社会特征进行研究的方法。第六章将会对这些等高线图进行基于时间跨度的比较。

居住结构模型

居住结构是一个专业术语，我们将其用于此处以描述人口和住房特征与空间体系的交互影响方式。之前的章节已经表明这些特征的分异在很大程度上存在于大都市区，且分异（隔离）的程度也会因特征及大都市区的不同而相差甚远。到现在为止，我们仍然没有确定是否存在一些不均衡分布的社会结构，以及是否能够提出一种大都市区的系统化模式，例如一系列同心圆之类的模式。

已有研究因提出城市居住结构的大量模型而具有较高建树。这些模型的提出者认为：确实存在一种有关大城市居住分异的系统化空间模式；一些人甚至断言某些特征是与特定模式相匹配的，正如图 5 - 1 所示的那样。尽管我们会不可避免地遗漏部分争论和早期经验研究结果中的一些杰出观点，但关于理论发展方面的回顾可以帮助我们搭建接下来的讨论框架。[①]

有关城市社会空间结构最成熟的模型假设：居住结构应当以城市的商业中心——中央商务区（下文用 CBD 来表示）——为导向。距 CBD 的距离将会告诉我们大量有关社区人口构成的信息，这一模型通常经由一系列同心圆或同心环来呈现（图 5 - 1A）。该模型的最初假设由伯吉斯（Ernest W. Burgess）于 1925 年提出。在此假设中，从中心向外辐射出五个区域，由内及外通常伴随着社会经济地位的提高及住房密度和房龄的下降。[②] 族群倾向于集中在移民居住区和贫民窟的中心区域。该模型建立在 20 世纪初期一些增长迅速的工业城市的模式基础上（尤其是芝加哥），并很快在城市生态学中得以完美建立，为之后大量的相关理论和实证研究奠定了基础。伯吉斯并非不知晓起源于芝加哥或其他地区的该模式存在一些例外情况，但带状格局在那个时代被看作合理的总结。伴随着同心圆状地带向外推移，以及正在进行的住房和人口演替过程，该模型还提供了有关城市增长的描述。

经济学家和地区科学家发展的城市居住结构模型同样倾向于以 CBD 导向为前提。有关密度梯度的实证分析证实了在人口普查街区或其他地块，距 CBD 的距离与人口和住房密度之间存在负相关关系。[③] 尽管这些模型更具数

---

① 更多内容可参见 “Urban Spatial Structure” in Larry S. Bourne, ed. , *Internal Structure of the City* 2nd ed.（New York：Oxford University Press，1982），pp. 28 - 46，Brian J. L. Berry and Joan Kasarda，Contemporary Urban Ecology（New York：Macmillan，1977）。

② Ernest W. Burgess，“The Growth of the City”，in R. E. Park and E. W. Burgess ，eds. ，*The City*（Chicago：University of Chicago Press，1967），pp. 47 - 62。

③ Richard Muth，*Cities and Housing*（Chicago：University of Chicago Press，1969）；Edwin S. Mills，*Studies in the Structure of Urban Economy*（Baltimore：Johns Hopkins University Press，1972）；and Barry Edmonston，*Population Distribution in American Cities*（Lexington，Mass.：Lexington Books，1975）。

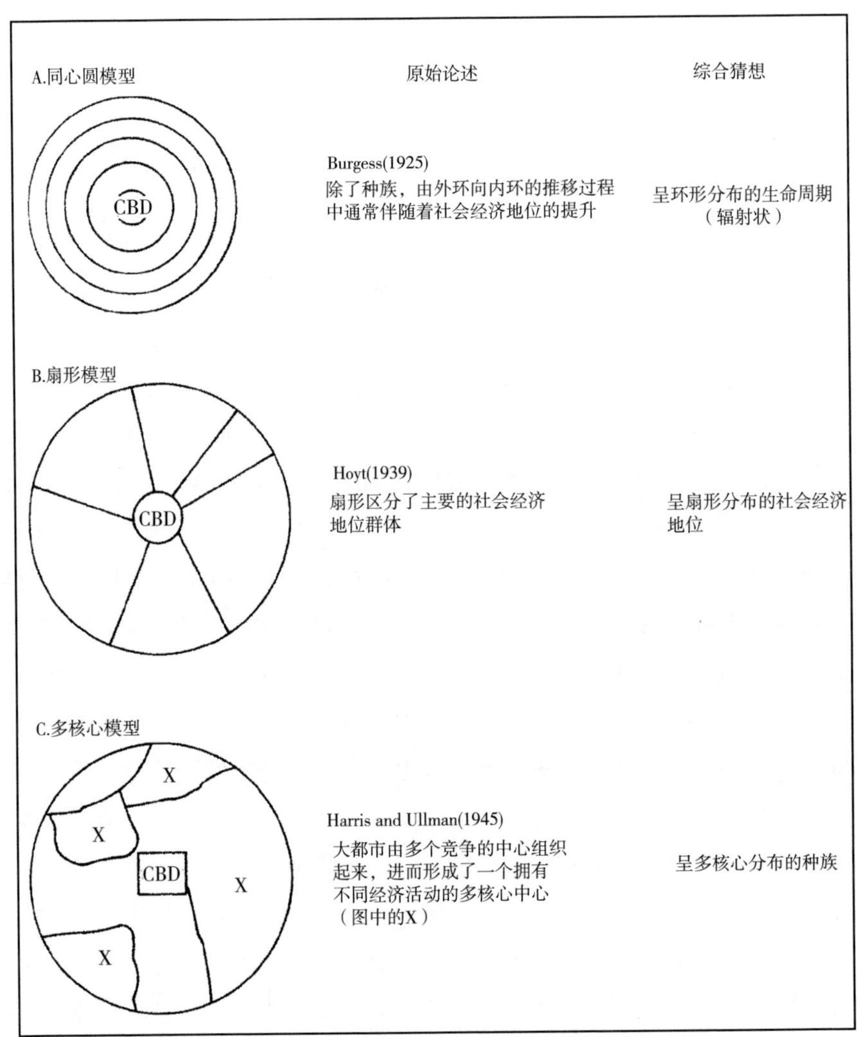
A.同心圆模型
原始论述
综合猜想
CBD
Burgess(1925)
除了种族，由外环向内环的推移过程中通常伴随着社会经济地位的提升
呈环形分布的生命周期（辐射状）
B.扇形模型
CBD
Hoyt(1939)
扇形区分了主要的社会经济地位群体
呈扇形分布的社会经济地位
C.多核心模型
X
X
CBD
X
X
Harris and Ullman(1945)
大都市由多个竞争的中心组织起来，进而形成了一个拥有不同经济活动的多核心中心（图中的X）
呈多核心分布的种族

图 5-1　城市结构模型示意图

理性，且不断强调距离的预测能力，但是它们与伯吉斯的假设仍然具有很强的相似性，而后者的同心圆状地带可被看作一个呈放射状变化的离散形式。沿着这些线索进行的后续研究尝试说明，其他人口特征（最主要是家庭收入）与距离之间的关系是如何被确立的。唐斯（Anthony Downs）使用身份地位环这样一个更具现代性的处理方法描绘了一幅大都市图景，但是这一方

法建立在复制了绝大多数环状分布信息的黑人入住率的基础之上。[①]

并不是所有的模型都将距离视为大都市区的核心特征。由 Homer Hoyt 发展的扇形模型（图 5－1B）将方位（方位变化，尤其指向 CBD 的方位）而非距离视为其关键的预测指标。[②] 该扇形模型的提出基于 Hoyt 早期关于住房租金分配的实证研究，其将城市描述为由 CBD 辐射出的一组饼形图，其中每一块分别代表由一个特殊社会经济地位群体组成的居住社区。伴随着城市的扩张，这些楔形不断向外扩张（就如带状构想中的那样），但这些楔形所象征的身份地位水平始终被维持在一定的边界内，此外，每一次向外扩张通常伴随着各个群体居住需求的增长。扇形模型与大都市居住区的描述最为一致，如“北面”、“西部”以及其他隐含着社会经济地位差异的地区。

第三个模型则强调另一种格局。多核心模型（图 5－1C）提出：不能仅以 CBD 取向这一简单或初级的方法为指导去解释大都市的发展。[③] 由于每个城市都有其独特的地形和历史，其他诸如城镇雏形、工厂遗址及移民聚集区等中心作为次级组织发展的小节点与 CBD 分别构成了竞争。多核心观点中极为重要的是：尽管其承认空间中人口的划分真实存在，但却认为这种不公平仅考虑到 CBD 是不够系统化的，仅仅一个 CBD 取向的简单模型不足以作为其要点。大都市区内存在何种模式以及这些模式（如果真的存在）是如何与城市中心相连接的？这个问题在我们的研究之前直击研究核心。

这些观点带动了大量有关城市居住结构的实证研究，其中，绝大多数学者尝试对已有模型进行证明。与距离相关的因素得到了最广泛的研究分析，不仅因为其研究时间最久且最容易进行，还因为其激发了传统生态学家和梯度分析者的研究兴趣。研究发现：人口密度、社会经济地位、住房支出、族群聚居、家户规模以及其他特征都与距离存在联系。而部分变量（尤其是

---

① Anthony Downs, *Neighborhoods and Urban Development* (Washington, D. C.: Brooking Institution, 1981), p. 91.

② Homer Hoyt, *The Structure and Growth of Residential Neighborhoods in American Cities* (Washington, D. C.: U. S. Government Printing Office, 1939).

③ Chauncy D. Harris and Edward Ullman, “The Nature of Cities,” *Annals of the American Academy of Political and Social Science* 142 (1945): 7－17.

身份地位）同样被发现呈现扇形模型分异。此外，由于非系统化空间关系的假设，似乎鲜有学者对多核心模型进行集中研究。

一些研究者（主要是城市地理学家）雄心勃勃地尝试提供这些模型的理论整合。[①] 该综合模型认为社会经济地位呈扇形分布，生命周期特征呈同心圆分布，而种族和族群则呈多核心分布。Brian J. L. Berry 甚至认为这三个模型对城市社区社会经济结构构成了独立的额外贡献。[②] 这一构想后来得到发展，用以尝试综合因子生态分析法的发现，将社会经济地位、生命周期以及族群作为独立因子呈现，此外，也是对综合城市社会空间结构三个有效模型的一种尝试。

综合模型的实证研究或这些模型之间的竞争测量受到了一定的限制。因子得分的图示提供了一组说明，然而，这些模型与潜在空间模型之间的联系并不总是立即显著。[③] 1961 年，Theodore R. Anderson 及 Janice A. Egeland 尝试对同心圆取向和扇形取向进行了比较测量，并最终得出结论："城市化"主要以同心圆（或放射状）的形式发生变化，而声望价值（身份地位）则因所处的扇形区域不同而有所差异。[④] Roland Hawkes 则提出了一种新颖的方法，展示了距 CBD 的距离和方位如何被合并成一个独立可持续的空间模型。[⑤] 尽管 Hawkes 没有明确展开有关这些竞争模型的测量研究，但在他的研究工作中，受教育程度（社会经济地位）的分布却似乎呈现明显的伴有可见环的辐射状。我们将此条线上的研究拓展为一种被称作社会空间等高线法的分析，以探寻这三个模型的存在证据，其中主要还是以距离因素为取

---

① Brian J. L. Berry, "Internal Structure of the City," in M. L. Boorne, ed., *Internal Structure of the City* (New York: Oxford University Press, 1971), pp. 97 – 103; R. A. Murdie. "Factorial Ecology of Metropolitan Toranto, 1959 – 1961." Research Poper#116, Department of Geography, University of Chicago, 1969. 同样可见 Philip H. Rees, "Residential Patterns in American Cities," Research Paper#118, Department of Geography, University of Chicago, 1979, 对前者做了回顾但稍有不同。

② Brian J . L. Berry, " Internal Structure of the City, " p. 100.

③ 例如，Brian J. L. Berry and Frank E. Horton, *Geographic Perspective on Urban Systems* (Englewood Cliffs, N. J.: Prentice-Hall, 1970) 中芝加哥的因子得分，pp. 306 – 394.

④ 他们的研究仅用了 1950 年四个城市和部分郊区街区普查数据中的少量样本，且并没有尝试对核心模型进行说明。Theodore R. Anderson and Janice A. Egeland, "Spatial Aspects of Social Area Analysis," *American Sociological Review* 26 (April 1961): 215 – 225.

⑤ Roland Hawkes, "The Spatial Patterning of Urban Population Characteristics," *American Journal of Sociology*, 1973, 78: 1216 – 1235.

向，此外，也可以用此方法来寻找有关族群呈同心圆模式分布的一些证据。[①]

我们处在一个拥有一系列居住结构模型，且每种模型都拥有不同程度实证支持的环境中。因子生态分析法和隔离分析法并不总是呈现同一类型的居住分异。我们将在本章中进一步尝试对下述一系列遗留问题进行探究：

（1）1980 年收集的人口普查数据是否真实存在不同人口和住房特征间的空间系统化分异？

（2）哪种特征的分异可以更多地被空间“解释”？该特征呈现的相对隔离程度与因子生态分析的结果是否一致？

（3）我们从人口普查数据中发现的空间模式与城市社会空间结构的模型是否一致？它们是否与其中的某一模型更为匹配，或是否与综合模型的猜想更为吻合？

社会特征图示

绘图是评估社会特征空间格局的一种简单直接的方法，图 5－2 至图5－10 便是采用了这一方法对三个大都市的三个特征所绘的图。由 Donnelley 市场信息服务公司使用图解概况法专门为本书所绘的图，描绘了人口普查街区各个变量的水平。这些图描画了人口普查街区的边界线，并用阴影图展示每一街区内各变量的水平——白领工人的比例、黑人的比例以及家户规模。这些阴影图展示了三个大都市中各特征值的近似四分位数。由于从每个人口普查街区中大约抽取了 4000 人，故低人口密度地区的阴影面积更大却未必代表人口数更多。因此，我们选取了三个中等规模的大都市进行图示：弗林特、斯托克顿和圣安东尼奥（由于圣安东尼奥描绘了其所属标准大都市统计区的外郡，为了保证包括圣安东尼奥城市地区在内的比尔郡人口普查核心街区的规模，因此，我们只从该统计区中抽取了 18 个街区，而将科马尔和

① Michael J. White, *Urban Renewal and the Changing Residential Structure of the City* (Chicago: Comnruity and Family Study Center, University of Chicago, 1980); White, "Sociospatial Contours for Ecological Analysis," Donald J. Bogue and Michael J. White, eds., Essay in Human Ecology Ⅱ (Chicago: Comnruity and Family Study Center, University of Chicago, 1984), pp. 90－108.

瓜达卢佩两个郡从地图上删除了）。由于我们在每一个统计区内都使用了相同的节点，所以地图上的阴影同样可以反映不同统计区中白领工人、黑人及家户规模的密度差异。

白领工人的分布情况是衡量社会经济状况的一个优良指标（图 5－2 至图 5－4）。斯托克顿和弗林特白领工人的比例都相对适中。我们可以很直观地从这两幅图中看到身份地位呈扇形分布，同样也能注意到中心区域相对缺乏拥有较高身份地位的居民。这两个城市均存在拥有超过一半白领职业居民居住的较小街区的聚居地。在弗林特，卫星城市奥瓦索也拥有其独特的、具有较高身份地位的社区。圣安东尼奥白领工人的密度

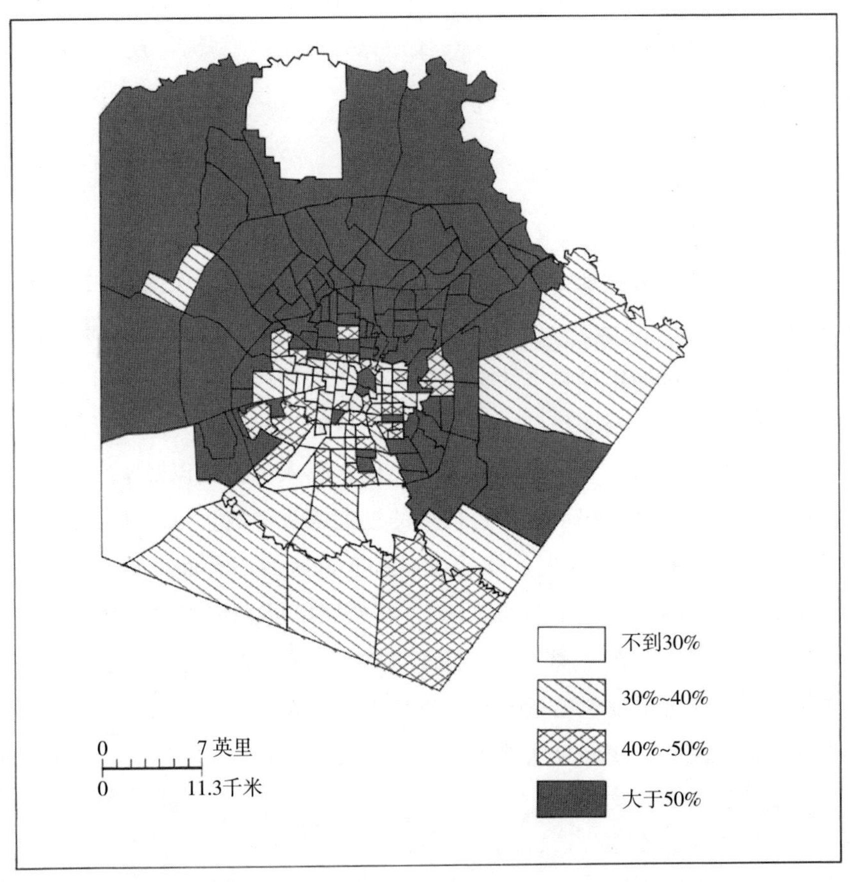

图 5－2 得克萨斯州圣安东尼奥统计区 1980 年白领工人比例

资料来源：*GraphicProfile*，Donnelley Marketing Information Services，1984。

要高于其他两个统计区，且其空间分布更贴近扇形模型。其北部的大部分区域都是白领工人占比超过50%的社区；中心区面积虽然小于平均水平但却包含了大量街区及很大比例的统计区人口，且该区域白领工人的密度相对较低。

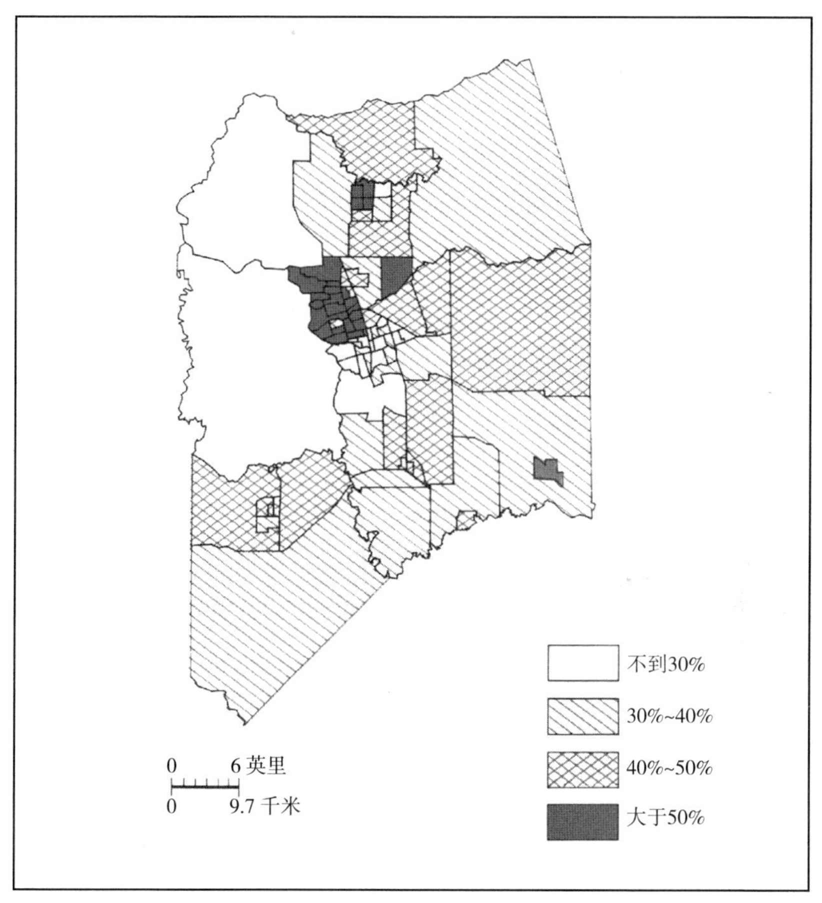

图5-3　加利福尼亚州斯托克顿统计区1980年白领工人比例

资料来源：*GraphicProfile*，Donnelley Marketing Information Services，1984。

家户规模是生命周期分异的指标之一。平均家户规模在20世纪稳定下降至2.75人，与1980年全国共享同一住房单元家户的平均人口数相一致，且大约有1/4的家户为独居住户。在之前的章节中，我们发现：家户规模导致的社区间隔离程度与其他被测量的社会经济特征相比更加适度。

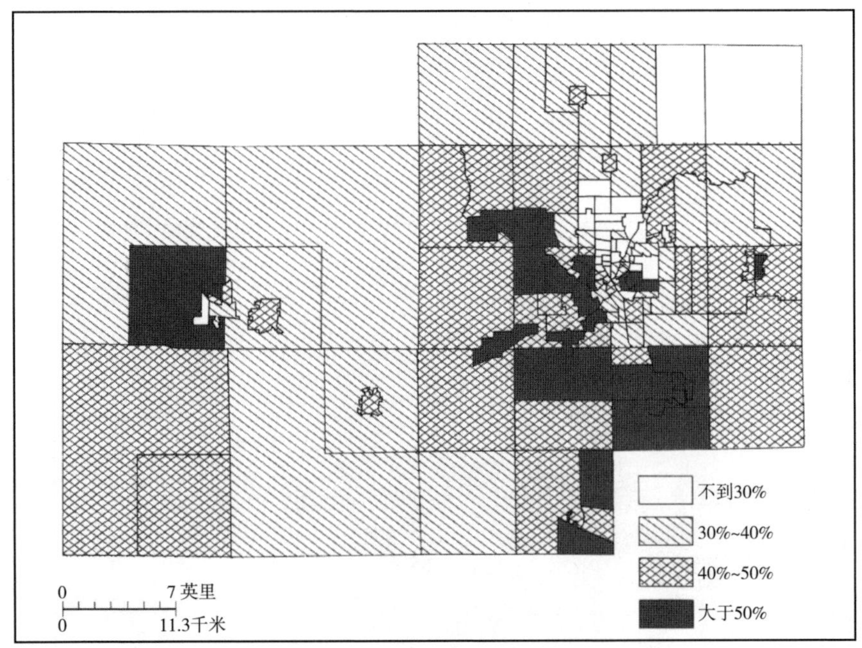

图 5-4 密歇根州弗林特统计区 1980 年白领工人比例

资料来源：*GraphicProfile*, Donnelley Marketing Information Services, 1984。

图 5-5 至图 5-7 表明：一定程度的空间组织化可以平均社区间的家户规模。大都市区中社区密集的市中心更倾向于位于最低四分位环内，其原因是这些社区的家户规模相对较小。弗林特和圣安东尼奥统计区的大量外围社区或郊区街区的家户规模通常超过 3.3 人。大多数情况下家户规模分异产生的原因是孩子的出生，阴影颜色较深的街区更倾向于是子女抚养型社区。而无阴影区（不到 2.67 人）中老人、单身青年或丁克一族则占了更大的比例。家户类型最容易呈现同心圆状分异，当然，我们也可以发现一些特殊情况，尤其是少量低密度聚居区遍布郊区。但需要注意的是，这些聚居区通常是“退休者社群”，或这些郊区正处于生命周期中孩子离家的阶段（故而人口密度低）。

带有阴影的区域图能够有效图解族群隔离，正如图 5-8 至图 5-10 所示。圣安东尼奥的黑人群体在不同环状或扇形内均呈集中状态聚居，而斯托克顿的黑人群体则集中居住在市中心及外围社区内，且这两个统计区的黑人人口数均相对较少。弗林特与这二者恰恰相反，该地区的黑人占比为

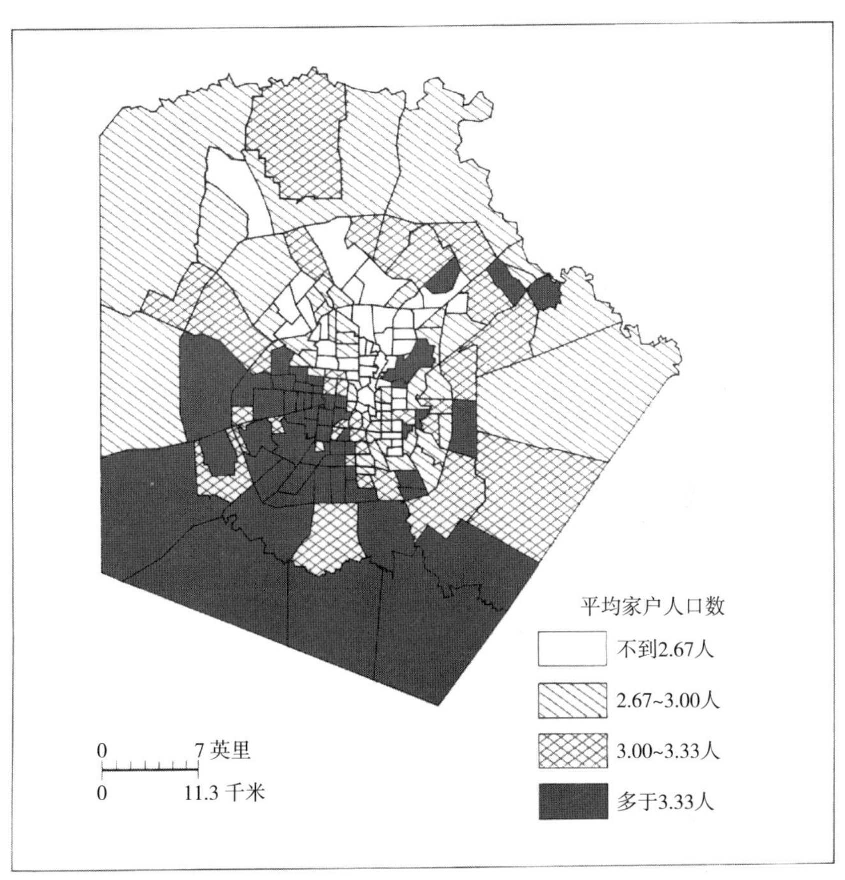

图 5－5　得克萨斯州圣安东尼奥统计区 1980 年平均家户规模

资料来源：*GraphicProfile*, Donnelley Marketing Information Services, 1984。

15.1%，且相异指数为 85，是 21 个统计区中的最高者之一。图示中没有完全展示的是，即使在阴影颜色较深的地区，黑人群体也比较集中。黑人占比超过 10% 的 34 个街区（从该统计区的 124 个街区中抽取）中，17 个街区内超过 3/4 的人口是黑人，且 34 个街区的黑人总数占整个弗林特黑人总数的 63%。虽然不属于贫民窟，但是黑人群体——任何社区中规模都较小的群体——却分散且缺乏空间系统化地遍布于整个中心城区。

纵览现有的所有变量和抽取的统计区，我们能从图中发现这些特征之间的内部联系吗？在圣安东尼奥，市中心外地区的社会经济地位（SES）和家户规模之间被证实存在负相关关系。CBD 北边的白领工人较多而家户规模

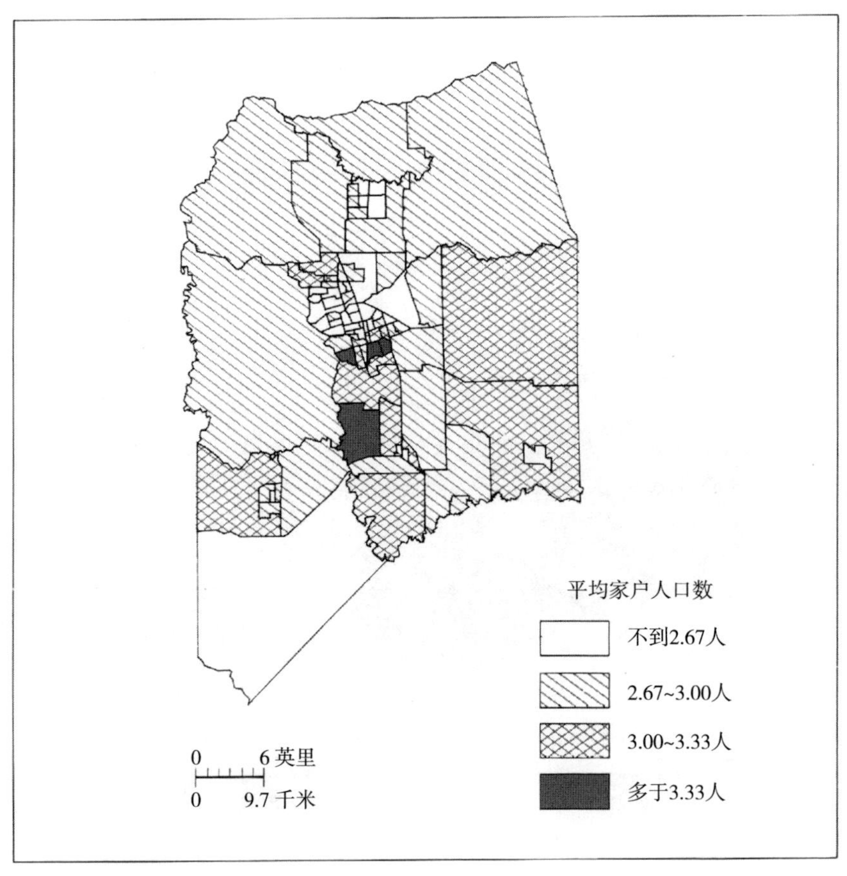

图 5-6 加利福尼亚州斯托克顿统计区 1980 年平均家户规模

资料来源：*GraphicProfile*, Donnelley Marketing Information Services, 1984。

较小，而其南面却恰好相反，中心区域街区中的这两个变量通常都位于较低的两个四分位环内。二者与黑人群体分布之间存在的任何独特联系都很难被识别。斯托克顿的社会经济地位和家户规模之间的相关性同样显著，不同的是，该统计区中存在家户规模和白领工人比例都相对较大的社区（例如，在市中心的正东方向），且在斯托克顿，黑人群体的分布情况与白领工人比例的大小呈负相关关系。

白领工人和家户规模之间的负相关关系在弗林特的空间模式中并不显著。黑人群体的分布图在空间分布上也没有呈现明显的相关性。通过对这些特征进行测量得出的相关系数也能大致证明以上结论。在弗林特统计区，白领工人和

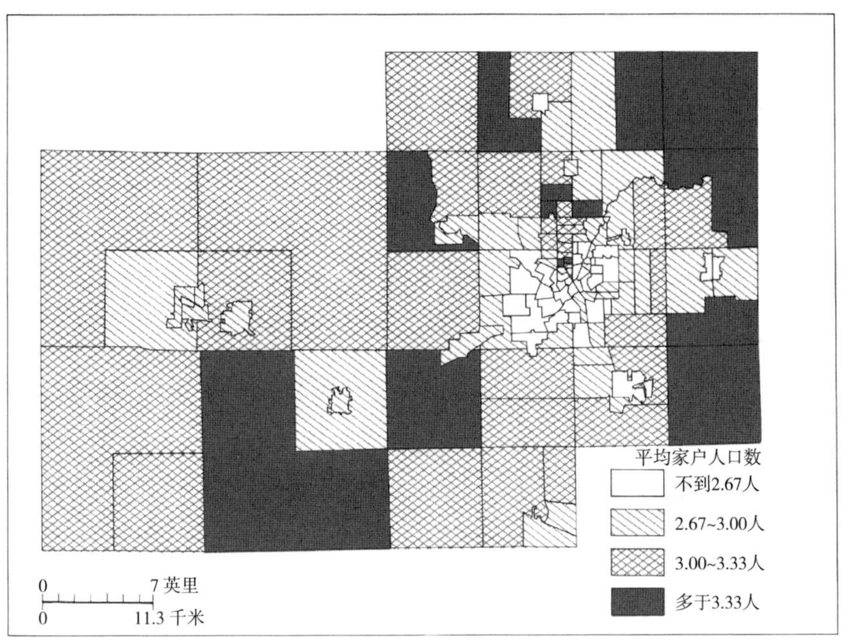

图 5-7　密歇根州弗林特统计区 1980 年平均家户规模

资料来源：*GraphicProfile*, Donnelley Marketing Information Services, 1984。

家户规模（对社区来说）之间的相关系数为 -0.35，白领工人和黑人群体的相关系数为 -0.53，且家户规模与黑人群体的相关系数为 0.15。

特征的辐射状分布

“一个大都市内社区的社会经济和种族构成的变化在多大程度上取决于距市中心的距离？”这一问题对城市居住结构方面的同心圆模型的有效性提出了挑战。而区分这些模型（同心圆、扇形、多核心模型）之间的差异更为困难。本节中，我们将聚焦于“距离”因素，因为根据前人的研究结果，距市中心的距离这一因素对了解一个社区的历史和现状非常重要。

社会特征主要以下述两种方式随距离不同而发生变化。首先，一个特征的集中度（例如种族或收入）可能会随着距市中心的距离每增加一英里而呈现（线性）稳定上升或下降，这与梯度模型提出的距离的作用相一致。

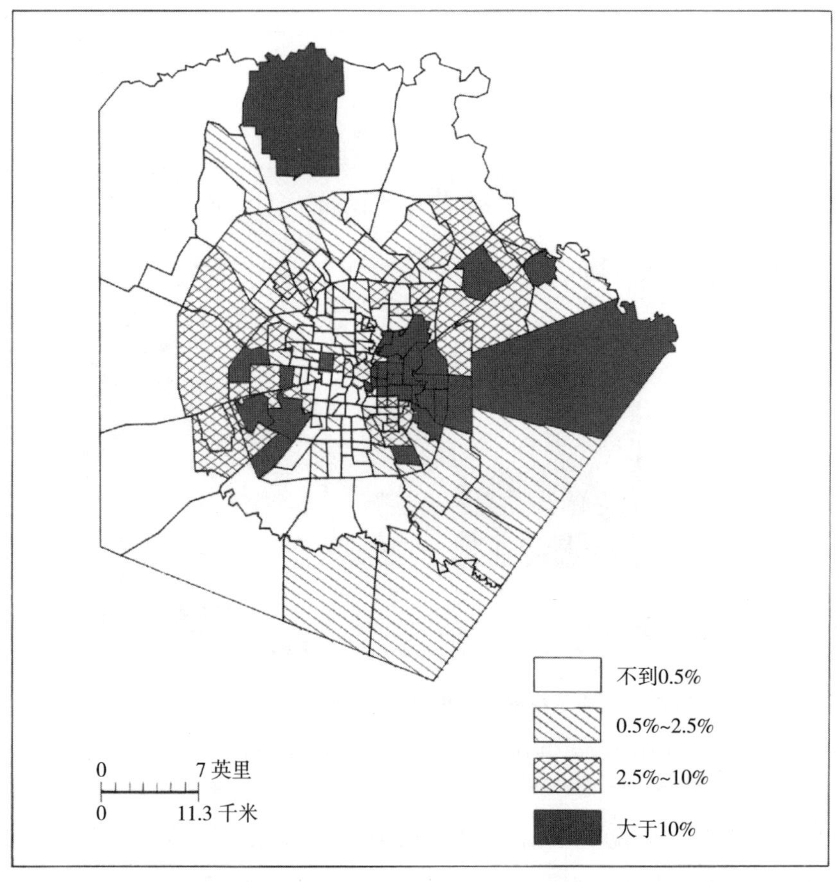

图 5-8 得克萨斯州圣安东尼奥统计区 1980 年黑人人口比例

资料来源：*GraphicProfile*, Donnelley Marketing Information Services, 1984。

城市经济学家也经常对人口密度的对数与距市中心不同距离之间的拟合度进行测量。另一方面，距离和人口特征之间的关系也许根本就不稳定，而是呈无规律变化（上升却又突然下降），或呈现离散跳跃状态。经典的伯吉斯同心圆模型对城市的描述也默认了这些变化确实呈现离散状态。

这两个普遍取向对应带来了两种分析方法。在提出关系呈稳定线性变化的最初假设中，我们可以根据距 CBD 的距离对社区特征进行回归分析（例如，街区内家庭收入的中位数）来测量关系强度。大量的正/负斜率为梯度假设提供了强有力的一手证据，值越小通常意味着距离与居住结构之间越不存在关系，或不存在线性关系。

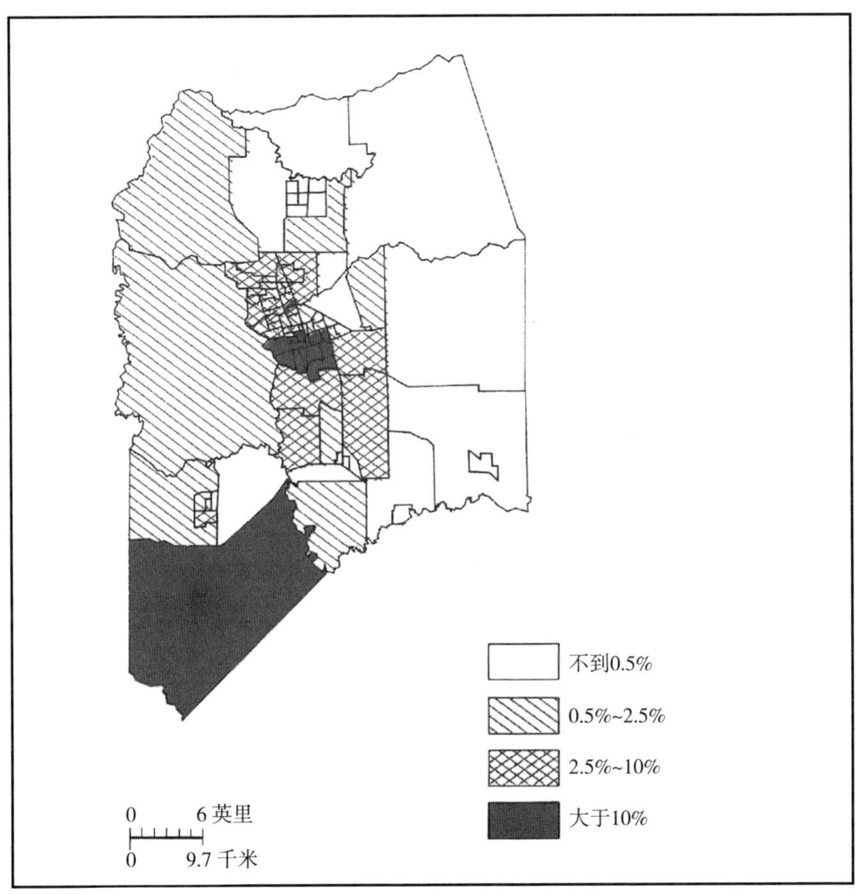

图 5-9　加利福尼亚州斯托克顿统计区 1980 年黑人人口比例

资料来源：*GraphicProfile*, Donnelley Marketing Information Services, 1984。

为测量第二种假设的可能性——距离与居住结构之间的关系是无规律的——我们计算出了大都市区内每一个“距离四分位环”或环内社会特征的平均值。在统计区的所有人口普查街区中，我们将距 CBD 最近的 25% 处看作最内四分位环（环状），下一个 25% 是第二个四分位环，再下一个 25% 是第三个四分位环，距离 CBD 最远的 25% 大都市人口普查街区则构成最外四分位环。即使将大都市划分成“完美的”伯吉斯同心圆模型的分类方法能够被认可，这项工作也超出了我们的工作范畴。然而，这项技术却允许我们将任意一个大都市划分成四个拥有相同数量社区的同心圆。我们可以计算感兴趣的每一个四分位环内社会特征的平均值。表 5-1 至表5-4包含了

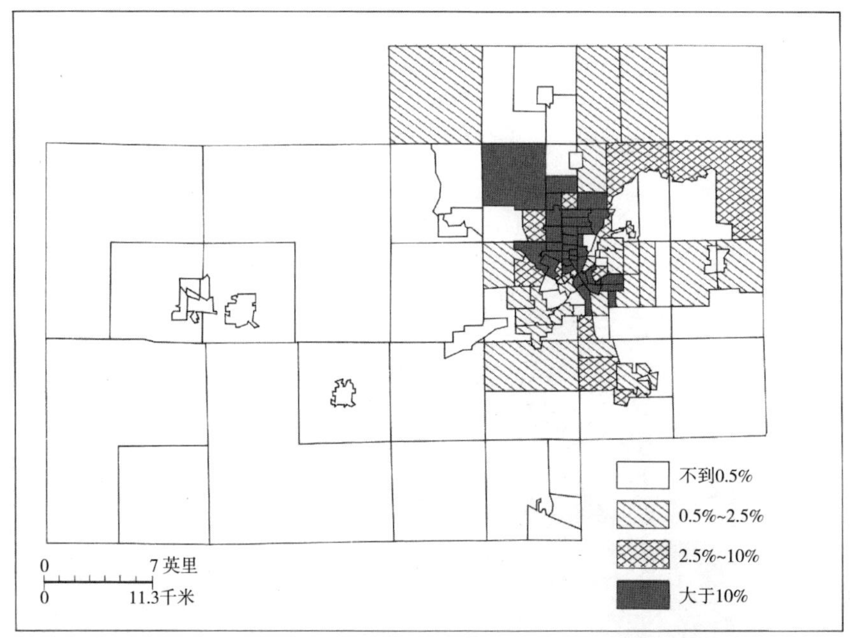

图 5－10　密歇根州弗林特统计区 1980 年黑人人口比例

资料来源：*GraphicProfile*，Donnelley Marketing Information Services，1984。

各四分位环和另外两个统计值的结果。第一个统计值为最外和最内四分位环的比值，用以观察从市中心到城市外围发生了何种改变。第二个统计值为 eta^2 值，描述了四分位环如何完美地预测了居住分异。[①] eta^2 的值越大通常意味着不同环之间的分异越明显。我们在对这些特征进行研究的过程中，会不断问及何种特征最容易或最不容易呈现辐射状分布取向，并对不同模型的有效性进行评估。

人口密度、身份地位、种族与生命周期

人口密度是与距离联系最紧密的特征，源于克拉克（Colin Clark）最早期的研究，[②] 通过近期使用复杂技术的分析，学者们发现距离和人口密度之间存

① eta^2 值是对四分位环所解释的街区社会构成进行标准方差分析的结果，与回归分析得到的 R^2 值类似。

② Colin Clark，"Urban Population Densities，" *Journal of the Royal Statistical Society* 114（1951）：490－496.

在有力的实证关系。基于这个课题展开的大量研究发现：20 世纪，人口密度梯度出现了平稳且明显的下降。

表 5－1 给出了四个同心圆内人口普查街区每一平方英里的人口密度。由表 5－1 可以看出：距离因素导致环与环之间的人口密度急剧、稳定地下降；统计区越大，通常情况下环内人口便越密集；此外，21 个统计区之间也差异巨大。在一个处于平均水平的大都市区中，最外环的人口密度仅是最内环人口密度的 1/6。eta^2 值的平均数超过了 0.4，在一些小城市中则更大。

表 5－1　人口密度*的辐射状分布

大都市区	第 1 环	第 2 环	第 3 环	第 4 环	比值	eta^2
艾伦镇	7962	3829	2176	1699	0.21†	0.25‡
阿马里洛	2679	3717	3028	1000	0.37	0.28
亚特兰大	6202	2750	1470	242	0.04	0.26
班格尔	5531	750	383	790	0.14	0.69
伯明翰	4170	2956	1620	143	0.03	0.43
波士顿	21937	13293	5278	2035	0.09	0.45
芝加哥	22513	18700	7741	2865	0.13	0.40
弗林特	6173	3952	1274	1067	0.17	0.44
印第安纳波利斯	6234	3608	1880	840	0.13	0.48
列克星敦	5390	3662	1060	224	0.04	0.59
新贝德福德	12855	10702	8189	689	0.05	0.37
纽黑文	9988	4498	1726	1361	0.14	0.60
新奥尔良	15840	10828	6505	3412	0.22	0.37
纽瓦克	24763	12144	4728	2305	0.09	0.55
圣路易斯	7634	5624	2722	1099	0.14	0.40
盐湖城	5875	3849	2308	2477	0.42	0.26
圣安东尼奥	6017	4737	2254	648	0.11	0.57
圣地亚哥	7977	6054	4624	2260	0.28	0.29
西雅图	8401	4404	2680	1410	0.17	0.38
希博伊根	4950	2849	112	93	0.02	0.70
斯托克顿	4452	3396	2998	1595	0.36	0.16
平均值	9407	6014	3083	1345	0.16	0.42

* 每一平方英里的人口数量。

† 第 4 环和第 1 环数值的比值。

‡ 等于对不同环中的特征进行方差分析后得到的 eta^2 值。

根据表 5－2，我们发现距离和社会经济地位之间的关系存在明显不一致的结果，这一结论可由社区内有工作的居民中白领工人的比例来进一步证明。在21个统计区的19个统计区中，随着从第1环向第2环的推进，白领工人的比例上升8%。第二至第三四分位环的一般趋势也继续保持上升（2.5%），尽管在这一推进过程中有五个城市呈现反方向的变化。然而，从第3环向第4环推进过程中的明显趋势是白领工人数量的减少，仅有两个统计区（波士顿和新贝德福德）在最后两环推进过程中白领工人的数量发生了增长。① 总体来看，从最内环向最外环推进过程中统计区之间的净效应结果是混合的，这一点也可经由比值来说明。

尽管职业地位并没有从城市中心向外围呈现稳定的梯度变化，但其仍然呈现显著的同心圆模型，这一点可经由21个统计区 eta^2 值的平均值为21%来体现。工厂已经越过中间居住环——老的通勤郊区——并在大都市的外围建立起来，进而使得往返于CBD和郊区办公区、拥有较高身份地位的职员，穿梭于工厂和郊区商业中心的蓝领或灰领工人，甚至部分统计区中的农民或农场工人混杂于这些处围区域。过去工厂的选址并不会被慎重考虑，但是表5-2展示了社会经济分异的累积效应有多大。②

表5-2 白领工人的辐射状分布

单位：%

大都市区	第1环	第2环	第3环	第4环	比值	eta^2
艾伦镇	45.6	50.3	42.5	40.1	0.88*	0.08†
阿马里洛	33.4	47.4	54.5	52.2	1.56	0.21
亚特兰大	44.2	61.6	64.7	47.3	1.07	0.23
班格尔	55.4	58.8	58.6	46.5	0.84	0.43
伯明翰	47.6	56.0	53.0	39.8	0.84	0.11
波士顿	55.3	62.8	63.7	64.8	1.17	0.07
芝加哥	44.6	50.3	59.3	58.6	1.31	0.13
弗林特	38.7	37.9	45.6	40.9	1.06	0.07
印第安纳波利斯	38.0	58.6	66.4	47.7	1.25	0.44

① 新英格兰的统计区相对处于标准线以下，因为它们是基于城镇而不是郡县建立起来的。拥有较大外围郡县的大都市区倾向于进行更多的外围工业开发。

② John D. Kasarda, "The Implications of Contemporary Redistribution Trends for National Urban Policy," *Social Science Quarterly* 61 (December 1980): 373-400, and John F. Kain, "The Journey to Work as a Determinant of Residential Location," John F. Kain, eds., *Essays on Urban Spatial Structure* (Cambridge, Mass.: Ballinger, 1975 [1968]), pp. 29-52.

续表

大都市区	第1环	第2环	第3环	第4环	比值	eta^2
列克星敦	50.5	68.3	56.0	37.6	0.75	0.45
新贝德福德	38.0	33.4	36.7	52.5	1.38	0.33
纽黑文	48.5	55.1	64.9	59.5	1.23	0.18
新奥尔良	44.4	54.0	62.0	55.4	1.25	0.14
纽瓦克	39.5	57.4	66.2	63.9	1.62	0.38
圣路易斯	43.3	56.0	63.4	48.4	1.12	0.25
盐湖城	57.3	58.8	56.2	49.5	0.87	0.06
圣安东尼奥	41.4	49.4	61.0	52.2	1.26	0.15
圣地亚哥	54.4	59.2	60.7	55.8	1.03	0.03
西雅图	60.7	62.4	60.9	49.2	0.81	0.18
希博伊根	42.4	47.8	36.3	31.4	0.74	0.46
斯托克顿	39.3	44.1	50.7	40.6	1.03	0.08
平均值	45.8	53.8	56.3	49.2	1.10	0.21

* 第4环和第1环数值的比值。

† 等于对不同环中的特征进行方差分析后得到的 eta^2 值。

表5-3通过家户规模呈现了生命周期阶段的辐射状分布。根据综合假设且在现有理论背景下，我们预期社区的平均家户规模会随着与市中心距离的增加而有所扩大，[①] 这个预期也的确被普遍验证。几乎每个统计区内的平均家户规模都会随着由内环向外环的推进而扩大（或至少没有缩小），在一个标准统计区内甚至可达平均1.5人的净增加。尤其值得一提的是盐湖城的空间分异变化范围，其在从第1至第3四分位环（表格中的最大值）的推进过程中平均家户规模扩大了（增加了1.4人），但在最外环处却有所缩小。纽瓦克和印第安纳波利斯在由第1环向第2环推进过程中平均家户规模缩小了，这一现象反映了贫穷的少数群体相对集中在市中心区域。芝加哥和圣路易斯由于拥有高密度的小家户公寓，因此在由第1环向第2环推进过程中家户规模均未发生变化。由表5-3我们同样可看出，环与环之间家户规模的平均预测值为22%，这与种族和白领工人的预测值大致相同。大量的实证工作给予了诸种理论发展的动力，但说来奇怪的是，四分位同心圆模型对芝加哥的解释力基本无足轻重（3%），但在盐湖城统计区却几乎达到50%。

① Michael J. White, *Urban Renewal and the Changing Residential Structure of the City.*

表 5－3　平均家户规模* 的辐射状分布

单位：%

大都市区	第 1 环	第 2 环	第 3 环	第 4 环	比值	eta^2
艾伦镇	2.5	2.7	2.8	2.8	1.13†	0.23‡
阿马里洛	2.4	2.7	2.7	2.9	1.18	0.12
亚特兰大	2.5	2.6	2.9	3.1	1.24	0.23
班格尔	2.2	2.4	2.9	2.9	1.29	0.41
伯明翰	2.5	2.7	2.9	2.9	1.20	0.23
波士顿	2.4	2.7	2.8	3.0	1.26	0.20
芝加哥	2.8	2.8	2.9	3.0	1.07	0.03
弗林特	2.6	2.8	3.1	3.1	1.19	0.25
印第安纳波利斯	2.7	2.6	2.8	3.0	1.08	0.10
列克星敦	2.5	2.6	3.0	2.9	1.20	0.35
新贝德福德	2.5	2.6	2.7	2.9	1.18	0.32
纽黑文	2.5	2.6	2.9	2.9	1.17	0.22
新奥尔良	2.4	2.7	2.7	3.1	1.28	0.22
纽瓦克	2.9	2.7	2.9	3.0	1.04	0.09
圣路易斯	2.6	2.6	2.8	3.0	1.12	0.10
盐湖城	2.3	3.2	3.7	3.1	1.33	0.48
圣安东尼奥	2.9	3.1	3.1	3.0	1.05	0.02
圣地亚哥	2.3	2.7	2.9	2.7	1.16	0.12
西雅图	2.1	2.5	2.8	2.8	1.33	0.34
希博伊根	2.4	2.8	3.1	3.1	1.29	0.57
斯托克顿	2.5	2.8	2.9	2.8	1.11	0.09
平均值	2.5	2.7	2.9	3.0	1.19	0.22

* 每一家户内的人口数。

† 第 4 环和第 1 环数值的比值。

‡ 等于将不同环中的特征进行方差分析后得到的 eta^2 值。

第四章的结论部分已经清楚地阐释了美国大都市内黑人群体与其他种族群体之间的隔离问题。表 5－4 测量了距离因素影响下种族的空间系统是如何不均衡分布的。城市中心与郊区的对比研究明确显示：尽管在过去的二十年间黑人群体分布的郊区化指数在显著上升，但黑人群体的分布仍然呈集中化态势。尽管如此，但这项对比研究是基于政治边界且采用简单二分法进行的。那么，当我们将焦点转移到同心圆模型和梯度模型时，黑人群体又是如何集中分布的呢？

表 5－4 黑人的辐射状分布

单位：%

大都市区	第 1 环	第 2 环	第 3 环	第 4 环	比值	eta^2
艾伦镇	3.3	1.2	2.0	0.7	0.20*	0.08†
阿马里洛	19.1	4.8	1.5	1.0	0.05	0.18
亚特兰大	66.3	35.8	7.7	9.9	0.15	0.42
班格尔	0.5	0.5	0.2	0.1	0.25	0.15
伯明翰	58.3	35.1	22.1	10.1	0.17	0.25
波士顿	17.6	12.8	1.5	1.1	0.06	0.12
芝加哥	38.3	36.3	20.8	6.8	0.18	0.11
弗林特	39.8	25.8	8.2	0.3	0.01	0.23
印第安纳波利斯	41.4	15.2	5.1	0.5	0.01	0.30
列克星敦	20.0	6.4	7.1	5.0	0.25	0.14
新贝德福德	6.1	1.4	0.9	0.8	0.13	0.46
纽黑文	34.0	10.5	1.2	0.8	0.02	0.48
新奥尔良	64.1	43.2	15.0	16.2	0.25	0.33
纽瓦克	60.9	23.0	9.1	5.9	0.10	0.41
圣路易斯	52.5	24.1	5.6	3.2	0.06	0.33
盐湖城	1.7	0.4	0.4	3.2	1.84	0.08
圣安东尼奥	11.8	8.6	5.2	3.2	0.27	0.05
圣地亚哥	9.8	6.6	2.1	1.9	0.19	0.10
西雅图	11.2	2.9	1.0	0.7	0.06	0.17
希博伊根	0.2	0.1	0.2	1.3	6.91	0.12
斯托克顿	11.9	10.3	2.0	1.3	0.11	0.21
平均值	27.1	14.5	5.7	3.5	0.54‡	0.22

* 第 4 环和第 1 环数值的比值。

† 等于对不同环中的特征进行方差分析后得到的 eta^2 值。

‡ 盐湖城与希博伊根除去了等于 0.14 的比值。

我们在绝大多数统计区内均发现：在大都市区由内环向外环推进过程中黑人群体的集中度在显著下降（当然，数据显示出巨大分异是因为种族构成存在巨大差异）。在 18 个统计区中，外环中的黑人数量不足内环的 1/4。此外，种族构成在亚特兰大、新贝德福德、纽黑文及纽瓦克等统计区的同心环中有着清晰的划分，这些地区的共同特点为 eta^2 值均超过了 0.40。

其他特征

我们也对大量的其他特征进行了相关计算，并将最终结果汇总于表5－5

中。在平均超过21个大都市区的基础上，我们计算了表中每个变量的 eta^2 统计值（四分位数）。因此，表中的数据表明了在理解特征的变化时距市中心距离因素的重要性。表中的顺序按 eta^2 统计值由高到低进行排列。

表5－5 所选特征辐射状 eta^2 的均值

比值	辐射状 eta^2 的均值	
房龄	45.3*	最高程度的辐射状分异
单亲家庭中的孩子	43.7	
低收入	43.5	
人口密度	42.5	
家户收入的中位数	38.8	
单户型住房	36.7	
自有住房	36.7	
贫困状况	34.9	
独居的住户	32.4	
高收入	30.4	
平均家户收入	30.1	
租金中位数	27.8	
新建住房	27.4	
房价	25.9	
老年人	22.9	
家户规模	22.5	
黑人	22.5	
外籍群体	21.8	
辅助人员	21.3	
管道缺陷	21.3	
受教育程度	20.2	
上班路程(时间)	19.8	
个人平均收入	19.7	
西班牙裔	18.3	
空置房	18.2	
技术工人	17.3	
孩子(0～17岁)	16.7	
大家户(5人以上)	15.8	
管理人员	14.7	
多户型住房单元(10人以上)	14.1	
女性劳动参与率	13.3	
户主的居住流动性	13.0	
最近地迁移	11.7	
生育率(44～49岁的女性生子数量)	8.4	最低程度的辐射状分异

* 等于对不同环中的特征进行方差分析后得到的 eta^2 值。

表5－5中呈现了一些非常有趣的结果和令人惊奇的研究发现。房龄中位数和人口密度与我们所设想的大都市区向外扩展及低净密度的外围建构相一致。[①] 研究发现，单户型住房的数量呈辐射状减少与结论一致，符合传统的生态模型（例如伯吉斯）对这一关系的预测。在标准大都市区内，我们可以通过了解一个社区在该都市四分位环中所处的位置、城市改造的进程、城市中产阶层化程度以及其他远远没有完成的类似事物（即使到1980年也尚未完成），对该社区房龄和人口密度进行细致评估，以抵消这些基本特征的主导作用。

衡量生活质量的指标 eta^2 值的范围为30～44。对该范围值可进行大量的方差解释，同时，这类特征也呈现明显的辐射状分布取向。这些发现与某些城市经济模型相一致，它们均对“租金密度函数（与距离相关）及家户消费函数以高收入家户倾向于选择居住在城市外围这种方式运作”提出质疑。研究发现：平均家户收入随着距市中心距离的增加而稳步增长；贫穷和低收入群体相较于高收入或平均收入家户更倾向于呈现辐射状分布结构（且更集中）。[②] 第二个容易呈现辐射状分布取向的特征是单亲家庭中的孩子。统计数据显著表明单亲家庭中的孩子明显集中在内城区域，成为已经在很多大都市区中被严重隔离的少数族群中的一员。

在 eta^3 值介于20～30之间、处于表格中间位置的那些特征中，我们发现社会经济地位具有很强的显著性。尽管房龄呈现很强的辐射状取向，但在新建住房中没有那么明显。事实上，波士顿、芝加哥和纽瓦克的新建住房比例在显著下降。房价中位数和租金中位数作为社会经济地位的两大特征，隔离程度很高，出现在表格的中间位置且两者之间非常接近。与消费状况方面的指标相比，同心圆状分异导致的职业和受教育程度 eta^2 值相对适中，为20左右。尽管大多数统计区社区中的管理人员与辅助人员之间具有很强的相关性，但我们发现，至少就方差解释率而言，辅助人员的分布比管理人员

① 一些统计区（艾伦镇、印第安纳波利斯、列克星敦、盐湖城及斯托克顿）中，最外环的房龄要大于第3环，主要是由于到目前为止郊区化仍然没有完全改变成为准腹地的事实。

② 相反，我们并不能像解释穷人所处的地理位置那样容易地解释富人所处的地理位置。在一些城市中，通常是在规模较大、年代较久的城市中，收入的 eta^2 值处在45～55的范围内，这意味着传统模型也许并不完全适用于年轻城市。

更具有辐射状取向。

作为测量族群状况的两个指标——黑人群体和外籍群体——在表 5 – 5 中的得分几乎一致。表 5 – 4 中具体显示了黑人群体的数量在大多数城市环与环（四分位环）的推进中急剧下降。如果传统生态模型被证实可靠，那么社区居民中外籍群体的比例将随着距 CBD 距离的增加而稳定下降，因为正如空间同化理论模式所言，新一代群体随着时间的推移倾向于向外环移动。我们的图表（并没有在这里给出）也证实了这一模式，表中外籍群体的比例呈现稳定的随环下降趋势，直至达到最外环中的外籍人口数只占最内环中人口数的一半这一临界点。

尽管在大多数大都市区内西班牙裔群体的比例随着距市中心距离的增加而下降，但相较于黑人群体或其他外籍群体来说，西班牙裔群体的分布呈现更微弱的辐射状取向。根据综合模型我们发现，表格底端部分的孩子、大规模家户、生育率及其他所有特征的分布都呈现明显的辐射状取向。我们在第四章中发现，生命周期特征的隔离程度较低，且由于他们在大都市区的社区间呈现相对均衡的分布（因此起始分异程度非常低），故而呈现同心圆分异的可能性极小。①

除了简单之外，同心圆分析法还具有不限制社区构成随距离变化而呈现（恒定地）线性变化的优点，该变化甚至还可以是十分不均衡的。此外，假如分异根本不存在，那么大多数情况下（特征和统计区）的增长或下降会更加均衡。四分位环分析法明确指出了最外环的特殊位置，尤其是我们发现了城市外围的居民社会地位低下的事实。究其原因，大都市扩张浪潮使贫穷郊区的数量减少，且工厂迁址需要较低技术水平的工人。

对表 5 – 5 做一个简单的总结：大都市内社区的物理特征（例如房屋密度和房龄）最易随环而发生分异，其次是收入和贫困状况。在位于中间范围的特征中我们发现了生命周期、族群状况和其他社会经济指标之间很高程度的融合。而居住流动性、部分职业和一些生命周期特征出现在表格最底端的现象，进一步揭示了第四章中探讨过的少量隔离现象。

---

① 对那些分布不存在任何分异的特征来说，隔离水平为 0 且辐射状 eta^2 值无法明确。

大都市的等高线图

现在，我们开始探讨测量整个大都市空间组织的更加复杂且综合的方法。事实证明，运用回归和图示两种方式将距离与方位加以合并且用以进行特征分布预测是可能的。整个分析中我们感兴趣的是：①确定一个社区内的社会经济和住房构成在多大程度上可经由空间位置进行预测与解释；②大都市将会呈现什么样的形状且其是怎样与城市结构的基本模型相适应的。第六章中我们将会探讨在过去的数十年间，空间组织化的程度是否已经发生显著改变。

由于可以将大都市的社会特征分布视为一种大都市地形，因此我们将本节中所采用的技术称为“等高线分析法”。不同于海平面上的英尺，这里的“高度值”（等高线值）为处于特殊空间位置的特征的值。例如，就如我们能够勾画带有丘陵、山谷等的城市地形等高线图，我们同样也能将收入分布描绘为一种地形。相对应地，丘陵指的是收入水平非常高的社区，山谷则是指收入水平非常低的社区，故而，收入也可以被视为一种三维图形。我们可以更进一步地利用这一方法，以获得比从一个简单的地形中获取的信息更多的信息。这一地形（收入表征图）表明市中心在多大程度上被组织化，为此，我们可以进一步研究该特征的空间组织结构究竟呈现为哪种模型——同心圆（辐射状）、扇形（方位角）或多核心。

一些例子也许可以为介绍这种方法提供帮助。图 5 - 11 是印第安纳波利斯的家户收入等高线图。由于家户收入具有明显的辐射状取向特征，因此，其等高线图呈现同心圆模式。与此相反，扇形变化很可能出现在有一系列瓣状或花瓣状形态的大都市等高线图中，西雅图的劳动力分布图类似于这种形状（见图 5 - 12）。正如我们已经提及的，有时候也存在以上两种模型均不适用的情况，这时候多核心模型便会派上用场。肯塔基州列克星敦外籍群体的分布格局就主要呈现为多核心模型（见图 5 - 13）。尽管统计技术能够为我们提供帮助，但某一特殊模型的标签在一定程度上也是一种主观评断的结果。

与图示不同，我们最初的策略为尝试用与市中心的距离及方位来预

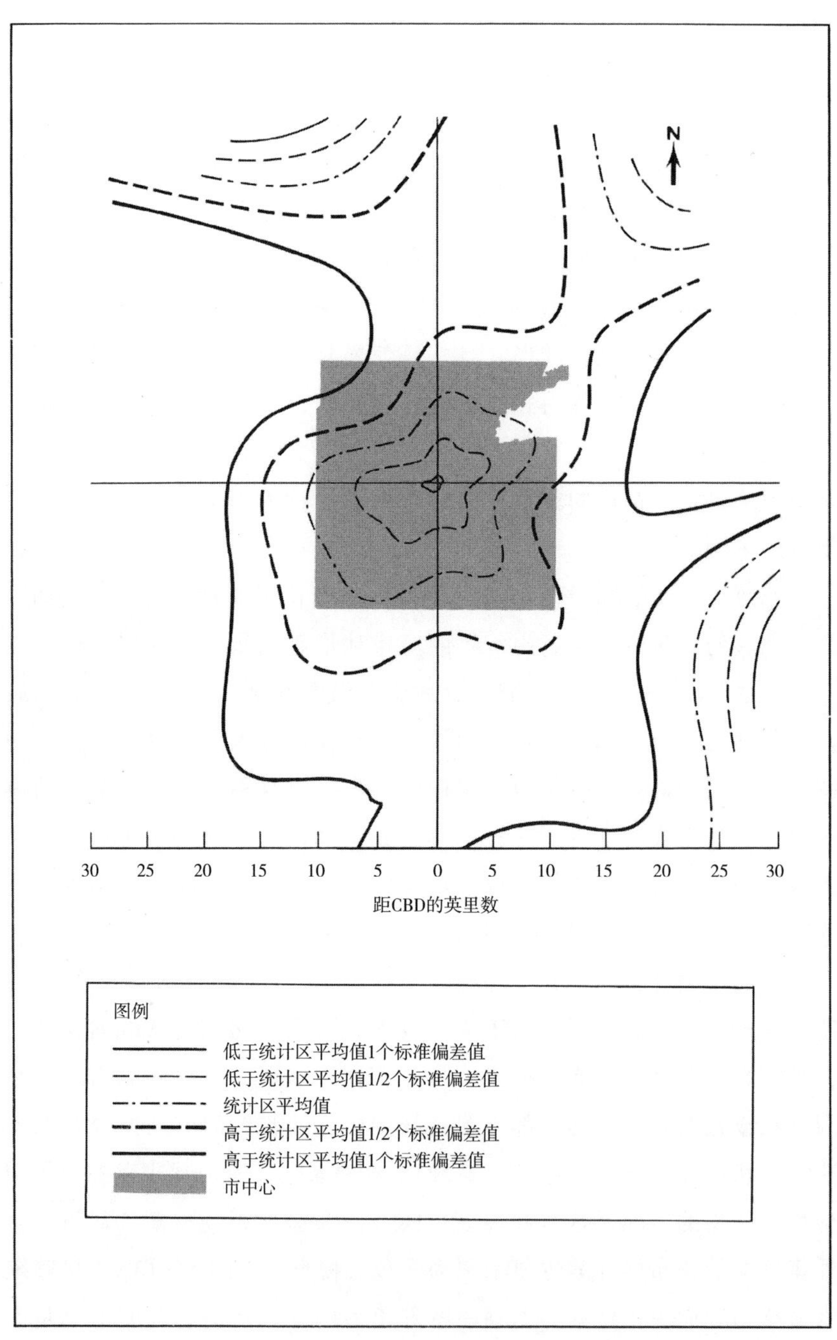

图 5-11 印第安纳州印第安纳波利斯统计区家户收入的等高线图

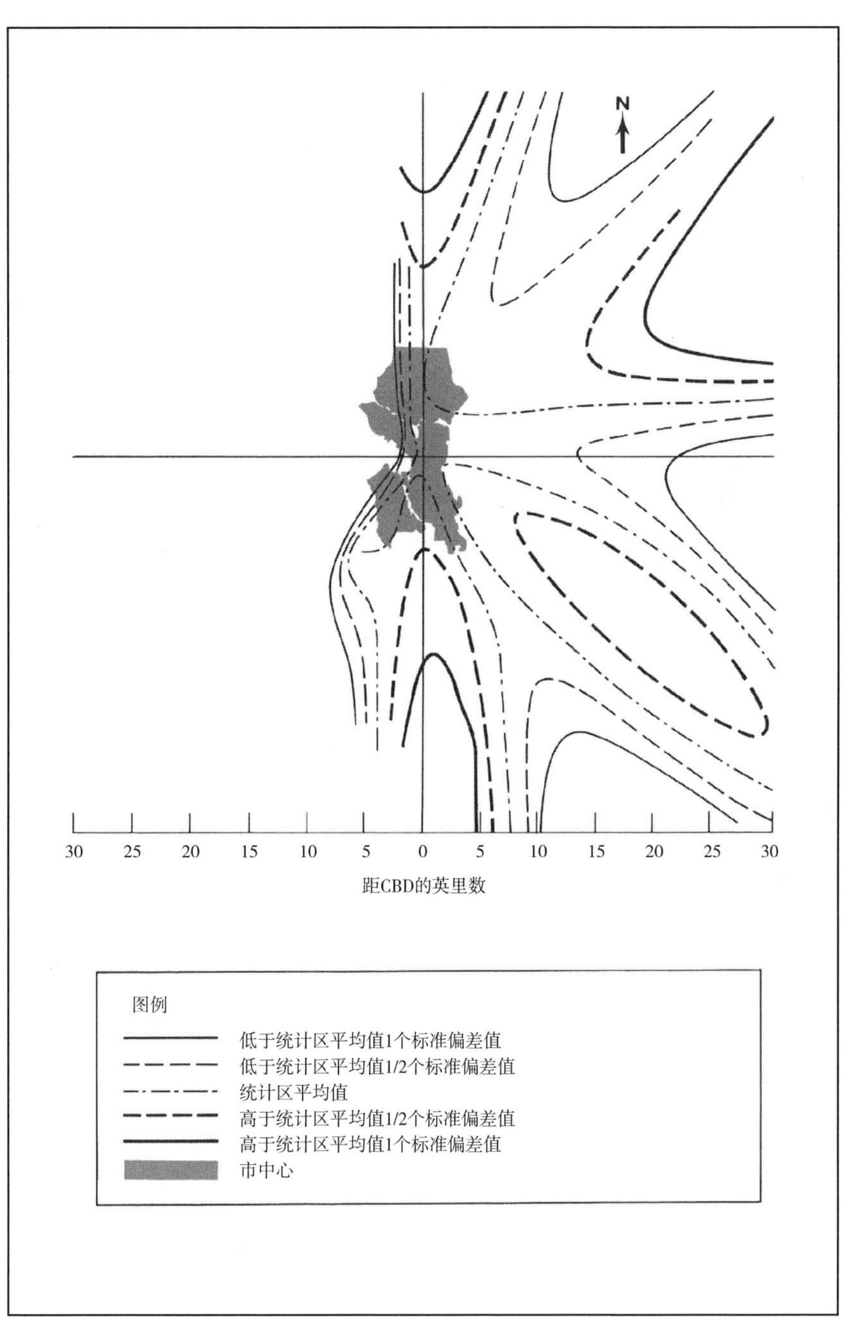

图 5-12　华盛顿州西雅图统计区劳动力分布的等高线图

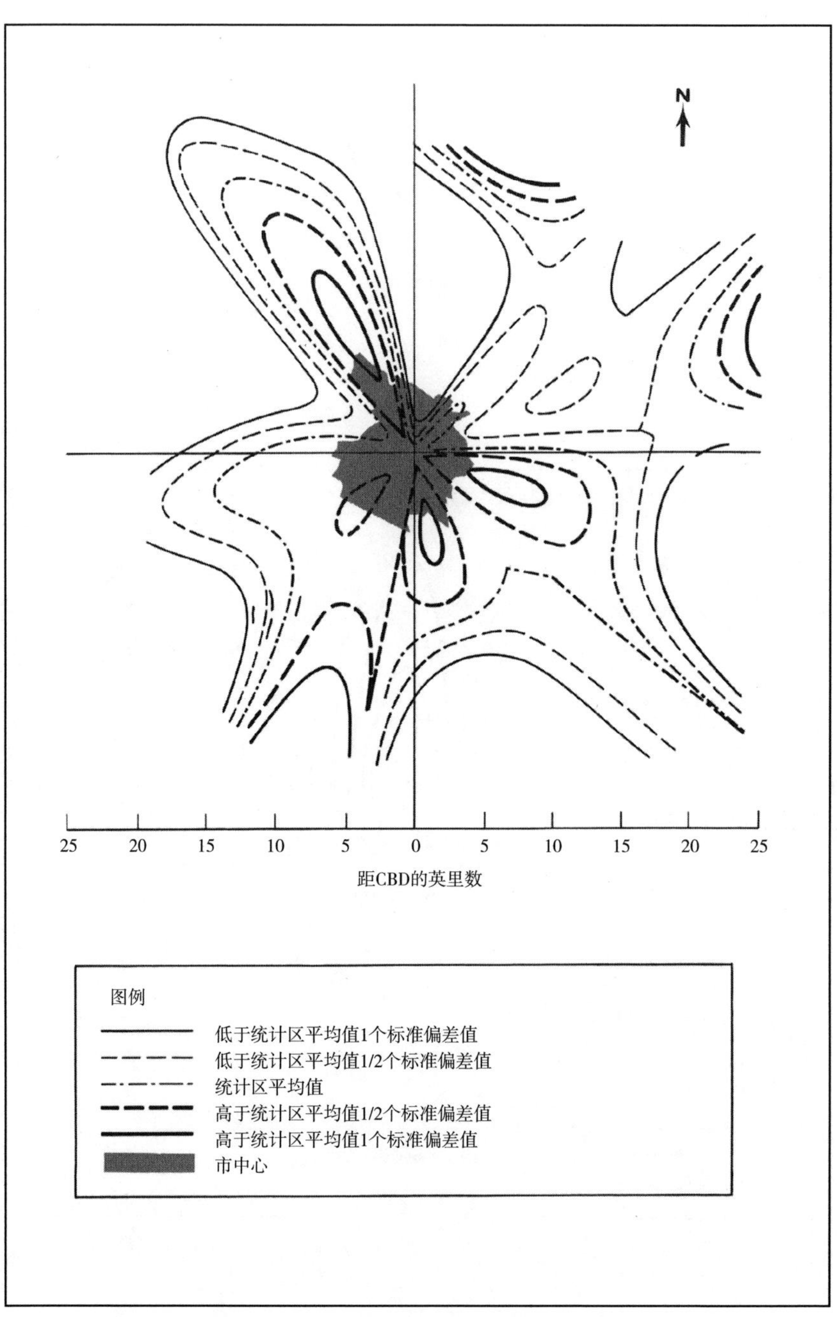

图 5－13　肯塔基州列克星敦统计区外籍群体分布的等高线图

测社区的社会构成（例如黑人比例和收入中位数）。通过使距离因素中仅包含单个关系或斜率，或将大量的关系合并以形成非常复杂的分异模式，我们可以使预测方程按我们所想，变得简单化或复杂化。① 例如，收入可以随着距离的变化先增加而后减少。同样，这些社会特征也呈现为扇形模型或多核心模型。由于我们使用了回归分析方法，因此每个步骤均可获得一个"拟合度"统计值，用以描述空间位置如何很好地预测社区的社会构成。一旦我们完成了对统计系数的评估，便可使用统计方程去获得大都市社会地形的图形表示。考虑到统计区内的街区分布，每一张图都有 5 条等高线：特征的平均值、高于或低于平均值 1/2 的标准偏差值，以及高于或低于平均值的完全偏差值。

三个大都市区的等高线图

我们为 19 个统计区的 21 个特征描画了大都市等高线图。根据方差解释率，这些等高线图的变化范围可以从展现环状或距离梯度分布的几近完美的同心圆，到完全不成体系的线性分布。现在我们来看一下圣安东尼奥、斯托克顿和弗林特统计区的等高线图，首先从人口密度开始，这一特征在梯度分析中极受关注且与住宅属性密切相关。接下来依次是社会经济地位（专业技术人员）、生命周期（家户规模）以及族群（黑人群体）。

人口密度　图 5 - 14 描述了圣安东尼奥统计区人口密度分布的模型。②

---

① 我们的大多数讨论将会基于对这两种模型的分析。尽管我们尝试了大量的中间情况，但最终还是认为这两种模型最好地总结了相对简单及相对复杂的空间分布。简单的空间分布，即线性模型，我们使用了

$$f(r) = b_0 + b_1 r$$

这里的 $f(r)$ 为社会特征的统计值，r 是该街区距市中心的距离，b_0 和 b_1 是系数的估计值。

复杂的空间分布，即等高线模型，我们使用了傅里叶级数

$$f(r,\theta) = a + r\left[a_{10} + \sum_{m=1}^{6} a_{1m}\cos m\theta + b_{1m}\sin m\theta\right] + r^2\left[a_{20} + \sum_{m=1}^{6} a_{2m}\cos m\theta + b_{2m}\sin m\theta\right]$$

此处，r = 距离，0 = 方向，测量 CBD 向东的反方向，保留系数的估计值（26 + 常数）。可见于 Michael J. White，"Sociospatial Contours for Ecological Analysis," in Bogue and White, *Essays in Human Ecology Ⅱ*，pp. 90 - 108，正弦和余弦用于捕捉定向偏差。

我们对部分因变量取对数，即 $\log[p/(1-p)]$，以期得到可靠的预测值。之前的测量结果表明用这一方法得出了合理的结论且与该部分自身的预测值相一致。

② 此处我们对整个统计区而非仅对比尔县进行分析，正如前面的图一样。

同心圆模型完全适用，空间位置可以解释70%的社区人口密度变化。从某种程度上说，这张图看起来很像星星的形状，为一个沿主要交通干线重新形塑并形成了固定方向上的分支的基本同心圆模型（伴随距市中心距离的增加，人口密度稳定下降）。但任意方向上的人口密度仍会随着距市中心距离的增加而稳定下降，这一现象可经地图中由深色实线向浅色虚线转变的等高线来表明。人口密度下降率因方向不同而相异，例如，东南方向的人口密度下降相对较快，东北方向和西北偏北方向则相对较慢。西部方向和西南方向上由于距离变化导致人口密度增加或下降，从而形成了一些分支，略微呈现多核心模式。

我们可以解释加利福尼亚州斯托克顿1/3的人口密度分异，其在很大程度上并不像在其他城市中发现的简单同心圆图形（见图5－15）。城市核心区的人口密度较高，但是不同方向上的密度上升或下降梯度完全不一致。作为一个年轻的统计区，斯托克顿缺少我们在相对较大和较老的大都市中发现的生态结构。

弗林特是一个年代较久的城市，其经济主要靠制造业拉动。该市的人口密度分布呈辐射状分异（见表4－1；也可见表5－6），但是在我们的等高线图结果中简单梯度模型的表征极低，复杂模型更甚。图5－16并未明显地呈现某种模型倾向，因此我们可以对电脑绘制的图形产生怀疑。

身份地位 圣安东尼奥的下一张等高线图（见图5－17）描述了较高地位职业类别的分布情况。我们不能预测较高职位劳动者的居住位置，密度亦是如此。[①] 在此之前，我们认为圣安东尼奥白领工人的比例相对较高。该统计区中心区域（大概向外扩展了5英里）管理人员的集中度预测值非常低。低身份地位群体主要集中在东北方向和西北方向（颜色较浅的等高线）上，在西南方向也存在低身份地位的劳动者。在距离和方位可以帮助预测专业技术人员和管理人员的居住位置的情况下，整张图呈现同心圆模型与扇形模型相混合的混合模型。

尽管存在明显的聚集现象，但斯托克顿阴影图上人口普查街区中白领工

① 等高线图明确展示了统计区内专业技术人员和管理人员的比例，之前的阴影图则展示了白领工人的比例。这两个比例在统计区中具有高度相关性，其中，白领工人包括技术人员和辅助人员。

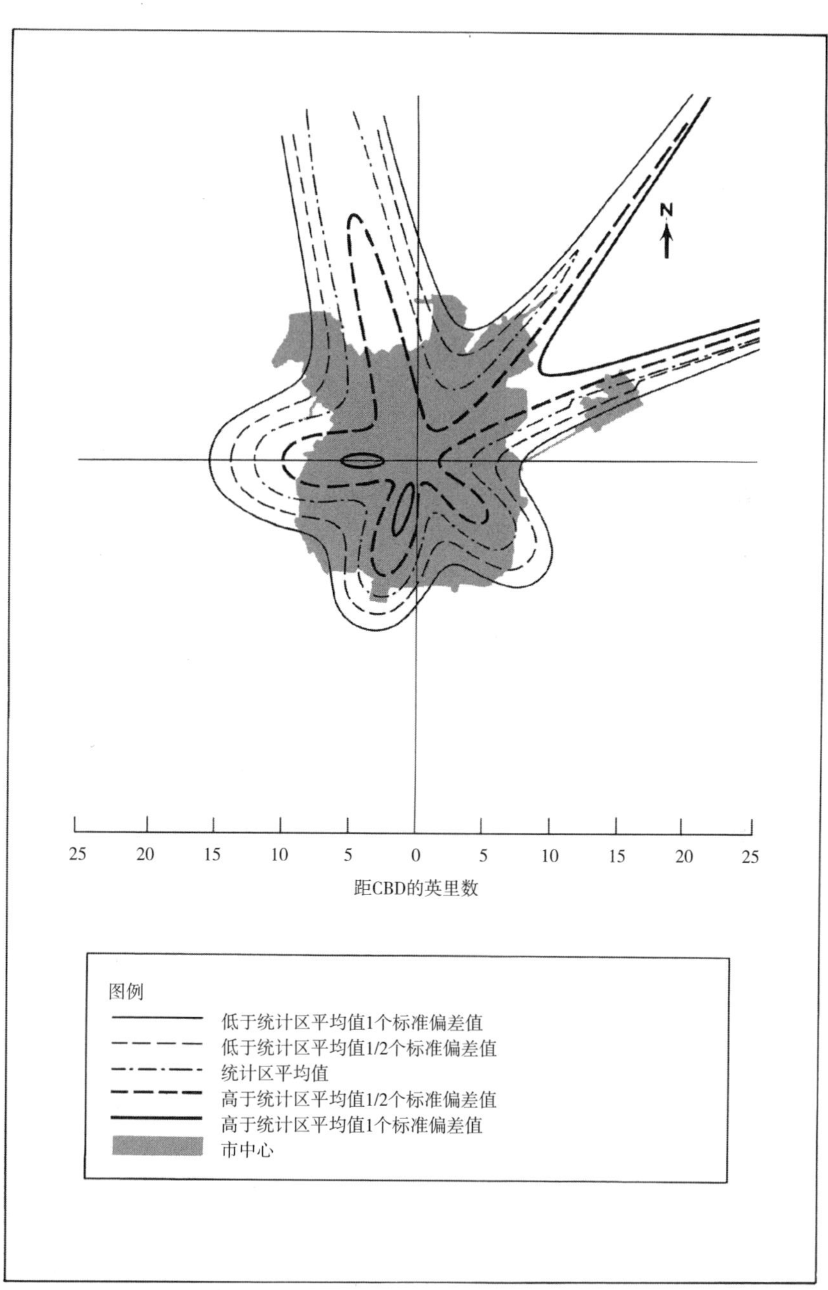

图 5-14　得克萨斯州圣安东尼奥统计区人口密度的等高线图

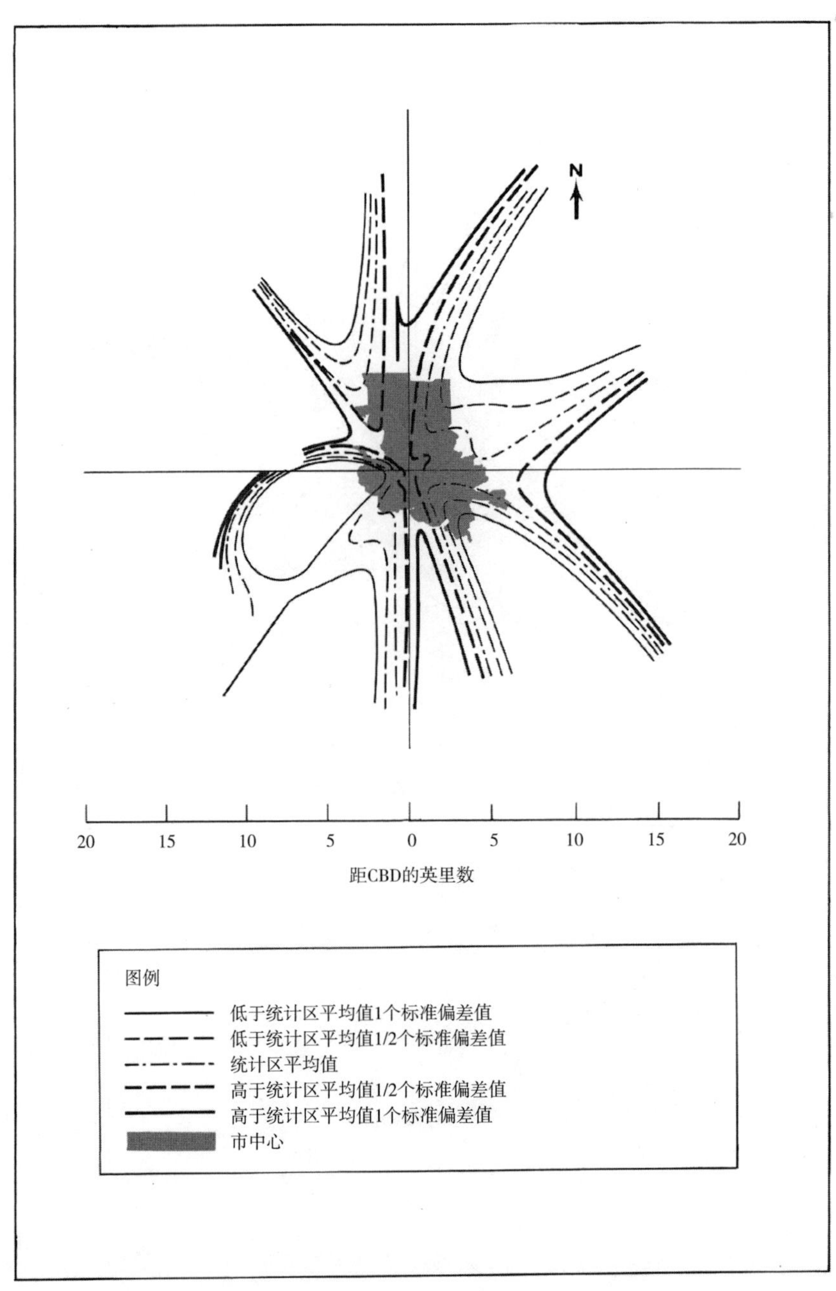

图 5-15 加利福尼亚州斯托克顿统计区人口密度的等高线图

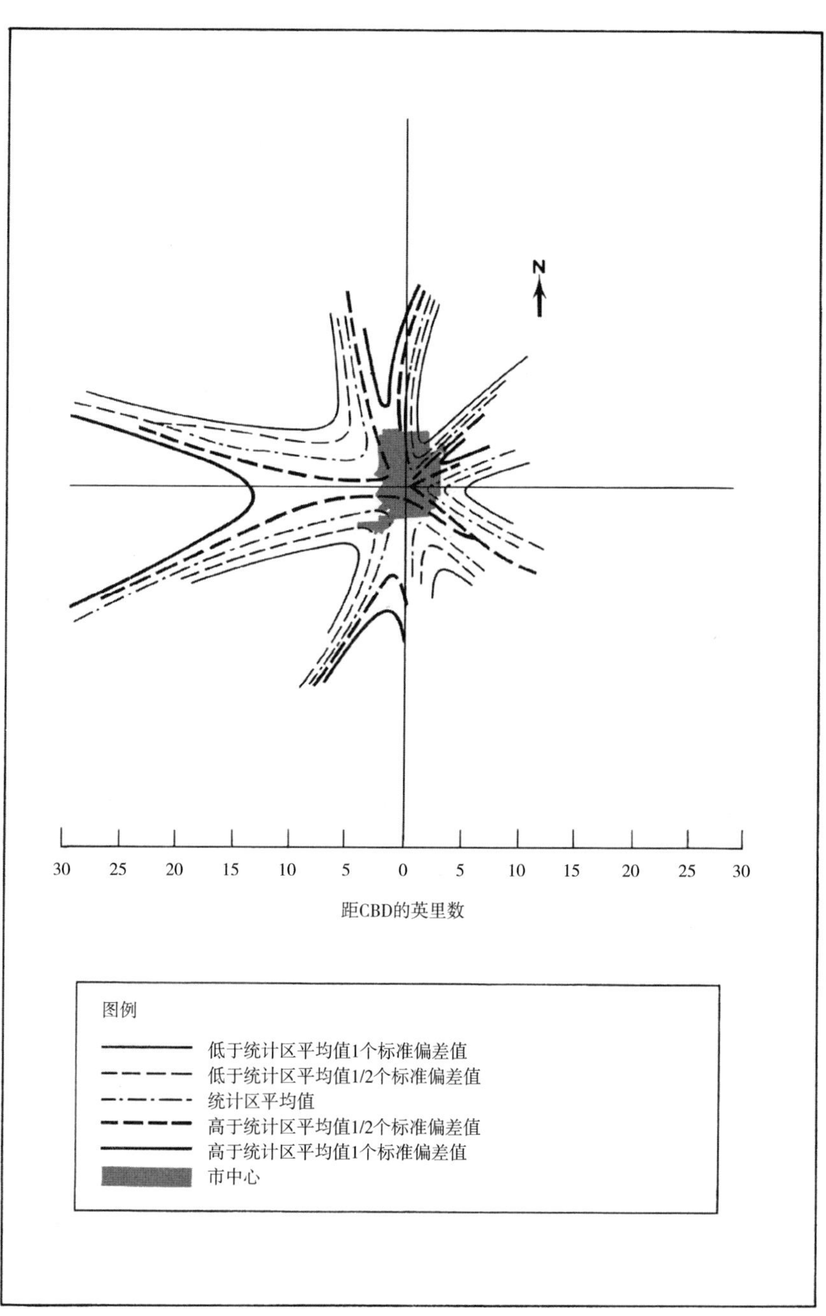

图 5－16 密歇根州弗林特统计区人口密度的等高线图

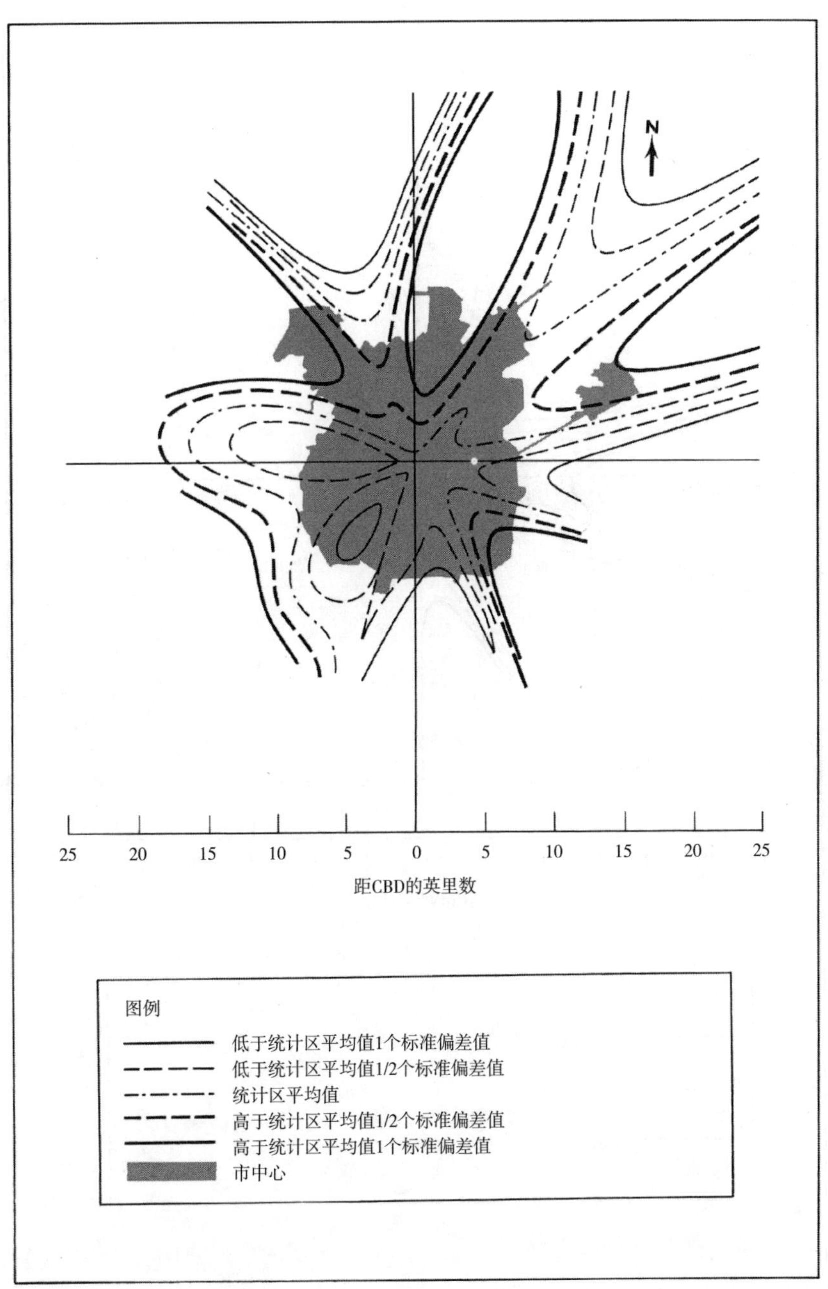

图 5－17 得克萨斯州圣安东尼奥统计区专业技术人员的等高线图

人分布的空间组织化程度微乎其微，规范的统计分析可以证实此点。即使我们可以像往常一样生成一个预测等高线图（见图5-18），但是距离和方位上的相关回归分析方程不能解释管理人员和专业技术人员的任何空间分异状况。同样，也没有任何一种空间组织模型的证据支持。

弗林特的专业技术人员同样呈现非常微弱的空间模式，且预测图形的可信度很低（见图5-19）。与阴影图的图形一致，较深的等高线出现在西部方向和东南方向上，表明统计区中社会经济地位较高群体集中的区域白领工人相对较少。

生命周期　圣安东尼奥家户规模的空间模式与距离因素并不完全相关（见图5-20）。整体而言，相关的统计模型可解释一半的社区家户规模分异。该模式表明了什么？家户规模会随距离的变化而发生变化，也可呈扇形变化。两个位于北部的“V”形格局说明家户规模随距离的增加而扩大，但是这些“V”形格局被从一个低人口密度且低家户规模的扇形中分离开来。而在该市的西部和南部地区我们发现了两个蛋状的分布格局，这些区域的家户密度相对较高。

斯托克顿的等高线图同样也没有呈现任何简单分布模式，但显示了阴影图中的分异（见图5-21）。总体而言，研究确实发现越靠近城市外围的社区越倾向于拥有最大的家户规模，但也不排除存在一些例外情况。正是这些区域内（我们马上就能看到）存在一些拥有较高社会经济地位的群体。弗林特的家户规模呈现的图形更为清晰（见图5-22），且统计模型能够解释42%的社区间分异。除了西北象限内的深色区域，从市中心向外扩展的任意方向每移动10英里家户规模便会有一定的扩大。与圣安东尼奥的人口密度模式不同，其净效应是一个修正后的同心圆模式。

种族　圣安东尼奥的统计模型解释了43%的黑人群体分异，且提供了一些扇形模型的证据。其等高线图（见图5-23）具体呈现为阴影图。由图5-23可知，黑人群体高度集中在东部地区的社区内，西南方向上较少。绝大多数距市中心较近的区域主要是白人居住的社区。[①]

---

① 圣安东尼奥和斯托克顿的主要少数族群为西班牙裔群体，有关西班牙裔群体的等高线图我们将会在之后的表格中呈现。

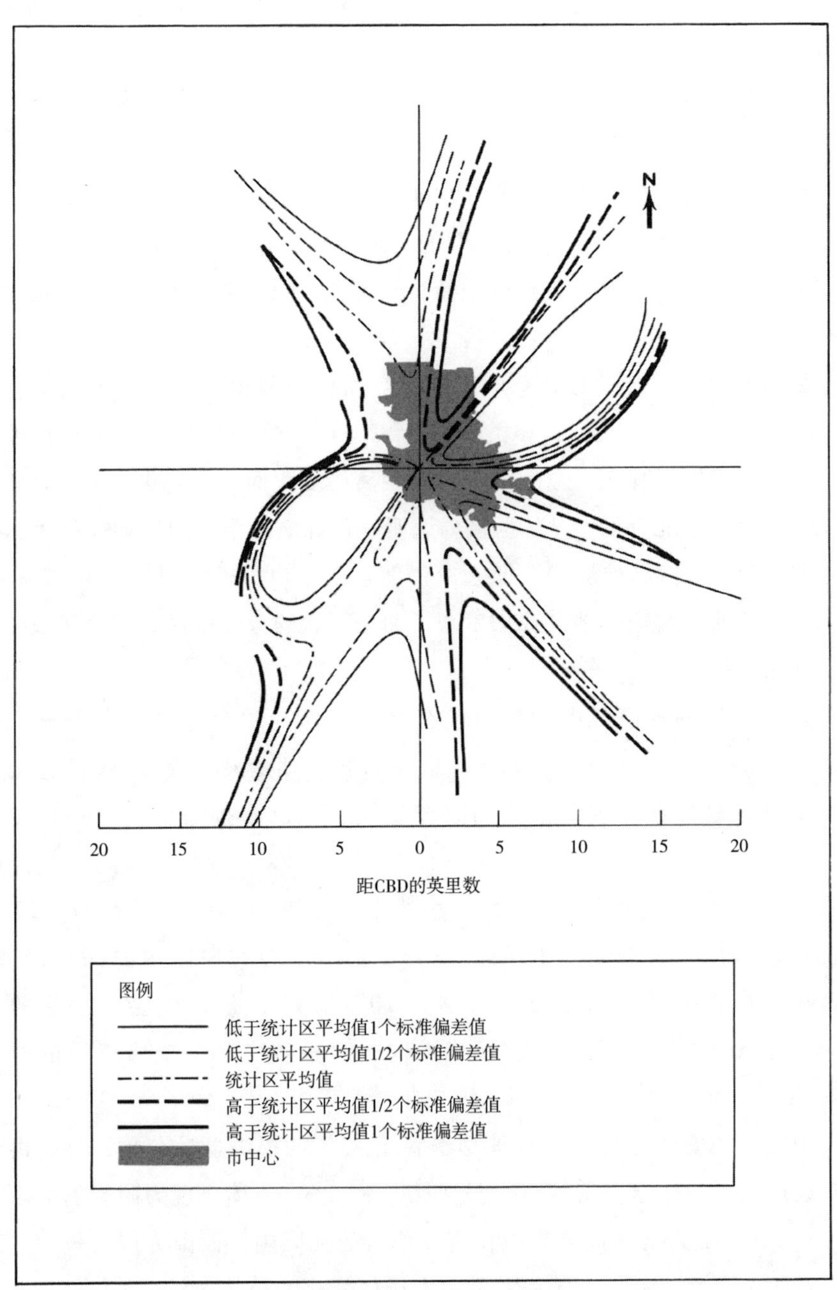

图 5－18　加利福尼亚州斯托克顿统计区专业技术人员的等高线图

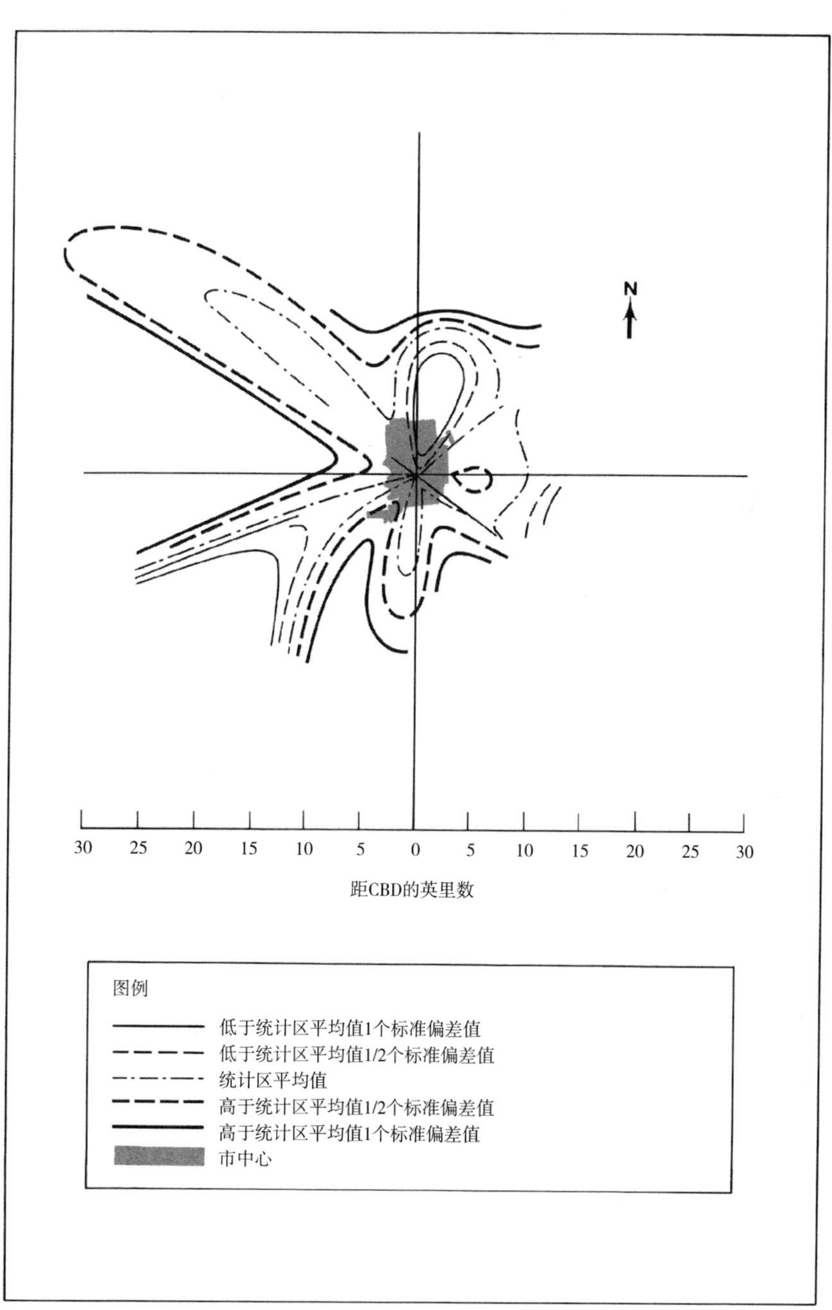

图 5－19　密歇根州弗林特统计区专业技术人员的等高线图

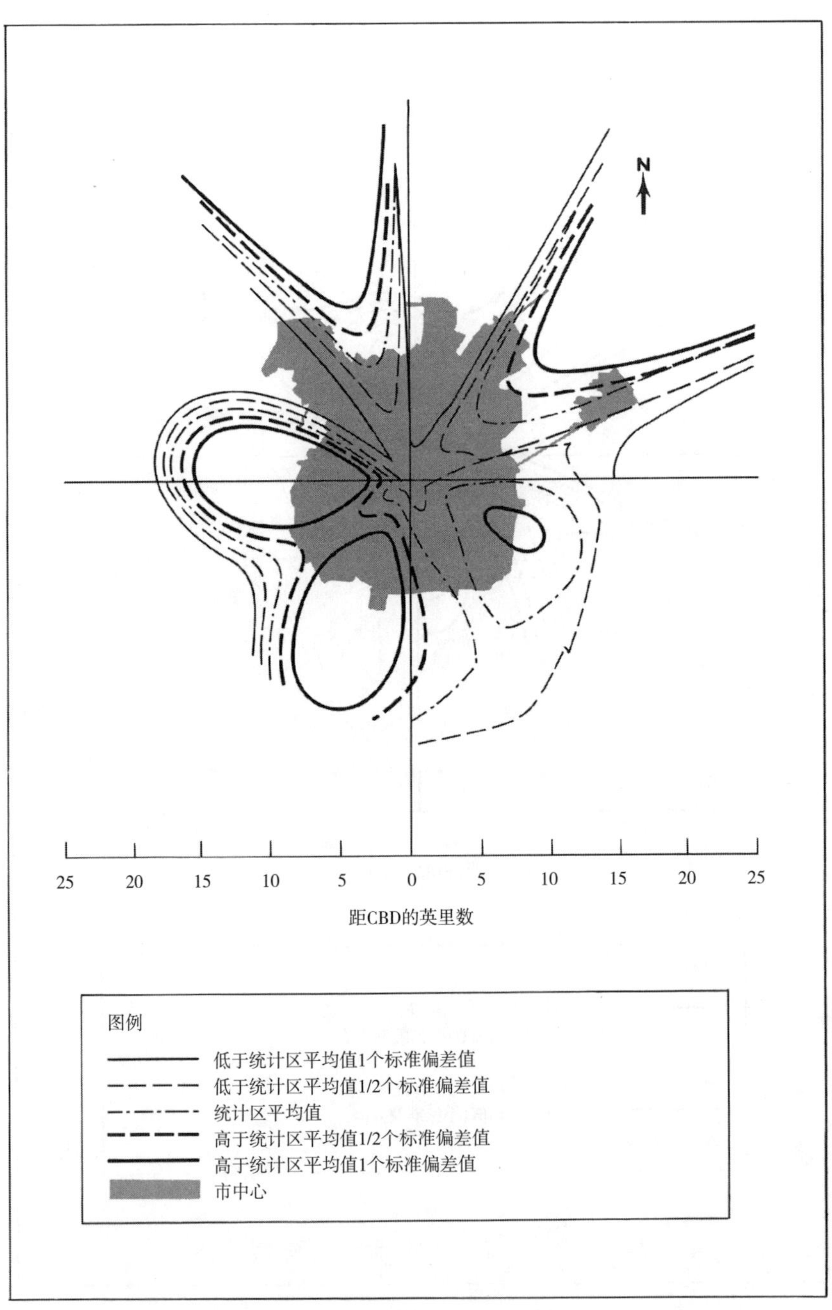

图 5-20 得克萨斯州圣安东尼奥统计区家户规模的等高线图

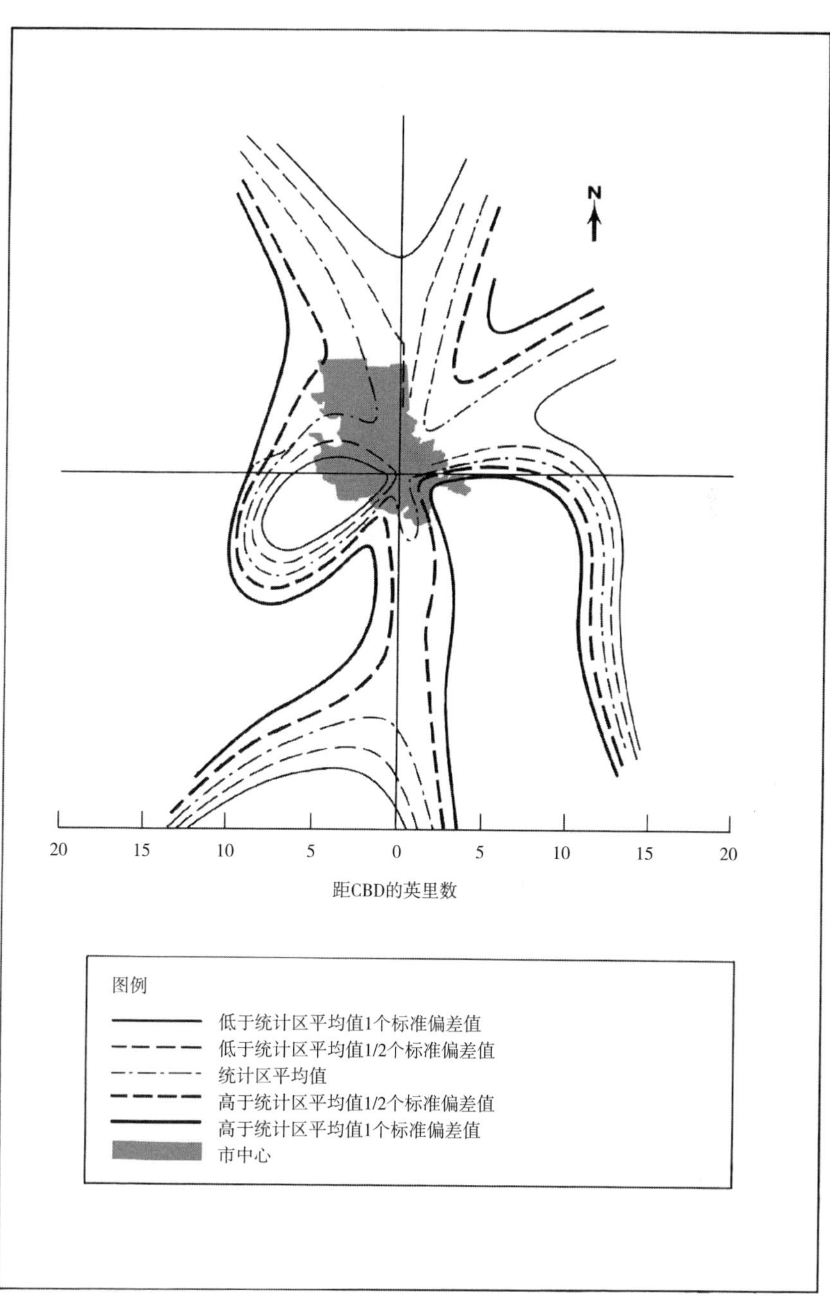

图 5－21　加利福尼亚州斯托克顿统计区家户规模的等高线图

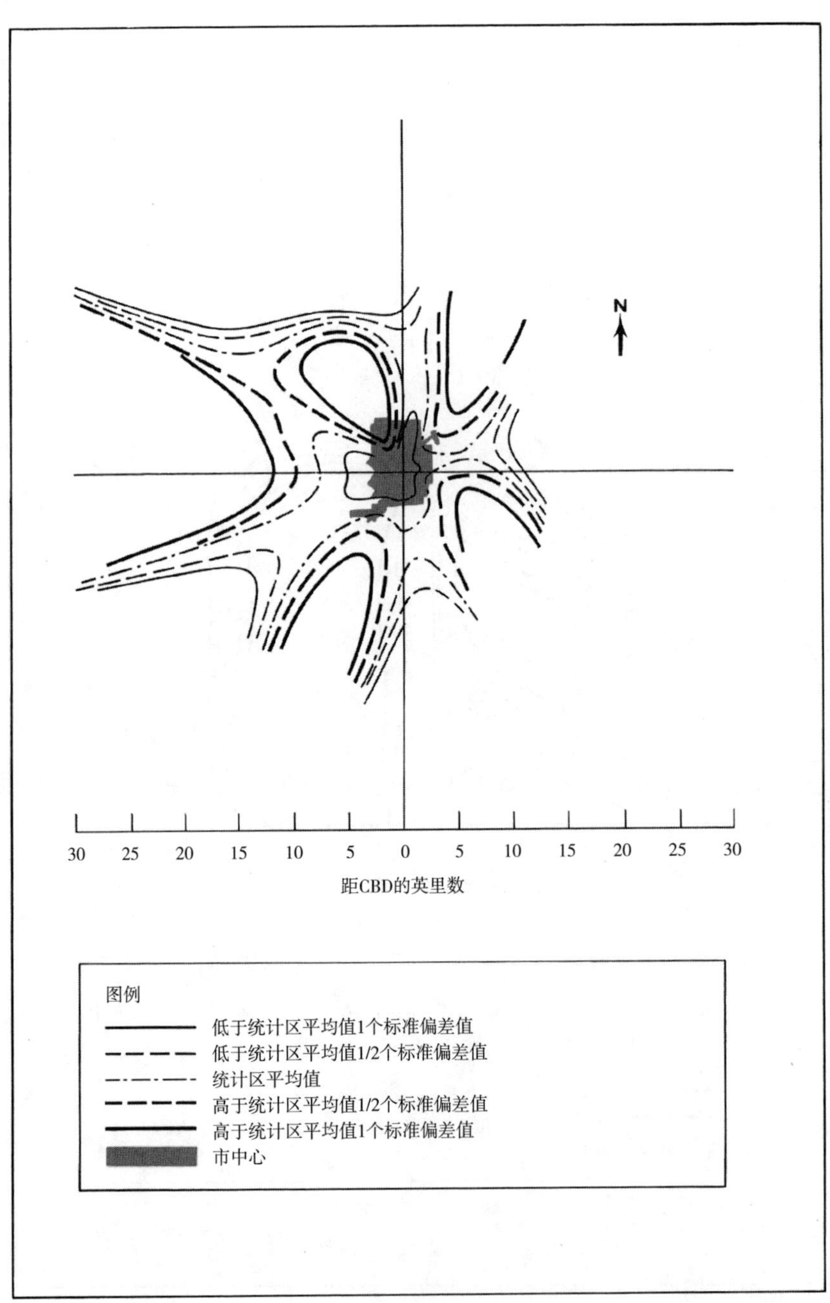

图 5－22　密歇根州弗林特统计区家户规模的等高线图

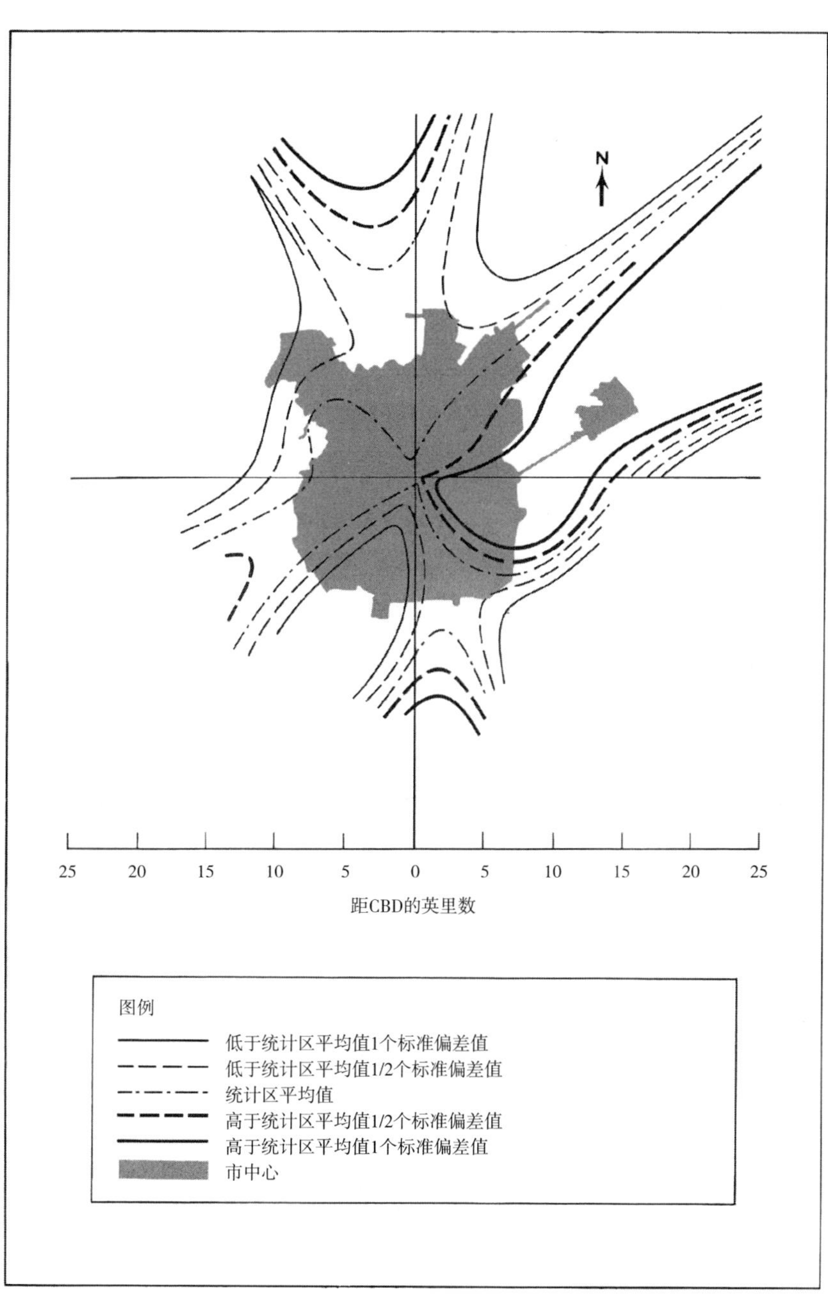

图 5－23　得克萨斯州圣安东尼奥统计区黑人人口比例的等高线图

隔离分析得出斯托克顿黑人群体的相异指数为56。尽管西班牙裔是斯托克顿数量最庞大的少数族群，图5-24中的模型却更清晰地呈现了黑人群体的隔离情况。等高线图与阴影图均表明黑人群体高度集中在市中心区域——市中心周围区域以实线标注（且在图5-9中为阴影）。黑人居住区域在市中心的东南方向和东北方向上发生了扩张，但却不能像在部分其他大都市内那样被称为“隔都”。东部和北部的很多社区内黑人人口却较少。更远的南部街区内黑人群体的集中度也较高——相对于大多数分布模式来说这一情况比较特殊，等高线图与阴影图均体现了这一特点。总体而言，空间分异可以解释一半的种族分异情况，我们的模型可以很好地解释黑人群体的分布状况。

尽管弗林特的等高线图并不遵循简单的同心-扇形模型，但图5-25中的线条非常清晰。颜色较深的等高线包围区域表明城市的中心区域黑人数量较多；CBD朝北方向上聚集着大量的黑人社区，且在其东北及南部也存在两个聚集点。而在这些聚集点周围黑人数量急剧减少，更确切地说，等高线之间的间距很小，这为居住隔离提供了两个维度上的支持。图5-10和图5-25之间也具有显著的一致性。如果非要找出什么区别的话，那就是较高程度的种族隔离更易呈现多核心模型。

通过与社区概况阴影图进行对比，等高线图的优缺点一览无遗。从缺点来看，等高线图因为具有潜在的复杂性而更难以被解释，且它们对大都市结构中的误差也很灵敏。不适用等高线图的社区同样可以用最小二乘法处理，从而适用于统计区中所有的人口普查街区。但等高线图也有独特的优势，可以使我们得到一张精确的统计评估图，这是阴影图做不到的。为了使阴影图更加清晰、易懂，我们经常被要求对特征值进行分类，并在间隔中涂上阴影。与此相反，等高线图却可以通过空间特征的强度值进行直接的层次区分。当给一个完整的人口普查街区“填色”形成形影图时，阴影区域属于统计区图中面积较大的街区，位于统计区外围。但是统计操作中却对所有社区一视同仁。两种地图中，拥挤的核心区的模型均更难以被识别。相同的是，这两种技术均只能在同一时间处理一个变量，而与社区内的其他人口特征并未建立联系。

等高线图测量的统计结果

等高线图为每一个空间特征分别提供了最“适用的”完整的大都市

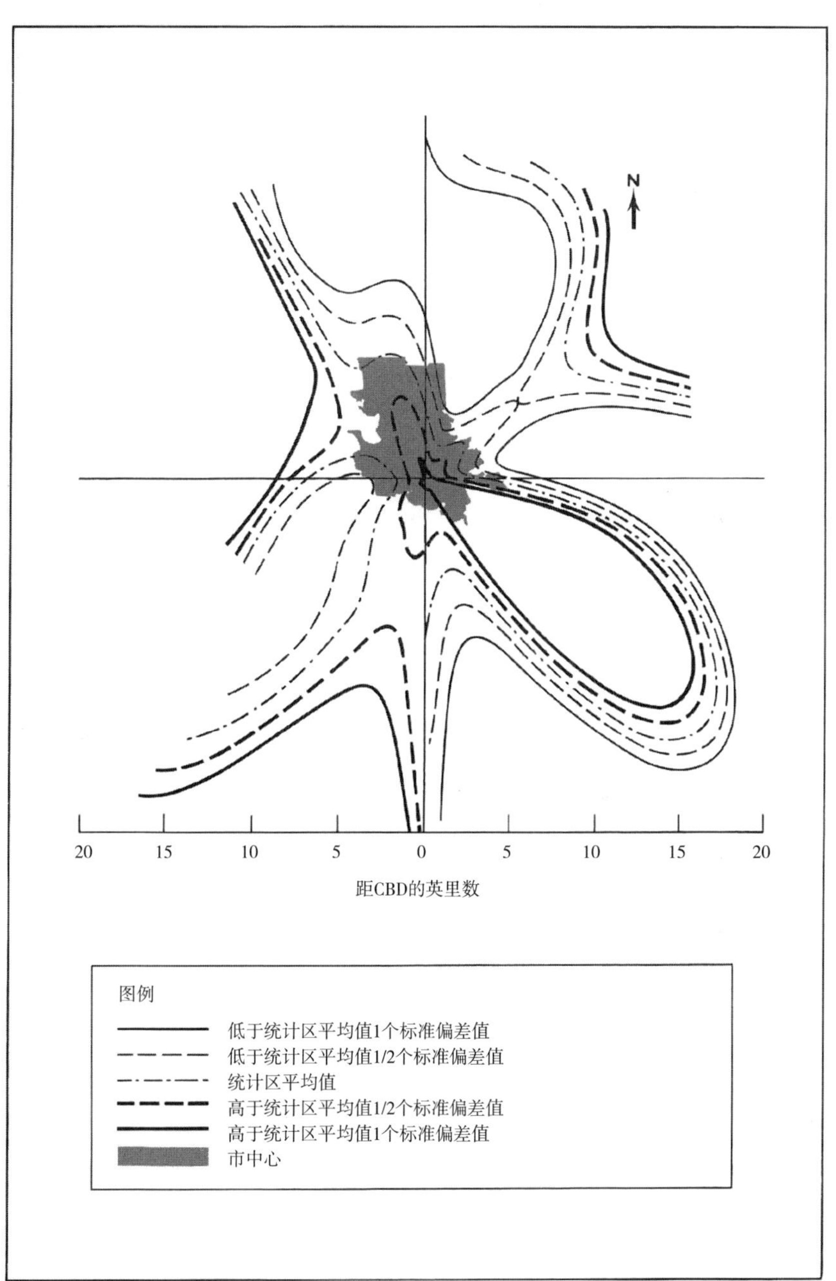

图 5-24　加利福尼亚州斯托克顿统计区黑人人口比例的等高线图

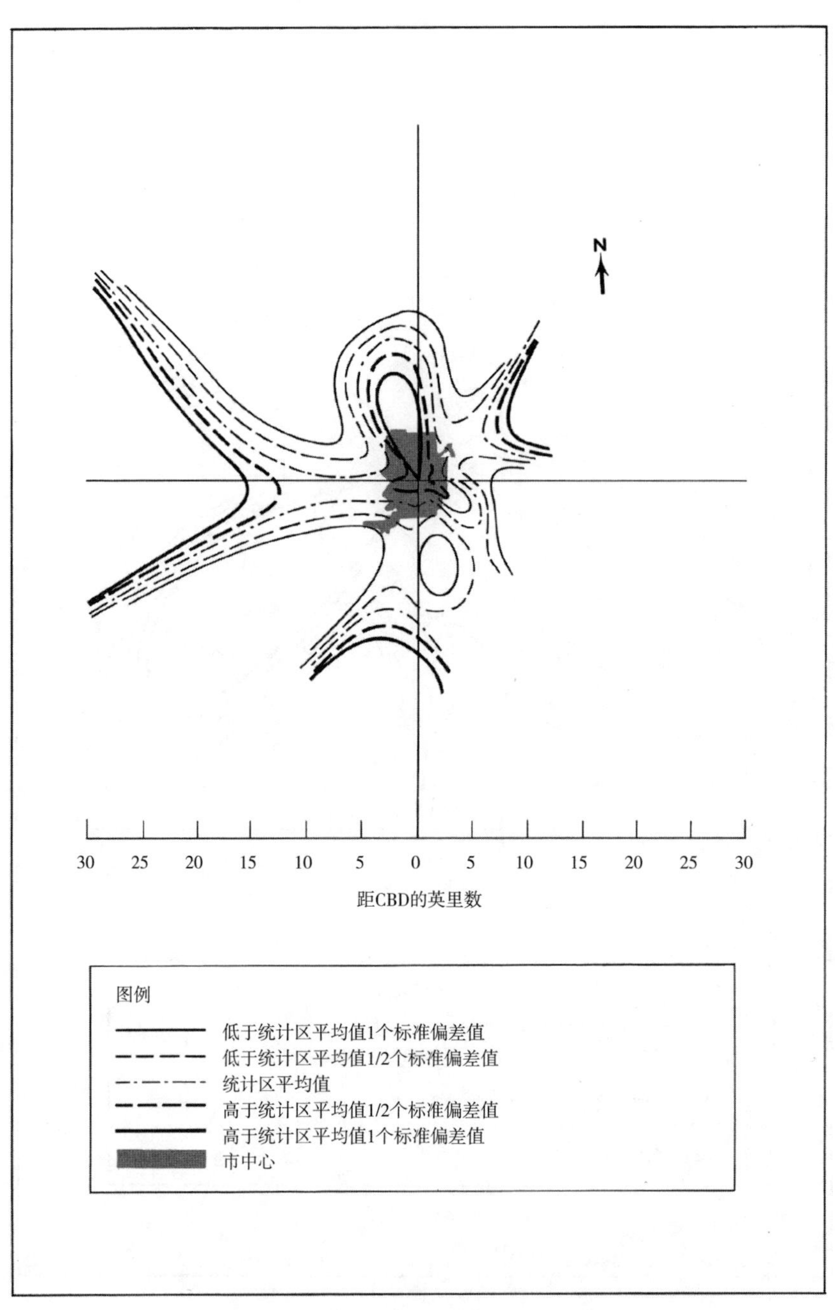

图 5－25　密歇根州弗林特统计区黑人人口比例的等高线图

空间分布图示，但统计分析可以测量一个特殊模型是否具有统计显著性。同样值得一提的是，回归方程的结果为总结大都市区的分布特征提供了十分重要的工具。我们可以通过回归方程或 R^2 值计算每一张等高线图的方差解释率，且其统计值范围为 0～100%。R^2 值越大，（该特征）就越能很好地仅依靠空间位置便对某个社区的构成进行预测。对于一个已知变量，如受教育程度，R^2 值越接近 0，表明一个社区内的平均受教育程度分布与其位于统计区中的具体空间位置越没有关联；相反，R^2 值越接近 100%（确实罕见），就越能得到基本无误的预测，即一个社区的受教育水平只与其距市中心的距离和方位有关。R^2 值与大都市区内被抽样调查的街区数量之间也存在一定的联系。通过对所有的统计区同等对待、进行对比分析，我们可以计算得到一个调整后的决定系数。

我们对需要何种复杂的模型（或地图）来对特征的分布进行统计解释也非常感兴趣。为了回答这个问题，我们用两个回归方程来分别代表两个统计模型。第一个模型极其简单，只包含距 CBD 的距离这一单一因素，我们将其称为“线性模型”。第二个模型测试了更复杂的等高线图是否具有必要性，因而被称为“等高线模型”。第一个模型将大都市的地形描绘为一个四周被山坡环绕的单峰，类似于一个崛起于平原的火山。如果大都市的地形倾向于被描绘成崎岖的山脉，就需要采用复杂程度更高的等高线图。有时，也会存在两个模型均不能很好地描绘大都市地形的情况，例如，当最高点和最低点、山峰和山谷间存在自由分布时。

人口密度　表 5－6 给出了 19 个统计区人口密度的统计结果。[①] 表中的前两列（线性模型的标准回归系数与调整后的决定系数）仅呈现距离与人口密度之间的回归结果。在每个城市中两者之间的斜率都是负值且具有统计显著性，表明随着距 CBD 距离的增加，社区人口密度在不断下降。早期研究发现的较大城市内的人口密度呈现为扁平状梯度模型的说法在此处稍显苍白无力。

---

① 为了与之前的研究相一致，我们在距离中加入了人口密度的对数分析。我们对原住人口（未发生人口迁移）密度进行了此项操作，结果发现，指数同样呈现了较好的统计拟合度。另一个复杂之处是，市中心大量非居住用地的扩张（主要用于商业用途、建公园或废置等）将会进一步降低核心区的人口密度。此外，我们删除了表 5－6 中两个规模较小的城市——班格尔和希博伊根——因为其规模太小不能够预测较复杂的模型。

表 5－6　人口密度的社会空间等高线统计结果
（街区内每平方英里人口数量的对数）

大都市区	线性模型		等高线模型		增益值	N
	B	调整后的 R^2	调整后的 R^2	F		
艾伦镇	－0.10	24.6	51.3	7.0*	4.2†	155‡
阿马里洛	－0.35	29.2	67.5	5.7	3.8	63
亚特兰大	－0.12	77.9	82.3	61.4	4.3	352
伯明翰	－0.12	30.0	34.6	4.9	1.5	204
波士顿	－0.16	47.1	51.6	24.0	3.0	584
芝加哥	－0.08	21.0	24.0	18.7	3.3	1516
弗林特	－0.10	12.7	10.7	1.5	0.9	125
印第安纳波利斯	－0.15	55.1	63.7	18.4	3.4	269
列克星敦	－0.24	62.3	71.8	8.4	2.0	80
新贝德福德	－0.39	46.0	73.2	5.5	2.8	46
纽黑文	－0.14	35.0	56.1	5.4	2.7	94
新奥尔良	－0.13	48.7	56.2	16.5	3.1	327
纽瓦克	－0.12	53.8	66.8	35.6	8.0	466
圣路易斯	－0.10	34.1	44.4	13.9	4.1	438
盐湖城	－0.06	16.9	59.6	11.2	8.6	189
圣安东尼奥	－0.14	41.1	70.3	18.2	8.4	198
圣地亚哥	－0.06	14.5	32.2	7.7	4.8	384
西雅图	－0.12	39.1	51.8	15.5	4.7	367
斯托克顿	－0.14	10.4	34.2	2.6	2.1	84
平均值	－0.15	36.8	52.8			

* 等高线模型的 F 检验值，自由度为（26，$N-27$），N 为最后一列显示的街区数量。
† 等高线模型中附加变量增加的解释力的 F 检验值，自由度为（25，$N-26$），N 为街区数量。
‡ 本研究分析中包含统计区的人口普查街区数量。

图 5－26 展示了抽取的大都市区于 1980 年的人口密度梯度。图 5－26 中的每一条曲线都是在该距离位置上社区人口的密度预测轨迹。中心密度的最大值产生于波士顿，每一英里内大约有 35 人，但其也呈现随着距离增加人口密度急剧下降的趋势。图中的另一个北部城市——芝加哥——的中心密度相对较低，呈现为偏平、下滑曲线。就总体而言，芝加哥的人口密度相较于波士顿来说更大；芝加哥的人口密度值比波士顿多出两米，且即使距

CBD 20 英里外的地区人口密度也仍然非常高。艾伦镇和阿马里洛均严格按照较小都市区的标准模式发生密度梯度变化，均以低中心密度为分异起点。圣地亚哥也许是美国大都市走向的先驱，该统计区虽然年轻，但已成为美国最大的 20 个统计区之一。也就是说，距 CBD 的距离并不会引起可视化的社区人口密度系统化分异。虽然统计区的地形及军队部署可以对其进行解释，但仍然只是冰山一角。忽略一些呈扁平状分布的曲线，人口密度作为众多特征之一，最能经简单的线性模型进行解释。在大多数统计区中，距离仅能解释略超过 1/3 的社区人口密度分异。

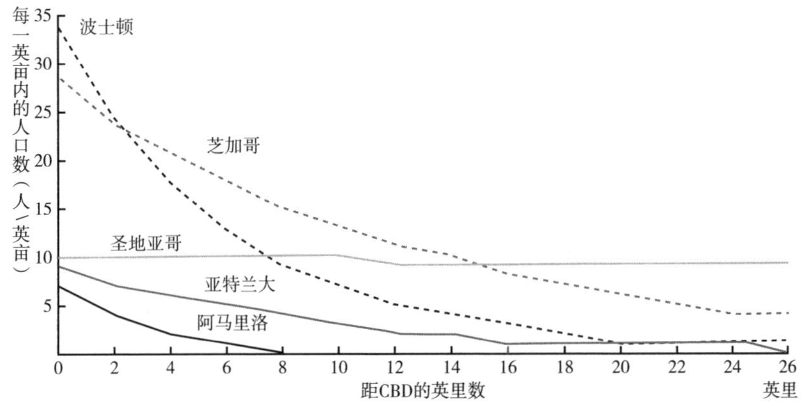

图 5－26　1980 年样本统计区的人口密度梯度

表 5－6 的第 3 列为调整后决定系数值（adjusted R^2），其与上文讨论的等高线图的拟合度最高。R^2 值越大，我们越能确定等高线图的形状，也越能获取更多的分异信息。几乎每个统计区都存在净增长，且平均方差解释率均超过50%。[①] 少部分统计区如圣安东尼奥与盐湖城统计区内的这一增长非常明显。第 4 和第 5 列为两种对拟合度进行正式统计测量后得到的统计值，二者可以帮助我们证实或证伪从数据中偶然发现的虚拟假设。第一个统计值为对等高线模型的统计显著性进行 *F* 检验的结果，

① 尽管未调整的 R^2 统计值肯定会随着回归方程中额外变量的加入而增大，但调整后的统计值并不需要加以完善。事实上，它也可能下降（例如弗林特），甚至变为负值，即意味着很多复杂的方程实际上并没有起到任何作用。附加的变量更多呈现的是统计的无效性而不是统计的显著性。

统计值越大，我们越能断定空间位置与社区特征之间存在相关关系。第二个统计值（也称“增益值”）检验了等高线模型相较于线性模型有了多大程度的改善，同样，统计值越大越能支持我们推翻虚拟假设，且越精细的回归方程越能起到有效的改善作用。[①] 我们在很多城市内都发现，当运用更复杂的模型来预测人口密度时，预测能力的统计显著性会提高，但提高幅度相对较小。弗林特主要存在简单的线性关系，而其他的解释系数并不具有任何解释力度。

社会经济地位 为了具体描述社会经济地位，表 5 -7 给出了专业技术人员的分布情况。从前两列可以明显看出，线性模型几乎无法解释很多城市内专业技术人员和管理人员的居住场所，其斜率倾向为 0 且 R^2 值也几乎可以直接被忽略。年轻统计区的情况更是如此。通过使用更加复杂的模型，很多统计区的情况都得到了一定改善，印第安纳波利斯及圣安东尼奥更是取得了显著增长。F 检验结果表明，等高线模型在 19 个统计区的 14 个中具有显著性。重新审视与第 3、4 列统计结果相符的等高线图，我们发现专业技术人员的社会空间分布倾向于呈现多核心模型或综合模型。

生命周期 我们通常选择将平均家户规模作为社区生命周期阶段的指标，具体统计结果见表 5 -8。由表 5 -8 可知，每个大都市区的斜率均为正值，但值很小。在一个标准统计区，距 CBD 的距离每增加 50 英里，社区内的平均家户规模数便会增加 1 人。线性模型仅能解释 1/10 的平均家户规模分异，但从统计结果来看，虽然等高线模型的解释力有所提升，但是线性模型下的家户规模（其他生命周期特征）隔离指数很低，同样，可预测性也很低。不均衡性在一定程度上表明这种模式倾向于呈辐射状，但也会存在很多偏差，如弗林特的等高线图。

---

① 尽管拟合优度参数被调整用于弥补城市规模的分异，但是“F 值”并没有。包含更多人口普查街区的统计区更可能得到较大的 F 值，具体原因可归结为，通过更多的调查信息我们能够更加自信地做出统计推断。一个相当大的 F 值能够让我们摒弃没有相关性（改善）存在的零假设。

在一个拥有 300 个普查街区的标准城市中，F 值大约等于 1.55（处于 5% 层次）便足以证明空间位置和人口密度之间存在统计上的相关关系，验证假设。F 值等于 1.85 时则处于 1% 层次。规模较小的城市通常需要较大的截距；相反，规模较大的城市则通常需要较小的截距。

表 5-7　专业技术人员的社会空间等高线统计结果（专业技术人员比例的街区对数）

大都市区	线性模型		等高线模型		增益值	N
	B	调整后的 R^2	调整后的 R^2	F		
艾伦镇	0.00	-0.6	15.6	2.0*	2.1†	155‡
阿马里洛	0.09	8.6	72.3	7.0	6.5	63
亚特兰大	0.00	-6.3	25.1	5.3	6.6	352
伯明翰	0.00	-0.5	0.4	1.0	1.0	204
波士顿	0.00	1.6	8.5	3.0	2.7	584
芝加哥	0.04	4.5	14.4	10.4	7.7	1516
弗林特	0.02	1.1	6.9	1.3	1.3	125
印第安纳波利斯	0.02	2.1	51.6	11.5	11.5	269
列克星敦	-0.01	-1.0	-17.8	0.5	0.5	80
新贝德福德	0.17	3.6	27.2	1.6	1.6	46
纽黑文	0.05	3.1	4.4	1.1	1.0	94
新奥尔良	0.01	-0.2	5.7	1.7	1.7	327
纽瓦克	0.05	14.5	46.6	16.0	11.7	466
圣路易斯	0.01	0.2	13.5	3.5	3.5	438
盐湖城	-0.01	1.3	10.8	1.8	1.7	189
圣安东尼奥	0.02	0.4	34.7	4.8	5.0	198
圣地亚哥	0.01	0.1	13.5	3.2	3.2	384
西雅图	-0.03	1.5	8.4	2.2	2.0	367
斯托克顿	0.03	-0.6	-5.8	0.8	0.8	84
平均值	0.02	1.8	17.7			

* 等高线模型的 F 检验值，自由度为（26，N-27），N 为最后一列显示的街区数量。

† 等高线模型中附加变量增加的解释力的 F 检验值，自由度为（25，N-26），N 为街区数量。

‡ 本研究分析中包含统计区的人口普查街区数量。

表 5-8　家户规模的社会空间等高线统计结果（街区内每个家户内的人口数）

大都市区	线性模型		等高线模型		增益值	N
	B	调整后的 R^2	调整后的 R^2	F		
艾伦镇	0.01	7.3	18.1	2.2*	1.8†	155‡
阿马里洛	0.04	5.4	52.8	3.5	3.4	63
亚特兰大	0.02	19.9	36.4	8.4	4.5	352
伯明翰	0.01	9.6	22.0	3.1	2.2	204
波士顿	0.03	19.9	37.9	14.1	7.5	584
芝加哥	0.01	2.1	15.7	11.4	10.4	1516

续表

大都市区	线性模型		等高线模型		增益值	N
	B	调整后的 R^2	调整后的 R^2	F		
弗林特	0.02	7.9	41.6	4.2	3.7	125
印第安纳波利斯	0.01	6.0	8.1	1.8	1.2	269
列克星敦	0.03	21.2	12.5	1.4	0.7	80
新贝德福德	0.05	31.6	6.1	1.1	0.5	46
纽黑文	0.03	12.3	30.7	2.5	1.9	94
新奥尔良	0.02	9.2	28.1	5.7	4.3	327
纽瓦克	0.01	4.1	5.0	1.9	1.1	466
圣路易斯	0.01	8.3	15.1	3.8	2.3	438
盐湖城	0.02	7.3	54.9	9.4	8.6	189
圣安东尼奥	0.00	-0.5	55.4	10.0	10.5	198
圣地亚哥	0.01	1.7	30.5	7.2	7.1	384
西雅图	0.02	18.4	38.7	9.5	5.6	367
斯托克顿	0.01	2.9	14.0	1.5	1.4	84
平均值	0.02	10.2	27.6			

* 等高线模型的 F 检验值，自由度为（26，N-27），N 为最后一列显示的街区数量。

† 等高线模型中附加变量增加的解释力的 F 检验值，自由度为（25，N-26），N 为街区数量。

‡ 本研究分析中包含统计区的人口普查街区数量。

种族 表 5-9 描述了黑人群体的空间分布情况。所有的统计区中只有一个统计区的斜率为负值，与我们在本章前文四分位环分析中发现的黑人集中度稳定下降的结论完全一致。弗林特、印第安纳波利斯、纽黑文及阿马里洛的斜率值最大（从数值来看）。在这些地区及其他年代较久的大都市区内，黑人群体的集中度最高，相应地，这些地区的 R^2 值也相对较大。总体而言，线性模型对黑人群体的方差解释率为 14%，低于人口密度的 50% 分异。等高线模型越精确，拟合度便越高。尽管拟合值的统计显著性变化范围很大，但我们仍然能解释标准城市内几近一半的分异情况。黑人群体显著集中的大都市，其 F 值也较大，如芝加哥、亚特兰大及纽瓦克，同样，这些城市的等高线模型超过线性模型的增益值（第 5 列）也具有很强的统计显著性，且增益值主要呈扇形或多核心模式分布。

表 5-9　1980 年黑人的社会空间等高线统计结果（街区内黑人比例的对数）

大都市区	线性模型		等高线模型		增益值	N
	B	调整后的 R^2	调整后的 R^2	F		
艾伦镇	-0.07	6.2	58.0	8.8*	8.3†	155‡
阿马里洛	-0.26	6.0	55.2	3.8	3.6	63
亚特兰大	-0.16	25.4	60.3	20.7	12.8	352
伯明翰	-0.13	12.5	36.0	5.2	3.8	204
波士顿	-0.08	4.0	18.3	5.8	4.9	584
芝加哥	-0.10	4.9	40.6	39.3	36.0	1516
弗林特	-0.28	25.4	55.8	6.8	4.3	125
印第安纳波利斯	-0.28	34.0	56.6	13.9	6.3	269
列克星敦	-0.06	2.4	6.4	1.2	1.1	80
新贝德福德	-0.12	1.3	60.3	3.5	3.7	46
纽黑文	-0.24	28.9	52.3	4.7	2.7	94
新奥尔良	-0.09	4.2	44.7	10.7	10.1	327
纽瓦克	-0.19	23.3	45.5	15.3	8.2	466
圣路易斯	-0.15	13.5	44.5	13.9	10.4	438
盐湖城	-0.01	0.1	35.9	4.9	5.0	189
圣安东尼奥	-0.02	0.0	43.0	6.5	6.7	198
圣地亚哥	-0.05	10.1	42.0	11.2	9.1	384
西雅图	-0.11	35.1	46.5	12.7	4.0	367
斯托克顿	-0.22	26.3	52.9	4.4	2.8	84
平均值	-0.14	13.9	45.0	10.2	7.6	

* 等高线模型的 F 检验值，自由度为（26，$N-27$），N 为最后一列显示的街区数量。

† 等高线模型中附加变量增加的解释力的 F 检验值，自由度为（25，$N-26$），N 为街区的数量。

‡ 本研究分析中包含统计区的人口普查街区数量。

这一情况对种族来说比较新颖，比之人口密度也更加复杂。每个城市内的黑人群体分布都更加集中。在拥有更多社区以及大量黑人群体的较大都市区内，黑人群体的分布情况更加复杂但具有系统性，甚至足以建立方程关系。在如艾伦镇那样的较小统计区内，模型能够解释很大比例的黑人群体分异，主要原因就是黑人人口数较少。几乎在每一个美国大都市区内均能发现的极端种族隔离现象强化了这一统计结果。

等高线图的一般分类　这一小节反复分析了上述研究中的每一个变量。整个章节尤其关注特征描绘的各种图形，以及图形符合我们一开始提出的城市生态结构主要模型中的哪一个——同心圆、扇形还是多核心模型。针对21个变量中的任意一个和19个统计区，我们根据变量建构了同心圆、扇形、多核心模型，两两模型的组合模型，或三者的综合模型，对等高线图进行了分类。这一任务主要通过视觉对400张地图进行直接分类。无疑，主观评判会导致错误，但这种分类方法可以被看作采用正规的统计方法进行严格定量判断的一种补充。表5－10呈现了每一种特征主要空间模式的分布比例。①

表5－10 按特征划分的空间组织的主要模型

单位：%

	同心圆模型	扇形模型	多核心模型	其他
住房				
人口密度	79	5	—	16*
房龄	100	—	—	—
多户型住房	58	16	21	5
社会经济地位				
专业技术人员	21	26	42	11
办公室职员	26	21	26	26
劳工	5	53	16	26
受教育程度	32	26	26	16
收入	79	11	11	—
房价	84	5	5	5
租金中位数	84	11	—	5
自有住房	79	—	21	—
族群				
黑人	37	16	32	16
西班牙裔	26	32	37	5
外籍	16	16	53	16
生命周期				
家户规模	53	5	11	32
年轻人（年龄<18岁）	42	32	16	11
老年人（年龄>65岁）	42	32	11	16

① 城市地图的分类方法详见表5－10中的相应目录，如果地图中有明显的多个中心节点，那么我们就会将其分类为多核心模型。当从图中识别不出倾向于任何模型时，我们会将其归类为“其他”。

续表

	同心圆模型	扇形模型	多核心模型	其他
其他				
空置房	37	21	21	21
管道缺陷	47	32	11	11
女性劳动力	21	21	11	47
流动性	21	26	26	26

* 列总和由于四舍五入而不一定完全等于 100%。

大都市图景的物理特征呈现为一个明显的同心圆模型。按人口密度分布来划分，我们可将 79% 的城市归为同心圆模型。房龄是唯一一个呈现单一模式的特征，且其一致呈现为同心圆分布。虽然市中心公寓的优势与郊区单户型住房的普遍性仍然成立，但是住宅区中的多户型住房比例相较于房龄和住房总体密度而言在地理上的系统化并不完善。再来看住宅区的另外两个附加特征——空置房及管道缺陷。空置房及管理缺陷的发生率均呈现明显的同心圆模式。如果对住宅区的年龄在其房屋质量及居住渴求度的基础上施以一定的影响，我们也许会得到一个同心圆模式。

社会经济地位经常体现为 Berry 和一些其他学者建立的综合性模型，[①] 以及最初由 Hoyt 提出的扇形模型。没有一个单独的模型可以完全解释所有 19 个统计区的职业分布模式。身份地位最高的专业技术人员和管理人员在图形分类中的主导模型为多核心模型（42%）。这与表5－7中等高线模型优于线性模型的增益值相一致。办公室职员的分布情况更难分类，4 个分类目录（包括“其他”）均能对其图形做相当的解释，不禁使我们怀疑是否具有可识别并确定该图形的模式。对劳工的图形同样难以进行简单的描述，但其相较于其他模型而言更倾向于被归类为扇形模型。无论如何，同心圆模型不难被识别，沿着轴向铁路和道路干线离市中心很远的蓝领工人分布图很有可能会生成这一模式。

通过对比社会经济地位的另外两个人口统计学特征——收入和受教育程度——具有很强的指导意义。就受教育程度而言，其多呈现为同心圆模型。经常被看作受教育程度和职业的附属品的收入，也多以同心圆的形态分布，

① Brian J. L. Berry, “Internal Structure of the City,” p. 100.

收入水平与人口密度相匹敌。[①] 人口普查中发现的住房问题让我们开始考虑社会经济状况以及它的空间分布状况，而同心圆模型可以很好地对租金中位数、房价中位数以及社区的自有住房率进行描述。

尽管这只是推测，但我们可以运用这些结果讲述一个很有趣的现象，即地位获得过程如何被转化为一幅城市生态分布图。地位获得通常被概念化为一个因受教育程度而获得职业地位等级中某一特殊工作的过程。尽管在这一过程中职业被视为中间变量，但（通过使用隔离和等高线分析法）研究发现，职业的空间分异程度比受教育程度低，比收入水平更低。对此，我们猜测人们根据其身份地位（已有或期待的）、收入，以及公司所处位置决定的通勤时间来选择住房和社区。由于工作场所遍布于整个大都市，尽管大都市的工作中心节点仍然按工厂进行划分，但仍呈分散形式。在经社会经济地位隔离强化的节点基础上，我们发现了基于职业的人口适度隔离。但在对不同社区的居民进行区分时，收入比职业更具重要意义。由于大都市区内的住宅和就业比较分散，因此职业分异也是分散的，尽管身份地位被视作收入的最终产物，但是仍然具有可视性。

对于生命周期分异，我们主要用平均家户规模、小孩数量以及老年人口数进行描述。其中，超过一半的家户规模图被归为同心圆模型，且不出所料，儿童和老年人口的归类也非常相似。所以，即使我们的统计模型不能解释大量的社区间年龄和家户规模的分异情况〔一定程度上是因为需要解释的分异（换言之，隔离）数量很少〕，但仍有迹象表明，生命周期分异更倾向于呈现为一个辐射状图形。

几乎所有的生态模型都坚持认为族群最有可能在空间分布上呈现为多核心模型。虽然伯吉斯的同心圆模型考虑到了城市周围族群社群的聚集，但多核心模型相较于其他模型来说都更容易出现在这三个特征中，其中，1/3出现在西班牙裔和黑人群体内，1/2 出现在外籍群体内。黑人群体和西班牙裔群体的集中化（经同心圆模型证实）经常与一些非辐射状偏差相结合而被发现。表 5 – 10 中的所有特征中外籍群体最易呈现多核心模型，且相较于以一种空间系统化的形式聚居，外籍群体更倾向于在大都市的不同地方建立属

① 实际上我们是按照家户收入来进行图形描绘的，当然，这一过程需要依赖非常复杂的家户构成，以及居住于其内的家户成员的最高学历和最好的职业。

于他们的群体聚居地。

人口流动性和女性的劳动参与率是另外两个我们一直坚持研究的特征，但是将二者与三个主要模型建立联系并不容易。统计模型只能粗略地预测迁移者和女性工作者的地理位置。最优方程甚至并没有为我们描绘任何特殊种类的图形，而这两个特征在四种模式中的分布也相当均衡。

这些大都市区之间与其内部社区呈现的特定模型表现形态会有所不同吗？例如，规模较大且年代久远的城市倾向于呈现同心圆模型，年轻一点的城市则倾向于呈现多核心模型？少数理论认为存在这样的差异。为了验证这种关系是否成立，表 5 - 11 描述了与表 5 - 10 中同样的信息，但不同的是，表 5 - 11 是针对统计区制成的表。表 5 - 11 中没有任何足以完全支撑这一假设的证据，但当考虑到发现一种特定模型的可能性时，大都市区之间的确会有所不同。其中，呈现同心圆模型的有芝加哥、印第安纳波利斯、纽黑文、西雅图以及亚特兰大；呈现多核心模型的有阿马里洛、艾伦镇、新贝德福德以及纽黑文；除了弗林特，几乎没有其他城市会形成明显的扇形分布等高线图；[①] 第四种模型——代表更多没有被考虑到的模型——则在盐湖城、伯明翰、新奥尔良的图形归类中发挥重要作用。

表 5 - 11　按统计区划分的空间组织的主要模型

单位：%

大都市区	同心圆模型	扇形模型	多核心模型	其他
艾伦镇	48	5	43	5 *
阿马里洛	29	0	62	10
亚特兰大	57	5	19	19
伯明翰	38	10	19	33
波士顿	38	14	24	24
芝加哥	71	10	14	5
弗林特	24	62	10	5
印第安纳波利斯	71	0	5	24
列克星敦	38	14	24	24
新贝德福德	24	38	38	0
纽黑文	62	10	29	0

① 弗林特的扇形分布也许是在统计区外郡及其自身城市社群“拉力”作用下形成的等高线图。

续表

大都市区	同心圆模型	扇形模型	多核心模型	其他
新奥尔良	48	14	10	29
纽瓦克	33	43	0	24
圣路易斯	52	10	29	10
盐湖城	52	10	0	38
圣安东尼奥	48	43	0	10
圣地亚哥	52	14	24	10
西雅图	62	29	0	10
斯托克顿	48	38	10	5

* 列总和由于四舍五入而不一定完全等于 100%。

根据我们对样本统计区进行的主要分类，图形模型与统计区的规模、年限、所处地区或城市的扩张速度之间并不存在明显的关联。根据表 5－11，显而易见的是，艾伦镇和波士顿的地形存在不同于其他统计区的反常效应，而更多地呈现同心圆模型。研究最初排除了具有多个独立 CBD 的大都市，以更容易发现“固有的”生态模型。这样的分析也许会让我们发现更多的多核心模型，就好像被概念化了一样。我们的结论最简单、直接地适用于单核心城市，但显然，美国很多大都市内传统 CBD 对社区结构施加的组织压力很微弱。

简单化与复杂化

我们需要使用何种复杂程度的统计模型来描述一个特征完整的空间组织模型呢？简单的线性模型与复杂的等高线回归方程之间的比较回答了这一问题。对于被选中的 11 个特征，图 5－27 用两种模型分别进行分析进而形成对比，并计算了我们纳入分析的 19 个统计区的平均值。条形图分界线的下半部分勾画了线性（只考虑距离因素）方程调整后决定系数值的轮廓，上半部分则勾画了等高线回归方程对应值的轮廓。条形图越高，解释力越强；上半部分比下半部分多出的值越大，就越需要借助更复杂的模型来描述大都市的空间模式。所有特征按照上半部分相对于下半部分的增长比值，由高到低、从左到右依次排序。

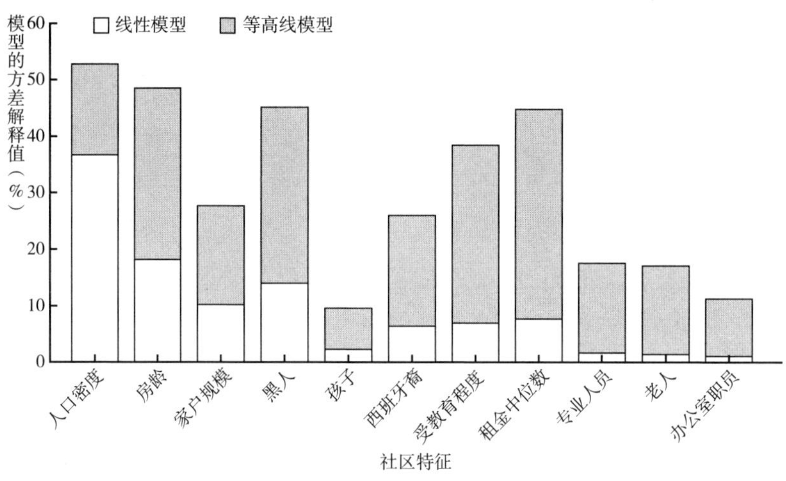

图 5－27　空间组织

人口密度和房龄是所有城市中大都市图景与地理位置联系最紧密的两个显著特征。两者的分布主要呈现为同心圆模型，且复杂等高线模型优于简单线性模型，两者间的增益值相对适度。社会经济地位变量——这里由社区租金中位数、受教育程度、专业技术人员和办公室职员来表示——的线性模型解释力普遍下降。简单线性模型对以上两种职业群体分布的可预测性极低；所有经更加复杂的回归方程得到的、使得 R^2 值提升 10%～20% 的方差解释率说明，人口密度和房龄更容易呈现多核心模型。租金和受教育程度仅通过距离便可得到很好的预测，但二者同样显现了等高线模型的增益效果。

生命周期特征主要通过社区的家户规模和年龄结构来表示，并在整张表中展开。由图 5－27 的高度值可知，年龄结构相较于社会地位和其他社区物理特征，空间组织程度较低。就相较于任一模型所占据的优势来说，这种优势主要体现在家户规模上，且呈现为同心圆模型。

图 5－27 提供了黑人群体（以及规模相对更小的西班牙裔群体）如何在大都市区中心区域聚集的证据。对黑人群体来说，条形图上半部分较下半部分（线性模型）的增益值仅在两个纯粹的物理特征——人口密度和房龄——上较大。这两个族群显示了相同的等高线模型优于线性模型的相对增益值。

表 5－10 和图 5－27 分别运用了两种略有不同的方式以尝试得到空间组

织情况。表 5－10 是在没有考虑方差解释率的情况下，对根据等高线系数所绘制的图形进行的主观分类。相反，图 5－27 主要将注意力集中在评估过程中的解释方差率（R^2）上。考虑到没有任何模型能够很好地解释特征的社区结构，我们尝试获取不同类型“图形”更加均衡的分布。毫无疑问，房龄和人口密度分别在各自条件下呈同心圆分布，家户规模和租金水平亦是如此。同样，同心圆取向也是解释黑人和西班牙裔少数族群分布模式的一种重要方式。除此之外，多核心模型有助于理解族群的一般居住分布情况。其他模型分类目录中主要包含的是老年人和两种职业身份。相对应地，等高线图显示的这三者的分布模型几乎涵盖了所有的模型类型，其中，办公室职员和老年人的分布主要呈现为同心圆模型，而专业人员的分布则呈现为多核心模型。图 5－27 对表 5－10 中同心圆分异占特征分布的主导地位和以多核心模型为辅的结论提出了质疑。那些针对最初空间分异很小的特征做出的结论往往并不具有实际意义。

结论：城市模型与空间组织

除了将居住分异视作观察美国总体社会结构的一扇窗户外，我们对大都市内不同地区之间如何成体系地相互适应、相互作用也十分感兴趣。为发展城市理论提供了基础的工业大都市见证了美国大都市几十年间发生的巨大变化。尽管 20 世纪 70 年代一些年代较久的城市受到一些特殊压力，但美国的制造业和交通运输业也进行了技术革新。尽管时间冲淡了等高线模型与经验事实之间的联系，但仍然值得回到一个基本问题：大都市是否仍然成体系？一幅完整的大都市图形不仅必须包括居住区，也必须包括企业和工厂、学校、政府、购物中心、文娱场所，当然，还需要包括它们之间的内部联系。

始自 1980 年 4 月 1 日且此后每十年便开展一次的人口普查，仅能让我们获知大概的人口情况，以及知晓这些普查开展的地区。但它也呈现了大量的大都市居住地形，根据这些地形我们可推断出大都市的整体图。本章采用了多种方法进行比隔离分析更进一步的研究，用以探讨人口与住宅区分布间是否存在任何空间系统化模式，且通过介绍四分位环（同心圆模型）与城市等高线模型这两种分析方法，对基于描述人口普查地图特征或计算密度梯度的传统方式提出质疑。尽管等高线图非常抽象，但是它能让我们获取长期的空间位置，并通过量化空间位置的方差解释率来解释社区的特征，通过绘制大都市等高线图的方式展现大量复杂的人口分布模型。图形与统计相结合可以帮助我们了解 1980 年的大都市概况。通过运用隔离分析背后的基本原理，我们测量了多个特征以探寻其中每一个的空间模型。

在很多城市理论家的眼中，大都市显著的特色之一就是社会特征被组织成空间分布的方式，且根据一些总体模型便可获得对大都市图景的较高程度预测。同心圆、扇形、多核心模型尝试提炼大都市分异，以期将大量的社区融合成一种模式。一些城市地理学家①在因子生态分析的基础上，将大都市空间组织的这三种模型综合为一种综合模型。此外，他们还将同心圆（环状）模型与生命周期分异、扇形（楔形）模型与社会经济地位分异、多核心模型和族群分异两两配对。

现有分析认为大都市地形是系统化的，且仅在一定程度上支持综合模型。通过分析大都市社区人口特征的分值，我们发现了以下关系：身份地位分异是多面的，职业、收入、受教育程度与住房消费在大都市地形图上并不沿着相同的等高线图轨迹运动。就身份地位可以被放入任意一个模型的框架中（以收入和租金开销为指标）而言，其分异似乎主要呈现为同心圆模型。职业和受教育程度不同，在很多大都市中二者更多地倾向于呈现多核心模型。就像很多模型预测的那样，身份地位极少呈现为扇形模型。（收入影响下的）劳动市场参与率结果与（教育和职业影响下的）劳动力市场参与率起源之间缺乏拟合度表明，美国职业经济回报以及家庭构成和大都市职业分布中存在大量分异。

生命周期分异虽然是显著的，但显著性低于种族和身份地位。在某种程度上，我们可以推断生命周期的任何一个特征的空间分布模型都具有同心圆取向，且家户规模的分布呈现最强烈的辐射状分布倾向。

早期的模型认为同一文化或世系的人口由于少数族群的歧视问题主要呈多核心状聚居。我们的研究结论与这一观点大致相符。许多学者指出，少数族群主要聚集在统计区的市中心区域，但这一区分主要基于严格的政治边界二分法。我们在上文中已经提及，少数族群——尤其是黑人群体和西班牙裔

① Berry, "Internal Structure of the City"; and R. A. Murdie, "Factorial Ecology of Metropolitan Toronto, 1959 -61."

群体——更进一步地集中在大都市的最内环（四分位环）。我们得到的等高线统计结果同样很好地预测了少数族群社区的地理位置，进而可为少数族群聚居或隔离提供证据。

如果我们使用人口普查的高分辨率显微镜，仅从距离上对大都市进行概览，且简单地看一下大都市的社会地形图，那么我们会看到什么？无疑的是，大都市等高线图错综复杂，且伴有大量的“山峰”和“山谷”。住宅区、人口与住房密度的物理构造将会非常对称，并仅指向一个单一的市中心，但这一情况带来的后果是社会群体的复杂分布。利用研究优势，我们可以明确地指出这样一个事实：高收入和高身份地位的群体通常居住在远离市中心的地方，有时甚至越过了中心城市的边界。尽管细心的研究者会发现随着距市中心距离的增加家庭规模也在扩大，但是我们很难仅以生命周期为基础对一个社区区分于其他社区的特点进行描述。虽然我们很难从阴影图的颜色上发现任何可能的模型，但仍可以对单个族群的阴影区域进行识别。

尽管研究的统计结论到目前为止还没有受到其他研究者的抨击，但是仍然受到一定的否定：仅有一个单中心且 CBD 占统治地位的大都市形式的观点，已经开始逐渐让位于更加多元化的形式。年轻统计区中一些特征的人口分布模式相对于规模较大、存在时间较久的大都市而言，其解释力不如后者。很多研究者对这样的结构重建并不感到惊奇，这些研究者通常也抱有大都市和特征等正在不断变化的想法。

在老的大都市区——经济主要靠烟囱工业支撑，新模式正在与旧模式形成竞争，最终也有可能会完全取代旧模式。那些新近形成的大都市区不如老的大都市区面临的形势严峻。可以肯定的是，大都市区中存在富人群体，同时也存在贫困群体，且族群隔离非常明显，但传统的生态模型在此处的效用并不是很明显。尚待分晓的是，年轻的大都市区是否真的指向社会图形未来的发展趋势。

第六章
动态大都市中的社区变化

大都市转型

将现代大都市描述为“转型中”事物的一种已是陈词滥调。大都市中的转型问题是一个永恒的话题。美国城市正在发生何种变化，且未来将会呈现什么样的形态？我们所说的大都市的潜在变化究竟指的是什么？城市犯罪已让位于财政犯罪，基于这些犯罪行为，我们可以寻找美国城市在经济转型中的新角色。[①] 很明显，现代城市相对于半个世纪以前甚至十年前来说已经发生了巨大变化，但是过去几十年中大都市内发生的变化是否已经对美国的居住系统产生了影响？

从社区的观点来说，改变意味着本土社群与大都市区关联模型的转变。变化中的部分进程可以被表面化地概括为：科技是最强大的潜在力量之一。交通与通信改变了距离和时间与商品生产和家户居住场所抉择之间的交互作用。20 世纪早期的铁路交通网及近几十年的高速公路网使得大都市得以向外扩展，大都市人口也已远远超过早期中心城市的人口限制规模。产品科技已经改变了市中心和城市外围的制造业与部分其他商业活动形式之间的相对竞争，但在另外一些城市，市中心办公区在某种程度上不稳定的增长仍会导致竞争持续产生。同样，人口密集导向型的零售贸易公司则更多地选择在郊区落址。

---

① 参见 National Academy of Sciences, *Rethinking Urban Policy* (Washington, D. C.: National Academy of Sciences, 1983)，针对最后一个问题的讨论。

人口和社会结构改变的引领性作用的显著性较低。过去几十年，家户规模越来越小。由于婴儿潮世代年龄的增长和人口出生率降低，以及老年人口的增加，人口呈现老龄化趋势。尽管家庭构成也许仍然属于社会规范范畴，但传统的核心家庭模式已发生改变，由于新少数族群已经挣扎到了被同化的边缘，故而针对少数族群买房的障碍已经减少。

各级政府均会受到某些变化的影响，如联邦政府因发放房屋抵押贷款和州际高速公路计划的补贴而受到指责。此外，加强房屋管理和立法、监督各种“城市计划”下的新建工程以及将国民收入和财富再分配给生活水平较低的居民，成了各级政府的新任务。

城市系统自身所发生的潜在变化则主要通过城市内的小面积区域来体现。人口的扩散意味着一些社区的居民人数增加，相应地，部分其他社区的人口减少。伴随工作进行的居住迁移给工人和他们的家庭带来了压力，改变了大都市周围的职业分布，进而也许会重建地位群体的空间分布模式。年龄结构的改变不仅体现在改变单个社区的年龄分布上，同样也以开始（或不再）专注于特殊群体年龄构成的方式呈现。最显著的改变也许发生在城市及其郊区的族群构成中，支持与反对种族歧视的压力相结合，将会影响不同群体中固有的隔离问题。

大都市系统中所有的发展需要付出何种代价？怎样才能对其进行最好的控制？我们将主要专注于以下三种可测量的变化：隔离现象的改变、空间组织的重新组合，以及社区演变。当仅关注三种变化中的居住分布时，即使仅从单独的人口或住房数据来看，也可以推断出：大量潜在的技术和经济力量正在重塑美国的城市。本章接下来的内容将主要围绕这三种变化开展。首先，我们着眼于隔离中的变化（社区中人口分布不均衡的模式），然后采用第四章中的技术对 1940 年、1950 年、1960 年以及 1970 年的人口普查数据进行统计分析。这一分析主要是为了呈现单个特征是否随着时间的推移导致隔离程度加剧或减轻，以及特征的层次结构——隔离梯度——是否发生了改变。其次，根据第五章中的主题，对大都市中空间组织模式的变化进行描述，据此，可以对中央商务区（下文统一用 CBD 表述）的“完整性”在多大程度上被保存下来进行明确的测量。我们同样可以针对前文介绍的生态模型的有效性进行时间跨度上的对比分析，在此分析中将使用 1970 年和 1940 年的少量大都市区的数据。

早前我们同样使用了人口普查数据进行隔离的测量与等高线图的绘制。通过对不同普查中的大都市区进行一般对比，其中的主要变化为加入（或删除）了大都市内的某个郡，相应地，增加了（或减少了）社区所能覆盖的地区。[①] 同样，随着社区数量增加或减少，人口普查街区也随之被拆分或合并，使得最终被包含的社区数保持在 4000 个左右。因此，虽然部分分析单位发生了变化是一个不争的事实，但这一变化相较于作为一个人口分布系统的大都市区的整体可比性而言要缓和得多。

最后，将社区演变作为一个新的评判标准，我们在这方面倾注了大量的心血。透过社区演变，我们最终想获得的是单个社区内人口与住房变化的真实动态特征。正如两个基于比较截面（城市的连续演替概况）的先前分析，此处，我们也将对城市真实的动态进行深入研究，并尝试探索单个社区内人口与住房变化的原因。以这种方式跟踪社区需要我们协调处理好连续开展的不同普查中的同一调查区域。大量关于定义和度量指标的问题涌现出来，对此，我们将会在下文中进行讨论。与比较截面法相反，动态分析能够提供关于单个社区生命历程的洞见。

变化中的隔离模式

在第四章中，我们对“梯度隔离”——按不同社会特征的隔离指数进行相应排序——做了分析、总结。我们已经能够计算出 1940 年人口普查中某些特征的隔离指数，同样，现在也能一览近半个世纪以来大都市区内的社区更替进程。为了配合本书的实践，一些特征已经被验证。大多数人口普查的内容随着时间的推移而不同，而我们从中选择了一些未发生变化的例外内容。[②]

---

① 标准大都市统计区（SMSA）从 1960 年确定后使用至今，所以存在大量基于时间的可对比信息。1940 年、1950 年时还未为整个大都市区建立人口普查街区，所以从某种程度上说，这两次的人口普查信息与确定统计区之后的普查信息之间的可对比性不高。忽略这一缺陷，早期的人口普查包括中心城市以及大量已建成的郊区，因此覆盖了大都市区的大量人口。等高线图中出现的问题只发生在那些被省略的地区与根据已有数据建立的模型对其进行的预测完全不同的情况下。某种程度上，这一问题并不严重，与关于隔离的争论相提并论。

② 当然，即使内容保持一致，人口也会根据变量种类发生变化，尤其是那些连续变量，如收入和租金，且这一再分布很可能会对每个变量已计算得到的隔离值产生影响。

种族隔离

黑人与白人之间的隔离是隔离研究中持续关注的主要焦点。种族隔离在时间上已经有了一定的有效积累，因为我们已经对每隔十年一次的所有普查的相异指数（*D* 值）进行了重新计算。[①] 表 6－1 呈现了 5 个十年中大都市区内黑人群体的隔离指数（一些地区在早期的时间点内并没有被视作统计区）。1940 年时如今的 21 个统计区中仅有 11 个被分类为大都市区，且相异指数（下文均用 *D* 值来表示）的标准值为 75，这意味着 3/4 的黑人（或非黑人）也许必须要迁移，才可以使得每个社区中都能形成相对均衡的种族构成。1940 年普查及之后几次普查均有统计显著性，这种情况一直持续至 1970 年。此外，大都市区彼此之间也存在一些分异，同样的分异可被发现于第三章关于 1980 年的统计分析中，其中，芝加哥和弗林特几乎在每一年的统计分析中，其相异指数 *D* 值都是最大的。

表 6－1　1940～1980 年的种族分异情况

大都市区	黑人与其他所有种族群体相比					1940～1980 年的变化	1970～1980 年的变化
	1940 年	1950 年	1960 年	1970 年	1980 年		
艾伦镇	NA	NA	73	66	58	NA	－8
阿马里洛	NA	NA	NA	86	72	NA	－14
亚特兰大	69	73	77	82	77	7	－5
班格尔	NA	NA	NA	NA	40	NA	NA
伯明翰	69	66	64	67	73	4	5
波士顿	81	77	81	79	76	－6	－3
芝加哥	94	90	91	91	86	－8	－5
弗林特	88	90	86	86	85	－2	－1
印第安纳波利斯	76	77	80	84	79	3	－5

① Karl E. Taeuber 和 Alma F. Taeuber, *Negroes in Cities*（Chicago：Aldine Publishing Co.，1965）；Annemette Sфrenson，Kral E. Taeuber and Leslie J. Hollingsworth，Jr.，"Indexes of Racial Residential Segregation for 109 Cities in the United States：1950 to 1970" *Sociological Focus* 8（1975）：125－142；Thomas van Valey，Wade C. Roof，and J. E. Wilcox，"*Trends in Residential Segregation* 1960－1970，" *American Journal of Sociology* 82（1977）：826－844。Sфrenson，Teauber 和 Hollingsworth 呈现了更新后的 1970 年的数据；van Valey，Roof，和 Wilcox 提供了美国 1960 年和 1970 年几乎所有大都市区内的隔离对比情况。本书中，1970 年的数据与 van Valey、Roof 和 Wilcox 的论文中采用的原始数据一致。

续表

大都市区	黑人与其他所有种族群体相比					1940～1980 年的变化	1970～1980 年的变化
	1940 年	1950 年	1960 年	1970 年	1980 年		
列克星敦	NA	NA	70	78	59	NA	－19
新贝德福德	NA	NA	63	64	56	NA	－9
纽黑文	71	64	65	67	68	－3	1
新奥尔良	63	63	65	74	70	7	－4
纽瓦克	65	NA	73	79	79	14	0
圣路易斯	82	84	86	85	82	－1	－3
盐湖城	NA	NA	72	70	54	NA	－16
圣安东尼奥	NA	NA	77	74	60	NA	－14
圣地亚哥	NA	70	80	77	59	NA	－18
西雅图	71	74	84	77	66	－5	－11
希博伊根	NA	NA	NA	NA	69	NA	NA
斯托克顿	NA	NA	74	74	56	NA	－17
平均值	75.4	75.4	75.6	76.8	67.6	0.9	－7.8
标准差	9.8	9.6	8.2	7.7	11.9	6.7	7.2

20 世纪 70 年代的隔离发生了显著变化。几乎所测量的每个城市的 D 值都下降了，但城市间的相异指数增加了。通过对 19 个统计区的 D 值进行测量，我们发现这些统计区中的隔离值平均下降了 8 个点。关于相异指数的这些发现与我们曾使用过的其他隔离数据中的发现相匹配。[①] 表6－1 中的最后一列表明，得克萨斯州以及西部地区的统计区中隔离程度的下降速度要超过美国余下地区的统计区。

我们观察到主要统计区中不同时间的城市变化。1940～1970 年，亚特兰大、印第安纳波利斯、新奥尔良以及纽瓦克的大都市区中隔离程度稳步

① 这里存在一个重要的例外情况，"暴露指数" 主要被用于理解两个不同人群之间的互动关系。Stanley Lieberson and Donna Carter, "Temporal Changes and Urban Differences in Residential Segregation," *American Journal of Sociology* 88 (1982): 296～310，已经对这一非对称指数的社会学背景进行了讨论。这一分层方法主要受到全城人口构成的影响。作为一种度量方法，黑人人口较多且在不断扩张的城市将呈现更高的 "隔离" 指数。这样的城市中黑人和白人的交流度也很低；换言之，很小一部分的白人会和标准黑人住户相遇。相反，也有些城市中黑人和白人之间互动频率较高。这一争论随时间的推移而持续存在。为了对不均衡进行控制，我们在犹豫是否移除人口构成的影响。暴露指数也会与相异指数在某一临界点几近相等。更加完整的讨论参见 Michael J. White, "Segregation and Diversity Measures in Population Distribution," *Population Index* 52 (Summer 1986): 198－221。

提高，隔离指数上升了 10 个点。圣地亚哥及西雅图统计区的 D 值在开始下降前于 1960 年达到了峰值。黑人群体规模扩大与美国统计区增加的时间同期。在大部分南部城市中，D 值的增长可能是因为社会规范的瓦解允许黑人和白人在居住场所的物理距离上拉近，即使二者间仍保持着严格的社会距离。但由于一些北部城市经历了隔离的加剧而与此同时南部城市却没有，该解释的一般性值得怀疑。或许我们可以用一个更简单的解释来说明——南部的黑人在家政服务（与白人混住）提供方面的减少。

不仅这 19 个统计区在普查街区的层面上显示相异指数 D 值下降，其他一些表格也显示 20 世纪 70 年代隔离程度普遍下降。[①] 那么，这到底是真的还是一个伪事实呢？由于 1980 年的种族分类与过往普查中的分类方式有所不同，所以隔离程度下降也可能是因为被访者的自我归类及人口普查局分类处理方式的改变而非隔离程度真的下降了。表 6－2 通过对 1970 年和 1980 年统计数据中 D 值的进一步探究解决了这一问题。

在表 6－2 的前两列我们再次录入了表 6－1 中的 D 值，D 值测量群体间隔离的方式为测量黑人群体相对于其他所有种族群体的隔离程度。隔离统计中偏差的可能来源之一为在两次普查中对“其他”群体归类的不同处理方式。1970 年，很多人被分类为白人或黑人的途径为种族问题填答处是否空白，如果有关于其种族的其他证明的话则纳入“其他”类别。1980 年的处理策略发生了些许变化，很多分类尤其是被分类为“其他”类别的被访者被完整地纳入统计分析中。这一处理方式使得“其他”种族群体类别的比例相对升高，尤其是对西班牙裔群体的类别产生了影响。控制“其他”类别模糊性的方式之一为在进行关于黑人、白人种族群体的隔离分析研究时限制使用成对相异指数 D 值统计。因此，我们仅关注不同人口普查街区中分类为黑人或白人的社区居住分异，这将有助于纠正 1980 年通过黑人和西班牙裔群体来核对“其他”种族类别时产生的任何隔离偏差，只要这种倾向在社区中并不呈现分异分布即可。

---

① 参见 Karl E. Taeuber, Franklin W. Monfort, Perry Messy and Alma F. Taeuber, “The Trend in Metropolitan Racial Residential Segregation,” 1984 年呈给美国人口协会的论文中使用的是 1980 年的数据。

表 6-2　种族隔离程度下降：是个伪事实吗？

大都市区	黑人 vs 其他所有种族群体，1970 年（1）	黑人 vs 其他所有种族群体，1980 年（2）	白人 vs 黑人，1970 年（3）	白人 vs 黑人，1980 年（4）	非西班牙裔白人 vs 非西班牙裔黑人，1980 年（5）	黑人－其他种族群体变化，1970～1980 年（6）*	白人－黑人变化，1970～1980 年（7）†	非西班牙裔白人－黑人变化，1970～1980 年（8）‡
艾伦镇	66	58	66	58	59	-8	-8	-7
阿马里洛	86	72	86	72	73	-14	-14	-13
亚特兰大	82	77	82	77	77	-5	-5	-5
班格尔	NA	40	NA	40	41	NA	NA	NA
伯明翰	67	73	67	73	73	6	5	5
波士顿	79	76	79	77	78	-3	-2	-2
芝加哥	91	86	91	87	88	-5	-4	-3
弗林特	86	85	86	85	86	-1	-1	-1
印第安纳波利斯	84	79	84	79	79	-5	-5	-5
列克星敦	78	59	78	59	59	-19	-19	-19
新贝德福德	64	56	64	58	59	-9	-6	-5
纽黑文	67	68	67	70	70	1	3	3
新奥尔良	74	70	74	71	71	-4	-3	-3
纽瓦克	79	79	79	80	82	0	1	3

续表

大都市区	黑人 vs 其他所有种族群体,1970 年（1）	黑人 vs 其他所有种族群体,1980 年（2）	白人 vs 黑人，1970 年（3）	白人 vs 黑人，1980 年（4）	非西班牙裔白人 vs 非西班牙裔黑人，1980 年（5）	黑人 - 其他种族群体变化，1970 ~ 1980 年（6）*	白人 - 黑人变化，1970 ~ 1980 年（7）†	非西班牙裔白人 - 黑人变化，1970 ~ 1980 年（8）‡
圣路易斯	85	82	85	82	82	-3	-3	-3
盐湖城	70	54	70	55	56	-16	-15	-14
圣安东尼奥	74	60	74	60	61	-14	-14	-12
圣地亚哥	77	59	78	62	64	-18	-16	-15
西雅图	77	66	78	67	68	-11	-11	-10
希博伊根	NA	69	NA	69	71	NA	NA	NA
斯托克顿	74	56	75	62	64	-17	-14	-11
平均值	76.8	67.6	77.1	68.7	69.6	-7.8	-6.8	-6.1
标准差	7.7	11.9	7.7	11.6	11.3	7.2	6.9	6.7

* 第 2 列减去第 1 列的值。

† 第 4 列减去第 3 列的值。

‡ 第 5 列减去第 3 列的值。

表6－2第3、4两列呈现的成对相异指数（黑人 vs 白人）与同十年内的伴生统计值相同或仅稍高于后者。因此，第7列呈现的成对隔离指数（黑人 vs 白人）比“黑人 vs 其他所有”（黑人 vs 其他所有种族群体）的隔离指数仅略微减小。对1980年数据的第二种纠正方式为，尝试对根据普查局的定义可被分类为任何种族的西班牙裔群体的分布进行明确解释。接下来，让我们来看一下非西班牙裔白人 vs 非西班牙裔黑人。第5列呈现的数据表明，1980年非西班牙裔白人与非西班牙裔黑人之间的隔离程度仅稍高于白人与黑人之间的隔离程度，但两者的隔离程度仍处在同一层次上。数据显示，1980年与1970年相比（黑人 vs 其他所有种族群体、白人 vs 黑人），1970年的成对隔离程度降低的幅度较小，但值得一提的是这一细微差异几乎可忽略不计。此外，几乎每个大都市区都加入了隔离程度降低的行列。因此，我们可以得出结论：20世纪70年代种族隔离程度下降并不是一个伪事实；相反，这一现象确实存在、可被评估且传播十分广泛。

整体隔离趋势

我们检测了大量社会特征的隔离程度在时间上的变化趋势。变化的一般特征见表6－3。表6－3详细记录了1940～1980年及1970～1980年各特征隔离程度的具体变化。表中同时使用了只能处理二分类的相异指数，以及统计熵值（*H*）——该值之前已被用于第四章的总结图表中，与不均衡的指标类似，可被用于含有多种类别的任何变量中。尽管这些表格中的变化同时受到人口普查局的编码和实际制表方法，以及人口分布随时间所发生的变化这两者的影响，但其仍然向我们提供了一些关于如果大都市分异真的发生的话，其基础特征将会发生何种变化的想法。表6－3同时呈现了绝对变化与相对变化。[①]

20世纪70年代，一个能够拥有19个大都市区的信息的时代，我们可以（从第4～6列中）看到一些戏剧性的变化。社会经济地位的隔离程度变

① 相对变化用以描述每一个统计区变化的平均百分比。当表中的相对变化值与绝对变化值不等时，其原因通常是，不同统计区存在不同的情况，因而这一结果不太能预测任何趋势。

表 6－3　隔离程度变化汇总：1940～1980 年

特征	1940～1980 年的变化*			1970～1980 年的变化†		
	绝对变化的均值	变化的均值（%）	统计区减少（%）	绝对变化的均值（%）	变化的均值（%）	统计区减少（%）
房价‡	0.8	4.3	55	1.5	10.2	37
租金	－4.4	15.8	82	0.0	4.0	47
受教育程度	－1.3	－9.1	73	－0.2	1.2	63
小学§	－4.9	－13.4	82	0.1	2.5	37
高中	－14.2	－47.9	100	－2.9	－12.9	79
大学	－4.1	－9.7	73	－2.8	－7.6	95
收入	NA		NA	－0.9	－5.0	74
贫困状况	NA		NA	1.4	15.9	21
个人贫困	NA		NA	1.6	5.6	21
职业	－2.9	－33.6	100	－1.2	－17.3	95
专业人员	－3.1	－10.1	82	－2.0	－7.2	89
办公室职员	－13.7	－55.6	100	－2.7	－19.0	100
服务人员	－7.9	－28.2	100	－2.6	－10.6	84
手工艺者	－1.0	－2.2	64	－0.6	－2.0	58
技术人员	－3.6	－12.9	91	－1.0	－3.5	74
年龄	1.0	121.1	9	0.2	14.6	21
孩子	0.4	4.8	36	－0.2	1.8	32
老年人	6.6	68.2	9	－0.8	－1.4	63
女性劳动力	－0.5	0.4	64	0.6	50.1	5
劳动力	－2.2	－10.2	73	2.1	20.5	5
家户规模	1.0	63.2	18	－0.4	－4.5	58
1 人	2.9	28.2	18	－1.0	－3.1	58
5 人以上	4.4	34.4	9	0.1	3.4	37
有子女家庭	NA		NA	－1.6	－12.6	84
夫妇	NA		NA	－2.9	－7.8	84
单亲	NA		NA	－3.8	－10.2	84
无子女	NA		NA	－2.8	－6.0	53
婚姻状况	NA		NA	0.2	31.6	32
单身	NA		NA	2.6	24.3	11
已婚	NA		NA	2.8	18.7	16
离婚、丧偶等	NA		NA	－3.2	－13.1	89
种族	－3.2	－4.4	55	－11.6	－26.0	95
黑人	0.9	2.2	55	－7.8	－10.2	89
西班牙裔	NA		NA	－6.7	－34.3	79

续表

特征	1940～1980 年的变化*			1970～1980 年的变化†		
	绝对变化的均值	变化的均值（%）	统计区减少（%）	绝对变化的均值（%）	变化的均值（%）	统计区减少（%）
西班牙裔	NA		NA	-12.7	-25.7	89
本地居民	1.5	64.1	27	0.0	7.6	58
外籍群体	6.0	35.2	9	-1.5	-1.9	63
单元结构	1.1	21.1	55	-3.6	-13.9	84
单户型住房	5.5	22.0	36	-4.1	-8.4	84
房龄	NA		NA	-0.1	2.0	47
新建住房	NA		NA	2.2	6.8	32
老住房	NA		NA	-0.4	0.0	53
居住流动性	NA		NA	1.1	34.9	21
迁移者	NA		NA	2.3	14.0	16

* 基于 11 个大都市区的数据。
† 基于 19 个大都市区的数据。
‡ 所有目录的熵值。
§ 缩进值为相异指数。

化错综复杂，受教育程度和房价的隔离程度上升。作为美国教育分类中增加的高中和大学教育部分，这些群体的隔离程度均有所下降。每一职业类别中的职业隔离程度也均下降了，且该现象出现在所有的统计区中，其中，办公室职员和服务人员在这些年的隔离程度变化中创下了下降速度最快的纪录。尽管下降可能是因职业分类系统的变化而发生的，但该趋势暗示着工作场所的持续分散化。收入隔离程度仅有些许下降，① 这或许更能说明收入水平在贫困线以下的群体中隔离程度有所上升。在美国的 19 个大都市区中，其中 15 个大都市区内贫困和贫困家庭的隔离程度上升了。

一般来说，生命周期隔离程度比较低，但小的绝对变化能够引发更大的相对变化，例如年龄隔离。年龄隔离程度就相对变化而言在过去的几十年间大幅上升，但在绝对变化方面并不明显。老年人隔离程度在 20 世纪 70 年代略有下降。但在老年人群体中，尽管 65～74 岁老年人群体的隔离程度下降

① 连续变量、收入租金水平及房价分类都是很随机的，进而使得 D 值的使用变得尤为麻烦。鉴于此，加上我们发现了高、中、低种类中的变化，故而针对这三个变量我们放弃使用 D 值，而将关注点转移到 H 值上。

了，但 75 岁及以上老年人群体的隔离现象更为明显。[①] 家户规模——生命周期的另一个主要指标，整体来看也呈隔离程度下降趋势，大家庭在某种意义上似乎与时代格格不入，与外界的隔离程度更高。通常来说，这些家庭也比较贫穷。在家庭破裂率上升且传统核心家庭减少的时代特征下，我们发现有子女家庭的隔离程度在逐渐下降。

20 世纪 70 年代种族隔离程度的总体下降率为 26%（这里使用的是统计熵值 H）。大多数下降情况可归因为黑人 - 白人分类模式的改变，但也有部分是由于其他种族群体自我认定为“其他”类别这一情况的增加。结果再次显示，尽管不同普查收集来的数据不同，但是西班牙裔群体的隔离程度同样大幅下降。外籍群体的隔离程度变化不大。[②]

过去几十年的趋势均指向大都市区社区内单户型住房的增加。这也进一步说明郊区多户型住房比例的上升及其在中心区域对应的密度的下降。新建住房和老住房之间的隔离程度也发生了一些变化。此外，流动人口的隔离程度明显上升。

在 1940 ~ 1980 年这一时间段，我们只能获得 11 个统计区的信息，能获取的变量也相对较少。表 6 - 3 中呈现的结果指出，受教育程度和职业方面的隔离程度下降了。尽管生命周期隔离程度的绝对变化并不明显，但通过表中数据我们可以看出生命周期隔离程度在加深。与 1940 年相比，这 11 个统计区的种族隔离程度仅下降了几个点，但外籍群体的隔离程度显著上升。早期时间点上的外籍群体与本地居民相比于现在，其居住形式变得更加混合。发生这一转变的部分原因是 1980 年外籍群体中族群血统变得更加多元化。女性劳动力的隔离程度较低（1980 年相异指数为 12），但在 1970 ~ 1980 年几乎在每个大都市统计区内女性劳动力的隔离程度都上升了，总体上升率超过 20%。统计结果（与先前几十年的趋势背道而驰）表明，不同

---

① Joseph Tierney, “A Comparative Examination of the Residential Segregation of Persons 65 - 74 and persons 75 + in 18 United Metropolitan Area for 1970 and 1980,” *Journal of Gerontology* 42 (1987): 101 - 106。

② 我们在表中省略了不同世系之间的隔离程度变化信息，因为 1980 年收集的信息显示其呈辐射状变化。早于 1980 年的“世系”信息只包含第一代和第二代的信息。尽管如此，当我们对这一变化进行分析时，爱尔兰和法国世系群体的隔离程度下降最为明显，而波兰和意大利世系群体的隔离程度下降幅度最小，这一事实同样与新近的其他欧洲世系群体的情况相吻合。

居住区正在不断被开发用以迎合职场女性的居住偏好，这一情况的发生有可能受到了女性劳动参与率提高或女性直接进入家庭生命周期的比例下降的刺激。

根据表 6－3 所绘之图是少数大都市区社会特征的隔离程度在过去几十年间发生显著变化的一种具体呈现方式。一方面，我们可以看到一些社会特征的隔离程度下降了，尤其是种族、职业、住房支出以及有子女家庭的类型这几个方面；另一方面，人口中最穷、学历最低以及居住流动性最低的群体的隔离程度变化则更为显著。

为获得居住隔离程度在时间变化趋势上的更完整的演变过程，我们将焦点集中在 10 个规模更大、存在时间较久的统计区①上，据此获得追溯到 1940 年的完整数据。图 6－1 描绘了所选群体社会特征的平均隔离水平。40 年间，种族这一社会特征始终保持在分散社区中所占的主导地位，但其在这些大都市区稳步上升之后，于 20 世纪 70 年代发生了明显转变。住房类型也可用于对社区进行高效分类，“二战”后郊区单户型住房数量激增极有可能是由于 1940～1960 年住房类型隔离程度快速上升导致的，因此，郊区多户型住房数量的比例相应下降。

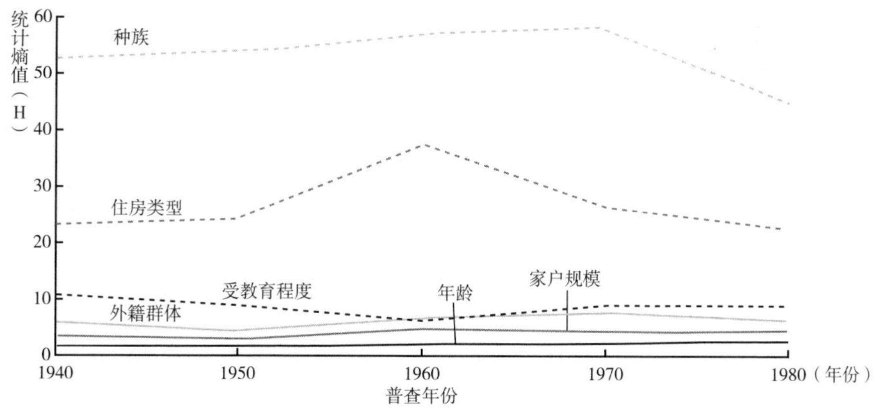

图 6－1　1940～1980 年 10 个大都市区的居住隔离程度

① 分别是亚特兰大、波士顿、芝加哥、弗林特、印第安纳波利斯、纽黑文、新奥尔良、纽瓦克、圣路易斯以及西雅图。

另外四个社会特征的隔离程度（H 值）为种族在整个时间跨度中隔离程度的1/5。年龄隔离和家户规模隔离程度的变化几乎可忽略不计。在这10个统计区中，外籍群体的隔离程度在20世纪50年代和20世纪60年代有所上升，之后便开始小幅下降。教育隔离程度整体来说先呈下降趋势，20世纪60年代后又开始小幅上升。

变化中的空间组织

大都市区中的大量社会和技术压力无疑已经刺激其空间组织发生改变。没有人会质疑有关大都市区人口在近几十年已经分散在一个更广阔的空间内的事实，然而，空间中的人口分布是否已经发生了改变这一问题的答案却并不明晰。根据就业和零售贸易开展及坐落地点的信息，我们期望CBD相较于过去对大都市区人口的拉力减小。更进一步的问题是，空间组织的形式——从同心圆到多核心模型——在过去的一段时间内是否已经扩展到单个特征转变的层面？例如，黑人分布状况的可预测性更高还是更低了？

我们采用第五章中描述1980年社区的大都市等高线法，对1970年和1940年的数据进行同样的分析。研究给出了8个大都市区的等高线图和相关统计数据，这8个大都市区在该时间周期内均拥有有效数据，分别是：亚特兰大、波士顿、芝加哥、弗林特、印第安纳波利斯、新奥尔良、圣路易斯以及西雅图。因在以上列表中缺席而引人注目的主要是一些规模适度、增长迅速的阳光地带（美国南部地区），它们没有可供分析的早期普查的有效数据（如果有的话）。因此，我们的结论主要针对美国一些规模较大且存在时间较久的大都市区的演变情况。

研究的工作重点主要是统计分析，分析生成的等高线图都很相似，但是统计结果可以为我们提供关于可预测性变化的更好的评估。我们首先聚焦于四个代表大都市区不同社会特征的变量，然后对从这8个大都市区数十年间的等高线图中获取的大量信息进行总结。

人口密度

我们反复强调，人口密度是与大都市区物理特征之间联系最为直接与紧密的社会特征。大量的研究考察了随时间推移的人口密度模式变化。例如，Edwin Mills 分析了 1920～1963 年大量大都市区的人口和就业密度梯度。几乎每个大都市区中的人口和就业密度梯度斜率都随着时间的推移而下降。[①] 这一研究结果显示，较大城市中的密度梯度主要呈现中心密度较高（峰值）且坡度较缓的状态，但随着时间的推移，峰值逐渐消失且斜率为零。

本质上说，本书也再次进行了密度梯度研究，但是对模型进行了扩展以将方位（扇形）偏差包括在内。1980 年的数据分析研究结果显示，仅通过原始线性（同心圆）模型便可解释绝大部分的人口密度分异。表 6－4 板块 A 呈现了等高线图中人口密度的统计方差解释率及其随时间所发生的变化。第 1 列重复了之前章节中的信息，再次强调了空间位置如何能够很好地预测人口密度分布模式。最近十年的数据结果显示有升有降，但是其指出空间位置解释社区人口密度的能力下降了（第 3 列）。1940～1980 年的数据结果同样有升有降，但总体而言稍有下降。20 世纪 70 年代空间结构显著扩张的统计区仅有亚特兰大和新奥尔良。[②] 对美国大多数城市中正在发生的人口密度变化更清晰的预测可由图 6－2 看出。因芝加哥是研究对象中最大的统计区，因此我们绘制了芝加哥人口密度梯度的线性方程图。[③] 三条曲线中的每一条分别描绘了各个十年中（1940 年/1970 年/1980 年）人口密度预测值随距 CBD 距离的增加而形成的变化轨迹。1940 年，市中心的人口密度预测为 50 人/英亩（假设），但随着距 CBD 距离的增加，人口密度大幅下降。距市中心 5 英里处的人口密度仅为市中心的一半，十英里处则只有 10 人/英亩。

1940～1970 年的人口密度峰值下降了，斜率也较之前更为平缓，但 1970～1980 年的变化相对比较剧烈，由图 6－2 可以看出市中心社区人口

① Mills 的研究是建立在中心城市－郊区数据而不是普查数据基础上的。具体可见 Edwin S. Mills, *Studies in the Structure of the Urban Economy* (Baltimore: Johns Hopkins University Press, 1972)。

② 线性模型的方差解释率呈现的结果是一半城市增长了，而另一半城市下降了。密度梯度仍然在不断下降。与等高线模型联合则表明了一个大都市人口密度的持续水平，但是其并不总是伴随着非组织化。

③ 统计数据并没有显示：即使芝加哥的模型解释力提高了，但是斜率发生了一定程度的下降。密度梯度在其他统计区同样越来越扁平化。

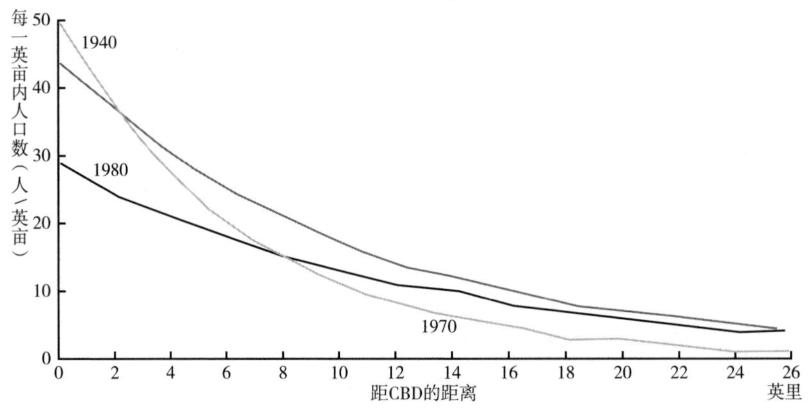

图 6 - 2　芝加哥的人口密度：1940 ~ 1980 年

明显减少。1980 年的曲线一直处于 1970 年曲线的下方（表示人数更少），直至距市中心 26 英里处，二者人口密度相等。举例来说，在距芝加哥市中心 4 英里的一个社区内，相较于 1970 年，其 1980 年的人口数为 1970 年的 1/3。尽管芝加哥的边界在 1970 年和 1980 年人口普查时完全相同，但很显然的是，1980 年的郊区发展使大都市区的远距离部分扩大了。几乎针对每个统计区进行的同类研究都呈现了斜率变缓趋势。尽管芝加哥 1980 年的曲线最为平缓，但就很多其他大都市区 1980 年的曲线坡度而言其相对较陡。

基础社会特征

第五章的结论指出 1980 年专业技术人员分布呈现为多核心模型，表6 - 4板块 B 的第 1 列证明了此点。1940 ~ 1980 年对大多数城市的预测能力均显著下降，平均下降比例超过了 20% 。根据第 2 列和第 3 列进行推理，我们可以发现 8 个统计区的等高线模型均可以通过 4 个统计区超过 40% 的方差解释率来对 1940 年高身份地位的专业技术人员居住场所进行很好的预测（仅就距离而言预测能力较弱）。而高身份地位的专业技术人员在 1940 ~ 1970 年数量的大幅减少恰好与 20 世纪 70 年代 8 个统计区中 5 个增长、3 个下降的情况相抵消。我们相对于 1970 年能够对 1980 年的高身份地位职业进行更好预测的事实也许是由于这样的一个伪事实——1980年人口普查中人口普查局对职业编码进行了修改。[①] 另一种解释为，大都市的劳动力重组是朝着更易被预测的方向进行的。大都市区中社会经济地位聚居地的形成，尤其是所谓的中产阶层化均会对我们所建立的方程的预测能力产生影响。无论如何，居民职业地位之间的关系并不简单，且就像劳动力的构成一样，这一关系正在持续不断地变化。

表6-4 空间组织的变化：1940、1970、1980年

板块A:人口密度统计区	等高线模型		
	1980年的方差解释率* (1)	1940~1980年的变化† (2)	1970~1980年的变化† (3)
亚特兰大	82.3	64.9	5.9
波士顿	51.6	14.4	-13.4
芝加哥	24.0	13.8	-2.4
弗林特	10.7	-83.1	-66.0
印第安纳波利斯	63.7	-6.9	0.4
新奥尔良	56.2	-14.2	19.9
圣路易斯	44.4	-29.9	-11.9
西雅图	51.8	-22.6	-18.6
均值	48.1	-7.9	-10.8
板块B:专业人员统计区	**等高线模型**		
	1980年的方差解释率* (1)	1940~1980年的变化† (2)	1970~1980年的变化† (3)
亚特兰大	25.1	0.2	13.0
波士顿	8.5	-38.4	-1.3
芝加哥	14.4	-4.1	-5.7
弗林特	6.9	-39.1	14.7
印第安纳波利斯	51.6	22.9	38.9
新奥尔良	5.7	-39.1	4.3
圣路易斯	13.5	-17.5	2.2
西雅图	8.4	-55.1	-3.6
均值	16.8	-21.3	7.8

① 在已经知晓之前的分类系统太过绝对的情况下，人口普查局彻底改变了分类方式，且在1980年的人口普查中使用了新的行业分类表。所以我们的结论也许会对劳动力进行不同的审视。

续表

板块 C：儿童统计区	等高线模型		
	1980 年的方差解释率* (1)	1940～1980 年的变化† (2)	1970～1980 年的变化† (3)
亚特兰大	11.4	4.8	6.3
波士顿	7.7	-40.8	-14.3
芝加哥	2.4	-0.5	-16.4
弗林特	-14.2	-86.8	-34.9
印第安纳波利斯	3.7	-44.7	-0.4
新奥尔良	0.3	-35.1	-3.6
圣路易斯	-0.1	-5.7	-10.1
西雅图	6.4	-68.9	-30.0
均值	2.2	-34.7	-12.9

板块 D：黑人群体统计区	等高线模型		
	1980 年的方差解释率* (1)	1940～1980 年的变化† (2)	1970～1980 年的变化† (3)
亚特兰大	60.3	24.5	20.4
波士顿	18.3	-33.2	0.3
芝加哥	40.6	1.7	-24.0
弗林特	55.8	17.8	9.9
印第安纳波利斯	56.6	33.7	19.6
新奥尔良	44.7	21.6	22.8
圣路易斯	44.5	7.2	13.4
西雅图	46.5	-23.0	3.2
均值	45.9	6.3	8.2

* 方差解释率即调整后的 R^2 统计值，可能为负数。

† 一个时期内的调整后 R^2 统计值与下一个时期内的值不同。

为呈现生命周期的另一面，表 6－4 的板块 C 针对 15 岁以下群体的比例进行了伴生统计（家户规模在早期数据中并不可得）。我们已经证实通过空间位置对一个社区的生命周期特征进行预测并不那么容易。空间位置在之前的 40 年间及最近十年中于除亚特兰大之外的各统计区内的解释力均下降了，而 20 世纪 70 年代的生育率下降无疑对解释力下降的原因进行了回答。

研究结果同样指向了潜在的结构转型。郊区（或至少在大都市区的外环）被传统地视为抚养子女最适宜的场所。我们关于 1940 年甚至 1970 年

（并没有在表中显示）的距离梯度结论显示，随着距市中心距离的增加，对儿童比例的预测力提高。尽管 1980 年美国的中产阶层群体更喜欢在郊区养育子女可能是一个客观存在的事实，但中产阶层生育率的下降，加之对城市中心区域穷人和少数群体的持续关注（因为他们的高生育率），已经使城市的空间组织变得混乱，以至于其不再具有可预测性。

表 6－4 板块 D 中检验的特征为种族。20 世纪 70 年代以及之后的很长一段时间内，城市等高线图在大多数统计区中的预测力提高了，且在 1980 年提升至能够解释一般统计区内一半的黑人分布分异。随时间的推移出现的预测力的提高预示着黑人群体在空间组织上的壮大，但令人惊讶的是，相异指数测量出的隔离程度却显著下降了。是什么导致这样的显著差异？答案在一定程度上颇具统计学意味，具体可以归因为黑人群体挣脱传统贫民窟的束缚向外地扩展流动。[①] 线性模型斜率增加的事实表明，尽管废除了种族隔离，但黑人群体仍越来越呈中心聚集化。

概览

我们也对一些附加变量进行了对比分析。表 6－5 呈现了 8 个统计区随着时间的推移分别使用线性模型（仅考虑距离因素）及等高线模型进行对比的结果。表中最突出的变化为第 3～6 列的负号出现频率，这意味着位置对 20 世纪 70 年代及 40 年间（1940～1980 年）社区特征分布的解释力下降了。最近十年（1970～1980 年），18 个特征中的 14 个在线性模型中的位置不断向下移动（第 5 列）。此外，指向 CBD 的简单辐射状取向——同心圆模型——的解释力也下降了（但第 1 列的数值及之前章节中的发现预示着辐射状分布特征远未消失）。根据基于时间跨度获得的等高线模型，我们发现，18 个特征中有 10 个的预测力下降了（第 6 列）。距 CBD 距离的缩小并没有与复杂模型预测力的急剧下降相匹配。相反，1940～1980 年的对比结果更为相符。16 个在两个时间点上均可进行测量的特征中，有 13 个仅由于距离因素而导致预测力下降（第 3 列）。除了种族这一例外特征，等高线模型中的每个特征都呈现空间组织化的衰退趋势。

---

① 这里的预测力提高也许与之后的时间点上统计区内的黑人群体扩大以及大量的非零街区值有关。

根据这8个较大统计区的研究结论来进行一般化总结是一项艰巨的任务。我们在表6-5中呈现了大都市区之间的空间组织分异。大都市区自身的物理扩张也随时间发生着变化。尽管如此，人口仍然在持续分散，且更多情况下显示的是，基于社区在大都市区内的地理位置来预测其社会构成和住宅区特征的预测力下降。社区距CBD的辐射状分布特征正在不断减弱，相反，少量特征（主要是社会经济地位）越来越倾向于呈现为多核心模型。

表6-5　空间组织的变化：1940、1970、1980年8个大都市区

	1980年的方差解释率		1940～1980年的变化		1970～1980年的变化*	
	线性模型 (1)	等高线模型 (2)	线性模型 (3)	等高线模型 (4)	线性模型 (5)	等高线模型 (6)
生命周期						
家户规模	10.2	27.6	NA	NA	NA	NA
儿童	2.4	9.6	-6.6	-34.7	-3.0	-13.0
老年人	1.5	17.0	-2.9	-11.5	-3.4	-6.4
女性劳动力	0.4	5.6	-24.7	-42.3	-1.6	1.1
身份地位						
受教育程度	7.0	38.3	-0.0	-2.0	-1.5	-1.7
专业技术人员	1.8	17.7	-1.7	-21.3	-1.8	7.8
办公室职员	0.5	11.3	-10.6	-24.0	-1.6	4.7
劳工	0.9	10.7	-4.1	-26.9	0.2	-4.7
租金	7.7	44.6	-4.8	-5.7	-3.8	4.1
房价	10.5	46.6	-10.9	-1.6	3.5	10.7
家户收入	13.0	48.4	NA	NA	8.0	22.6
自有住房	9.3	24.2	-12.4	-28.4	-3.3	-11.1
种族						
黑人	13.9	45.0	10.3	6.3	6.3	8.2
西班牙裔	6.4	25.9	NA	NA	NA	NA
外籍群体	5.0	20.3	0.1	-8.9	-0.3	0.5
住房密度与居住流动性						
住房密度	36.8	52.8	6.4	-8.0	-4.3	-10.8
房龄	18.3	48.4	NA	NA	NA	NA
空置房	1.6	12.1	-6.5	-21.9	-1.0	-5.2
管道缺陷	5.2	22.2	-10.7	-22.5	-0.7	-7.8
多户型住房	6.8	18.5	-16.0	-30.7	-1.7	-6.3
居住流动性	0.2	4.6	NA	NA	-0.1	-0.7

*8个大都市区的数据结果，参见表6-4。

社区演变

正如可以追踪城市和地区基于时间跨度的变化轨迹，同样，我们也可对单个社区的变化轨迹进行追踪。事实上，我们通常是在形容一个社区已经或正在发生何种变化时才会暗中进行该项操作。弃置房、中产阶层化、种族演替及住房结构都是对社区变化大标题下聚集进程的描述。从统计上说，单个社区内变化的加和将会引起整个城市或地区的聚合改变。当然，这也会掩盖大多数地方的多样性经验。事实上，我们并不期望每个社区都能映射发生在统计区中的以下方面——人口、住房质量、族群构成——的变化。追踪单个社区的轨迹是开始描绘一幅完整图景的最佳方式。

我们已经知道很多情况下会发生什么。大多数城市在人口密度方面呈扁平化变化趋势，很多大都市区的中心区域内少数族群正在不断聚集。但这些仅是这些年变化的一个大概趋势。聚合改变得以出现的原因是社区的很小一部分引发了潜在的巨大改变，又或者是因为每个社区内都发生了潜在的适度变化。这方面的工作被限制为仅可对 1980 年的数据进行全面分析或使用比较截面法。我们已经看到无论是隔离还是空间组织在一些时间点上的完整模式，并做了对比。基于这些对比可做出关于单个社区变化的推论，但仍然无法确定这些小片区域在 10 年间的变化情况。

社区演变的分析需要对依次进行的普查中由各小块地块组成的社区进行匹配。只有通过这种方式我们才能对变化轨迹进行直接测量。人口普查街区（我们统计意义上的社区）最适合执行本任务。街区的概念起源于时间序列上的可比性的想法。因此，人口普查街区在不同的人口普查中保持同样的边界是可行的。① 我们已经对 1970 年及 1980 年的普查街区进行了匹配，本节也呈现了 1970 ~ 1980 年社区变化的一些基础表格。在我

① 真实情况与想法之间并不相符，附录 A 将会详细回顾人口普查街区边界的建立与维护。无论该边界系统如何被细心维护，从单个社区人口普查到人口普查登记编码的任务量非常巨大，实际操作中会遇到很多概念问题和麻烦。为了保证社区人口规模大约为 4000 人，需要相应地对人口普查街区进行拆分与合并。有时边界也会因为行政边界或物理特征变化而发生变化。对不同人口普查中人口普查街区数据进行匹配时，保证边界完全不发生变化是非常困难的。

们绘制的所有表格中，1970 年的普查街区数据被按照 1980 年的普查街区边界进行了重新分配。

社区演变模型

社区阶段理论是描述社区房屋和人口构成自然演变的一种尝试。最早由埃德加·胡弗（Edgar M. Hoover）和雷德蒙·弗农（Remond Vernon）在一项关于纽约大都市区的研究基础上写作的《解剖大都市》中加以阐释。[①] 胡弗和弗农将社会演变描述为五个阶段。第一阶段，发生在不发达地区及农用地中的初始城市化阶段，通常从城市外围开始。第二阶段，过渡阶段，社区经历了持续的人口增长且有效人口密度增加，开始着手进行新公寓建设。第三阶段，也被称作下坡阶段，老的住宅区被翻新成具有更高居住密度的住宅，人口密度继续上升。人口数量下降发生在第四阶段，也称细化阶段。胡弗和弗农预测家户规模、空置房和弃置房的比例会下降。第五阶段也即最后阶段、更新阶段，这一阶段，弃置房为多户型住房替代，空间使用的质量得到改善，效率得到提高。一般来说，更新通常发生在公共部门提供援助的情况下。

社区阶段理论的另一项意外进展是由安东尼·唐斯（Anthony Downs）推进的。（安东尼·唐斯）这里所指的阶段是一个连续统各部分的标签，社区的“健康”成为他的主要关注点。五个阶段分别为：①健康与活力阶段；②初始下降阶段；③明显下降阶段；④持续下降阶段，通过严重的衰退来表示；⑤舍弃、不健康、无活力阶段。在第三和第四阶段，社区见证了居民从拥有者到租赁者的转变、相对社会经济地位下降、社区密度变得更高，社区真实的房地产市场呈现一个悲观的未来。而解析唐斯最终构想的方法是衰退沿下降或复苏两个不同方向移动

---

① Edgar M. Hoover and Raymond Vernon, *Anatomy of a Metropolis* (New York: Doubleday-Anchor, 1962). David L. Birch, "A Stage Theory of Urban Growth, 1981," *Journal of the American Institute of Planners* 37 (1971): 78-87. 胡弗和弗农讲述了一个相似的模式：①低密度乡村；②第一次浪潮；③高质量完全发展阶段；④保压阶段；⑤细化阶段；⑥夺回阶段。胡弗和弗农的焦点在住房和人口密度上，Birch 则主要讨论了不同阶段社区的社会经济地位构成。

的可能性。[①]

社区阶段理论在社区演替的社会学文献中并驾齐驱，描述了变化中的社会构成，并建立了社区演变与大都市区空间结构模型之间的联系。第五章讨论了大都市区空间组织的一些竞争模型。同心圆模型中大都市区的增长主要是向外进行的，伴随着高收入群体走在大都市发展的最前沿。社会群体因社会经济地位提高而向外流动，他们离开原先的老住宅，而这些住宅之后又由地位比其稍低一级的社会群体居住。伴随着侵入和演替过程的社会经济地位的下降导致同样的趋势在新住户中继续上演。这一观点与胡弗和弗农的阶段模型大致相符。在伯吉斯的早期构想中，社区更新的可能性是命定的变化转变过程中的核心，即使其并没有居住用途。但伯吉斯的早期观点并没有提供演变方向彻底变化的证明，这与唐斯及相关其他学者的社区复兴观点形成鲜明对照。

扇形、多核心及综合模型相比同心圆模型更难与社区演变模型建立联系。扇形模型中城市整体向外扩张，但是每个扇形区域的边界仍保持不变。这样的模型允许社区构成发生变化的空间很小，其所做的预测主要是基于社区地位的稳定性。多核心模型由于提出了大都市区空间组织的竞争中心点，能描述的社区变化则更少，因此我们可以推断，随时间的推移，社区演变也许会出现类似于同心圆模型所描述的小规模的涟漪变化。对综合模型的精确动态预测更是难上加难。如果城市发生了快速扩张，城市模型变得更加复杂，此时若将同心圆模型、扇形模型和多核心模型这三类模型进行整合，可以使大都市获得更大的直径。

研究范式

尽管有关社区变化及城市模型转变的研究多如牛毛，但社区演变的实证研究凤毛麟角，主要原因是建立对比数据文件的难度对其产生约束。对人

① Anthony Downs, *Neighborhoods and Urban Development* (Washington, D. C.: Brookings Institution, 1981). 唐斯的模型与“住房公寓与城市开发”项目中采用的模型非常相似。参见 James Mitchell, *The Dynamics of Neighborhood Change* (HUD, Office of Policy Development and Research, HUD. – PDR: 108, 1985)。唐斯所用的方法同样可以用来评价公共部门代表社区干预的方式。他发展了大量可以用于社区不同阶段的处理策略（第 153 ~ 172 页），从正常的社区维护到保护再到重建。

口总量、人口普查街区总量增加或减少，以及他们在社群中的总量的分析研究十分普遍。前文提及的《芝加哥社群概况》便是包含不同时期数据的出版物范例之一。个别城市及其规划机构参考不同时期人口普查街区的数据，并在尽可能的情况下使用其中的人口、族群以及社会经济地位方面的信息。

该纵向数据经常被分析性地用于族群变化、种族演替的测量。研究者有时候会对少量社区进行验证（使用普查数据），以获得有关种族变化进程的特殊见解。①

一个更加综合的演替范式通常包括，根据不同社区中的相对和绝对人口变化将社区种族转型划分进不同的分类目录中。② 目前，该模型已发展为标准模型，且为不同学者反复使用。近期，一个新的修正版本已经被用于道格拉斯·梅西（Douglas Massey）、布兰登·P. 穆兰（Brendan P. Mullan）及部分其他学者的一项关于西班牙裔的案例研究中。③ 传统演替分析一般只对总人口中的族群和少数社会经济特征进行测量。而另一种方法却使用大量之前的特征来预测当今的种族结构。④

演替模型提供了很多关于社区变化方式的参考。以身份地位为例，可以列举出社区内由身份地位构成的各种变化方式。对于一个要经历身份地位下降的社区而言，身份地位低的居民比例肯定会提高。通常这一情况的发生是由于社区转变过程中较高身份地位群体的移出及较低身份地位群体的替代性移入。这是最常规却并不是唯一能够进行操作的假设机制。社区内也可能会出现两个身份地位群体的人数同时发生绝对增长的现象，但是较低身份地位群体的增长速度更快，从而出现了可见的身份地位水平的急速下降。相反，

---

① Ozzie Edwards, "Family Composition as a Variable in Residential Succession," *American Journal of Sociology* 77 (1972): 731 - 741, and Ronald M. Denowitz, "Racial Succession in New York City 1960 - 1970," *Social Forces* 59 (1980): 440 - 455。

② Otis D. Duncan and Beverly Duncan, *The Negro Population of Chicago* (Chicago: Aldine Publishing Co., 1965); Taeuber and Taeuber, *Negros in Cities*, p. 106，使用了专业术语“建立”、“巩固”、“稳定的跨种族”以及“取代”。

③ Douglas Massey and Brendan P. Mullan, "Processes of Hispanic and Black Spatial Assimilation," *American Journal of Sociology*, 89 (1984): 836 - 873。

④ John R. Logan and Linda Brewster Stearns, "Suburban Racial Segregation as a Nonecological Process," *Social Forces* 60 (1981): 61 - 73; and Michael J. White, "Racial and Ethnic Succession in Four Cities," *Urban Affairs Quarterly* 20 (1984): 165 - 183。

人口减少的社区内身份地位群体的变化概率则处在不断变动中。[①] 由于这些特征并不适用于个体，因此社区中的个人可能会改变分类，进而产生这些已经被观察到的变化。

中产阶层化及其伴生问题——“取代”——在20世纪70年代及80年代初期引起了广泛关注。中产阶层化可以被定义为一个社区的住房改善或逆向过滤，以致较高身份地位群体占据住房单元的较大部分，甚或占总社区人口中更大的份额。许多研究证实从某种程度上说中产阶层化几乎存在于美国的每个主要城市中，但其范围有限，且其高估了几乎所有城市中出现的中心区域人口减少、社会经济地位下降的长期趋势在人口统计学上的影响。[②] 大量事实证据的存在表明中产阶层化通常伴随着被低收入个人取代的过程。对“取代”的研究非常难以进行，尽管很多研究已经说明这一问题相对罕见，但对中产阶层化进程中被迫搬离家乡的一类人进行精确的弥补测量几乎是不可能的。

印第安纳波利斯的四个社区

对印第安纳波利斯的四个社区进行探析发现的变化的种类构成了本节中表格的主体内容。在能够获得更丰富的表格内容前，我们可以将这些社区作为映射更广阔的整个国家社区变化的一扇窗。我们选择印第安纳波利斯的原因是其在很多方面都可被看作一个标准的大都市区。它的面积为21个统计区的平均水平，物理地形相对于其他很多城市来说更均衡，且其社区的社会构成也更不容易受到地形特征的影响。印第安纳波利斯在20世纪70年代发生了适度扩张，最终坐落于阳光地带（美国南部地区）和霜冻地带（美国北部地区）之间。

表6-6呈现了印第安纳波利斯大都市区中基于生态区位而被选择出来

---

① 假设原理与Taeuber和Taeuber的“演替”或“入侵”相似。相应地，最后两个例子与“增长”或“下降”区域的合并相关。

② Shirley Laska and Daphne Spain, eds., *Back to the City: Issues in Neighborhood Renovation* (New York: Pergamon Press, 1980); Barret Lee and David C. Hodge, "Spatial Differentials in Residential Displacement," *Urban Studies* 21 (1984): 219-232; and Howard Sumka, "Neighborhood Revitalization and Displacement: A Review of the Evidence," *Journal of the American Planning Association* 45 (1979): 480-487。

表 6－6 印第安纳波利斯及其部分社区的信息

	统计区	城市	市中心街区 3509 号	城中街区 3525 号	郊区街区 1 2108 号	郊区街区 2 1105 号 *
总人口数						
1970 年	1109882	744624	4724	3920	5659	5976
1980 年	1166575	700807	3534	3500	6605	11769
变化(%)	5.11	－5.88	－25.19	－10.71	16.72	96.94
家户						
1970 年	353466	240979	1172	1640	1626	1707
1980 年	425757	264455	911	1636	2278	3796
变化(%)	20.45	9.74	－22.30	－0.28	40.06	122.35
与统计区的比值						
受教育程度						
1970 年的比值 †	12.20	0.99	0.93	0.98	1.02	1.00
1980 年的比值	69.30	1.00	0.63	0.86	1.17	1.16
比值的变化 ‡		0.01	－0.30	－0.12	0.15	0.16
收入						
1970 年的比值	$ 9109	0.97	0.85	0.85	1.36	1.21
1980 年的比值	$ 18674	0.93	0.64	0.81	1.25	1.48
比值的变化		－0.04	－0.21	－0.04	－0.11	0.27
女性支撑家户的家庭						
1970 年的比值	10.0%	1.19	2.97	1.03	0.48	0.40
1980 年的比值	15.0%	1.27	3.12	1.09	0.65	0.40
比值的变化		0.08	0.15	0.07	0.16	－0.00
贫困状况——贫困家庭						
1970 年的比值	8.8%	1.10	1.82	0.69	0.32	0.75
1980 年的比值	9.3%	1.24	2.85	0.73	0.42	0.18
比值的变化		0.14	1.03	0.04	0.10	－0.57
黑人构成						
1970 年的比值	12.4%	1.45	7.46	0.15	0.00	0.02
1980 年的比值	13.5%	1.62	7.21	0.08	0.02	0.03
比值的变化		0.17	－0.25	－0.07	0.02	0.07
子女养育:每 100 个 35～44 岁的女性所生孩子数量						
1970 年的比值	3124	1.01	1.18	1.03	1.00	0.88

续表

	统计区	城市	市中心街区 3509 号	城中街区 3525 号	郊区街区 1 2108 号	郊区街区 2 1105 号*
1980 年的比值	2704	1.02	1.63	0.48	0.96	0.94
比值的变化		0.01	0.45	-0.55	-0.04	0.06
家户规模						
1970 年的比值	3.14	0.98	1.28	0.76	1.11	1.11
1980 年的比值	2.74	0.94	1.42	0.78	1.06	1.13
比值的变化		-0.01	0.14	0.02	-0.05	0.02

* 1105 号街区在 1980 年被拆分成两个街区 1105.01 和 1105.02。

† 比值意味着城市或社区的值除以统计区的值。

‡ 1970 ~ 1980 年社区/统计区比值的绝对增加或减少。

的四个社区的信息。除此之外，印第安纳波利斯及该统计区的附加信息已给出，故而我们能够对社区相对变化及人口、住房和社会经济构成的绝对变化进行研究。虽然这四个社区属于个别案例，但是根据这些社区所获得的信息却可以代表整个美国城市社区的一般命运。1970 年，距 CBD 2 英里的市中心区域的社区内主要集中的是黑人群体和一些身份地位及收入低于平均水平的群体。城中社区是一个坐落在市区范围内且离市中心 5 英里远的住宅区，该社区主要居住的是白人群体以及中等教育水平的居民，且居民的收入和贫困发生率低于平均水平。我们也测量了两个坐落于郊区的社区，其中一个位于适度增长区域且居住群体的身份地位水平远远超过 1980 年社区的平均水平，另外一个则位于增长迅速的区域。事实上，郊区街区 2 的 1105 号街区在 1970 ~ 1980 年被折分，我们将两个街区的信息重新整合写进了 1980 年列中。

20 世纪 70 年代，大都市区人口增长了 5%，然而城市人口却下降了 6%。根据表 6 - 6 中的信息我们可以发现，20 世纪 70 年代印第安纳波利斯的城市人口数量尽管减少了但是住户数量有了些许增加。1970 ~ 1980 年，城市构成了大都市区的一部分，且在这十年间基本无变化。最值得一提的变化就是城市中黑人群体、女性支撑家户以及贫困群体的壮大。此外，单个社区内的人口和社会经济变化趋势与大都市区和城市中的平均变化趋势在很大程度上背道而驰。

市中心社区流失了 1/4 的人口和 1/5 的住户。虽然仅稍低于 1970 年大都市区的水平，但市中心社区的相对收入水平和受教育程度在 1980 年急速下降。

1970 年社区内的黑人比例超过 90%，经过十年的变化，社区人口构成的稳定性增强了。考虑到贫困人口及女性支撑家户的数量，社区情况也出现了一定程度的恶化，具体表现为，其贫困人口和女性支撑家户的发生率大约是大都市区平均水平的 3 倍。生命周期方面的变化继续保持与大都市区背道而驰的趋势。1980 年社区的出生率（每一千个育龄女性在去年所生孩子的数量）比统计区要高出 60%，相应地，平均家户规模也高出 40%。

城中社区 1970 年的初始水平与 1970 年大都市区的平均水平相当接近，但是其社会经济情况在十年间有轻微恶化，与印第安纳波利斯城市中其他社区的情况相呼应。该社区流失了 10% 的人口但保持了相同的住户数量。相对收入略有下降，受教育程度亦是如此。我们发现，20 世纪 70 年代女性支撑家户及贫困状况略有增长和改善，初期与统计区的平均水平相当，后期则稍低于平均水平。该社区同样也经历了黑人群体数量的减少过程。且社区内最突出的变化为人口出生率，从与统计区水平相差无几降至后者的一半。

郊区街区 1 的人口实现了 17% 的增长，但令人意外的是住户数量增加了 40%。这一现象展现了身份地位和人口构成中的某些混合变化趋势。1970 年的收入水平要高过统计区平均水平的 1/3，但到 1980 年时只高出 1/4，我们可以看到具有相对优势的社区的身份地位也有所下降（另外，受教育程度的统计结果朝着相反的方向移动）。尽管我们发现过去十年间贫困人口和女性支撑家户的发生率有所上升，但社区中属于这两类人群的人口比例仍然相对较小。在生命周期的特征和家户规模特征方面，社区与统计区在两个时间点上同步。此外，1970 年郊区社区中没有黑人群体居住，但到了 1980 年少数黑人开始定居于此。

同样处在郊区的最后一个街区（郊区街区 2），在 1970 年伊始的人口数仅比我们前面描述的街区人口数稍多一点，但在 20 世纪 70 年代末期人口快速增长，几乎是初期的两倍。我们从中也发现了相对地位的上升。到 1980 年，这个街区的收入达到近 3 万美元每年，比大都市区的平均水平高出 50%。1970 年该街区内主要是白人和少量女性支撑家户，此后这一现象略微发生了变化。贫困人口从 6.6% 降至 1.7%，与大都市区的变化趋势背道而驰。过去十年间，该街区的生育率仍然略低于平均水平，但家户规模稍有扩大。

总之，表 6-6 为我们描绘了一幅大都市变化背景下街区演变的统计图。城市的社会经济地位统计值及少数群体的增长比例略低于其所在的大都市郊区内的相应状况。1970 年市中心街区中主要聚集的是黑人及少量的贫困人口，但随着很多家户，尤其是那些占有较多资源的家户搬进其他社区，我们可以看到这一情况在过去十年间发生了明显减少。城中社区提供了中心城市核心住宅区中社区老龄化的典型范例。虽然稳定，但其中的年轻人口在大量流失（导致人口生育率动态下降），进而导致社区身份地位下降，就这些社区而言，这是一个极可能在下一个十年社会经济地位持续下降的社区。重改种族和族群构成的时机已经成熟，因为现住居民在生完孩子后开始陆续搬出，为新住户入住腾出了足够的空间。我们观察的两个郊区社区，一个是人口及社会特征比较稳定的社区，另一个则是存在潜在爆发增长可能的社区。更可能工作于分散的新开发区附近的新住户，已经逐渐开始（或必将）搬进新建住房。新住户覆盖了老住宅街区，当新来者的数量远远超过常住居民时，社区的相对地位将会上升。

五千个社区：十年变化

社区阶段理论对探索用统计学的眼光看待社区变化的方式来说十分有用。虽然没有关于任何一个社区的完整演变史（很多个十年中的变化），但是可以看出 20 世纪 70 年代的实证证据是否与模型之一给出的特殊观点相一致。我们提出了两个关于社区演变的问题：其一，随着时间的推移，社会特征到底有多稳定？其二，大都市模型中一个社区的地位或所处阶段如何因其所处位置的不同而发生变化？

为进行时间上的对比，我们必须留意对问题的绝对情况及相对情况进行比较，尤其是在人口构成方面。正如所举的印第安纳波利斯的例子，一个社区的人口也许会在发生绝对增长的同时发生相对下降，进而与大多数社区的变化同步。当处理不同时期的普查数据时，第二个难题出现了。测量分类并不一定保持不变，所以绝对变化也许会反映出测量方法的不同而非潜在的社区动态。

正是基于这些原因，我们选择着手进行大量的相对动态分析。我们检测了随着时间的推移，街区相对位置的变化，下面的表格详细描述了分析结果。这些表格使用了时间纵向上匹配的 1970 年及 1980 年的人口普查数据。理想情况下，我们可以获取同一地块在两个时间点上的数据。[①]

社区稳定性

表 6－7 呈现了关于 20 世纪 70 年代大都市区内社区稳定性的简单测量结果，计算了每个统计区内大量人口和住房特征的相关系数，并按等级次序进行排列。如果所有社区的情况在 1970 年和 1980 年两个时间点上无差别，则统计值为 1.0，即代表完美的相对稳定状态。相反，如果这两次普查中的相应情况并不存在任何关系，则系数为 0。

已测量的大量特征中存在一个在社区相对位置中更具稳定性的特征，即受教育程度，在多数大都市区内，社区的受教育程度在 1980 年的相对位置与其在 1970 年的情况非常接近。这方面的最大值出现在波士顿、列克星敦、纽黑文这三个拥有庞大人口规模的城市，这些城市通常也倾向于选择补充一些由具有相同受教育程度的居民组成的社区。较高收入群体的稳定性与受教育程度的影响力非常接近，但略低于后者，多数城市显示出超过 80% 的稳定性。在收入分布的另一端，19 个大都市区中贫困状况的平均稳定系数为 0.73。有意思的是，相对贫困随时间的推移产生的变化效应要超过相对富裕，尽管这一现象产生的部分原因是人口构成中贫困人群比高收入群体所占的比例更小。总之，这些结果仍然指向了大都市区内资源和地位分布方面可观的稳定性。

由于普查街区边界的不同会影响地位的稳定性，因此需要谨慎对待统计区之间的对比，但是统计区彼此之间地位稳定性的差异仍可最终被呈现在表 6－7中。纽瓦克在以上所述的所有三个特征（受教育程度、收入、身份地

---

① 本节中的表格基于对 19 个统计区中 4985 个人口普查街区样本的观察。班格尔和希博伊根被排除在外，因为这二者在 1970 年人口普查时并未被设定为统计区。我们需要观察的信息有：①没有发生变化的街区；②在 1970 年和 1980 年被拆分但因为本研究分析需要而将之合并的街区；③1970 年已对街区进行了重新合并，且由于 1970～1980 年人口数量减少而进行合并的街区；④并不能完美匹配的街区。1970～1980 年郡中的街区被合并或排除于统计区，但是样本量很小。这些表格基于将近 5000 个街区，其中大约有 95% 的边界与规定的边界相符（参见附录 A）。我们运用了大量不同的方法以及稍微不同的样本街区（控制匹配的质量等）对表格进行了反复检验，结果仍然成立。因此，表 6－7 和表 6－8 呈现了我们所得到的最简单也最具囊括性的结论。

位）上都达到了非常高的稳定性水平，这表明20世纪70年代大都市区内总体人口的动态减少，以及绝对收入相对稳定的位置。

表6-7 社区特征的稳定性：1970~1980年*

统计区	大学毕业	高收入	贫困状况	黑人	外籍群体	孩子	老年人	最近的搬迁	新建住房
艾伦镇	0.85	0.65	0.59	0.79	0.58	0.73	0.83	0.53	0.61
阿马里洛	0.85	0.73	0.67	0.58	0.26	0.75	0.84	0.41	0.62
亚特兰大	0.90	0.86	0.78	0.77	0.53	0.71	0.78	0.55	0.60
伯明翰	0.72	0.72	0.76	0.85	0.38	0.52	0.68	0.55	0.80
波士顿	0.90	0.91	0.76	0.80	0.73	0.88	0.73	0.64	0.44
芝加哥	0.86	0.86	0.78	0.83	0.77	0.75	0.65	0.60	0.51
弗林特	0.77	0.81	0.71	0.82	0.30	0.71	0.76	0.60	0.69
印第安纳波利斯	0.87	0.85	0.68	0.82	0.47	0.67	0.77	0.55	0.66
列克星敦	0.92	0.89	0.87	0.77	0.25	0.79	0.79	0.67	0.70
新贝德福德	0.87	0.76	0.75	0.86	0.67	0.79	0.81	0.51	0.42
纽黑文	0.95	0.87	0.76	0.88	0.47	0.81	0.77	0.71	0.57
新奥尔良	0.80	0.84	0.85	0.91	0.51	0.84	0.80	0.58	0.71
纽瓦克	0.93	0.92	0.85	0.90	0.68	0.74	0.75	0.65	0.39
圣路易斯	0.89	0.83	0.82	0.87	0.53	0.72	0.66	0.53	0.62
盐湖城	0.92	0.82	0.66	0.81	0.66	0.89	0.87	0.73	0.66
圣安东尼奥	0.85	0.77	0.79	0.72	0.72	0.83	0.82	0.61	0.62
圣地亚哥	0.82	0.82	0.61	0.74	0.58	0.84	0.85	0.65	0.60
西雅图	0.86	0.82	0.56	0.77	0.55	0.89	0.85	0.65	0.78
斯托克顿	0.80	0.69	0.65	0.89	0.58	0.74	0.69	0.48	0.50
平均值	0.86	0.81	0.73	0.81	0.54	0.77	0.77	0.59	0.61

* 按照1970~1980年统计区的相关系数进行排列。

社区中黑人的稳定性与我们在高收入群体中发现的结论一致。尽管黑人的隔离程度降低了，但几乎在每个大都市区内，社区仍然被分为黑人社区或白人社区，以获得更精确的预测结果。南部和西部增长迅速的城市中黑人群体的稳定性相关系数最低，但这些城市的隔离程度下降幅度最大，故而表明，城市增长通常并不伴随着种族的再融合。[①] 外籍群体在两个时间点上的测量结果相同，其稳定性水平也低于我们在黑人群体中得到的统计结果，低出值超过了后者的25%。这一发现与我们所做的“外籍群体的流动性更大”，以及“新移民群体并不必然是上一次波浪的涟漪”的假设相一致。如果生态演替模型完全适用，则相同社区内老住户让位于新住户的相关系数会更大。

一个可能的假设是，正如印第安纳波利斯的城中街区所表现的那样，随着一个街区年龄的增长，其住户的年龄也会随之变化，直到街区被年轻的群体覆盖。如果这一假设成立，我们所期望的儿童和老年人的稳定性相关系数将远远低于我们已发现的0.77。事实上，生命周期在时间跨度上的稳定性仅低于收入和种族。西部地区的统计区中，老年人居住分布的一致性非常明显，这可能是因为西部地区的统计区与北部地区的统计区一样，在移民迁移过程中并没有失去任何老年住户。

表6-7的最后两个特征非常独特，它们是对社区人口和住房覆盖率的直接测量指标，它们的稳定性意味着以上两者的持续变化。如果某类社区以稍纵即逝为特征，而另一些以稳定性为特征（因为居民从不流动），那么新进入居民在十年间的增长值应该保持恒定。事实上，这一特征的稳定性系数要低于大多数城市中种族、地位及生命周期的稳定性系数。新建住房与社区在时间跨度上具有很高相关性的统计区主要包括列克星敦、纽黑文以及盐湖城，这三个地区内大学毕业生群体的稳定性系数最高。至于年龄的稳定性，表6-7中的相关系数相较于直接运用社区生命周期理论的建议系数要更高。

普查开展前五年内新建住房中的居民都是新住户，即使它们的平均值几近相等，也并没有使表中最后两列中的数值相等。新建住房的稳定性与大都市区的增长率之间存在一定的关系。在很多扩张的统计区（如新奥尔良、列克星敦及西雅图），如果一个社区在某个十年间建了新的住宅，那

① 我们对除了黑人和白人之外的种族群体也进行了对比测量，还是按照1970~1980年的人口普查街区目录进行测量，但不同的是，“其他”种族群体中出现了大量的偏差值。居住着大量亚洲人口的海滨城市的稳定性水平与居住着黑人的海滨城市相似或略低于后者，在其他统计区中，这一联系可忽略不计。

么在下一个十年中，其很可能会再次建设新住宅。与之相反的是，在一些老的大都市区（如波士顿、芝加哥和纽瓦克），其房龄在时间跨度上的稳定性系数非常低，这表明新建住房更可能分散在大都市区各处。

按同心圆划分的社区演变

关于社区演变的第二种观点是，可以根据距市中心的距离来划分变化分布类型。我们采用之前章节中的方法——将大都市区划分成四个同心圆。[①] 如果社区阶段理论及大都市生态发展中传统的同心圆理论均成立，那么我们将能看到按圆（环）划分产生的可观的社区动态分异。尽管少量社区呈现了复兴与新生态势，但是绝大多数最内环的社区仍处在“细化阶段”，社会经济地位正在不断下降。尽管第 2 环不如最内环表现得那么极端，但呈现的是与之一致的趋势，且在该环中并没有有关社区复兴的任何迹象。在另外两个外环中，我们发现了人口的大量增长以及住户身份地位的提高。尽管我们清楚这三种趋势的一般真实性，但社区动态分析（单个社区数十年间的变化）可使我们获得与此趋势相同或相反的社区间平衡。

图 6－3 呈现了大都市社区人口变化的概况，介绍了随环发生的综合变化情况。图中展现了所有 19 个统计区中将近 5000 个社区的调查信息，探索社区在每一环内绝对人口的增加或流失[②]，以及每一种增加或流失类别的人口增加和减少的均值变化。最内环社区的人口流失情况最严重，随着环向外推移，社区人口数不断上升。这与我们的预期相符但并没有展示完整的事实情况。社区在每一环内流失的人口平均值为 600 人，第 2 环和第 3 环中社区增加的人口平均值超过 2500 人，比第 1 环的平均值多出 700 人。所以，当我们将水平线上下两部分进行对比时，我们可以很明显地看出社区扩张过程中的多样性，即使是在经常被忽略的更加广义的定义的地区范围内亦是如此。表 6－8 呈现了 20 世纪 70 年代（用 1970 年的社区边界划分）每一环内社区中家户数、高收入群体、黑人及老年

---

① 再次强调，这些环并不能影响城市中心－郊区的边界。虽然它们与 1980 年截面分析中的同心圆区域相同，但是数据合并后，每一环内的街区数量未必相等。一般来说，由于外环区域将分散的社区再合并，故而这里的人口普查街区数量较少。为了方便使用，我们继续将四个环中的最内环称为一个“环”。

② 此处的增加（gain）与流失（loss）指的是两环间的差量。——译者注

人口数量增加的百分点，至于社区的平均水平，则与我们所举的印第安纳波利斯的四个社区的情况相似。我们选择这四个特征的原因是，它们是社区总体增加（家户规模的净变化）、社会经济地位、少数族群及生命周期的指标，且在时间跨度上具有可比性。接近100%的数值表明该环相对于平均（中环）来说，其内几乎所有社区的人口数都有所增加；数值接近为0则说明社区人口数普遍相对减少；介于两者之间的值则表明社区演变过程非常复杂。表中第6列记录的是克雷莫 *V* 值（Cramer's *V*）——一种描述交叉表相关度的方法。*V* 值越大（变化范围为0～1），按同心圆划分产生的社区演变的分异越明显。①

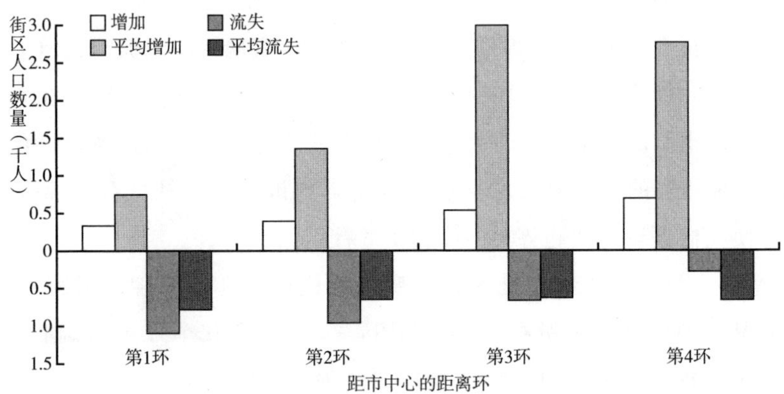

图6－3　按同心圆划分的社区人口变化：1970～1980年人口普查街区的数量及人口平均增加和流失量

表6－8　1970～1980年按同心圆划分的社区演变

统计区	变量	社区的相对位置				
		第1环(%)	第2环(%)	第3环(%)	第4环(%)	Cramer's V*
艾伦镇	家户数	41	48	52	60	0.14
	高收入群体	34	52	59	57	0.19
	黑人	81	36	48	33	0.39
	老年人口	53	58	52	37	0.16

① 我们同样在社区相对位置发生的大量变化而非交叉表的增加值和流失值的基础上，计算了相对低位的相异指数。在很大程度上，这些结果证实了交叉表的有效性，尽管有时它们会给出关于环间差异大小的更加复杂的评估结果。

续表

统计区	变量	社区的相对位置				
		第 1 环(%)	第 2 环(%)	第 3 环(%)	第 4 环(%)	Cramer's V^*
阿马里洛	家户数	0	33	69	100	0.75
	高收入群体	44	60	50	47	0.12
	黑人	44	60	50	47	0.12
	老年人口	13	80	69	40	0.53
亚特兰大	家户数	15	61	87	92	0.59
	高收入群体	42	35	76	100	0.39
	黑人	36	62	63	0	0.35
	老年人口	37	61	65	8	0.32
伯明翰	家户数	18	33	59	86	0.53
	高收入群体	33	30	55	74	0.37
	黑人	70	77	41	11	0.53
	老年人口	46	77	66	17	0.46
波士顿	家户数	34	35	57	79	0.36
	高收入群体	34	35	59	74	0.32
	黑人	42	62	49	45	0.15
	老年人口	34	35	68	66	0.33
芝加哥	家户数	26	36	65	81	0.44
	高收入群体	40	26	64	74	0.37
	黑人	46	44	47	66	0.17
	老年人口	36	42	71	51	0.27
弗林特	家户数	3	43	84	77	0.65
	高收入群体	32	43	72	58	0.30
	黑人	48	75	56	19	0.40
	老年人口	29	64	72	39	0.36
印第安纳波利斯	家户数	13	33	92	78	0.63
	高收入群体	33	31	51	84	0.45
	黑人	43	76	67	18	0.46
	老年人口	31	74	69	35	0.39
列克星敦	家户数	20	64	100	NA	0.62
	高收入群体	55	29	63	NA	0.28
	黑人	40	64	50	NA	0.22
	老年人口	35	86	25	NA	0.51
新贝德福德	家户数	30	46	46	100	0.47
	高收入群体	10	64	55	71	0.47
	黑人	30	46	64	57	0.26
	老年人口	20	55	55	86	0.43
纽黑文	家户数	4	50	75	100	0.64
	高收入群体	17	29	88	86	0.63
	黑人	30	71	54	29	0.34
	老年人口	4	71	79	29	0.65

续表

统计区	变量	社区的相对位置				
		第 1 环(%)	第 2 环(%)	第 3 环(%)	第 4 环(%)	Cramer's V*
新奥尔良	家户数	20	25	84	89	0.63
	高收入群体	42	40	53	70	0.22
	黑人	41	49	59	45	0.14
	老年人口	14	46	85	64	0.54
纽瓦克	家户数	33	40	59	85	0.36
	高收入群体	24	36	68	90	0.48
	黑人	35	62	51	53	0.21
	老年人口	38	40	73	47	0.29
圣路易斯	家户数	8	42	77	85	0.61
	高收入群体	45	33	58	70	0.27
	黑人	41	56	61	36	0.20
	老年人口	42	44	77	30	0.34
盐湖城	家户数	20	64	88	51	0.49
	高收入群体	30	70	88	32	0.46
	黑人	63	36	42	51	0.21
	老年人口	28	79	42	57	0.39
圣安东尼奥	家户数	4	45	79	83	0.64
	高收入群体	43	40	44	75	0.26
	黑人	25	57	74	42	0.38
	老年人口	41	77	63	11	0.48
圣地亚哥	家户数	10	35	80	88	0.65
	高收入群体	36	35	52	80	0.36
	黑人	44	57	65	34	0.23
	老年人口	34	79	61	25	0.44
西雅图	家户数	8	42	79	76	0.58
	高收入群体	36	31	66	68	0.34
	黑人	39	61	61	31	0.27
	老年人口	21	74	76	24	0.53
斯托克顿	家户数	5	35	81	83	0.67
	高收入群体	25	47	50	78	0.39
	黑人	50	53	69	22	0.33
	老年人口	35	71	56	33	0.31
平均值	家户数	16	43	74	83	0.55
	高收入群体	35	40	61	72	0.35
	黑人	45	58	56	35	0.28
	老年人口	31	64	64	39	0.41

* Cramer's V 值是测量交叉表相关系数的一种方式（取值范围为 0 ~ 1），eta^2 值是测量环状位置影响下的方差解释率的方式。

家户变化

表 6－3 非常清晰地展现了不同同心圆间社区的变化，以及每一环内的社区差异。至于家户的变化，统计区中的大多数内环社区，无论是其相对家户数还是绝对家户数都在减少。随着每个演替环向外推移，社区家户数的增长百分比要高于统计区的平均水平。再次以印第安纳波利斯为例，其内环 6/7 的社区内家户数的增长速度要慢于平均水平；相反，两个最外环中的大多数社区内家户数实现了增长（相关表格显示，印第安纳波利斯内环的一个标准社区每流失 137 个住户，其第 3 环内一个标准社区的住户数会增加 1000 户，进而很可能同时发生变化）。在一些存在时间较久的大都市区中，其内环相较于外环家户数的相对减少现象非常明显。大都市区整体扩张也很可能会对家户数显著增加或流失的数量产生影响，圣路易斯受的影响尤大。内环中超过 90% 的社区经历了家户数的相对流失过程（平均每个社区流失了 377 个家户）。较小的阿马里洛统计区中，3/4 社区内的家户数显著增加了，但其增长速度均低于大都市社区的平均水平。在这四个特征中，家户数变化随环递进产生的分异最明显，这一点可由表 6－8 中的最高克雷莫 *V* 值体现出来。

身份地位

根据伯吉斯及其他城市生态学家提出的大都市模型，收入最高的家户随时间推移不断向城市外部流动，占据了原来的农用地，开启了住房过滤进程。城市外围社区由于城市高收入群体不断涌入并取代当地乡村人口，因此经历了身份地位相对提高的过程。而理论上说，内环社区收入改善的速度理应远远超过城市外围社区的收入增加速度。

表 6－8 中的数据结果支持上述理论想法。在大多数大都市区内随环向外推进，社区的相对地位稳步提高。总体而言，最外环社区的地位比最内环社区提高了两倍。我们也观察到稳定发展之外的一些例外情况，例如，第 3 环比第 4 环身份地位的提高程度更高，这表明这些外环通常是很多相对分散的工业的驻扎地，更可能吸引低收入群体进入。

生命周期

作为社区生命周期构成的一个指标，我们对老年人口的变化进行了测量。1970～1980年美国人口构成中老年人口增多，因此我们可以预测一个标准社区内的情况亦是如此。但是老年人口的居住动态相比较而言却并没有那么清晰。正如前文所提及的，当社区年龄增长时，居民的年龄也会相应地增长，因此，在靠近市中心两环的老住宅区中，也许会发现老年人口的相对密度较高。相反，如果有孩子的家庭主要居住在郊区，那么第3和第4环中老年人口的相对密度则较低。当老年人口从一个统计区迁移至另一个统计区时，在这一变量上将会产生相当大的差异，其中，最常见的人口流动趋势为从北部地区向南部及西部地区迁移。在一些统计区，CBD中就业人口的集中会促使年轻的工作群体居住在内环内，因此，降低了内环社区的相对年龄。

研究发现证实了以上论点。最内环的老年人口增长率最低，主要原因有：市中心年轻劳动力的增加，拥有较多财富的少数族群聚集在市中心区域，年轻群体的分布情况，以及最有可能的因素——死亡率、迁移到其他统计区或已离开该地区，所有这些因素导致的常住老年人口的更替不足情况。正如在印第安纳波利斯的城中街区中所发现的那样，老年人口增长最多的情况主要发生在第2和第3环中。最外环中，老年人口增长的街区较少，主要因为这里是单户型住房的新开发区，它们中的很多接下来将会演变为子女抚养型社区，因此，即使仅对生命周期进行粗略测量，仍可以发现社区生命历程演变的证据。

大都市区中关于相对年龄变化的情况明显不同。例如，纽黑文中心街区的相对年龄增长幅度非常小，但是在第2和第3环，居民年龄增长的情况却非常明显。而亚特兰大郊区“年轻化”的趋势却极其显著。根据表6-8中的克雷莫V值我们发现，对一般统计区而言，老年人口增加导致的环间分异比收入和种族更大。家户数增长及住宅单元建造仍然与地理位置密切相关，这与我们的以下发现趋于一致：社会特征因在大都市区中的空间位置不同而分异明显，其分布相较于房屋基础设施的分布而言也更无规律可循。

种族

我们关于隔离和空间组织方面的研究分析发现，美国大都市区中黑人高度集中在某些社区（贫民窟），且其居住分布更倾向于呈现同心圆模型，但随着时间的推移该情况将会发生何种变化则很难预测。大都市区的极端种族隔离意味着，大多数社区内全是白人或全是黑人居住，且仅用一个特例社区并不能代表大都市区的“平均”种族构成情况。伴随着种族隔离程度的下降，很多白人社区内将会出现黑人数量相对增长的情况。然而，种族演替及扩张仍然主要发生在传统的黑人居住区，且环与环之间的变化各不相同。

表 6－8 证明同心圆模型与社区种族动态变化之间的相关性很低，其平均克雷莫 *V* 值在四个特征中最低。在大多数统计区中，内环是黑人的主要聚居地（见第五章），所以在住房体系隔离中，这里出现黑人数量相对增长的机会很小。另外，内环中的社区正在市重建局的支持下建设新的住房。在第 2 和第 3 环中我们发现，社区中黑人人口的增加量相对于统计区平均水平的增加量较大，外环中的黑人人口增加量则相对很小。尽管很多研究已经证实黑人群体郊区化的程度，但我们发现该程度并没有充分渗入更远的郊区和远郊。只有在芝加哥、新贝德福德、纽瓦克以及盐湖城的外环社区中黑人人口获得了相对增长。在 Taeuber 夫妇的研究范式中，这一情况经常被视为一种“取代”。在我们的样本中，这种取代通常发生在南部地区以及拥有大量长期居住在城市外围的黑人的统计区中。

中产阶层化的证据?

我们已经提到了大量有关中心城区复兴的近期研究。有没有证据表明同样的复兴发生在我们所研究的 5000 个社区中？为了对这些大都市中心城区复兴的证据进行直观探索，我们针对经历了家户数显著增长及以收入衡量的身份地位相对改善的部分社区进行了分析。并不是所有学者都按照这样的方式定义中产阶层化，其起源于一个更加模糊且不一致的概念定义，然而，它真实地反映了社区对新的高收入群体吸引力的提高。我们并不能严格区分老住房翻新（住房条件改善）和新住房。我们也同样对大都市区的框架进行了比较。

表 6－9 中的数据结果粗略地解释了所谓的中产阶层化指的是什么。在大多数统计区中仅有少量的内环人口普查街区经历了收入及家户数的同时增长。[①] 在幅员辽阔且年代已久的统计区中，波士顿、芝加哥与纽瓦克的增长幅度最大。增长的部分原因是城市再开发策略，而另外一部分则是住宅区中的人口构成变化。尽管如此，总体而言，大都市区内环的身份地位的提高与家户数的增长幅度和外环相比仍相形见绌。

表 6－9　按同心圆划分的社区更新

大都市区	更新百分比(%)				Cramer's V
	第 1 环	第 2 环	第 3 环	第 4 环	
艾伦镇	16	29	46	40	0.17
阿马里洛	0	7	31	47	0.47
亚特兰大	4	22	72	92	0.43
伯明翰	3	13	31	63	0.36
波士顿	14	10	34	62	0.27
芝加哥	9	10	43	65	0.32
弗林特	0	14	60	54	0.41
印第安纳波利斯	7	14	46	69	0.43
列克星敦	10	14	68	—	0.50
新贝德福德	10	36	27	71	0.38
纽黑文	0	17	63	86	0.48
新奥尔良	5	5	44	64	0.39
纽瓦克	9	13	44	80	0.34
圣路易斯	2	12	50	70	0.41
盐湖城	7	49	83	24	0.37
圣安东尼奥	2	17	40	67	0.41
圣地亚哥	3	15	42	70	0.41
西雅图	3	16	51	61	0.38
斯托克顿	0	18	38	72	0.46
平均值	5.4	33.1	47.6	64.2	0.389

① 一些研究者不同意将家户数的增加作为计算的一部分。我们在分析中加入这一因素的原因是，它是反映社区吸引力的一个简单指标。另一种方法是聚焦于表 6－8 的收入（地位）变化。

结　论

关于大都市区变化的数据统计结果并没有指向一个简单的结论。大都市社区发生了巨大的变化，这些变化一起重塑了大都市模块。综观所有的社会经济特征，收入中存在的隔离程度更低且具有 CBD 取向，也更可能呈现为同心圆模型。研究结果真实地展现了贫困的隔离程度在 20 世纪 70 年代的加深，且呈现了生活质量影响下的隔离程度加深。生命周期特征更不容易通过大都市等高线图进行直接预测，研究发现年龄及婚姻状况影响下的隔离程度的加深（适中的绝对增长量）。种族和族群隔离程度也显著下降。然而，最值得一提的却是，“隔离梯度”在所测量的时间段内保存完好。种族和住房存量的物理特征继续保持最高的隔离水平，生命周期特征处于最低水平，而社会经济地位特征则介于两者之间。

尽管隔离程度数据的对比及社区构成的可预测性提供了一系列都市图像的快照视图，但现实情况是，对社区层面信息的分析让我们获得了社区完整的潜在动态信息。大量的市中心街区正在经历着相对身份地位的下降和人口数量的减少，然而在大都市区的外围社区，人口却在迅速增长且相对身份地位也有了实际提高，这一现象的发生主要是由于大都市区内的高收入群体进入此地居住。外环社区正在逐渐年轻化，且需要抚育孩子的家庭更倾向于选择在此居住，但是中间两环社区呈现明显的老龄化趋势。最内环与最外环地区黑人人口增长最少。如果族群的空间模式呈现多核心模型，那么我们对距离因素影响下的种族变化中存在的系统化关系便不再抱有很大的期望。

一般而言，这些结论是否与城市社区联结的社会阶段理论相一致？仅通过两个时间点上的信息肯定不能对社区生命周期进行完整分析，因此，不能过分苛刻地评价这一演变模型。

最后，根据这些表格还可以得到大量的社区经验。根据这些特征所绘制的表格显示，大量少数族群社区的演变在其所属环内与大趋势背道而驰，这一点恰好支持了唐斯关于社区阶段演变可双向移动的观点。此外，结论也表明，中产阶层化是大都市区演进的推动力，对这一结论的关注已经超出了其在人口统计学及统计学上的影响。

第七章

演变中的大都市结构

本章，我们将讨论一个国家大都市区结构的相关问题。这里的结构指的是大都市区域内居民社区与主要的非居住类活动的组织方式。大量学者已经对大都市区的形态在20世纪70年代的变化趋势做了描述或推测。通过用详细的街区信息描绘大都市图景的尝试，我们得出了有关之前章节分析的居住分异和空间组织的结论，除此之外，本章还将对国家交通和经济结构变化的其他相关信息进行探讨。为了得到具体的街区地理信息，我们经常忽略小片区域的人口统计信息，但是统计结果仍然提供了大量有关大都市组织的碎片信息，通过整合、拼接这些信息，有助于我们获得完整的大都市图景。与此同时，我们也会基于深入的分析提出一些建议，进而使读者对提出的问题与假设形成更加清晰的认识。

人口扩散

总体而言，我们在大都市及其社区内观察到的变化与国家人口再分布之间的关系非常复杂。20世纪70年代人口分布变化的主要特征之一是人口的非大都市“转变”。十年间，在恒定不变的大都市边界内的人口增长速度要慢于大都市边界外的人口增长速度。此外，1820年以来，国家城市人口的增长幅度最小。[①] 这一转变吸引了人口统计学和学术圈内外的大量关注，原因是美国人口居住系统的基础重建具有重要的象征意义。大量学者的悉心研

---

① Larry Long and Diana DeAre, “Repopulating the Countryside: A 1980 Census Trend,” *Science* 217 (1982), 1111 - 1116.

究证明了这一转变并不只是一个简单的统计学上的伪事实，也不单指大都市人口向大都市外围的“远郊”渗透。[①] 大都市内更多的居民甚至被分类为“乡下人”，20 世纪 70 年代，这一增长率从 12% 增长到 15%。拉里·朗（Larry Long）和戴安娜·迪尔（Diana DeAre）将这些趋势描述为“国家大都市系统中人口分散增长的一个指标：当城市人口在 20 世纪 70 年代扩散到乡村时，其系统本身也将以一种不同于 20 世纪 50 年代和 60 年代扩散趋势的方式进行转变”[②]。

当 20 世纪 70 年代的变化与 20 世纪 50 年代和 60 年代主要大都市区中的大规模郊区化趋势相一致时，表明人口进行了一次范围广泛的重组。这一改变已经在大都市社区内烙下了印记，同时也影响了社区演变以及以大都市核心区为取向的一般模式。我们将这种空间演变模式称为人口扩散。大都市人口扩散存在三个相互关联的因素：人口的一般离散或分散趋势、多核心模型相对于同心圆模型体现出的重要性，以及居住用地空间组织的衰落。[③]

非大都市转变趋势标志着整体层面上的变化。几十年前，国内的乡村（非城市）地区面积相对较大，且主要用于农业生产及进行其他一些采掘工业活动，几十年间人们不断地迁移至大城市，但现在乡村正不断地涌入移民和新的经济活动体。这种活动不包括农业、渔业及采矿业，相反却涵盖了“二战”后最具吸引力的制造业活动、近期迅猛增长的办公场所的开发、研究所的建立或其他诸如此类的经济活动。传统城－乡区域中的经济活动类型相较于 20 世纪 40 年代和 50 年代，其重要性在 20 世纪 80 年代降低了，且城市中心相对于乡村偏远地区的优势不再。毋庸置疑，交通和通信技术的变化及其可获得性刺激、带动了这一发展，但它们所扮演的角色的确切性质仍然无法被完全理解。

我们接受这样的前提：社会特征——社会分层、种族关系及生命周期——可见于大都市的空间模型。每个社区都有一个独特的城市人口交叉部分——人们由于经济竞争、生活方式喜好或偏见而聚集在一起。我们期望在

① Calvin Beale, *The Revival of Population Growth in Nonmetropolitan America*, U. S. Department of Agriculture Economic Research Service Report #605 (1976).

② Larry Long and Diana DeAre, “Repopulation the Countryside,” pp. 1114－1115。

③ 这里的人口扩散是空间移动中的一种现象（通常伴随的是一种革新），应与革新扩散文献中的概念相区别。

大都市内发现富裕和贫穷社区，黑人和意大利群体社区，年轻的单身、老年人和核心家庭社区。这些社区的存在证明了不均衡和隔离的存在。另外，空间组织描述了不同社区与系统化整体的联结方式，换言之，一个社区的社会结构可用在城市或郊区内的相对地理位置来预测。本质上，第五章中的生态模型已经提供了有关空间组织的明确假设，并配以相应的空间组织图。空间组织假定社区中存在差异，且社区位置与其系统化模式相对应。

20 世纪 50 年代和 60 年代呈现的郊区化特征对大都市生态中中心城市（市政厅）的主导地位提出了挑战。很多中心城市尤其是那些北部地区城市中的绝对人口数正在逐渐减少，这一现象与其郊区显著相关。尽管城市的初始边界扩张了且市内增加了很多附加的服务设施（例如在得克萨斯州和俄克拉荷马州），用以吸引郊区人口重返中心市区，但南部和西部地区仍出现了郊区化现象。1940 年，每三个郊区居民中就有两个来自市中心；1980 年，这一比例被彻底颠覆。[①]

大都市区的中央商务区（CBD）——城市的历史中心、心脏——既不再在大都市的居住组织中扮演主要角色，也不再作为理解人群、商品和服务在地区中流动的重要部分。环形高速，尤其在其与主要沿轴线的交叉点处的作用，就如谚语所描述的“州与麦迪逊街道”一样被消除。诚然，市中心仍然是最主要的中心点，很可能也是最重要的，但是现在它不再拥有组织领导权。尽管如此，我们在关于城市的构想和计划中持的观点是，传统的模型仍然成立，现在唯一要做的就是将模型向外“拓展”以适应人口的向外流动。但这种“拓展”需要精确到何种程度？这又是一个新问题。

人口扩散中产生的分异是美国城市结构转型的结果。运输和通信技术在过去几十年间已经发生了天翻地覆的改变，以至于进入市中心的难度被大大降低。20 世纪 60 年代 Brian J. L. Berry 及 Quentin Gillard 的研究结果证明了交通领域向城市外围的进一步扩展，在这一过程中，同心圆取向逐渐减弱，交互模式形成，多核心竞争模式的地位上升。[②] 尽管进入市中心不再那么重要，但其位置本身仍有意义，尤其是在居住环境方面，选择和谁做邻居在很

---

① Donald J. Bogue, *The Population of the United States* (New York: Free Press, 1985), pp. 129 - 135。

② Brian J. L. Berry and Quentin Gillard, *The Changing Shape of Metropolitan America* (Cambridge, Mass: Ballinger, 1977), pp. 99 - 123.

多社会中仍然是一个重大或有限制条件的决定。

不断变化的大都市人口分布可通过城市的密度等高线图进行说明。很多城市中都曾存在一个人口峰值且保持着稳定的斜率，但时间和科技使这些梯度值增加了，促使城市中的人口分布最终达到平衡状态。外环社区相对于内环社区的人口密度增长为人口扩散提供了更进一步的证明。美国居民从老的统计区不断向更年轻、较小的统计区迁移，其最终结果表现为美国现阶段的平均人口密度将远远低于上一代人的人口密度。密度梯度扁平化是大都市区人口扩散的象征。我们仅根据距市中心的距离对社区人口构成进行预测的能力在“二战”后的一段时间内有所下降，且无论从何种角度看，社区仍保持着其居住特征的独特性。作为一个通用模型，隔离梯度模型存在已久，很多个体特征的隔离程度亦是如此，尽管 20 世纪 70 年代种族隔离程度在某种程度上下降了，但是人口中最贫困群体的隔离程度在很多城市内上升了。人口向外流动预示着大都市区人口发生了扩散，这一过程通常伴随着我们根据地理位置信息对社会和住房特征进行预测的能力的下降。具有独特性的社群仍然存在，分异的维度略有改变，但市中心取向已经减弱。一个关于人口扩散存在及其程度的更完整的研究，需要我们不局限于现有数据而对更多大都市区的情况进行直观分析。可以说，我们基于 1940～1980 年及 1970～1980 年两个时期的数据所做的分析工作最终得到的结论鼓励我们继续前行。

大都市系统

人口扩散程度是否已对传统上“基于商品和服务产品的高度组织化水平进行定义、发生在其内部的经济活动中的劳动分工可被转化为工人及其家庭的空间分异”的大都市概念构成挑战？回答是肯定的，但该概念并没有因此被取代。如果我们遵循大都市的传统定义便会发现，美国的城市化和大都市化速度在 20 世纪 70 年代很慢，甚至接近停滞状态。①

---

① 1980 年以来，大都市的增长多少要归功于非大都市区的扩张。尽管如此，较小的大都市区相较于较大的大都市区而言，增长速度更快。Richard L. Forstall and Richard A. Engels, "Growth in Nonmentropolitan Areas Slows," U. S. Bureau of the Census, March 16, 1984.

从美国社会的乡村化可以看出，对更宽阔且适宜的环境的长期偏好也可以被解释为美国的一种普遍城市化。居住在被定义为乡村及/或非大都市地区对美国人来说意味着经济和文化资源价值更难获得。大都市在整个20世纪内都在持续不断地向外扩张：刚开始主要是突破城市边界向郊区渗透，而现在正在不断超越其所属的地区范围。确立"城市"、"郊区"、"远郊"、"乡村偏远地区"起始和终结的边界已经变得越来越困难。联邦政府的统计机构再次修改了以上四个概念的定义，以期与人口的变化趋势保持一致。此外，我们也见证了人口向较低序列中心的迁移转变。传统生态模型主要用来描述北部地区较大工业城市的结构，对那些年轻城市的结构的解释度较低。

由于大都市是国家经济的一部分，不同的城市群之间存在相互联结的关系，这一关系网络构成了大都市系统，网络之间的联系纽带构成了大都市系统的结构。因此，我们可以将芝加哥、丹佛或盐湖城视为大都市系统的一个个网络节点。当大都市系统发生变化时，经济也会随之变化，我们希望每个大都市区的内部结构都能够反映这一变化。

对美国国家科学院所述的"国家及国际经济中强有力且根本性的结构变化"[①] 进行综述并不是一项简单的任务。结构转型的一个主要组成部分是传统生产与分布格局的转变，即逐渐脱离那些被称作烟囱工业的生产而转向金融业、服务业及休闲产业。随着硅取代铁成为美国工业发展的先锋，城市自身也发生了转型。城市的工业类型主要因资金密集度差异而不同，城市关于美国经济变化的观点也因其是否对国民生产总值（GNP）或工厂中的工人有所贡献而不同。这说明劳动力的影响越来越显著，因此，我们期望在人口居住分布方面也能看到这一现象。

经济活动一度主要发生在东部沿海和五大湖地区的城市中，但现在已经逐渐转移至这些城市的郊区地区，形成了新的区域而完全脱离了旧的大都市系统。20世纪中期，邓肯（Otis D. Duncan）及相关其他学者对56个大都市区的大都市系统及其相关经济活动进行了描述。该大都市系统网络的核心点为纽约。芝加哥、洛杉矶、费城和底特律这四个被称为全国性大都市的都市

---

① National Academy of Sciences, *Rethinking Urban Policy* (Washington D. C.: National Academy Press, 1983), p. 1.

中只有一个位于北部的老工业地区。[1] Thierry J. Noyelle 及 Tomas M. Stanback 没有做精确的对比分析而对 1980 年的 140 个特大都市区进行了分类。[2] 他们发现了 39 个多元化服务中心，其中纽约、洛杉矶、芝加哥及旧金山这四个城市更是具有全国性意义的服务中心。另外 44 个大都市区为专业型服务中心，剩下的多是与制造业相关的其他多种类型的次级中心。

《大都市与地区》中描述的中心地带的城市，其命运各不相同。很多中心城市的人口还在继续向郊区转移，导致城市人口减少，此外，一些大都市区的人口也在减少。一些统计区成功地吸引了新型工业进入或实现了经济功能的多样化，进而发展为美国国家科学院专业术语所描述的"指挥与控制中心"。1970～1978 年，纽约和芝加哥同时增加了超 2000 万平方英尺的办公场所区域，旧金山、波士顿、洛杉矶、休斯敦、费城、华盛顿及丹佛也各增加了 800 万平方英尺的 CBD 空间。这些城市八年间的增长比例超过了 30%甚至更多，[3] 进而与少量其他城市一起形成了指挥与控制中心城市群。七个其他城市也至少增加了 300 万平方英尺的办公场所区域，增长速度超过了 10%或更多。纽约、波士顿、芝加哥和旧金山在这一方面更是获得了巨大成功。但是新经济对专业型金融商业中心的需求要远多于对资源型制造中心的需求。其他北部城市（包括一些我们所研究的城市）暂时还没能够赶上这一浪潮。那些未赶上浪潮的城市很可能处于落后、低迷的状态。[4]

与此同时，南部、西部的大都市和非大都市区（以及北部的一些非都市区）成功吸引了诸多不同种类的经济活动的投资，并有效利用了其自身的自然资源。最早的是洛杉矶，紧随其后的是休斯敦、达拉斯、旧金山、亚特兰大及列克星敦，这些大都市均因大都市结构改变而促进了地区发展。随

---

① Otis D. Duncan et al., *Metropolis and* Region (Baltimore: Johns Hopkins University Press, 1960) p. 271. 1950 年，56 个标准大都市区（原先的专业用语）内的人口超过了 300000 人。其中有 21 个大都市区为制造业中心，21 个为地区中心，另外 6 个为例外情况。

② Thierry J. Noyelle and Tomas M. Stanback, *The Economic Transformation of American Cities* (Totowa, N. J.: Rowman & Allenheld, 1983).

③ Brian J. L. Berry, "Island of Renewal in Seas of Decay," Paul Peterson, ed., *The New Urban Reality* (Washington D. C.: Brookings Institution, 1985), 69－96. 数据是纽约城市土地研究所和区域规划协会收集的。这一变化趋势自 1980 年以来已逐渐明显，但是郊区仍在不断兴建各类新建工程。"U. S. Cities Attracting More Offices, Less Housing," *New York Times*, October 21, 1986.

④ 美国国家科学院的报告指出，首要城市与工业中心之间存在"增长的两极分化"。

着单个地方的地区发展及经济增长，美国在其大都市系统中不断加入新的网络节点，最终从 1950 年的 168 个统计区扩展到 1980 年人口普查时的 318 个。

网络周围“大都市”数量的增加及人口和经济活动的再分布意味着，“大都市”原先的含义已经发生了改变。变化产生的原因部分是成为大都市的要求降低了。正如 Calvin Beale 所批判的，很多当前被划分为统计区的地区事实上并不拥有过往研究者认为必不可少的大都市的特征属性。① 作为对居住系统研究兴趣的一般回应，我们将 1980 年普查中包含的所有地区均视为大都市。由于人们居住在不同大都市规模的社区内，因此我们对规模较小的大都市和较大的大都市都进行了研究。非大都市区域一般都已被排除在人口普查系统之外。对本书中研究分析的理解，可参考 Beale 相关研究的论点。小统计区通常无法展示被认定为大都市特征、象征的某些分异情况。

新兴城市摆脱了老旧基础设施的束缚，它们所代表的新形式更能说明人口扩散情况。由于它们存在时间不长，故而其历史极有限。隔离的梯度同时适用于新兴、老城市，但其中也存在一些值得注意的差异。在南部和西部扩展速度较快的城市，我们发现了种族和族群隔离程度较低及更多的年龄和住房类型隔离。我们很难证明归类过程中的关键因素也许正在改变。这些新城市通常也有很多与老城市相同的特质。如果这些大都市区走在大都市发展的前列，那么它们也将为大都市的未来开启一扇门。因为大部分人口居住在大都市，故而他们的模式也将逐渐标准化。工业腹地中较老的大都市仍然是主要的人口聚集地，它们中的很多正在与经济结构调整展开“竞跑”。这些老大都市的历史既可能阻碍新秩序的形成，也会为新型增长及生态重组保驾护航。

居住分异概览

如果城市和地区发生了巨大改变，那么社区会怎样？人口扩散已经挑战或概述了大都市的含义，社区在这个新的、分散的居住系统中究竟扮演着何种角色？这时我们可以尝试结合之前某些章节的内容，并运用从其他文献中

① Calvin Beale, “Poughkeepsie's Complaint,” *American Demographics* (1984): 29 - 48.

搜集的证据来回答这个问题。

社区是人类进行自我分类的地理意义上的独特社群。尽管我们不能根据社区的地理位置对其社会构成进行预测，但是每个社区的独特性是客观真实存在的。种族、阶层及住房类型是归类过程中的主要关键因素。另外一些能够被识别但分异程度较小的因素主要包括家庭、生命周期状况以及族群认同。

首先，我们讨论一下该如何给社区下一个合适的定义。考虑到大量的概念和具体实践问题，即使是美国国家社区委员会也不能对此下一个独立的、面面俱到的定义。大都市区中到处都是社区吗？我们认为是的，事实上，社区覆盖了大都市的几乎每一块土地。我们甚至可以认为社区是居住系统的要素之一。社区中既存在郊区社区也存在市中心社区，当使用“社区”一词时，我们便会立即联想到活跃的社群生活的族群聚居地。人口普查并不能直观测量对定义社区特征具有重要意义的无形价值，但研究发现，在城市及其郊区中到处都可以发现人口统计意义上的不同社区。

关于社区合理规模的观点各异，合理规模取决于社区边界是否重叠以及是否存在社区分层。为了方便统计和制表，人口普查局调查了互相排斥且能包含所有大都市区域的同等规模的街区，我们对此操作持中间立场。研究发现之一是，大都市区分异是多维度的，且根据任何一个特征的同质性水平描绘的边界与根据其他特征所描绘的边界相比注定是不同的。几乎每个大都市区市内都存在社区边界竞争（区统计项目便是其中一例），且社区间很可能存在等级分层，但当存在分散于各地且规模大致相同的独特单位时，规模较小的城市信息的分析效用将提高。人口普查街区便很好地满足了这一要求，进而可能成为理解居住系统最好的分析单位。

社区的概念并不局限于大都市区，但社区的性质会因区域规模不同而变化。第四章得出的结论之一显示，对大量特征而言，大都市区的规模越大，社区中的分异越多。与根据人口规模（例如人口普查）定义的大都市区中的社区相比，小都市区中的社区倾向于呈现更多的内部同质性。另外，小都市区中社区间的分异程度比大都市区中社区的分异程度高得多。正如第二章中提及的，最富的社区拥有最多的收入、族群社区更加集中、公寓式住宅街区的人口更加稠密。大都市区的居住分异进程相比小都市区来说带来了另一种实体，而大统计区的社区则更有可能在大都市系统中占据特殊地位。

三种途径

在第三章中我们多次使用了因子生态分析法，借以发现大都市分异。在第四章和第五章中我们又分别探讨了隔离和空间组织问题。那么，这三种途径何以帮助我们解释大都市分异这一问题呢？

因子生态分析法引入了城市的社会区域概念（与自然区域相对照）。这些区域可以被沿统计学中独立维度发现的特征集所识别。社会经济地位在很多大都市中占据显著通常也是主要的位置，其次是生命周期因子。然而，我们发现这些要素在很多情况下存在相互交织的现象，这种交织有时发生在要素之间，有时又发生在要素与种族或族群之间。[①] 忽略因子分析法中可选择的多种途径以及基于此所做的大量解释，我们可以明显看出：人口普查中的特征集与大都市区内部居住系统主要识别标志的社会经济地位之间存在关联。在一些统计区中我们发现了可被称为“子女抚养型郊区”的因子，居住在这里的居民主要是中产阶层以及占主导地位、有子女的已婚夫妇家庭。族群分异在我们的研究分析中非常显著，但因为种族和其他特征（主要是收入和家庭状况特征）相关度很高，其很少被视为显著因子。

隔离分析用不同方式对分异进程进行了探索。不同于因子生态分析法采用的多变量分组特征，隔离分析检测了每个特征。虽然我们缺失了因子分析的多变量角度，但我们同样不再需要处理解释系数带来的麻烦，在隔离分析中，我们所选择的每个指数都显示了“标准统计区”中大量隔离特征的巨大分异。隔离梯度的最顶端是大都市区的物理特征、高密度住房、集体宿舍以及房龄。在所有的统计特征中，少数族群脱颖而出，美国黑人的隔离程度要远远超过西班牙裔和其他种族群体，白人欧洲世系群体的隔离程度相对较低。由住房支出和贫困显示的社会经济地位位居第二，且与房龄、住房密度和自有住房率体现的隔离程度相关。身份地位中的受教育程度和职业部分的隔离程度较为适中。我们发现不同的生命周期指标显示了系统中隔离的最低水平。人口流动可以导致社区人口构成的巨大变化，大都市区的物理特征相

① 我们反复强调但没有正式说明的是，针对 1970 年和 1980 年两个时间点之间具有可比性的人口普查街区样本和类似的一系列变量使用了因子分析法进行分析。这两个十年的数据分析结果绝大多数是非常接近的，且与目前的研究探讨相吻合。

对于社会特征显示出更高程度的隔离，这一现象并不让人感到奇怪。

换言之，我们发现尽管不同世系的群体成为邻里的现象十分普遍，但是黑人和白人很少居住在同一社区内。虽然大都市区是很多贫困现象的发源地，但是我们发现这一事实并没有扩展到社区层面。美国众多的中产阶层倾向于与其他群体混合居住在一起以降低身份地位的隔离程度。这一情况尤其发生在通过人口普查数据测量的职业和受教育程度特征中，在这两者中我们同样发现了相当多的重叠。

因子分析和隔离分析一致显示出社会经济地位特征的重要性，且在两者中前者显示了更高的显著性，因子生态分析中形成了生命周期特征群，但是年龄、性别以及家庭类型并没有显示很高的隔离程度。我们该如何解释这一现象？因子分析生成了一个大都市区中子女抚养型（或儿童缺席）社群的因子。根据因子负载值，郊区中主要居住的是白人中产阶层社群；相反，我们发现位于生命周期顶端的社群倾向于以下居住方式：没有孩子、许多个体单独居住等。但是这些是被选出的可识别社群，大都市区中的大量社区内不同生命周期特征群体适度混合居住在一起。因为种族隔离无处不在且与其他社会特征紧密相关，种族和族群构成在因子分析中经常“叠加”载荷于其他特征，就如黑人群体会在社会经济地位或生命周期因子中出现那样。

第五章中的等高线分析法只能对大都市区的空间组织进行分析，换言之就是城市市中心取向。如果一个已知特征在空间中高度分异，那么我们期望发现该特征具有相对较高的隔离相异指数。此外，如果该分异以一种空间系统化的形式出现，我们则期望能够根据该特征很轻易地预测其所处的社区位置。即使一个特征的隔离程度相对较低，在技术上社区平均水平显示为一个隔离程度较高的空间组织也是可能的。

关于大都市区地形的分析表明：与大都市区的物理基础结构最直接相关的特征明显呈现更高的空间组织化程度。甚至在 1980 年扩张的大都市区中，随着人口从市中心向外部边界迁移，库存住房密度和房龄稳定下降。虽然种族和社会经济地位均呈现多核心模型，但我们的研究结果显示黑人显著集中在市中心区域。与之相反，职业和年龄特征在大都市区空间中并没有高度组织化，且当仅考虑距 CBD 的距离因素时两者几乎没有显示任何模型化倾向，尽管对职业来说存在一些呈现为同心圆模型的证据。

现在，让我们用一个更加全面的优势观点对大都市区中的社区进行重新审视。这三种方法为我们有关大都市区马赛克的研究尝试提供了不同的视角。大都市区社区一定程度上存在分异的特征之间也存在等级结构。表 7-1 呈现了这些首要特征及其部分次要特征。可以确定的是，这四个特征集中的每一个都能导致大都市分异，但是就统计学意义或物理特征而言，它们彼此之间并不相互独立。关于大都市区形状的大量思考均离不开第五章开头部分提出的大都市区结构模型间的争论。现在让我们换一个话题，把关注点转向大都市区的形式问题。

表 7-1　大都市分异等级

物理基础结构	
人口密度 房屋类型 房龄	
少数族群状况	
黑人 西班牙裔群体	
社会经济地位	
住房支出 贫困 收入和受教育程度 职业	
生命周期和年龄	
家户规模和类型 婚姻状况 年龄和性别	

20 世纪末大都市区的新兴形式

对第五章介绍的城市居住结构模型需要做何种修正？本节将结合之前章节中的研究分析来描绘大都市区生态的修正图。

传统模型并不总是能描绘出与大都市区真实情况相一致的图像。同心圆模型强调社会经济地位和种族特征，以及暗含的动态同化问题。扇形模型肯定了同心圆分异，但主要关注的是租金水平呈现的不同扇形区域间的地位差异。多核心模型则更加强调大都市区背后的物理结构及就业场所，并赋予种族相对突出的角色。这些模型彼此之间并不完全对立，Murdie、Berry 及其他一些学者据此提出了一个综合模型。该综合模型将同心圆、扇形、多核心模型与生命周期、身份地位及族群分异分别两两配对。这三个特征被认为是城市分异的三个基本维度，且可由社区或人口普查数据的因子分析结果做出解释。

本书结合了大量有关社区分异研究的分析方法，并对此前更多的变量进行了测量。这给了我们决定是否经交叉验证得出结论的机会，换言之，我们通过某种方法得到的大都市区图景是否与通过其他方法得出的结果相一致。尽管没有面面俱到，但我们在之前的小节中已经展现了使用这些方法得出了多少一致的结论。

表 7 -1 中的分异等级为建构居住分异模型奠定了基石。但是该模型究竟应如何建构呢？它应该遵循某种传统模型或综合模型的轨迹，还是建立一个全新的模型？我们再次将第三章中的因子分析法与第六章中的大都市等高线图相结合，结果发现，大都市区结构模型的适用性陷入两难境地。看起来像是用社会分异的三个独立维度来与之前说的三种理想化的地理形态模型相匹配，但结果证明这一想法并不成立。我们在上文中发现的三个“维度”（也许换成“方面”这个说法更贴切）在统计结果中随处可见，但是这些因子之间通常存在大量重叠。身份地位和生命周期经常在所有特征中脱颖而出（尽管有时它们是彼此交织的），但是种族经常在身份地位和生命周期因子中同时出现。此外，因子分析倾向于选择载荷度较高（变量间的相关度更高）的社会区域集，但这些社会区域集也许并不仅仅代表单个特征的变化。

大都市等高线图为我们提供了一种量化单个变量所展示的空间组织模型的方法。尽管其他变量中也存在显著性差异或无法为任何模型所解释，但大都市等高线图表明，大都市区地形的主要模型仍是同心圆模型。在所有的特征中，物理特征最容易呈现为同心圆模型，其次是收入和住房支出特征。种族特征明显受限于辐射距离但同时呈现了一些多核心模型的特点。生命周期特征倾向于呈现为不同模型，家户规模更倾向于呈现同心圆模型（与经济生态理论相一致），但是某种程度上而言同心圆模型发现不了任何年龄特征方面的分异。尽管职业被视为社会经济地位的一个要素，但呈现为显著的多核心模型。相比较而言，扇形模型很难被识别。

关于社区演变的分析表明：外环中人口相对增加且社会经济地位提高，而中间环却呈现老龄化趋势且少数族群的集中度提高。尽管距离在当代城市选址中的作用下降，但不可否认的是，它在历史上扮演了重要角色，给交通基础设施和住宅区留下了宝贵的遗产。因此，尤其在那些老城市中，我们仍然能发现距离对社会构成的作用经常通过房龄这一中间变量而起作用。因此，某些同心圆取向也被保留下来。

如果人口扩散模糊了传统大都市区模型的界限，那么大都市区又将呈现何种新形态？且在21世纪的走向如何？我们在图7－1中提供了一种修正模型。图7－1呈现了我们关于1980年居住模型的研究，结合其他一些现有研

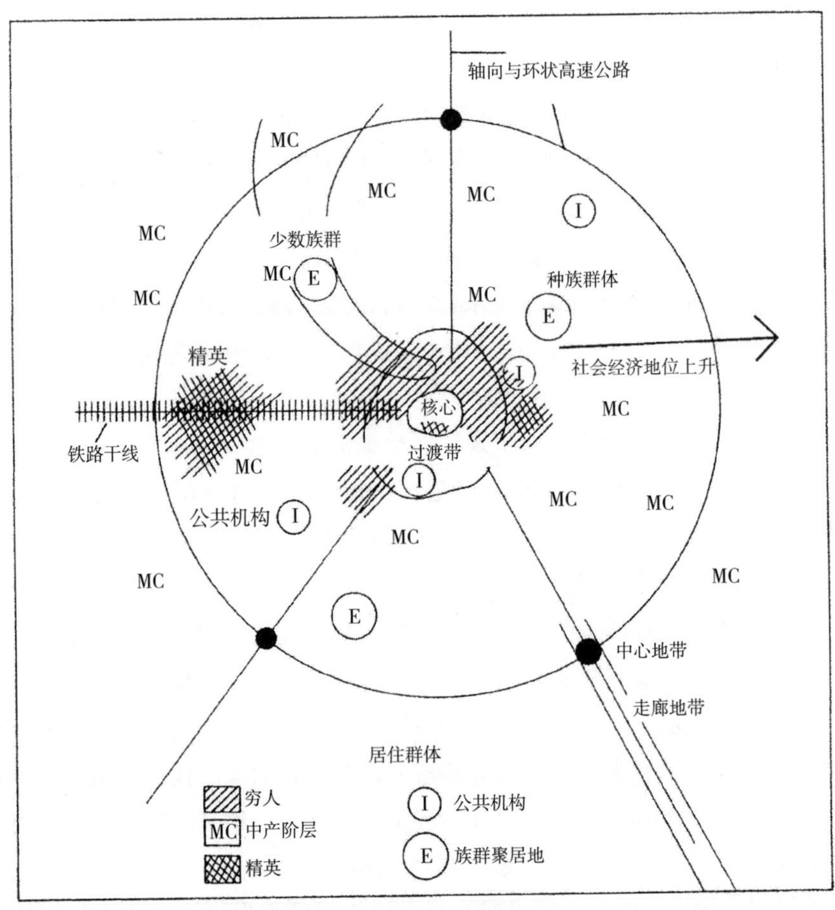

图7－1　20世纪末大都市区的形态

究，使得早期模型最显著的特征在被用于对大都市组织进行思考的方式上留下了不可磨灭的印象。该模型识别了与大都市区演变共进退的非居住特征（大都市经济及大都市景观）的重要性。本书同样尝试呈现包含更多规模适度的社区和新兴城市（可供更多的美国人居住和生活）的各种大都市区的经验。

核心区

CBD仍是大都市区的核心，呈现了大都市区的主要面孔。它是地区最为可视化的形象，是一个国家新闻报道的焦点地区，且对于不管在飞机上还是地面上、不论开车还是步行的游人来说均可见。Kelvin Lynch及其他一些学者的研究证明商业中心的形象对一个地区居民的居住具有重大导向作用，[①] 且核心区仍是地区大量功能的高频活动点。尽管如此，核心区的功能专业化与其上一代相比已经发生了显著变化。在国家的领先城市中，核心区是国有企业和跨国企业总部的所在地，摩天大厦是这些企业重要的组成部分之一。就这一点而言，纽约一直保持领先地位，而在芝加哥、休斯敦、旧金山以及其他一些主要城市中，企业则主要被设立于商业中心，投身于金融业及管理业。甚至洛杉矶（一个长期被嘲笑为由郊区群组成的城市）的传统商业中心内也建起了摩天大厦群。由于核心区具有非常强烈的非居住特征，因此我们基于人口统计数据无法展开分析。现在，我们将CBD整合进城市的整体图像，并将城市众多碎片之一的居住模块拼入图中。

企业型核心区将一个地区嵌入不断扩展的城市及其经济的国家及国际系统。不同城市保留、吸引及发展白领核心区的能力对其在国家城市等级系统中的相对排名有着重要影响。纽约、芝加哥和休斯敦用玻璃和钢筋建造的摩天大厦是其在国家城市系统中所处位置的证明。

但是，尽管每一幅图像都能告诉我们一些惊人的信息，却并不能告诉我们完整的事实。企业型核心区在一个国家中的发展并不仅仅局限于少量的金融中心。中等规模的城市中也存在核心区，这一点可由少量备受瞩目且与当地金融机构或居民导向型的国有企业相毗邻的摩天大厦体现。另外，核心区也面临由于其郊区和腹地可供办公用的场所的声望提高而导致的日趋激烈的

① Kevin Lynch, *Image of the City* (Cambridge, Mass: MIT Press, 1960).

竞争压力。企业总部在纽约市外的迁移主要沿着大都市区外围中具有更多类似大学这样的机构设置的方向进行。这一趋势可经由商业中心的拉力减小进一步证明。

核心区同样是一个城市和地区文化产物及历史根源的资源库。由于其内有很多地区的主要博物馆，其自身也成为一个博物馆。通常来说，商业中心是博物馆坐落的首选位置，因为商业中心承载着接待该地区游客的功能，宾馆、会议中心及相关娱乐场所都坐落于此。作为本研究的样本统计区之一，圣安东尼奥提供了商业中心成功转型的绝佳例子，在其内部，阿拉莫广场、河畔大厦、宾馆和会议中心彼此毗邻。

商业中心发展的博物馆板块日趋重要。最近，通过历史保护税额的减免，部分城市重建计划非常成功地从商业中心或其附近地区的历史遗迹特征中获利。城市内的建筑一度被拆除以重建一个白天和夜晚都充满活力的综合开发区。巴尔的摩的内港、波士顿的昆西市场、旧金山的海滨和哥拉德利广场，以及西雅图的先锋广场均是建筑物改造性再利用的例子，此外也证明了城市海滨被再次发现。这些例子受到全国性关注，很多其他城市也能够进行此项开发，无论小到一个单独的建筑还是大到整个地区均如此。城市的这些地段具有某种亦真实亦虚幻的生活特征，在成为主要旅游景点的同时也构成地方色彩的新颖（或传统）部分。此外，它们也已成为商业繁荣的可持续保障。

核心区的零售商店琳琅满目。传统上，CBD 是大都市的商业与购物中心。在特大都市区内，主要的百货公司将超市开在“100% 拐角”处，通常也是交通最繁忙的十字路口。但随时间的推移，即使是旗舰店也开始向郊区迁移以寻找客户，100% 拐角也转移到了环状和轴向高速公路的交叉口。作为一个曾经主要服务于中产阶层的购物区域，传统商业中心的身份地位——如果不看美元总额的话——已经下降了。相较之前很多商场开始迎合中等收入水平的顾客的需求，复兴商业中心的各种尝试也证明了此点。与此同时，商业中心仍然在尝试使用不同方法留住顾客，商人采取的主要策略包括，呼吁公众支持沿主干道修建停车场和类似购物中心的建筑。汽车使用和美容便利性的提高也许确实会对“稳定”商业中心有所帮助。

与主要购物区衰落的情况巧合的是，很多城市见证了“精品商业区”的发展。这些小商店主要售卖各种专业化或特殊供应的商品，尽管顾客实际的收入和商品价格的波动幅度相差很大。通常来说，这些商店主要坐落于翻新后的历史地段。一些城市因保留了服务于高收入顾客的主要商业区而自豪，这一现象部分可归因为对城市中心的归属感，另一部分原因则是高收入顾客在内环的集中，而内环正是我们现在转向核心区的一个方面。

商业中心从来不是主要的居住区域或"社区"。诚然，很多大城市都在其 CBD 或附近地区拥有"黄金海岸"或"上东城"，这些地区通常也是变化无常且没有住户的地区。但很多主要城市核心区最近的发展趋势指向了一些加大房地产开发力度的最内环区域，[①] 这一现象的出现主要缘于城市综合开发计划（住宅与商业一体化），城市改造的努力导致中产阶层逐渐向城市回归。这些项目的成功主要在于商业区工人对节约通勤时间（上下班时间）的渴望。

值得一提的是，这一趋势不应该被过度强调为大都市区整体结构的变化。我们在高密度核心区内发现了住宅用地，且随时间的推移规模甚至有所扩大。部分大都市区的中心区住宅重建工作足够深入，以至于颠覆了传统的同心圆模型，换言之，最内环的住宅相较于第二环要更新（房龄更短）。但是在一般城市，这些开发却并没有严重到使大都市等高线图发生偏斜。中心区住宅重建帮助我们解释为何职业的空间位置分布如此不成体系化：我们发现大量工人分布于整个地区的各个节点上，这些节点之一便处于或靠近商业中心区域。很多人会认为这些"黄金海岸"（及更多其他适当的说法）会受刺激并反刺激于核心区的其他商业复苏。从某种程度上而言，它们确实呈现了中产阶层向城市回归的趋势，但这一回归具有高度的选择性。在空间上，其主要发生在中心核心区；在人口统计上，其通过儿童的缺失及对年轻工作群体的关注进行区分。巧合的是，部分商业中心正在被开发为规模庞大的居住型社区。

过渡带

伯吉斯将距 CBD 最近的第一环标为过渡带，因为他发现随着城市向外扩张，该地带接下来将会主要被用于商业中心的活动。因此，这也是一个有

---

① 这里所描述的核心区住宅所占比重也许比在之前章节中讨论过的内环四分位居住环的范围要小。

着边际效用、破旧设施及投机主义的地带。这里的经济活动主要包括仓储、轻工业，有时也可能包括重工业，芝加哥众多铁路线的连接为该描述提供了铁一般的事实。此外，这一地带的社区主要包括移民贫民窟、出租屋区、红灯区以及黑社会区。

CBD 在某一时间点会包围该地带的假设被证明是错误的，因为 CBD 通常是向上扩张（建高楼）而不是向外（扩展地域）。相比较而言，这一第二地带在当今悄无声息，且其内很多地方都是空置的或未被充分利用的。有人在其中发现了少量的留存企业或市场，例如获利于廉价的商业空间的产品市场、肉市场，或刚起步的公司，但是绝大多数工厂还是搬向了郊区。

老的贫民窟经常会由于城市再开发项目而被拆毁，留下的空地通常被用于机构（例如医院、大学）扩建。当然，通往商业中心的高速公路也会经过这一地带。在一些老城市，新建住房通常坐落于老过渡带。例如，艺术家或其他一些勇于尝试者居住的阁楼式公寓主要是由部分或完全空置的仓库或多层商务场所转化而来。有时，一些非常老旧的房屋也会被再次转化投入居住使用。19 世纪及 20 世纪早期模式中并不繁荣的年轻城市均不拥有这样的过渡带，比起老的工业和商业地带，商业中心更倾向于被除高速公路系统的内环路和立交桥外均是空地的土地所环绕。就这一情形而言，堪萨斯城和达拉斯为其提供了实际图景。

我们仍然只涉及大都市区的很小一部分，而大都市余下的部分更倾向于居住用途，且可经人口普查显微镜的镜头呈现。

贫困与少数族群

距商业活动中心和“黄金海岸”开发中心不远的地方居住着大都市区内最贫困的居民。穷人的居住场所通常受到严格约束，且贫困的概念已经超出预期的阶层隔离。我们的分析结果指出，处在大都市区经济梯形分布的底端，居住在老旧、破烂不堪的房屋内且生活在家庭破裂环境下的少数弱势族群间存在着隔离。通常来说，那些因少数族群而相互隔离的社区也是最弱势的少数族群赖以居住的主要场所。贫困群体意味着城市的“下层”——一个不易界定的群体，但是可以明确的是，他们是城市中的“非主流”群体。

这些群体通常居住于大都市区的内环，尤其是老中心城市的“过渡带”，但是在一些大都市区内贫困群体也可被发现于较老的外郊区。仅将贫困群体的存在视为老工业城市的生态条件之一的想法是错误的。尽管贫困群体最容易被发现于存在较多分异的特大都市区，但我们同样在大量大都市区内发现了穷人的存在。通过对较大的地理单元进行对比，例如中心城区和郊区，我们发现：由于市区界线相当重要且相关数据易于得到，地方政策分析中经常会掩盖这一现象的一般性，这一现象尤其易出现在那些中心城区不断扩张的地区。这些地区的居住模式也许因落后而无法适用于21世纪新兴的大都市区。贫困群体中的居民除了少数能够通过从事低技能工作在一些城市的企业型核心区中立足，绝大多数面临着在大都市外围区域经济增长过程中被裁员的不利处境。更重要的是，这些社群内的居民无法证明他们在空间中的存在，因为其在经济竞争中缺少技能。贫困群体的存在给公共政策制定提出了严峻的挑战，也有人建议针对其采取大量分散的方法，这一问题我们之后会讨论。

精英聚居地

高收入和高身份地位的群体因物理距离而维持他们的社会距离。分析结果表明，当综览整个地域时，大都市区社群中存在不同收入和社会阶层群体的大量混合；但是当把焦点集中于富裕与贫困时，我们发现这些群体与中产阶层之间及其彼此之间都存在显著隔离。在研究的社区中，大约有6%的社区在1980年的平均家户收入超过了3万美元。在一个标准大都市区内，家庭收入超过3万美元的家户大概有一半需要进行迁移，才能使得社区间保持均衡。

在每个城市中我们均发现了大都市区的社群中存在最富裕的聚居地。这些家户倾向于居住在郊区地带的外围，但也存在例外情况。除了上文中讨论的“黄金海岸”，很多高收入社区饱含历史性的存在，且通常沿老工业城市的主要交通铁路线建立。随着城市向外扩张，中产阶层不断涌入。

尽管如此，地理空间中最新的住宅更容易被发现于郊区边缘。这一离心发展与传统的伯吉斯城市增长模型相符合，但是呈现的画面更为复杂。新型城市化主要发生在人口密度低且最初被分类为“乡下”的农业地域。很多大都市区中研究产业园向乡村腹地的迁移属于走在离心发展“前沿”的例子：到目前为止，大量娱乐设施仍然位于大都市核心区文化和经济资源的辐射范围内。

在最大的大都市区内，精英聚居地的存在最可见也最显著。主要可归为以下两个原因。(1) 在很多大都市区内，高收入家户的绝对数量十分庞大(通常在最大的大都市区中，其背后的职业结构使得高收入家户的初始集中状态并不成比例)。由于精英群体构成了“群聚效应”，进而一些专业化服务伴随而生，其中主要包括俱乐部、饭店以及专卖店。(2) 正如我们在第四章中所见，最大的大都市区在每个维度上都存在更大的分异，因此，拥有较高收入群体的人口普查社区更容易被发现。根据第二章中的内容我们知道，社区按不同特征的分布在最大的大都市区中通常会存在最多的奇异值。例如，在芝加哥地区，1979 年社区内最高家户收入的平均值为 56000 美元。

扩散的中产阶层

美国城市范围中最大的群体是中产阶层。从地理上看，大多数中产阶层居住区域已经从中心城市的外部扩展到了大都市区的边缘。根据我们有关大都市等高线和居住同心圆的分析可知，在绝大多数统计区中，随着居民向外流动，统计区的收入稳步增长，且在很多统计区中一些其他身份特征指标也有了更为缓慢的增长。随着一个住户从中产阶层区域移出，社区成为“新社区”（至少就住房存量而言），且人口密度相对降低。此外，统计分析显示，社会模式并不会像物理特征那样随距离的远近而发生变化。

在郊区中产阶层所居住地区的内部地带，我们更可能发现老的居住社区。正如前文所举的印第安纳波利斯例子中的郊区社区那样，这些地带中孩子通常已经离开了家。在这里可能同样会发现大都市区少数族群中的中产阶层先驱（或侵入者），且这些群体（尤其是黑人群体）仍然处于被隔离状态。大量证据证明黑人群体的郊区化，而关于其他群体的郊区化证据却少之又少。这些群体中收入较高的成员迁移至更大、住宅更新及拥有更高身份地位的社区中。但是经济一体化仅部分抵消了种族隔离的主流模式。在很多大都市区内都可以明显看出，贫民窟从集中的城市中心贫困区扩展到了郊区。我们的研究分析认为，这些内郊地区更可能是一个地区其他混合族群成员的第二（或第三）居住地。尽管大量白人群体中存在隔离，甚至达到所居住社区能够代表一个特殊群体的身份的程度，但是城市外部边缘及内郊的社区中更可能包含世系群体的多样性。

随着进一步向外流动，我们开始接触到一些典型的美国郊区，它们的确切位置主要依赖于城市的年龄，且是否被成功吞并将决定它们能否坐落于中心城市边界内。在这里，我们发现了在因子分析中经常出现的子女抚养型社群，该区域的特征为单户型住房以及有学龄儿童的已婚家庭。尽管根据这些说法来描述所有的郊区很是流行，但是郊区社群的形式十分多样化。我们可以发现遍布于城市和郊区的社群中有单亲家长、老人以及各种各样的世系群体。郊区多户型住房（花园公寓）的增多为郊区原住居民提供了居住机会。很多掌握技能的蓝领工人也居住在郊区，这些家庭能买得起房，但工作场所相对分散，搬进郊区可以离他们的工作地点更近。确实，大量蓝领工人居住在郊区，用 Bennet Berger 的话来说，蓝领工人遍布在大都市区的各个角落。[①] 由于蓝领工人的职业声望较低，他们是否被包括在中产阶层内或被认定为一个单独的阶层主要取决于如何对其进行解释。技术型蓝领工人相对于低层次的服务人员和办公室职员来说工资更高。市中心蓝领工人社区仍然存在，且尽管被 William Kornblum 之类的作家形象地描述过，但它们在统计分析结果上并不显著。[②] 这些与烟囱工业密切相关的社区受到了来自大都市区制造业经济转型的严重冲击。

由于郊区社群彼此之间互有区别，所以并不能建立一个简单的地理模型。相比较而言，同心圆模型是描述很多人口统计集群最合适的模型。历史上殖民地的存在同样倾向于促使郊区内的社区形态呈现为同心圆模型。随着大都市区不断扩张，我们不断地遇到更多诸如此类的“殖民地”。他们买下了旧的住宅且通常拥有属于他们自己的族群和种族社区。依赖于个人对卫星社群的观点，这些社群在 21 世纪的大都市区中也许会被看作一致的整体模型，但也有可能只是被当作基础潜在模型的基本要素。

机构支持和公共部门控制

医院、大学和其他机构通常是私人的，有大量公众支持，这一点有助于塑造社区模型，这些机构通常规模庞大，且一般都因其所处的特定

① Bennet Berger, *Working Class Suburb* (University of California Press, 1971 [1960]).

② William Kornblum, *Blue Collar Community* (Chicago: University of Chicago Press, 1974).

位置而获得相应资源，因此，它们对邻近的社区而言具有实质的分量，并能起到锚的作用。庞大的规模和权力使这些机构在根本上和居住型社区不同。虽然居民几乎无力改变单个社区的特点（除非与其他居民联手），但是机构可以整合其资源并采取行动影响社区演变的趋势。

这些机构能够向市政府施加压力进而获得社区的警察保护、公共服务及住房福利补贴。同样，它们有时也能运用其掌握的资源建设员工住宅或购买非住宅用地。这种行为可以保护并间接控制社区的演变进程。城市重建计划甚至对大学和医院（经常陷入让社区退化的境地）有特殊的需求规定，即能够扩张和建设服务于公共目的的项目。在一些城市中，这些准公共机构已经发展成了大都市区居住体系的核心。

不同种类的政策帮助市政当局干预和改变了特定社区的构成，或者改变了它们的演变路线。这些政策最广泛地应用于贫民窟拆迁和城市改造项目中。[①] 市政当局经常运用传统的土地征用权为公共用途的项目（高速公路、机场和一些别的公共设施）征地，在这个过程中市政当局经常改变用地类型，因此会对社区的发展产生影响。这些项目的突出特征是：它们向当地征地部门（经常通过政府权威部门的行动表达征地的诉求）支付征用和清理土地的费用，为新的建设扫清道路。通过这种方式，大都市区内建设了许多公共住宅及一些建设在城市改造用地上的中上层收入居民住宅。在这里，我们不会对这些项目精确的运作机制和细节进行概括，[②] 但关键是其选址通常是在城市中心而不是符合要求的其他核心区，这一举措正在控制着城市演变。这些干预已经成为城市形态的显著特征，也对社区的演变产生了重要影响。公共住房项目不会经历中产阶层化，“失败的”城市改造项目导致大量空置房出现。

尽管贫民窟清理和城市改造涉及公共部门直接兼并和处置的用地，但是一些别的项目就没有这么强的干预力。20 世纪 70 年代城市发展行动基金和社群发展项目基金代表了多元的努力，其目标是在城市中按照地理分区推行

---

① 从 1937 年的房屋法案开始，直到 20 世纪 70 年代，这一系列项目在实际执行过程中发生了严重变形。

② Henry Aaron, *Shelter and Subsidies* (Washington D. C. : Brookings Institution, 1972), and James Q. Wilson, ed. , *Urban Renewal: The Record and the Controversy* (Cambridge, Mass: MIT Press, 1966).

公共政策。[①] 这些项目不直接干预居住结构，但是从某种意义上说，它们集中在特定的社区内，必然会使社区产生实质性的溢出效应，其中的一些便是项目的预期效果。

许多政府构架和举措并不会对大都市区的形态和其中的社区构成造成直接冲击。联邦政府最经常提到的举措是对大都市区内的住房按揭补贴和洲际高速公路承保。这样的活动加速了中产阶层的郊区化，削弱了城市中心的税基。尽管在"二战"后郊区化迅速扩展，但是很难确切地知道多少人口转型是这些政策因素导致的。

在另一个层面上，美国传统的地方自治影响着城市形态和居住结构的变化。大多数大型中心城市周围都环绕着独立的核心区，控制着税收、公共服务支出和分区。[②] 据 Charles A. Tiebout 和其他人推测，这样一个系统允许大都市区住户"用脚投票"，选择一个最符合他们需求的税收和支出组合。[③] 当地公共学校体系经常在打包的、由家庭购买的公共服务要素中被新住户单独挑出来。中产阶层家庭可以逃避中心城市的税收负担，在那里，他们必须与其他群体竞争资源，也可以集中精力于对他们而言比较重要的当地公共支出，例如学校。

尽管对分区在土地私人市场需求变化中的作用有多大的观点各异，但是分区是管理或限制居民住宅结构的另一种工具。地方自治社群可以废除或增加某些群体的分区条例。操纵税率及公共服务条例也能服务于此目的。虽然地方自治社群内居民的特点符合当时的生态模式，但政治经济可以有助于进一步区分大城市的社会形态。

中心地带和走廊地带

不提及交通网络和就业地点，我们便无法对一个大都市区不断变化中的

① 城市发展行动基金的发放对象为用津贴公式计算后被认定为有经济压力的社群。公共捐献的目的是为私有部门发展提供催化剂（杠杆）。住房基金项目从 1974 年开始实施，为国家和当地政府的大量计划提供全额基金。U. S. Department of HUD, 1982 Annual Report (Washington, D. C.: U. S. Government Pointing Office, 1982).

② 当然，采取的具体措施也会因地区的不同而有所差异，这种控制作用就如中央部门对周边地区的管理一样。

③ Charles A. Tiebout, "A Pure Theory of Local Public Expenditures," *Journal of Political Economy* 64 (1956): 416 - 424.

住房结构进行讨论。不断变化的房屋分布及居住于其中的人口分布对物质和经济基础设施的变化起了很大的作用。20 世纪，美国已经从一个靠步行的城市发展为有轨电车之城，再从城市郊区火车之城发展为汽车之城。被人口增长和传统倾向（美国人对更多的空间和更好的小城镇环境的偏好）刺激的交通技术促进了现代大都市区的扩张。

第二次世界大战以来，经济活动的位置发生了一些重要的变化。首先被注意和研究的是制造业的郊区化。生产技术的初始变化青睐于呈现水平模式，而不同于先前的垂直模式，其鼓励生产者分散在城市边缘，对价格便宜的土地进行利用。伴随着中产阶层的郊区化，零售业不得不迅速向郊区扩散，一些经济学家记录了这样一种趋势，[①] 相类似的经济压力也促使商品批发行业分散于郊区。在旧的中央工业带遗留下来的企业拥有较少的郊区化资源，或者仍能够提供中心地区所需要的活动。许多公司的离开使一些核心区被遗弃，但这一举动也释放了一些较小规模的企业发展的空间，在选定的区域，甚至狭小空间也开始向居住用途转化。办公室和商业活动的图景更加复杂，在 19 世纪 50 年代和 60 年代，许多办公室雇用的大量白领分散于郊区，但这一时期是我们在早些时候谈到过的“首要城市”的办公空间增长时期。美国“曼哈顿”的扩张，就是通过扩大金融和服务部门活动作为应对激烈房地产竞争的反应，这些部门通常都期望接近城市中心。

一个新兴的大都市区最突出的特点是大都市区中心地带的发展，且这些外围节点都与 CBD 相对于工商业的坐落位置形成了竞争。轴向和环状高速路的交汇处是中心地带最合适的位置，它们成了附近地区的组织焦点。城市研究者注意到，在整个 20 世纪 60 年代和 70 年代不断涌现出这样的竞争中心。[②] 尽管在美国的大多数统计区中，CBD 仍然保留了其作为主要中心的地位，但在不同竞争节点间形成了功能划分。CBD 保留了企业型核心和一些其他的功能，而中心地带往往保留了制造、批发、零售贸易活动。随着分散的企业总部和附

---

① 参见，例如，John F. Kain，“The Distribution and Movement of Jobs and Industry，” in Essays on *Essays on Urban Spatial Structure*（Cambridge，Mass.：Ballinger，1975［1968］），pp. 79 – 114，及 Edwin S. Mills，*Studies in the Structure of the Urban Economy*（Baltimore：Johns Hopkins University Press，1972）。

② 例如，Kasarda now speaks of the “polynucleated metropolis”. John D. Kasarda，“the Implications of Contemporary Redistribution Trends for National Urban Policy，” *Social Science Quarterly* 61（1980）：373 – 400.

属设施加入居民服务办公场所（银行和医学产业园），办公空间的组成部分正在不断增加。

研究者常常将这些发展描述为“新郊区化”，展示它们的发展如何不同于20世纪20年代以前和后“二战”时期的情况。[①] 20世纪70年代，中心地带或附近的许多城市经历了持续的扩张。这些大都市区中心地带的例子包括：波士顿统计区的弗雷明汉、马萨诸塞，纽约统计区的斯坦福、康涅狄格州、白色平原、纽约和帕拉莫斯、新泽西，以及芝加哥统计区的绍姆堡和伊利诺伊州。简单地区分卫星城和郊区已不再足够，郊区正在参与新的经济增长，不仅作为居住社群，而且作为经济活动的潜在场所。研究者们担心发生在郊区的这种竞争可能导致一个新的和更棘手的分层问题，因为在抢夺这些能够带来税收、服务要求很少的发展资源时，一些人成了赢家，相应地，一些人成了失败者。

城市走廊地带的发展增强了中心地带的分散作用，连接老中心的道路，或围绕着老中心，形成了明确的线性发展据点。走廊地带成为新的主要街道，在最抽象的形式中，它们与中心地带一起构成了结构网格，就其基础而言，似乎并不注重就业和居住模式。旧金山附近的硅谷、达拉斯附近的约翰逊高速公路、围绕华盛顿特区的首都环线，以及波士顿地区的128和495公路为当前的十年提供了例子。因此，不仅这个地区的一些社会地位较高的居民居住在大城市及其郊区外边缘，换乘到市中心的办公大楼工作，而且也许他们的邻居，也在附近的研究和办公园区上班，在郊区内环，有2/3的居民换乘到郊区上班，在许多地方，这种扩散减少了上下班换乘花费的时间，这与多核心模型的假设一致，而与同心圆模型的假设相异。[②] 在这样的外围地区，员工经常需要在附近寻找住房。[③] 事实上，我们发现距离更远职业的多样性也会有所增加。

---

① Leo F. Schnore, “Satellites and Suburbs,” *Social Forces* 36 (1957): 121 - 127; John R. Logan, “Industrialization and the Stratification of Cities in Suburban Regions,” *American Journal of Sociology* 82 (1976): 333 - 348.

② U. S. Summary D. Table 291; Peter A. Morrison and Allan Abrahamse, “Is Population Decentralization Lengthening Commuting Distance?”, December 1982, Rand Note N - 1934 - NICHD.

③ 我们得到的一些表格（并没有在本书中展示）表明，四个环中每一环内上班的路程（时间）都近似相等（20分钟）。在一些较大的统计区中，更远的距离环反而上班时间更短。

结　论

20 世纪 70 年代，人口迁移分布在地区及大都市区中的变化趋势为，人口正在逐渐向低人口密度的地区扩散。大都市区的外围部分正在经历人口、新型住房、就业以及社会地位的相对增长和提高。交通路线以及就业场所坐落位置的变化促进城市外围的活动中心地带和走廊地带形成并与传统市中心的 CBD 展开了竞争。公共部门也对大都市区形态的改变产生了直接或间接的影响。为了平衡传统模型的内容，这些因子对大都市区人口的组织结构施加了新的压力。

20 世纪末的大都市区似乎正在经历人口扩散过程。人口的进一步迁移、新的中心和走廊地带对市中心的原始地位构成了挑战。新的网络节点（竞争中心）及其内部联系形成了一个覆盖整个城市地区的新大都市网络区域。但是，在居住社区的层面上，我们仍然认同用传统方式对人口进行的分类。

第八章

社区、大都市演变和公共政策

作为生产商品和提供服务的网络，美国的大都市区系统对国家的经济发展水平以及劳动者的普遍就业机会产生了重大影响。但是人们针对该影响可能有的或者应该有的可行性争论不休。部分人士认为，一般而言，城市和地区应该是政策实施的主体。例如，支持卡特政府实施明确的国家城市政策的言论就属于这一类。但是近年来，越来越多的研究者认为公共部门应该直接与人打交道，而不是将“地区”作为政策实施的中介。例如，Paul Peterson 写道：“与其代表城市地区制定一些补救措施，联邦政府还不如将注意力放在那些不涉及任何城市因素的政策上。”[①] 在本书的最后一章，我们将讨论大都市区系统、社区和就业机会之间的关系。我们将尝试用本研究中得出的结论来对前述讨论进行说明。

国家趋势

大都市区是折射美国社会情况的一面镜子。大都市居住区——社区——感受到了社会变革的反响。在过去几十年中，美国社会结构的重大变化对美国的城市地区和社区分别产生了不同程度的影响。

家庭与家户结构

1950 ~ 1980 年，平均家户规模从 3. 37 人下降至 2. 76 人。[②] 美国人口的

---

① Paul E. Peterson, ed., *New Urban Reality* (Washington, D. C.: Brookings Institution, 1985), p. 25.

② U. S. Bureau of Census, *Statistical Abstract of the United States* (Washington, D. C.: Government Printing Office, 1985), p. 40.

很大一部分（大约占全部家户的1/4）现在都是单独居住。年龄结构的变化、婚姻破裂比例的上升以及生育率下降或生育延迟导致核心家庭在所有家户中所占比例下降。与此同时，越来越多的女性开始加入劳动力大军：1980年，在所有年满16周岁的女性中，职业女性占51.6%，[①] 而年龄为16～64岁之间的所有女性中，这一比例为60%。[②] 这些发展改变了人们面临的机遇和所受的限制，而这将影响他们做出居住位置决策的方式。

我们经常假设家庭生命周期是大都市区之间的主要分异元素之一。那么在美国这样具有各种各样家户形式和生活安排的情况下，这一假设是否能够成立？尽管核心家庭的比例趋于下降，但研究发现在部分大都市区，仍有一些社区是“有子女中产阶层”的聚集地，尽管这类生命周期居住分异比例不是特别高。事实上，老年人居住社区与其他家户类型社区相隔离，单亲家庭、独居人士或无关系群居人士社区同样如此。研究关注了生命周期隔离的地区分异程度，以及不同的家户构成与其他特征的相关关系，例如，黑人女性支撑家户。20世纪70年代的人口迁移趋势帮助维持了社区生命周期的多样性。如果说有什么不同的话，那么应该是老年人、独居人士和大部分家庭类型的分布相对而言更为均衡。

族群变化

在第二次世界大战之后的20年中，大批黑人搬离美国南部并迁入美国北部工业城市的中部地区和贫民窟。在那个时期，美国大都市区的这种种族迁移变化引起了政策制定者和学者的高度关注。居住分异、经济机会、公共服务可及性和政治选举权问题变得日益突出。人们经常将20世纪早期黑人迁离南部地区与欧洲移民迁入南部城市相比较。20世纪70年代，大量西班牙裔和亚裔移民进入美国，从而使得人口结构进一步发生变化。在对1980年人口普查数据进行详细分析之前，有待解决的问题是：近代以来，黑人搬入郊区这一趋势预示了大都市区种族隔离现象的缓解，还是意味着城市中心贫民窟的进一步扩张，并突破了城市中心地区的局限？此外，我们也需要了

---

① U. S. Bureau of Census, *Statistical Abstract of the United States* (Washington, D. C.: Government Printing Office, 1985), p. 390.

② 同上；U. S. Bureau of Census. *Census of Population and Housing*, 1980. Part C, U. S. Summary, Table 103。

解种族隔离的全方位表现形式。

1980 年的隔离统计数据表明，大都市区仍然存在非常明显的种族隔离。尽管没有隔离数据体现居住偏好和偏见，但是如果同化意味着少数族群在社会中的完全融合，显然还有一段很长的路要走。尽管如此，我们发现 1980 年出现了真正的进步迹象。在 1970 年和 1980 年，所研究的 21 个大都市区都见证了种族隔离现象的缓解。分析表明：亚裔和西班牙裔人口与“大部分”美国白人的隔离程度明显不如黑人与白人的隔离程度那么严重。[①] 美国大部分白人内部的隔离现象相对而言不那么明显。稍后我们将简要讨论此发现的部分含义。

新经济

美国经济结构调整对美国城市的规模和社会结构产生了一定影响，本书已经对几个相关方面进行了探讨。所谓的烟囱产业（低技术制造业）的比例有所下降，而且这些行业较为集中的城市已经尝到资本和人口数量减少的苦果。另外，“高科技”已成为当前经济发展的流行语，而且美国各州和各城市也非常渴望能够吸引投资以在当地建立各自的“硅谷（高科技）”经济体。这种产业结构调整从两个方面对美国城市和社区产生了影响。

首先，工作地点有了明显转移，而且各地区的人口平衡也开始发生相应调整。由于东北产业核心城市的就业机会不断减少，这些地区的人口也相应减少。其次，新的企业在选址时超越了原来的企业聚集地点，即最初的工业大都市。大部分新产业的所在地处于大都市区边缘地带或者非都市区——除了那些条件最不利的地区。这种选址变化对公共政策制定提出了挑战。当然，经济的整体竞争力和健康发展是一个理想的目标，但是在经济结构调整的分配方面仍然需要考虑一些关键问题。尤其是当经济改革对就业机会的地区分布造成冲击时，这类问题就不可逃避了。谁会成为新经济的参与者？是否会有被忽视者？贫困人口在部分社区的集中是不是以往城市政策带来的不良后果？政策的问题在于：贫困人口是否有机会搬迁至新的经济增长地区，或者他们是否会永久陷入贫困之中？如果尝试给他们提供就业机会，情况是否会出现好转？

---

① 我们不能将近期移民与早期的移民和更早的移民区分开来。

一个熔炉？

美国城市最持久的一个形象就是大熔炉。美国已被视为融合不同文化（族群、农民、官员、老人和年轻人、单身人士和家庭）的大熔炉。更具体地说，熔炉这一概念应该指的是融合从海外和美国南部城市或农场迁入大型工业大都市区的种族和族群。熔炉概念假定随着时间的推移，各种文化将互相对话并最终并入美国主流文化。

熔炉这一概念受到大众的不断质疑。在人们广泛提及的《超越熔炉》（*Beyond the Melting Pot*）一书中，Nathan Glazer 和 Daniel Moynihan 阐述了纽约市的各个族群如何适应城市经济、社会和政治结构，从而更好地保留群体的独特性。① 大部分族群构成研究明确显示：19 世纪晚期和 20 世纪早期移民美国的“老”移民群体并未完全摈弃自己的文化特征以融入美国主流文化。② 族群社区、投票团体和非正式组织仍然是美国城市非常明显和重要的特色。

空间同化

在城市社会学流派中，熔炉这一概念在空间同化模型中有所体现，最先由伯吉斯隐约提及并由其他人予以明确阐述。③ 空间同化模型假设：大都市区的新迁入移民处在社会经济阶梯的底部。这些位于社会底层的社会经济地位（SES）族群和移民群体居住在城市的中心地段、住房质量最差的地方以及就业中心地区。该理论认为，随着时间的推移，移民群体将开始融入美国社会，整个过程可能要耗费几代人的时间。社会经济同化与空间同化同时发生，在这个过程中，移民群体先是搬迁至“次要移民居住区”，然后再搬入中产阶层居住区，整个融合过程使他们与主流文化完全融为一体。

族群特征的延续性挑战了熔炉假说，并且对空间同化观点也构成了挑

---

① Nathan Glazer and Daniel P. Moynihan, *Beyond the Melting Pot.*

② Stanley Lieberson, *A Piece of the Pie* (Berkeley: University of California Press, 1980)，提供了非常深入的分析。

③ Ernest Burgess, "The Growth of the City," R. E. Park and E. W. Burgess, eds., *The City* (Chicago: University of Chicago Press, 1967 [1925]); R. McKenzie, *On Human Ecology* (Chicago: University of Chicago Press, 1968), p. 31; Paul F. Cressey, "Population Succession in Chicago," *American Journal of Sociology* 44 (1938): 56 - 59.

战。借助1980年人口普查信息，我们可以首先确定每个美国人的世系，然而在之前的人口普查中，第三代移民甚至是更早期的移民事实上已经被同化了。[①] 第二章指出了各标准大都市统计区（SMSA）（以下简写为“统计区”）存在各种特色鲜明的族群社区，而第三章详细介绍了世系群体内部隔离现象的持续存在。Theodore Hershberg 及其同事对空间同化假说提出了尖锐的批评。通过对19世纪费城的普查信息手稿进行详细分析，并将其与20世纪的费城人口普查信息进行对比，我们发现城市地区的族群隔离现象变得越来越严重。[②] 以往，对社区按照职业构成进行定义，在步行城市中基本是由就业地点确定的。但是在费城的社区中，工业发展同时伴随着基于族群划分的日益加剧的分异现象。本书的研究可以从一定程度上反映熔炉假说对美国社会经济结构的适用性。美国仍在不断吸引其他国家的移民，其中许多移民仍然将大城市作为选择的第一个定居点，且在初抵美国时，这些移民比大部分常住人口更为贫穷。

在分析1980年人口普查数据的世系隔离情况时，各类群体均出现了程度适度的隔离，一般介于社会经济地位和生命周期特征的隔离程度之间。在各类群体中我们确实发现了一些重要的分异，而且这些分异在各个城市之间具有一致性。“较早”的世系群体——在更早时期抵达美国的群体——体现出的隔离程度不如稍晚抵达的世系群体那么高。研究发现，与意大利世系美国人和波兰世系美国人相比，英国世系、爱尔兰世系、德国世系和法国世系美国人的隔离程度相对较低。这些发现与早期研究的结果相一致，但是早期研究中使用的表格与早期人口普查的表格稍有不同。[③] 例如，Stanley Lieberson 认为居住分异可以作为群体位置一般转移的一个指标。[④] 由于人口普查中关于世系的问题是在1980年才初次被设置的，因此不太可能根据时间对此处研究的各类群体（主要是白人）存在的相对隔离情况进行直接比较。如果仅关注在外籍群体（而不是按照族群进行划分），我们发现隔离程

① 他们的定义是：父母出生于当地，他们也出生于当地，且世系起源未知。

② Theodore Hershberg, ed., *Philadelphia*（New York: Oxford University Press, 1981）。Lieberson 的作品，*Piece of the Pie*，证实了这些发现的其中几条。

③ Stanley Lieberson, *Ethnic Patterns in American Cities*（New York: Fress Press, 1963）。

④ 在调查1890～1930年的情况时，Lieberson 的“中心结论”将黑人社会经济地位的下降（相对于欧洲人种而言）与其日益上升的隔离程度联系起来，并且与欧洲人隔离程度日益下降的现象形成了鲜明对比。Stanley Lieberson, *A Piece of the Pie*, p. 291.

度在 1950 ~ 1970 年有所上升，而在 1980 年略有下降。在 1980 年隔离程度列表中，外籍群体的分布比单一世系群体的分布更加不均衡。1980 年的样本数据表明美国存在空间整合，但是这种趋势的普遍性仍然不高，因此不能为简单的熔炉理论提供支持。有些人喜欢将当前的现象称为一个炖锅，其中的各类群体仍然保留了各自的特色，即使是在经历数代发展之后。

以上结果对空间同化模型具有重要意义。人们可以据此猜测：第一代美国人集中居住（然后可能根据族群进行进一步划分）在城市中心地区。由于新迁入移民可能比其后代更加趋向于集中居住在中心地区，他们的空间集中程度相对比较适中。因此，空间同化模型在这个方面站不住脚。尽管我们不能够直接证明，但是可以猜测：来自传统地区的新移民居住在更早期移民的附近地区。这些世系群体之间并未明显隔离的事实使隔离指数进一步下降。

Douglas Massey 和 Brendan Mullan 为空间同化假设提供了证明，但不能保证居住地区顺利地从城市中心向外围扩展。① 随着同化进程的推进，移民后代从旧的核心地区迁出，并主要朝一个方向搬离 CBD（因此与同轴空间同化理论的观点一致），但有可能跨越其他社区。后续移民群体建立了以某个地区为中心的居住模式。考虑到住房存量的使用期限，他们倾向于居住在中心位置，但他们不必重复早期移民群体的空间模式。（其实，研究发现：在 20 世纪 70 年代，外籍群体具有相对稳定的特征。）因此，各个世代均出现了同化，而且同化还具有空间分异。尤其是在当前时期，同化不能与同心圆模型如此密切地联系起来。分异的自我聚集、同化率和歧视，以及大都市区的变化形态，都会导致同化现象缓和。正如我们在第四章结论中所说的那样，该模式更适用于白人，其中很可能包括西班牙裔美国人，而不是黑人。

种族的普遍性

研究结果指出了一个明显的事实：在美国大都市区，没有其他主要社会经济特征的分异程度比种族分异更明显。尤其是在近 30 年或更长的时间段内，大量黑人居住在美国大都市区，而且像来自大洋彼岸的其他移民一样，

---

① Douglas Massey and Brendan Mullan, "Processes of Hispanic and Black Spatial Assimilation," *American Journal of Sociology* 89 (1984): 836 - 873.

黑人到美国北方工业寻找经济发展机会。在试图从社会和经济角度融入美国主流人群的过程中，他们确实遇到障碍，而且我们也能够从社区模式中发现相关信息。Reynolds Farley 记录了 20 世纪 60 年代以来黑人发展的综合情况，并指出其受教育程度和收入水平相对有所提升，但在降低失业率和参与劳动方面并无改善。[①]

城市社区的种族隔离程度仍然很高，远远高于其他族群群体的隔离程度。在规模不一、位置各异的大都市区，黑人在所有种族群体中隔离程度最为严重。在我们的标准统计区，大约有 2/3 的黑人必须搬迁，才能使各社区的种族构成相等。[②] 即使是在西班牙裔人口中，黑人与白人也是隔离居住的。

研究确实发现黑人和其他少数族群（minority）出现同化的证据。黑人人口正逐渐迁至郊区。此外，还有迹象表明，在 20 世纪 70 年代，隔离程度大幅下降。民权运动和 1968 年的《民权法案》（禁止住房市场歧视）可能为此做出了贡献。尽管如此，相比白人世系群体，以及人口普查中发现的其他种族和西班牙裔群体，黑人的隔离程度仍然最为严重。在对几个城市进行的因子分析中，亚裔美国人与社区社会经济地位之间具有非常密切的关系，与黑人和西班牙裔形成鲜明对比。

人们总是质疑社区模式中的分异在多大程度上是由干扰因素（如各组间的经济差距）或所有群体中的居住位置偏好引起的，然而通过对在大都市区结构中已经居住很长一段时间的人口进行调查，研究者发现巨大的分异对以下概念构成了挑战：熔炉假说和空间同化假说在美国社会各群体中得到了同等延伸。如果城市社区模式能够反映全国各城市的经济机会构成形态，那么就可以证明导致种族隔离的巨大鸿沟（这类差距普遍存在并且非常持久）已经开始缩小。黑人隔离程度近期下降的原因及其与同化之间的关系值得我们开展进一步的研究。

---

① Reynolds Farley, *Blacks and Whites: Narrowing the Capt?* (Cambridge, Mass.: Harvand University Press, 1984), pp. 193 – 201.

② 城市社区的种族隔离甚至干扰了其他特征的隔离表格。也就是说，（相比其他群体）在黑人中发生率更大的社会特征，会比其他社会特征表现出更高水平的居住分异程度。这一现象在女性支撑家户隔离特征中最为明显。当前有关于人口和住房特征的详细表格，但对其进行全面探讨并不在本研究的范围内。这种完整表格可以为居住空间分异提供更明确的信息。

社区依附和认同

社区活动家、社群研究人员、当地新闻媒体以及居民经常提及社区的无形特质——个人对当地社群的感觉。这些情绪和关系往往是维护或反对社区变化的激烈争论的依据，例如支持建立一个老年市民中心、一个公园，或者反对“外来”的开发项目。

这些无形资产从来不是人口普查的直接主题。但是，我们是否可以使用人口普查特征的现有分析来了解当代城市社会中社区依附的基础？第三章的工作应该会有帮助。种族、阶层以及住房存量的物理属性是大都市区社区分异的主要原因。这些因素是否也是社区依附的基本要素？这些因素很有可能产生了部分或间接影响，为培养社区情感奠定了基础，也可以帮助定义社区的内外部“特征”。社区游说集团和组织经常建基于其物理环境本身所固有的品质，也即社区居民、社群领导和外部人士互动的复杂过程中所划定的界限。

最热闹的社区经常是地位处于中等水平的社区，并且具有独特的族群构成。这与我们关于大都市区分异的研究结果是一致的。族群尤其是一把双刃剑。一方面，与某个特定族群特性相关的宗教、文化和其他网络会在一定程度上依附于当地社群，而且可以转化为一般的社群情感（即使是对其他世系或混合族群的人士而言），并且继续转化为政治行动主义。另一方面则难以揣测。族群单一化和排外可能是社群组织的一种明确的或不明确的目标（隐藏的议程）。住房市场上的种族歧视具有悠久的历史，这在 1940 年以来人口普查统计数据的分析中有所体现，并且与以下观点相一致：社区依附建立在族群排外的基础之上。可以肯定，许多城市现在都有种族融合、族群多元化的社群，该社群具有许多社群依附的无形特质，并且许多社群组织者和保护组织并不支持种族与族群对立。尽管如此，种族融合社区并不是一种普遍现象。在具有欧洲血统的白人以及西班牙裔美国人中，多样性是一种更加明显的特征。

虽然整体收入隔离程度远低于我们原先的预期，但研究分析发现富裕人群与贫困人群明显相隔离。年收入超过 3 万美元的家户与年收入少于 5000 美元的家户相隔离，而将黑人与白人隔离开来的收入与此相同。研究发现，收入分布图底部的隔离程度比整个职业或教育群体的隔离程度要高得多。中产阶层及上流社会社区也有自己独特的社群组织和依附形式。通常，该社群的组织形式和公共形式稍有不同，但是如果有项目对其社群造成威胁，社群内的居民就可能变得非常高调，以彰显自己对社群的依附。

在使用第三章的因子分析法开展的社会区域工作中，我们发现了一些其他群体，其中最重要的是位于规模较大的大都市区的有子女的中产阶层社群。该社群可能也具有认同和归属情感，只不过采取了不同的形式。在许多地区，子女抚养型社群是单独组建的“自治区”。政治路线有助于这一身份的保留，并提供了内部政治表达的话题以及竖起了一道抵制外来入侵的无形墙壁，至少在那些实行政治排外的社群中如此。[①]

通常情况下，生命周期特征在隔离系统中的地位并不高，并且在大都市区的其他方面也呈现较低的分异水平。因此，生命周期往往不是社区组织分析的统一思路和着力点。尽管对生命周期的担忧始终存在，且所有社区往往都表现出一定程度的特殊性，但阶层和族群才是社区中更明显的特征。

政策背景

本节中，我们将回顾几个问题，以帮助区别看待社区及其在美国社会中所扮演角色的方式。我们不会提出明确的政策建议，相反，只会关注对政策探讨有影响的研究结果和问题。

人 vs. 地点

近年来，政策在以下方面有了转变：在对联邦政府、州政府和地方政府的活动范畴进行界定时，赋予“地方”重要性。卡特总统在 1978 年宣布了“第一”项真正全面的城市政策，以替代旨在帮助大城市、小城镇和其内社群的各项独立计划。1978 年政策一经制定，大众舆论就开始向相反的一方倾斜。McGill 关于“80 年代的美国城市”的报告呼吁减少或终止 20 世纪 60 年代和 70 年代制定的面向大范围城市地区的政策，指出应重新考虑“‘国

---

① Michael N. Danielson 在 *The Politics of Exclusion*（New York：Columbia University Press，1976）一书对排外机制及其后果进行了分析。

家城市政策’的宗旨和方向”。“全国城市问题往往并不存在”，但是地区问题层出不穷。[①] 该报告的结论指出：“以人为本的国家社会政策旨在直接为人们提供援助，不管他们居住在哪里，因此其重要性应高于以地方为本的国家城市政策，后者试图直接为地区提供援助，从而间接为人们提供帮助。”[②] 由美国国家科学院提出了一份更为详细的报告以呼应这一主题，并开展了一系列研究以支持这一观点。美国国家科学院认为美国正处于经济转型时期，并且认为这是对城市政策进行重新思考的最佳时期。研究表明，公共部门应该帮助社会根据经济转型做出调整，而不是支持过时的经济和地区组织形式以抵制社会调整。

《1982 年城市政策报告》（*The 1982 Urban Policy Report*）（里根总统时期）强调私营部门的作用，并指出：“健康城市的关键是建立一个健康的经济体。”[③] 与此相反，唐斯（Anthony Downs，就职于一个从事城市发展研究的机构）反驳说，私营部门的增长并不能为城市问题带来解决之道。他注意到大型美国城市的双重转型——经济结构变化和人口结构变化，并对自己关于现行政策的批判观点持乐观态度。[④] 这一争论促使我们更深入地了解我们的研究能够给美国当前的“城市经济转型”带来什么影响，以及在这种情况下，社区更可能沿着哪一个“脚本”发展。我们尤其需要弄清地点在（正在经历种群扩散的）居住系统中所起的作用。

在根据经济转型呼吁将焦点从地点转移到人身上的过程中，最令人困扰的问题是：“应该如何处理被忽视者？”这一转型过程中可能会出现一些被忽视者，其在转型后的劳动力大军中并不具备与他人竞争的必要技能（现在确实存在这类人群）；也有可能出现一些落后者，受困于贫困地区以及城市中，由于能力下降或缺乏主动性而不能获得任何形式的救助。在种族隔离和贫困两种情况下，社会和地区隔离水平都非常高。

同样，这项工作也记录了族群隔离如何在美国大都市区的社会中占主导

---

① President's Commission for a National Agenda for the Eighties, *Urban America in the Eighties* (Washington, D. C.: U. S. Government Printing Office, 1980), p. 99.

② 同上，p. 102。

③ U. S. Department of Housing and Urban Development, *President's National Urban Policy Report*, Washington, D. C.: U. S. Government Printing Office, 1982), p. 1.

④ Anthony Downs, "The Future of Industrial Cities," Peterson, ed., *The New Urban Reality*, pp. 281 - 294.

地位。黑人与其他群体的隔离程度远远高于任何其他任何我们能够通过人口普查数据衡量的种族或世系群体的隔离程度。尽管人口普查表格不能排除自我聚类或其他干扰因素的影响，但仍有证据表明住房市场上存在种族歧视。尽管不太精确，但是贫困状况在美国的大都市区呈现一定程度的集中，且程度高于其他社会经济特征。

贫困和种族歧视问题与现行大都市系统的“地点”有着千丝万缕的联系。尽管经济活动、基础设施和人口呈分散分布，但是贫困地区仍然存在，且黑人与白人完全隔离的现象也得以持续。在该隔离与城市界限相重合的地方，隔离问题甚至会对大都市区的政治经济问题产生影响。纯粹地依赖公共部门的措施和“以人为本”的政策难以圆满地解决这一问题，因此，可能需要公共部门发起一些“因地制宜”的行动，不管是采取以下哪种形式——直接为某些特定地区提供资金，或者为受困于劣势地区的人群提供有针对性的援助。

传统的大都市区模型认为，可以根据社区在大都市区中的位置来判断其社会构成，尤其是位于 CBD 的社区；此外，也可以根据其位置来推测社区的发展程度。但是如果人口扩散趋势的确可能持续下去，那么社区构成和发展与其地理位置就没有多大关系了。该理论的动态性（包括熔炉概念及其更为正式的阐述，例如空间同化理论）也建立在以下基础之上：统一的城市系统，经历了不可避免的生态演变。在形成过程中——不管该过程有多么神秘，社会（族群）群体的后来者必然会受到同化，而且单个社区必然存在居住轨迹。当前趋势不可避免地对生态提出了挑战。传统模型的过时将使唐斯（Downs）和其他人所提倡的、以社区为基础的政策干预具有更高的可靠性。①

在 20 世纪初的大都市区模型中，政治、经济和住宅系统同时存在；但是，现在该模型已经被“用行动来表决”的居住系统替代——在后者中，居住社区的选择不仅暗示着住房存量的特定构成以及邻居的社会构成，而且意味着将参与一个分异的政治体制。随着社会马赛克地区与政治网络相重叠，家庭统治权力为聚居地提供了对其各自的社区命运进行进一步控制的机

① Anthony Downs, *Neighborhoods and Urban Development* (Washington, D. C.: Brooking Institution, 1981).

会。这一前景进一步挑战了空间同化的传统动态理论，后者对所有社会群体做了未来将加入主流群体的承诺。

任何关于大都市转型的讨论都必须参考中产阶层化现象。近来城市新居民对古老社区的修葺得到了当地和全国媒体的广泛关注。这一行为已经被标榜为古老大都市社会经济复兴的先兆，并成为其财政振兴的源泉。目前，尽管已经收集了大量关于中产阶层化（采用多种互相矛盾的方式对其进行定义）的证据，但是直到近来才对此现象开展了系统的大都市区层面的研究。研究表明，某种程度的中产阶层化几乎在每个主要城市都有所体现，[①] 但在大部分城市中，这种现象局限于特定的地理范围。Brian Berry 将目前的情况描述为“衰退海域的振兴岛屿”。[②] 毫无疑问，中产阶层化将带来一些改变，但是其程度和不利影响并没有我们所担忧的那么严重。[③] 总体而言，城市的中心地区出现了人口和家户数量减少的现象，包括中产阶层数量的减少。[④]

研究表明，在 21 个统计区中，有可能在普查街区发现中产阶层化，但第一环和第二环的大多数社区持续出现人口和社会经济地位相对下降的趋势。一些内陆城市涌现了大量新建住房，但是它们对该住房是否算作中产阶层化的定义并不统一。在企业核心区持续发展的“龙头”城市，例如商业中心的办公空间呈现绝对和相对增长的芝加哥与波士顿，其城市中心内社区的修葺尤为明显，而且这些地区的相对收入和家户数量也同时出现了增长。该社区结果证实了 Brian Berry 的结论——他认为中产阶层化的过程“受限于具有国家和区域战略重要性的城市中心地区，现代化总部及相关生产性服务业的扩张导致新的 CBD 呈现显著增长”[⑤]。总之，中产阶层化是一个非常真实的现象，并且有可能很健康。相比它获得的关注，它的重要性远不如大都市区扩张模式，也即我们在第六章所提及的印第安纳波利斯社区的发展力量。

---

① Michael H. Schill, “Neighborhood Reinvestment and Displacement,” Princeton Urban & Regional Research Center, Princeton University, 1981.

② Brian J. L. Berry, “Islands of Renewal in Seas of Decay,” in Peterson, ed., *New Urban Reality*, pp. 69 – 98.

③ Howard Sumka, “Neighborhood Revitalization and Displacement: A Review of the Evidence,” *Journal of the American Planning Association* 45 (1979): 480 – 487.

④ Larry H. Long and Donald Dahman, “The City-Suburb Income Gap: Is It Being Narrowed by a Back-to-the-City Movement?” U. S. Bureau of the Census, Special Demographic Analysis, CDS – 80 – 1 (March 1980).

⑤ Brian J. L. Berry, “Islands of Renewal in Seas of Decay.”

由于经济活动的分散，某些郊区自治区在吸引工商投资方面特别成功（有时候，这令它们非常懊恼）。[①] 这些地方可能成为大都市区的新中心地带。大都市区的新节点（竞争中心）在内部划定了独立的管辖范围。在这个以征收房产税提供公共服务的系统中，新中心地带的发展可能导致资源在大都市区内出现不均衡分布。在未来的研究中，我们应该更多地关注新中心地带和走廊地带在大都市区演变中所起的作用。

这类发展导致大都市区出现社会分裂和政治割据现象——穷人被局限在不征税且基础设施不断减少的社群，而其他人则迁至郊区，如此一来，当地收入再分配的可能性几乎为零。实际情况则更为复杂。市场自身的兼并和运转可能缓解这一趋势，但是各个城市以及城市内部各地区的情况都不相同。旧工业城市周围的政治边界往往是固定的。而地处美国南部和西部等快速发展的新兴城市，吞并机会仍然存在并且时有发生。而其带来的风险在于：在这个人口和经济活动更为分散的新系统中，穷人和少数族群更有可能被市场与政治领域排除在外。

经济流动性与社群竞争

城市之间一直在相互争夺经济增长机会和资源。因此，波士顿、费城和巴尔的摩在海上贸易时期互相竞争，芝加哥和圣路易斯就谁能成为铁路网西部扩张的据点展开竞争。目前，城市使用减税、基础设施建设和市场营销等方法来吸引理想的产业与人口。联邦法律也为其提供了一些其他工具。尽管城市重建已成为最为声名狼藉的计划，但各城市都或多或少地制订了一些有针对性的计划来实现发展，例如，城市发展行动基金、收入共享计划、拟提议的城市工业区计划和大量的住房项目。

目前看来，区域间的竞争比区域内更为明显，并且采取了“市中心区vs社区”的形式。中低收入群体的个人利益（在居住社区）与有利于更具吸引力（市中心）行业的经济发展的公共利益相博弈，尤其是企业聚集地区的利益。社区居民和社群领导认为自己被有意识地排除在决策过程之外。

---

① 许多这样的郊区已经颁布了增长管制条例，并采取其他策略来平衡住宅和商业发展。例如，请参见 *New York Times*，“Fast Growing Suburbs Act to Limit Development，” December 2，1985；“After Years of Growth，White Plains Draws the Line，” November 11，1984。

在老工业带覆盖的城市，自治区的外部界限几乎被永久固定，从而导致压力和冲突进一步加剧。

在传统的大都市区模型中，穷人所居住的中心位置并非处于不利地位，原因在于就业机会分布在城市中心地区（相对而言），并且整个城市中心区都有廉价的运输方式。现在，经济增长地区和低技术劳动力资源之间存在严重的空间不匹配问题。这种不匹配几乎得到所有城市政策制度者的承认。因此，在该怎么处理这种不匹配现象上已经达成共识。麦吉尔委员会（McGill Commission）和美国国家科学院认为，在竞争力不断下降的城市和大都市区内，向弱势群体长期居住的场所提供资助不仅效率低，而且这一举措非常武断。有些人甚至认为，这是彻头彻尾的不公平现象。这种观点的支持者认为居住流动性是解决问题的好办法：这是一个以工作机会为导向的迁移策略。

另一方支持者认为，这些中低收入社区的居民是流动性最低的人群，而且公共部门应努力把经济活动迁移至存在大量失业率和半失业率的地区，或者也可以采取行动将产业维持在就业机会较少的地区。此外，这些社区的居民坚持自己的意见：他们不希望搬迁，他们很喜欢自己的社群，而且不应该将他们与其社群分离开来。通常情况下，这种争论打着就业和社群机会的旗号。这两类人群都支持让工作机会来迁就人的策略。

美国一直存在一种拉锯战：经济发展以及随之而来的居住流动需求和为社群奋斗的需求。流动性有助于提高生活标准，并且让个人和家庭有机会根据以下理由“选择”社群：社会规范、向上流动的地位认知等。与此形成鲜明对比的是，对社群加以维护，在此过程中社群稳定性和连续性有助于保持社会规范的模式及归属感。社群选择也存在不利影响——在自己追求社会进步的同时，这种选择让选择者有机会歧视其他群体。

我们的研究与以下观点相一致：在社会中，一些群体确实受到了空间的局限。有证据表明，黑人、穷人、特定家庭类型以及这些因素的组合模式存在隔离现象。他们的空间隔离可能会受到双重影响。首先，这些弱势群体在大都市区居住系统中被隔离开来，并因此远离就业中心地带和就业机会网络；其次，在很多情况下，这些受到隔离的群体集中在职业技术门槛越来越低的就业市场。此外，该社区还经常存在其他社会问题，包括高犯罪率和家庭破裂率。

在这类工作开展期间，我们发现公共政策发生了大幅变动，具体涉及“社群”的概念以及社群在政策制定议程中的地位。随着经济产业日益向服务业转型，并且越来越多的劳动者的受教育水平提高，其他社会网络和社群资源也有了相应的发展。专业网络只是其中最突出和明显的例子。交通和通信技术的提高进一步降低了将近距离作为与亲人、朋友及参考社群内其他人士“保持联系”之手段的需求。这种趋势似乎表明在美国城市居民的生活中，空间关系与社区的相关度正在逐渐下降。①

然而，有关社区保护的呼吁激增。这可能是邻近居住社群在城市居住者生活中重要性的真实标准，或者仅仅是出于对技术发展的抵制，居民希望维持一种实际距离比较近的感觉。那些担心被遗忘的居民以及本地社群在其生活中占据重要地位的居民对这种呼吁的响应最为激烈。社区迁移的活力在一定程度上反映了对前述章节讨论的市中心以公共利益为代表权力的抵制框架，原因在于社区还可能存在保护房产价值以及排斥不受欢迎社会群体的深层利益。

尽管现有居住系统经历了巨大的技术变革，但该系统仍然是社会分异一个非常重要的分类方式。一方面，社区可以成为在流动社会中维持或展示社会地位的重要途径；另一方面，社区仍然具有一些社群的无形特质。在住房市场上搜索“好社区”时，许多美国人会选择责任有限的社群——这一比喻由 Morris Janowitz 提出，之后被其他人士予以详细阐述。② 此时，城市居民选择的不仅仅是一栋房子、周边学校体系或整体社会构成，同时还包括互动模式和生活方式。我们不应该急于预测技术会对当地社群造成损害。相反，根据社会特征对大都市区进行分类并继续呼吁以社群为单位来提供服务和开展公共活动，这证明社群在普通城市居民的日常生活中发挥作用。有所改变的只是社群在生活中产生影响的方式，以及我们参与社群活动的方式。日益增多的社群与社区成为一种可通过市场主动购买的产品，随住所获得的还有其他许多商品。

① Melvin Webber argues this point at length in “The Urban Place and the Nonplace Urban Realm,” in M. Webber et al., *Explorations into Urban Structure* (Philadelphia: University of Pennsylvania Press, 1964), pp. 79 - 153.

② Morris Janowitz, *The Community Press in an Urban Setting* (Chicago: University of Chicago Press, 1952); Gerald D. Suttles, *The Social Construction of Communities* (Chicago: University of Chicago Press, 1972).

社区和大都市区

我们为了各种各样的目的而对社区模式进行调查。一些人认为，社区是社群情感的代表，而且个体社群的构成具有极其重要的意义。还有一些人认为，社区模式是社会分异原因在社会中的空间展示。在前文中，我们仔细分析了个别案例、基本情况以及一般空间组织的模式，从而理解了 1980 年社区如何融入大都市区。此外，我们也参阅了以往的人口普查数据，从而了解了社区和大都市区之间的关系如何随着时间的推移而发生变化。我们的工作围绕数个主题展开。

其中最重要的是，对美国社区的分析揭示了城市空间的社会分异程度。美国人口根据市场及公共部门的活动按社区进行分布，因此社区具有更高的同质性，但是这并不能代表全部情况。整个分类过程对部分特征的影响更为广泛。种族和特定住房类型被隔离开来。社会经济地位也具有一定的分异性，大量中产阶层呈现一定的混合居住状态。在收入分布表中，收入水平位于前 15% 的家户与后 15% 家户的居住分异程度与黑人和白人的隔离程度相同。比较而言，在白人群体内，家庭和生命周期导致的隔离程度以及世系的隔离程度较为适中，尽管研究发现近期族群社群凝聚力和老年人居住地点的隔离程度较高。

正如人们根据理论以及基于同等规模社区所做的统计推测一样，与小地方相比，主要大都市区呈现出更高的分异水平。可见，大都市区和小都市区的社区生活是完全不同的。在规模较大的都市，某个居民的邻居更有可能与其来自同一族群，住在相同类型的住房内，并且拥有相似的社会经济状况；而在中等规模或小规模的城市里这种可能性较小。不断增长的大都市区展示了更低的族群和住房类型隔离程度，但是具有更高的生命周期隔离水平。这一现象是否意味着分类排序操作的关键元素发生了变化，仍然有待我们去观察。但矛盾的是，大都市区的多样性出现在社区类型的极端值一侧。随着大都市区的居民到所居住社区以外的地区旅行，他们可以了解自己所居住社群的全部情况。我们更有可能看到极富裕和极贫穷的社区，以及某个特定生命周期群体极为集中的社群。此外，特色鲜明的族群社群也具有极广的分布范围。

1929 年，Harvey Zorbaugh 写到，通过排序操作，“城市成为一幅社区、‘社群’，以及小小的文化世界的镶嵌画”①。这一描述在 1980 年仍然适用。社群在一定程度上成为一种选择元素，同时又是一种制约元素。我们承认，社区有助于为普通城镇居民创造部分社会生活条件，并为解释社会分异模式做出了贡献。社会世界的镶嵌画提供了一系列社群，而居民可以从中进行选择。

随着时间的推移，社区模式已经发生了变化，而本研究试图概括出这种变化的相关因素。一方面，与过去几十年相比，1980 年大都市区的组织结构方式显得相对更为复杂和松散，可将这一过程描述为人口分散；另一方面，我们还识别了一个居住分异系统，其中最为引人注目的便是住房特征和种族导致的社区隔离，其次便是因社会经济地位和生命周期特征导致的隔离。研究结果表明：与传统观点相比，现在社区的演变与地理位置的关系越来越不密切。总之，尽管曾经控制大都市结构的传统组织凝聚力已经开始瓦解，但是出于各种因素（社群、房价、令人推崇以及难以揣测的同质性和排斥因素）考虑，邻近社区仍然具有重要性。社会世界的镶嵌画仍然是城市日常生活中的一部分，然而，镶嵌画中的镶嵌模式已经变得有些模糊，画面内容也更加难以辨别。

① Harvey W. Zorbaugh, *The Gold Coast and the Slum* (Chicago: University of Chicago Press, 1976 [1929]), p. 234.

附录 A
1980 年人口普查中小区域数据的质量

与其他人口普查相比，1980 年人口普查由于以下原因引发了更多的争议：数据精确度、漏统计，及二者对美国人口群体和地点产生的独特影响。这种争议在统计工作开展之前便已产生且持续存在，但现在已经有所缓和。[①] 尤其根据收益共享基金的原则，人们相继发起了关于统计准确度以及漏统计对单个地区所产生的独特影响的讨论。[②] 几个主要城市的统计部门指出，它们的统计工作中存在大量漏统计的情况。部分城市存在重复统计的问题。底特律甚至提起申诉，要求官方人口普查数据根据漏统计情况进行相应调整。

总体而言，不同城市已就准确完整的人口普查目标达成共识。然而，地区间很少一致关心应该如何进一步提升普查信息的质量——甚至更具体地说，大部分努力针对的是既定的资金支出。1980 年人口普查耗费了 10 亿美元以上的成本，均摊到每个被访者身上，大约为 5 美元左右。地区间已经就如何提高 1990 年人口普查的数据处理质量、降低成本并提高准确性展开了激烈的讨论，[③] 且正在寻求能够提升准确度和/或工作效率但相对成本更低

① Ian I. Mitroff, Richard O. Mason, and Vincent P. Barabba, *The 1980 Census: Policy-Making Amid Turbulence* (Lexington, Mass.: Lexington Books, 1983); William Alonso and Paul Starr, *The Politics of Numbers*, The Population of the United States in the 1980s: A Census Monograph Series (New York: Russell Sage Foundation, 1987).

② Jeffrey S. Passel, Jacob S. Siegel, and J. Gregory Robinson, "Coverage of the National Population in the 1980 Census by Age, Sex and Race." U. S. Bureau of the Census, *Current Population Report*, 1982, pp. 23 – 115; Arthur J. Maurice 和 Richard P. Nathan, "The Census Undercount," *Urban Affairs Quarterly* 17 (1982): 251 – 284.

③ U. S. General Accounting Office, *The Census Bureau Needs to Plan Now for a More Automated 1990 Census* (Washington, D. C.: Princeton University Press, 1983).

的操作办法。由于从本质上说人口普查是一个地区协调性的项目，我们在本附录中调查了数据质量的地区差异。

总体而言，关于人口普查官方统计的准确性的关注点都集中在人口的漏统计上，并通过事后补充调查或与人口统计数据的其他来源进行调整，按照年龄、性别和种族来预估漏统计程度。对于近期的人口普查（1960年和1970年），人口覆盖率已经公开，从而使研究者们可以增加（或者减少，对部分群体而言）人口数量，以更好地估计真实的常住人口数量。此外，研究者们还针对早期人口普查数据做出了类似努力，从而更准确地估计人口统计的范围。①

大部分关于人口普查准确度的信息采取了这种形式。尽管人口普查局一直未能做出准确的估计，忽略人们对1980年人口普查数据质量存在的争议，但其人口覆盖率比以往人口普查有所提高。② 我们的调查更关心的是对公众人口普查准确度关注度的提高，而不仅仅是准确度的提升。漏统计导致的人口统计分异非常可观，范围从特定年龄、种族和性别群体的微小误差到将介于34～44岁黑人男性的比例初步估计为16%。通常而言，白人和女性的人口覆盖率更高。此外，由于有大量的未登记外来人口（其中许多人是西班牙裔群体），精确估计工作变得更为复杂。

人口普查覆盖率以及所收集信息的准确性存在大量的地区差异。这类差异主要与社会经济因素相关——正如我们试图在本书中阐明的一样，社会经济因素呈现为不同的空间分布状态。研究预计：如果某个地区未受教育、贫穷、害怕、不识字和流动的人口越集中，那么其统计数据的准确度和覆盖率就越低。理想预估和实际调查之间的差异也可能在人口普查中出现。这反映了人口普查田野调查员的培训质量和/或人口普查可以征用的劳动力的素质、士气的高低及所服务社群的类型。③ 不管差异来源为何，数据问题对个别社区可能产生巨大的影响。为了举例说明（也为了预示我们后期将要开展的

---

① Ansley J. Coale and Melvin Zelnik, *New Estimates of Fertility and Population in the United States* (Princeton, N. J.: Princeton University Press, 1963).

② Passel, Siegel, and Robinson, "Coverage of the National Population."

③ 管理资源差异的最好示例为1980年人口普查的收入数据。收入信息有时候存在编码误差，从而导致部分统计个体的申报收入出现严重偏差，影响波及全国30万个统计区域中0.5%的地区。这个问题导致表格呈现巨大的地区差异，表格显示该问题在美国南方城市中的发生率最高。例如，对乔治亚州的净影响数值为平均每地区140美元，从对里士满县的影响率为0到对特鲁特伦县高达8.6%的影响率。

分析），研究发现芝加哥大都市区中有 3 个社区的数据都基于 100% 的替代计算，即社区人口信息并不是由居民自己提供，而是通过估算过程确定。本附录的主题就是对该估算程度及其相关因素进行描述。

人们很少对数据质量的小区域分异进行详细测量。本附录特别关注了 21 个标准大都市统计区（SMSA）（以下简称"统计区"）内社区数据的估算程度和相关因素。此外，我们还依据与数据打交道的多年经验，简要地定性评估了数据本身的准确性。研究期望这类工作能为 1980 年人口普查数据的使用者以及未来人口普查的规划者提供一些帮助。

方　法

各种非抽样误差会降低人口普查的效用。这些误差包括覆盖误差（不完全统计）、无访问、受访者误差和处理误差（在某些情况下，还可能存在统计误差）。本质上，难以对人口覆盖率进行评估，原因在于没有直接收集关于未统计人口的信息。许多关于人口覆盖准确度的调查都采用了其他的数据源（生命周期统计、后续调查等）来进行估算。然而，这类估算一般不适用于小区域。

配置和替代是插补的两种形式——插补是为了弥补无访问、漏访问、邮件回复不一致和处理误差。插补本身也是一种值得研究的数据缺失形式。就插补与覆盖不全之间存在的相关度而言，我们的分析将展示与社区漏统计相关的大都市区内部分布情况和社会经济情况（目前尚不清楚插补和覆盖率是否相关，原因在于插补可能是由好几个问题造成的）。美国人口普查局针对配置和替代制定了严格的指导方针，并将配置率、替代率与其他普查街区的数据一起发布。

人口普查局对替代程序做了如下定义：

> 当有迹象表明住房单元有人居住但是调查问卷并未包含全部或部分人员的信息时，将选择一个以往处理的家户作为替代，并为该住房单元及各替代对象复制一整套特征信息。该原则适用于以下两种情况：①居民或住房单元"由于未访问而被替代"，例如，这种情况适用于住房单元有人居住但是居住者在多次普查访问时均未在家；②居民或住房单元"由于机器故障而被替代"，例如，包含住房单元或居民信息的调查问卷页面并未被正确拍摄。

住房单元替代以并行的方式进行处理。

另外，配置并不涉及居民或住房单元的全部数据记录，而只涉及特定特征：

> 在调查问卷所含信息被录入电脑后，单个居民或住房单元的任何缺失特征将由电脑控制的配置程序来替代补充。配置（或者分配可接受的代码来替代不可接受的录入条目）在以下情况下最为适用：给定特征的录入条目出现缺失或者某位居民关于该特征的上报信息与该居民或住房单元的其他信息不一致。
>
> 如同之前开展的人口普查一样，更改不可接受条目的一般方法是：为某位居民或者住房单元分配一个条目，且该条目与其他具有类似特征的居民或住房单元的条目相一致。因此，如果某位居民自报为户主的儿子且年龄为 20 岁，但并未报告其婚姻状况，那么根据相同年龄组下最后一名被处理信息的儿子的婚姻状况来给该位居民分配婚姻状况信息。人口普查局的统计学家认为：采用这种配置程序，而不是保留空白或录入不可接受的条目，能够提升数据的有效性。

人口普查局专门针对特定特征制作了配置率表格，此外还制定了一个表格来展示单个居民或住房单元是否已被配置了任何信息。人口普查局认为，估算是针对数据遗漏问题的最佳解决方案。数据内容空白或者信息不一致会给人口普查数据的后续使用者造成更多的处理困难，而且与基于具有相似基本特征的附近个体的配置信息相比，空白或者不一致现象可能会造成更多的偏差。如有可能，配置中使用的配置信息应该来自同一个住房单元内的其他居民，但是插补信息中的很大一部分来自人口普查配置的其他个体。

附表 A－1 摘自 1980 年人口普查的报告，该报告概括了所有的问题要点。处理误差（机器故障）的发生率约为 1/1000，且这一比率在各州和其他大型地区单元内都相对比较稳定。大部分替代（配置完整的个体记录）都发生在无访问的情况下。配置的发生率更为广泛，且按主题划分也差异显著。在完全统计的情况下，西班牙裔群体的配置率比性别的配置率高 5 倍。除种族之外，大部分配置信息源自非同一家户内的其他个体（对于年龄特征而言，由于直接在家户内推断不太可能，因此其 100% 的配置信息都源自非同一家户内的其他个体）。样本特征中的数个特征具有较高的插补率。样本普查表格中，几乎所有（99.2%）的居民都至少被配置了2条信息，略少于一半（44.9%）的居民至少被配置了一条信息。收入一直是个令人头疼的问题，不管是在抽样调查还是在人口普查中均如此。大约有17%的家户的收入信息是被配置的。人口普查开展后期所调查的信息特征（残疾状况、第一次婚姻、距工作地点的路程）中，有数个特征存在较高的配置率。附表A-1第2列和第3列的数字表明，统计区（大约有3/4的被统计人口居住在其中）的插补率与美国的总体插补率基本相似，而且总体来看，中心城市出现了更高比例的同类数据缺失情况。

附表A-1 替代率和配置率（按地区的类型和规模划分）

	美国	统计区	中心城市
完整数据统计*			
替代率			
机器故障	0.1	0.1	0.1
未访问	1.4	1.4	1.8
配置率			
任何特征	10.2	10.1	11.8
特征			
与户主的关系	2.1	2.1	2.5
性别	0.8	0.8	1.0
年龄	2.9	2.9	3.5
种族	1.5	1.5	1.7
西班牙裔群体	4.2	4.1	4.8
婚姻状况(15年以上婚龄)	1.3	1.3	1.8
样本数据(†)			
回答了2个以上特征的受访者	99.2	99.2	98.9
拥有1个以上被配置特征的受访者	44.9	45.0	48.3
特征			
出生地	4.9	5.0	6.2
1975年居住	8.0	8.2	9.6
受教育程度	2.9	3.0	3.6
职业	6.7	6.8	8.3
家户收入	16.8	16.9	18.1

* 总体人口特征，美国汇总表PC80-1-A，表B-4。

† 总体社会和经济特征，美国汇总表PC80-1-C1，表C-1。

我们在此将替代和配置视为小区域数据质量的总体指标来进行分析。当然，表中数字代表的是确切存在的居民和居住单元。通过对其进行生态分析，我们可以得知在哪些社区内该数据的缺失情况发生得最为频繁。我们首先分析了本研究中统计区的配置率和替代率及其分布情况，然后提供了一些回归方程式，从而根据其他普查街区的特征来预测配置率和替代率。该统计分析仅适用于 1 号汇总磁带文件中的完全统计信息，并且重点关注人口表格。

结果

附表 A－2（A 组）包含关于人口普查街区总体样本的配置和替代基本测量的描述性统计，但是如同第二章那样，并未包含统计不足的普查街区和贫民窟打工者。当然，（任何项目下）使用了配置信息的居民都要远远多于采用了替代措施的居民。在本研究约 6000 个普查街区内，居民的替代率（中位数）值不到 1%，即一半的普查街区有较高的替代率，而另一半普查街区的替代率则较低。在标准社区内，大约有 10% 的人口存在信息缺失配置情况，该数值与附表 A－1 中的全国平均值非常接近。住房数据的配置率和替代率都比较高，造成这一现象的原因是给空置单元分配了信息，另一个原因是表格末端出现了许多住房问题。表 A－2 的上四分位数表明少数人口普查街区存在较高比例的数据缺失情况。大约有 500 个普查街区（10%）的替代率超过 5%，甚至 3 个普查街区（全部位于芝加哥）的替代率高达 100%。在这一小部分人口普查街区内，可用的信息实际上相当不可靠，但对大部分社区而言，这两种数据缺乏类型的发生率比较低，从而不足以导致计算中出现偏差或不稳定情况。

附表 A－2 中的 B 部分展示了人口替代在 21 个统计区的分布情况。虽然替代率的中位数都在 2% 以下，但是各统计区的替代率存在较大差异。希博伊根的替代率（最低）是芝加哥替代率（最高）的 10 倍。替代率倾向于随着城市规模的扩大或城市位于南方而上升。在亚特兰大、伯明翰、芝加哥、新奥尔良和圣安东尼奥，一半以上人口普查街区的替代率在 1% 以上。

附表 A-2　人口普查街区插补率的描述性统计

街区名	极小值	下四分位数	中位数	上四分位数	极大值	四分位区间	均值	标准差	社区数量(个)
A:插补的四种方法:21 个统计区合并									
使用了配置信息的人口比例(%)	0.0	7.5	9.5	12.7	16.5	59.0	10.6	4.5	5917
被替代的人口比例(%)	0.0	0.4	0.9	2.3	5.0	100.0	2.1	3.7	5917
使用了配置信息的住房单元比例(%)	0.0	10.9	14.3	18.6	23.6	100.0	15.4	6.6	5980
被替代的住房单元比例(%)	0.0	0.6	1.3	3.0	6.1	100.0	2.6	4.7	5911
B:按统计区划分的人口替代率									
艾伦镇	0.0	0.2	0.4	0.7	1.2	10.4	0.6	1.1	155
阿马里洛	0.0	0.3	0.7	1.1	2.5	7.4	1.0	1.2	63
亚特兰大	0.0	0.6	1.2	2.3	3.9	16.6	1.8	2.0	352
班格尔	0.0	0.1	0.4	1.3	2.1	3.6	0.8	0.9	28
伯明翰	0.0	0.7	1.3	2.3	3.9	33.3	2.0	2.9	202
波士顿	0.0	0.4	0.9	2.1	4.0	36.1	1.7	2.8	580
芝加哥	0.0	0.7	1.9	4.8	9.5	100.0	3.8	5.8	1486
弗林特	0.0	0.4	0.8	1.8	3.4	18.2	1.7	2.6	124
印第安纳波利斯	0.0	0.4	0.6	1.2	2.4	9.0	1.0	1.1	269
列克星敦	0.0	0.6	0.8	1.6	3.1	7.2	1.4	1.5	79
新贝德福德	0.1	0.2	0.6	1.1	2.2	3.7	0.9	0.9	44
纽黑文	0.0	0.3	0.6	1.2	2.0	4.8	0.9	0.9	93
新奥尔良	0.0	0.8	1.4	2.5	4.0	13.6	2.0	2.1	318
纽瓦克	0.0	0.3	0.8	3.0	7.6	26.4	2.5	4.1	462
圣路易斯	0.0	0.2	0.6	1.8	4.0	17.9	1.4	2.1	435
盐湖城	0.0	0.2	0.3	0.5	0.8	3.5	0.4	0.6	189
圣安东尼奥	0.0	0.6	1.0	1.7	2.9	32.5	1.5	2.6	197
圣地亚哥	0.0	0.3	0.5	1.0	2.2	7.9	0.9	1.1	379
西雅图	0.0	0.5	0.8	1.4	2.3	50.3	1.3	3.0	353
希博伊根	0.0	0.1	0.2	0.3	0.5	4.4	0.4	0.9	24
斯托克顿	0.0	0.3	0.6	1.1	2.0	6.2	0.9	1.0	85

其他三个变量（表格中并未展示）的情形大致相同。就人口配置而言，希博伊根的中位数仍是最小值，而新奥尔良（13.3%）的中位数最大。正如所预料的，住房单元替代率比人口替代率高，三个统计区的住房单元替代率中位数超过了 2%。就配置的平均程度而言，只有一个统计区的数值小于 10%，而数个统计区的数值高达 15% 或 16%。然而，插补的四大方法并不相同。（5917 个普查街区中）人口替代率和配置率（任何特征）之间的相关度为 0.51，而人口替代率和住房替代率之间的相关度为 0.56。年龄、种族和血统配置之间的两两相关度都在 90% 以上。

附表 A－2 明确指出，对这些大都市区内的绝大部分人口普查街区而言，表格中的信息基本都是从原先居民那里收集到的。大部分问题较多的普查街区位于少数几个统计区内，也正是在此时开始出现数据质量的地区差异。在规模较大的城市里，尤其是位于上四分位环的城市，替代率非常可观。数个统计区的替代率在 4% 左右徘徊；而纽瓦克统计区的替代率在 7% 以上。芝加哥统计区甚至大约有 150 个普查街区的替代率超过 10%。

较高的插补率会影响表格中数据的可靠性，特别是从样本数据角度而言。6 个统计区中至少有一个替代率高达 30% 的普查街区，而芝加哥甚至有 17 个普查街区的替代率高于 30%。这取决于插补程序背后假设的准确性，可能导致这些普查街区所收集的数据出现严重的偏差或更多的抽样误差。例如，如果管道缺陷的实际发生率是插补程序假设的 2 倍，那么结果就足以导致替代率为 30% 的人口普查街区计算的平均值从 5% 上升至约 7%。

插补操作对抽样数据的影响极其复杂，并且同样取决于被替代人口的代表性。如果普查街区中年龄在 25 岁及以上的人口数量为 3000 人，那么受教育程度（一个样本特征）需要基于 600 人的样本规模进行分析。如果替代率是 30%，那么受教育程度的计算将取决于约 400 人的完全统计信息以及 200 人的插补信息。如果我们将样本量设定为 400 人，而不是 600 人（仅取完全统计个体的信息），那么标准误差会上升 20% 左右。对于那些配置率较高的其他特征（如收入、残疾状况、距工作地点的路程），同样的情况也会出现。由于配置率通常较高，故而该问题具有巨大的影响力。

我们尤其关注了大都市区内替代发生的地理集中情况。附表 A－3 与第四章所采取的方法一样，采用相异指数对替代不均衡分布情况进行了简单测量。约有 40% 的被替代人口可能需要被重新定位，从而使得各人口普查街区内的替代率相当。这种集中情况在纽瓦克和希博伊根尤为明显。隔离程度与拥有自有住房人口和租房人口的隔离程度大致相当。另外，配置率更为分散，计算的 D（相异指数）值仅为替代率的1/3。

附表 A－3 还报告了市中心四环内所有普查街区的替代率和配置率的平均水平（每个环包括大约相同数量的普查街区，由距离四分位环定义）。插补率并未按照距离均匀分布，且插补情况在各统计区间也并不一致。在大部分统计区，尤其是规模较大的北部工业统计区，替代率在中心环内分布更为广泛（在纽瓦克，实际替代率比标准值高 12 倍）。在少数地区（艾伦镇、印第安纳波利斯、新奥尔良、圣安东尼奥、盐湖城、西雅图），情况则完全相反。在除艾伦镇之外的其他统计区，配置率在中心普查街区更高。此外，在许多内环社区，年龄配置率明显超过 20%。

附表 A－3　插补的空间集中度：21 个统计区

大都市区	替代率(%)					年龄配置率(%)				
	D	第 1 环	第 2 环	第 3 环	第 4 环	D	第 1 环	第 2 环	第 3 环	第 4 环
艾伦镇	40	0.38	0.64	0.68	0.77	12	8.31	7.94	8.09	8.94
阿马里洛	34	1.89	0.47	0.89	0.78	17	12.32	9.05	6.76	6.55
亚特兰大	35	2.30	1.65	1.45	1.86	15	15.66	11.16	8.14	9.48
班格尔	40	1.03	1.24	0.86	0.34	13	10.03	8.16	7.45	8.77
伯明翰	33	2.71	2.59	1.42	1.40	15	14.51	11.88	10.79	9.60
波士顿	43	3.69	1.44	0.93	0.84	15	15.40	11.27	9.29	7.77
芝加哥	46	8.98	2.58	2.15	2.59	19	15.71	12.42	10.89	8.11
弗林特	44	2.97	2.39	0.90	0.47	10	12.25	9.69	8.44	8.82
印第安纳波利斯	36	1.42	0.80	0.62	1.17	11	10.62	9.00	7.71	8.10
列克星敦	38	4.64	0.87	1.14	0.92	11	12.89	9.44	8.76	10.25
新贝德福德	34	1.49	0.93	0.41	0.69	13	13.24	9.39	9.56	7.47
纽黑文	34	1.50	0.63	0.36	1.09	15	18.42	11.00	8.81	8.06
新奥尔良	33	2.19	1.78	1.62	2.44	12	17.28	17.29	13.05	12.63
纽瓦克	56	7.08	1.93	0.85	0.58	17	15.12	11.53	8.79	7.75
圣路易斯	49	2.68	0.91	0.53	1.66	18	17.07	10.57	7.42	7.68
盐湖城	29	0.36	0.38	0.49	0.55	12	11.08	7.58	6.99	9.38
圣安东尼奥	33	1.85	1.10	0.87	2.28	11	10.95	8.82	7.52	8.94
圣地亚哥	41	1.79	0.75	0.55	0.53	14	11.92	9.21	8.12	9.11
西雅图	36	1.20	0.79	1.16	1.95	12	14.67	9.28	8.43	11.43
希博伊根	55	0.18	0.87	0.17	0.33	7	8.27	6.14	6.52	6.13
斯托克顿	39	0.94	1.06	0.66	0.98	15	13.99	12.17	9.84	11.64

注：相异指数，请参见第三章的定义。

规模较大统计区内的内城地区的替代率最高，这一事实并不令人惊讶（替代的层次和程度则可能不为我们熟知）。我们是否可以预测配置和替代在不同城市和全国的发生率大小？如果能够综合各类缺失情况来预测数据缺失和一致性程度，那么就有可能识别人口普查完全忽略的人口的位置和社会相关因素，并继而根据地理分布安排工作以纠正人口覆盖率误差。

在附表 A－4 中，我们为约 6000 个人口普查街区的插补提供了回归方程式，而这些普查街区均来自 21 个统计区。回归量被选择用来代表各种与插补可能相关的人口统计特征和住房特征。在第一个方程式中，我们预测了被替代人口的比例。通过使用 11 个普查街区的特征，我们可以解释 2/3 以上的替代率差异。城市虚拟变量本身是一个非常有用的预测指标，能够指出本质上属于农村的普查街区（大多位于大都市区的外围地区）基本不存在替代情况。[①] 规模较大的统计区则有较高的替代率，甚至在控制了其他特征后仍然如此。社会经济地位和人口稳定性（由房主职业和受教育程度体现）与替代率呈负相关。而以下人口普查街区则有较高的替代率：普查街区内有较高比例的黑人、男性及“其他”种族群体（不是白人、黑人、印第安人或亚裔）。

附表 A－4　替代和配置的回归分析（汇总，N＝5993）

	被替代街区人口(%)	进行了年龄配置的街区人数(%)
城市街区比例	1.14 (0.02)	1.02 (0.02)
统计区规模(百万)	0.35 (0.002)	
房屋拥有者占比	－0.02 (0.0002)	
受教育程度中位数	－0.13 (0.03)	0.31 (0.03)
黑人(%)	0.02 (0.002)	
集体宿舍	－0.04 (0.004)	0.06 (0.005)
女性(%)	－0.09 (0.01)	－0.06 (0.01)

① 在人口普查中，城市－农村分类与大都市区分类毫无关联，而是基于居住的密度来判断。部分大都市区（通常位于各大郡的郊区）甚至被定义为农村地区。

续表

	被替代街区人口（%）	进行了年龄配置的街区人数（%）
空置率（%）	0.04 (0.005)	0.06 (0.007)
街区人口（1000S）	-0.14 (0.02)	
房龄中位数	-0.03 (0.005)	
“其他”种族群体	-0.04 (0.008)	
贫民窟工人		21.5 (1.06)
贫困家庭（%）		0.06 (0.006)
房屋中位数		-0.62 (0.07)
流动人口		-0.09 (0.004)
居住年限		-0.27 (0.03)
外籍		0.04 (0.006)
失业（街区%）		0.04 (0.009)
南部（南部=1）		0.48 (0.14)
常数	8.05 (0.56)	7.91 (0.65)
R^2	0.69	0.70

注：括号内为标准误差值。所有系数在 $p \leq 0.001$ 时显著。

并未被录入这个预测方程的变量不具有统计显著性。位于南部及统计区的年龄和家庭构成、西班牙裔群体不能够帮助预测人口普查街区内的人口替代率。

就配置而言，我们主要关注年龄——如果年龄信息出现空缺，必须根据家户外的其他个体的信息对其进行补充，因此该特征可能存在更严重的配置问题。年龄配置的最佳预测对象在大多数情况下与人口替代的预测对象不一样（人口替代和年龄配置的相关度为0.56）。可以理解的是，年龄配置对贫民窟打工者数量较多的普查街区产生的影响最大。在这些情况下，人口普查局通常会采用特定的操作来获得相关信息。社会经济地位较高的社区（每个家庭的贫困人口相对较少且房屋更多）倾向于拥有更低的配置率，然而在对这些特征进行控制后，受教育程度的趋势则相反，即配置率更高。此外，以下社区的配置率也比较低：居民居住年限长、外籍人口少、集体宿舍少并且分布在南部的大都市区。整体而言，可以解释受教育程度特征中约70%的配置分异。

我们对个别城市重新进行了人口替代回归分析，所不同的是，变量只包括在综合分析中最能够预测替代情况的四个普查街区特征（根据附表 A－5，即受教育年限中位数、城镇人口比例、黑人比例和住房自住率）。附表 A－5 介绍了 21 个统计区的分析结果。这些特征能够解释综合分析中 2/3 的替代分异，统计区的 R^2 值几乎涵盖了整个替代范围，从 0 至 100%。在大部分统计区内，普查街区的受教育程度（社会经济地位的一个指标）与替代率呈负相关，但是在美国南方腹地或西部，二者却并不存在多大的关联。大约一半地区内的城市普查街区的比例是统计意义上非常重要的替代率预测指标，但是迹象并不一致。根据附表 A－3 的内容人们可以预计，在新奥尔良、盐湖城和印第安纳波利斯，农村普查街区存在更多的替代问题。在大多数地区，黑人和出租住房单元占比较高的普查街区通常替代率更高。

附表 A－5　人口替代的回归结果（按统计区划分）

统计区	常数	受教育年限中位数	城镇人口比例	黑人比例	住房自住率	调整后的 R^2
艾伦镇	0.94	－0.07	－0.12	0.08†	0.01	0.05
阿马里洛	4.01	－0.11	－0.76	0.03†	－0.02†	0.39
亚特兰大	2.23	－0.03	－0.67	0.00	0.01†	0.07
班格尔	－3.49	0.09	0.03†	0.42	1.94†	0.46
伯明翰	5.68	－0.19	1.09†	－0.04†	－0.01	0.87
波士顿	2.19	－0.08	0.05†	0.98†	－0.02†	0.78
芝加哥	10.21	－0.49†	1.12†	0.01	－0.05†	0.61
弗林特	12.15	－1.07†	0.02†	0.00	1.06†	0.95
印第安纳波利斯	2.42	－0.05	－0.95†	0.02†	－0.01	0.24
列克星敦	9.83	－0.91†	2.44	－0.02	0.00	0.15

续表

统计区	常数	受教育年限中位数	城镇人口比例	黑人比例	住房自住率	调整后的 R^2
新贝德福德	1.61	-0.07	0.13†	-0.49	0.00	0.16
纽黑文	1.07	0.00	-0.19	0.01†	0.00	0.09
新奥尔良	5.21	-0.07	-2.39†	0.00	0.00	0.06
纽瓦克	7.03	-0.31†	-0.41†	0.04†	-0.03†	0.38
圣路易斯	2.52	-0.20†	0.99†	0.02†	0.00	0.86
盐湖城	3.17	-0.13†	-1.05†	0.00	-0.03*	0.18
圣安东尼奥	4.14	-0.06	0.01	0.00	-2.41†	0.05
圣地亚哥	-0.06	0.02	0.04†	-0.01†	0.96	0.98
西雅图	1.74	-0.16	0.01	0.01	0.99†	0.86
希博伊根	-1.89	0.14	0.47	-0.02	0.01	-0.15
斯托克顿	-0.07	-0.06	-0.01	0.01	0.99†	0.99

* $p \leq 0.05$。

† $p \leq 0.01$。

没有任何一个大都市区中的这 4 个变量都具有重要的统计意义。芝加哥的一份样本可以体现出这些变量变化幅度的部分情况。在一个百分之百是白人居住的远郊普查街区（50%为城市人口），其成年人口的平均受教育年限为 13 年，且 4/5 的住房为自住，该普查街区的预测替代率为 0.4%。而在一个百分之百是黑人居住的城市普查街区，成年人口的平均受教育年限为 9 年，且所有住房均为出租使用，其预测替代率为 8%。

另一项分析（并未展示）研究了多个特征的替代情况，并对每个统计区均采用逐步回归法。R^2 同样呈现较大差异。总体来说，这 4 个变量非常重要，而其他测量值的重要性因统计区而异。

结 论

很难制定一个标准来帮助我们判断某种程度的数据缺失是可以接受的或者超出了忍受范围。然而，我们可以对这些结果的某些方面进行解释，但必须基于一个假设：配置和替代（尤其）是数据质量的整体预测指标。因此，配置和替代表格有助于我们了解数据质量问题在各地区的反映。

从全国范围来看，人口和住房单元的整体替代率比较低。然而，数据缺失率在各个城市之间的分布并不均衡，在城市内部的分布也同样如此。大部分人口普查街区或社区存在的数据问题可以忽略不计，然而，在一些大都市区（尤其是规模较大的大都市区），有一小部分人口普查街区出现了不可忽略的数据缺失水平。在部分社区，被替代人口比例甚至超过了 33.3%。住房的替代率以及（人口和住房）配置率总体而言较高。

我们可以按如下方式汇总数据缺乏的地理集中情况。

（1）约 11%（$N=650$）的人口普查街区占（表格中）21 个大都市区全部替代率的一半。而在近 6000 个普查街区中，有 50 个普查街区占了 11% 的累积替代率。

（2）在大都市区内部，存在严重数据缺失情况的普查街区更有可能位于中心核心区。但是在少数几个统计区内，存在同样问题的普查街区则位于外围地区。

（3）回归分析表明，黑人、租房者和受教育程度较低人口比例较高的普查街区存在更高的人口预测替代率。农村（远郊）普查街区的替代率通常较低。此外，统计区的规模对数据缺失可能也会产生独立影响。尽管这些特征在全国样本中预测情况较为良好，但是替代率的可预测性（整体水平和根据特征划分）存在较大差异。

（4）在大多数城市，住房替代率略高于人口替代率（高出 1% 左右）。人口或住房数据（任何特征）的配置率则高得多，通常是替代率的 10 倍（个别特征的配置率则要低得多）。我们专门对四种类型的数据缺乏的相关度进行了研究，并发现其相关度适中。

本次分析促使我们思考两个问题。第一个问题涉及 1980 年人口普查数据及其使用。大多数情况下，我们可以如实使用人口普查数据，并假设漏统计和数据缺失率非常低。从全国和整个统计区层面而言，产生的整体误差可能很小。人口普查局的“热卡填充法”（Hot deck）操作根据已知特征和之前处理的个人信息来为人口或特征匹配信息。这种操作可能是目前最好且最合理、准确的操作，允许人口普查中使用较少的人口来代表更多的人口。在许多小区域内，数据的潜在不可靠性（或样本偏差）要比我们通常想象中的更为严重。通过对大都市区内的各个区位——尤其是位于大规模大都市区核心地带的社区——进行深入分析，我们建议研究人员事先了解数据替代的程度，从而谨慎推断该数据对于特定地区的有效性。这一建议尤其适用于对配置率非常高的特征的分析。但是人口普查局的插补程序导致的偏差可能要比数据收集工作“糟糕”的普查街区因漏统计而导致的偏差少得多。就本书而言，我们如实使用了人口普查数据。大部分人口普查街区并未过度依赖插补操作，而且人口普查局的插补操作提供了最佳的数据使用方法，并尽可能地减少偏差。不过，我们倾向于使用插补比例较低的变量（例如，受教育程度），而不是那些配置率更高并且更有可能出现误报的变量（例如，收入）。整体而言，研究发现，各社区之间存在巨大差异，因此插补导致的不准确性就不那么重要了。

第二个问题涉及采用哪种人口普查方式。没有哪一次人口普查是完美的，而且 1980 年人口普查基本上达到了其目标——找到每位居民并收集其基本的人口统计信息。研究结果展示了数据收集和维护中的地理误差率以及最有可能出现误差的地方的社会特征。在实际漏统计和替代率相关的情况下，我们的分析（以及其他独立分析）间接表明 1980 年人口普查最有可能漏统计了哪些人群（毫无疑问，任何推断都可能存在一些误差和偏差）。如果对我们提供的漏统计人群类型进行更深入的分析，那么结果可能更有说服力。此外，还可以引入相关的、更详细的甚至交叉引用的特征，从而更精确地了解人口统计构成的影响。

同样重要的是，研究结果显示应该将工作重心放在哪些方面以进一步提升 1990 年人口普查的覆盖率。1980 年人口普查的费用约为 5 美元/受访者，或者约 2 万美元/普查街区。由于一小部分人口普查街区在数据缺失（很有可能还同时包括漏统计人口）中占很大比例，故而可以开展成本效益分析，从而了解在下一次人口普查中，应该如何分配现场调查工作的人手。没有任何努力可以确保所有受访者均配合良好，但是由于 20 世纪的问题已经从分散的农村转移到了集中的城市，因此可以利用大都市区内的地理差异来提升未来人口普查的质量。

附录 B
地理概念和数据来源

本附录包含 1980 年人口普查中小区域数据的背景材料。附录 B 的内容包括：①概述与本研究相关的地理概念；②探讨对人口普查街区进行定义的理论原则，并使用表格阐述该原则在本次研究的 21 个大都市区的成功运用；③通过此次研究城市的调查结果来阐释这些大都市区如何进行普查分区的过程及如何使用小区域数据；④简要描述如何找到小区域人口普查数据。

人口普查地理概念

1980 年人口普查提供了许多关于地理区域的信息，其中部分地区互相竞争甚至互相重叠。各州和郡的人口普查地理对大多数人来说非常简单，但是也经常会出现以下困惑：规模较大的、统计定义区域的确切边界和目的，以及表格中给出的规模更小的本地区域。原则上（除了数据干扰），所有人口普查表格均适用于各个地理层级。本研究专门讨论两种与本研究最为相关的人口普查单位，即标准大都市统计区（SMSA，简称“统计区”）和人口普查街区。

统计区是 1980 年人口普查对大都市区的一个官方指称。自 1950 年人口普查以来，该概念被一直使用，尽管其定义在此期间经历了一些变化并不断发展。[①] 人口普查局对统计区的描述如下：

① 继 1980 年人口普查之后，该名称变为“大都市统计区”，1950 年使用的术语为“标准大都市区”。

> 大都市区是拥有众多人口的核心区，而且该核心区还包含许多经济和社会高度融合的相邻社群。标准大都市统计区的分类采用了统计标准，由联邦机构专门制定以在大都市区数据的产生、分析和公布过程中使用。统计区由美国管理和预算办公室负责划分与定义，并在此过程中使用了一整套公开的官方标准——该标准由跨部门的标准大都市统计区联邦委员会制定。
>
> 每个统计区都包括一个或多个主要人口集中的中央郡：至少包括50000居民以上的城市化地区。此外，一个统计区还可能包括一些边远郡，这些边远郡与中央郡具有密切的经济和社会联系。边远郡还必须具备一定的与中央郡连通的交通水平，以及满足关于大都市特征的特定标准，例如人口密度、城镇人口和人口增长。在新英格兰，统计区由城市和城镇组成，而不包括完整的郡。[①]

1980年，美国50个州一共包含318个指定的统计区。本研究涉及的约6000个社区分布在21个统计区内。重要的是：统计区是由郡这一基本单位构成的，而且如果相邻郡满足被纳入该统计区的标准，郡就有可能跨越州的界限。有时候，一个或两个边缘郡可能包括很大的一块区域以及大量人口。根据人口普查局对城市的单独定义，大都市区甚至可能包括农村人口。实际上，在此次研究的21个统计区内，只有一小部分社区（统计区）包括一半以上的农村人口。

随着郡数量的增加或偶尔减少，以及根据具体要求的变化，大都市区的地理定义可能因人口普查而异。例如，1970年人口普查中，亚特兰大统计区包括5个郡，但是在1980年人口普查中，其包括15个郡（增加了10个）。随着定居点的增加并满足特定要求，便可以增加新的统计区。例如，缅因州的班格尔和威斯康星州的希博伊根就是在1980年人口普查中首次被纳入的统计区。

城市化地区是一个竞争性地理概念，其可以并已被采用来代表城市地区。城市化地区与统计区具有许多相同的概念内涵，但不包括：可以被纳入大都市区系统且人口密度低的“貌似农村”的地区、一些遥远的卫星定居

---

① U. S. Bureau of Census, Census of Population and Housing, 1980, Appendix A, “Area Classification” (Washington, D. C.: U. S. Government Printing Office, 1982).

点和“真正的”农村人口。由于大量的美国统计系统都是以“郡”为基本单位，城市化地区有时并不像统计区那样使用方便。在实践中，似乎统计区已成为更具知名度的地区实体。①

统计区可以被定义为数个城市分区，但是其应该有可用数据。有些分区主要是作为政治或行政单位，其他分区则作为分析或统计单位。图 B-1 介绍了人口普查地理层级结构的概况。存在相互冲突的人口地理组织。街块构成街块群，街块群再构成普查街区，普查街区继而构成郡，数个郡又构成统计区。另外，政治单位（例如，中心城市、村庄和人口普查指定地点）则难以如此有条理地从小到大构成新的单位。统计区内还可能出现社区居住区（并未展示）。

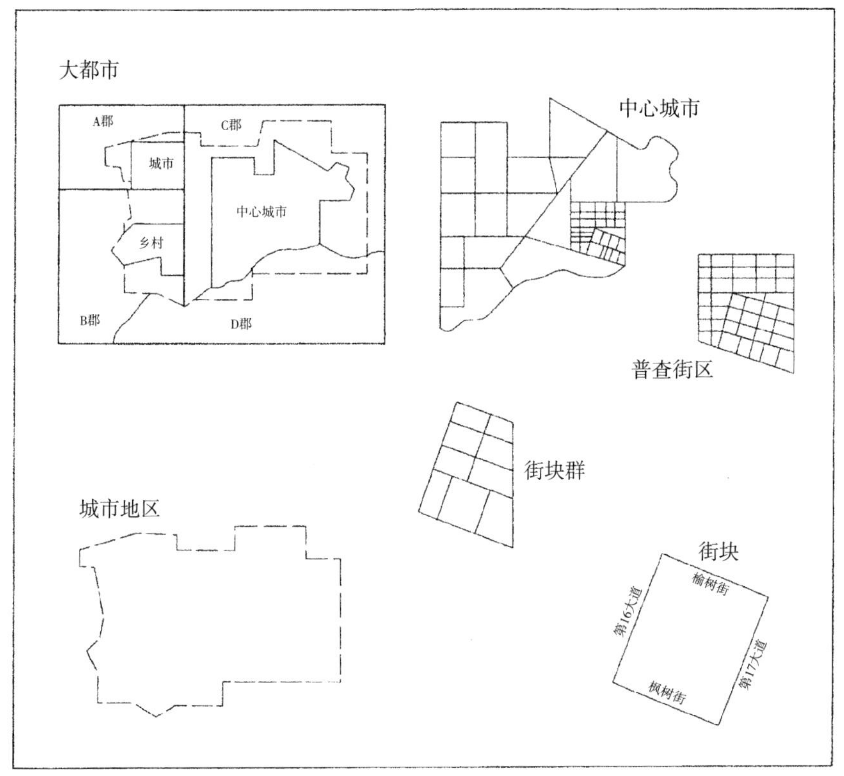

附图 B-1　地理层级

资料来源：U. S. Bureau of the Census, *1980 Census of Population and Housing*: *User's Guide* (Washington, D. C.: U. S. Government Printing Office, 1982), p. 57。

① 对人口普查局所使用定义的更深入的讨论都包含在“区域分类”附录中。

我们基本上只选择了基于普查街区数据的研究。普查街区比其他可用的分区数据更有优势。由于普查街区是我们本次研究的分析单位而且使用范围非常广，因此我们对普查街区的定义进行了简要讨论，从而试图了解不断变化的历史观念和其他可用的城市小区域数据。

人口普查街区：理想与现实

根据人口普查局印制的关于1980年人口普查的信息，普查街区按照以下方式定义：

> 普查街区是规模较小的、相对稳定的区域，为了提供信息而将大都市区和其他特定区域划分为普查街区。小区域统计数据：随着人口普查街区的确立，它们被界定为具有相似人口特征、经济状况和生活条件的地区。普查街区的居民数量一般介于2500～8000人之间。[①]

理论上说，人口普查街区有许多优点。第一，普查街区有专门、详尽的定义。除了1980年人口普查中采用的一些新统计区之外，所有的大都市人口都居住在普查街区内。这一特征适用于统计区，但是不一定适用于城市地区；换言之，部分普查街区可能存在以下情况：一部分面积位于城市地区之内，还有一部分面积位于其外。

第二，普查街区被设计为相对稳定的单位。它们是小区域地理的主要单位，应该可以供多次人口普查进行对比。这一原则可以追溯到1900年前后的人口普查街区概念，那时城市分区的统计需求尤为迫切。

第三，从社会科学概念的角度来看，普查街区的定义具有一大优势。根据设计，普查街区的社会经济地位和生活方式具有同质性，而且它们的规模一致，因此可以作为比较研究中的分析单位。

第四，出于统计目的，普查街区的规模极其有用。普查街区的规模相对较小，但却能够为城市内区域的人口和住房特征提供丰富的信息，原因在于所有表格在各个地理层级都得以复制。同样重要的是，普查街区的规模又足

① 对人口普查局所使用定义的更深入的讨论都包含在“区域分类”附录中。

够大，因此可以避免数据干扰问题。

可以将普查街区与大都市区统计数据中的其他常见类型进行比较。街块是最小的、有可用信息的地理单元，然而街块存在三个方面的问题。街块一般不涵盖大都市区，而仅仅局限于已经建立的核心区域。由于街块的定义是建立在实体城市街区的基础之上，因此其大小可能有较大差异，从人口密度较大并包含数千人的公寓街块到人口密度较小并只包含不到 100 人的街块不等。街块通常会受到数据干扰的影响，如居民社会和经济情况的信息（当受访者信息的隐私性可能受到影响时，数据便会被干扰）。干扰更有可能发生在交叉引用的信息上，例如按照种族划分的收入或者按照居住单元条件划分的土地使用权。在主要的大都市区，数量庞大的街块也可能导致数据处理非常繁杂和昂贵。街块数据在种族隔离分析中尤为重要，并且已经有较长的使用史（种族也是一个并未被干扰的特征）。街块群（以往被称为调查区）是街块的集合体，但是规模比人口普查街区小。因此，与普查街区相比，街块群能够提供更精确的人口和住房信息。另外，街块群的界定仅仅是为了给本次人口普查提供管理便利，它们更有可能受到干扰的影响，并且没有任何纸质报告资料。自治区和地区的优点在于它们与大都市区周围人们熟悉的地域相对应，但是它们的缺点在于规模差异较大，且不一定覆盖全部的统计区。

就人口普查街区作为人口普查小区域地理的基本、可操作单位而言，其最直接的替代品是社区——专门为人口普查局的新“社区统计计划”而设计的术语。由于该项计划仅涉及社区，因此一个合理的问题是：为什么不在分析工作中直接使用这些社区统计数据？事实上，这也是一个非常有吸引力的方案。

社区统计计划（NSP）涉及一组新的表格，这些表格经设计后在 1980 年人口普查中被使用。制订该计划的部分原因是回应自治区对小区域统计数据（与其辖区内的计划和政策活动相匹配）的需求。正如一开始就提到的，很多政策要求有特定的城市分区，从而便于明确公共部门活动的重心。社区统计数据可以为城市重建区域、有针对性的开发社群补助金活动以及类似项目提供数据。此外，许多城市中的社区运动已经采取更有组织和更为正式的结构，以至于在部分自治区内，社区组织被批准拥有合法地位或者准合法地位。当然，并不能保证这些指定区域的边界与已经存在的人口普查地理相对应。因此，社区统计计划的目的是为这些地区提供表格化的人口普查数据。

社区统计计划自实施以来，只有获得了某种正式认可地位的社区才可以被统计在内，但是最终规则得以放宽，从而使得自治区可以根据自己的需求来采集社区统计数据。当地通过遵循人口普查局提供的一般指导方针，将城市街块整合进公认的社区单元来构建其社区。一旦经华盛顿州批准，社区就可以成为地理系统的一部分。社区统计计划并不是强制的，因此，在许多大都市区内，一些社群正在加入该项计划（通常包括各大中心城市），但还有很多社群并未加入该计划。由于社区统计计划是一个“附加”项目，因此在填写了常规统计地理所使用的标准表格后，还需要使用一种特殊的表格。

对于参与该计划的自治区而言，社区统计计划无疑具有很大的实用性，原因在于该计划能够为项目和政策区域提供统计数据，而且能为被纳入社区中社群提供与之相关的特定信息。但考虑到数种原因，并未选用社区统计计划。首先，该计划并不能提供人口普查街区所能提供的综合统计地理。由于该计划并不强制参与，因此部分自治区被划分到社区中，而未定义的地区则被统一放入“其他”表格中。其次，已定义的社区的规模并不一致（另一方面，有些人可能会质疑：社区在社会特征方面具有更高的同质性，因此具有更连贯的社会身份）。如果人们为了对比分析需要一整套系统的城市分区，那么社区统计计划可能不能达到此目的。

人口普查街区的标准

上面的研究已经给出了人口普查街区的一个官方公认定义，该定义为大多数人口普查街区统计数据的用户所熟悉。现在，我们将为人口普查局制定的指导方针提供进一步的信息，该方针被用来指导大都市区内人口普查街区的划分。由于我们已经对 21 个统计区内的相关机构开展了调查，因此接下来将进一步讨论在官员们所提及的人口普查街区系统的开发过程中所涉及的部分策略和问题。

1980 年人口普查根据一个基本程序来确定大都市区内的人口普查街区以便制作表格，该程序包括数个步骤。人口普查局首先制定了指导方针，并将其分发给所有参与区域。大都市区组建了人口普查街区委员会以监督划界过程。这些委员会在十年的中期阶段提交普查街区地图和边界描述文件以期获得批准。材料一经批准，人口普查局将立即制作官方地图，并将涉及地区纳入表格方案中。对许多大都市区而言，这一流程仅涉及对 1970 年的部分人口普查街区进行修订，从而反映该区物理特征的变化及人口变化。人口普查局发放《人口普查手册》及其更新资料，以指导当地委员会的工作。[①] 新指南正在编制之中，进而成为 1990 年人口普查地理区域手册的组成部分。

如果希望深入了解人口普查街区的来源及其对在大都市区内的小区域社会现象研究的代表性，重要的是理解哪些特征适用于它的定义。我们直接从《人口普查手册补充文件》中引用了其定义（该文件专为 1980 年人口普查而印制）：

定义人口普查街区的标准

为了使人口普查街区数据具有更大的意义和很高的代表性，人口普查局发现在划分人口普查街区时，必须遵循某些特定标准。这些标准按照重要性排列如下：

（1）边界应该为永久、容易识别的界线，从而便于配置门牌号码和进行列举；

（2）人口数量应介于 2500～8000 人之间或更大数值之间。总的来说，普查街区的平均人口应为 4000 人左右；

（3）人口普查街区应尽可能具有同质性；

（4）如有可能，人口普查街区应该是一个紧凑的区域；

（5）在与前述标准一致的情况下，应该尽可能划分最少数量的普查街区。

因此，必须遵循同质性标准和平均人口规模标准。

基于其指导方针，人口普查局进一步详细制定了一些规则。普查局认为普查街区的边界不应该沿用城市或政治边界（例如行政分区），该边界可能因兼并或重新划分选区而发生变化。相反，普查街区必须遵循永久的物理特征。人口普查局强调了人口普查街区边界的稳定性要求。如果普查街区是永

① U. S. Bureau of the Census, *Census Tract Mannual* (Washington, D. C.: U. S. Government Printing Office, 1966).

久的，那么我们可以对小分区的人口、住房和社会经济特征的变化进行准确研究。如果某些特定地区的次要行政区边界几乎是永久性的，那么该边界同样可以适用于普查街区。

谈及人口规模时，人口普查局指出，尽管建议的人口规模为2500～8000人，但“一个普查街区可能包含1.5万人以上，如果人口是同质的，那么进一步对该普查街区进行细分已经没有必要或好处”。① 人口普查局强烈反对划分人口数在2500人以下的普查街区，除非部分地区的社会和经济特征明显不同。就同质性而言，其建议为：“在可能的情况下，人口普查街区应该包含具有相同特征和类似住房的人口。”② 人口普查局还承认其希望为人口在1000人以上的机构和军事基地建立单独的人口普查街区，原因在于政府和市场调研公司希望将这些人群排除在外。系统还在每个统计区内发现了一个或多个中央商务区（CBD）普查街区。我们在分析中使用了这些普查街区，以大致上形成大都市区的中心焦点。

定义和划分人口普查街区的工作由每个区域的人口普查街区委员会负责，该委员会的负责人在人口普查街区中扮演重要角色。一般而言，委员会由公民领袖、规划师、社会学家、人口普查统计数据的企业用户和地理学家组成，负责为人口普查街区制定普查街区清单和初步地区。本地委员会对划分工作的贡献在于委员会成员（及其指定的任何员工）一般都非常熟悉当地的情况；其缺点在于他们可能并未理解人口普查局的指导方针，或可能不愿意遵循该指导方针，或可能并未具备充足的资源来开展准确的、令人满意的普查街区划分工作。人口普查局认为：与人口普查街区计划的早期实施阶段相比，维持普查街区边界的稳定在今天具有更为重要的意义。次级行政区及其他政治边界不太理想，原因在于它们难以在长时间内保持不变。

规模较大都市区内人口的再分布将导致普查街区系统发生变化。最简单的变化是向统计区增加其他外围郡，然后将该郡划入普查街区。更值得关注的是现有普查街区内人口的增加或减少。当“人口增长普查街区”在1980年的人口数（人口普查街区估计）超过8000人时，需要对其进行进一步细

---

① U. S. Bureau of the Census, *Census Tract Mannual Supplement* (Washington, D. C.: U. S. Government Printing Office, n. d.), p. 8.

② 同上，第9页。

分。该“被细分的普查街区”（通常位于郊区）会被分配特别的数字后缀，从而将其与之前的单个普查街区身份联系起来，而且新的普查街区很容易地再次被纳入一个群体，从而便于与以往的人口普查进行比较。相反，人口普查局在此建议：如果普查街区的人口数已经下降到不足 1000 人，那么应该将其与相邻普查街区合并，“最好是与一个人口数低于平均数而且具有相似特征的普查街区进行合并”。[①] 通过为早期人口普查合并人口普查街区的方式，我们得以进行严格的跨时间比较。如果未能合并人口数量较少的普查街区，那么可能导致信息丢失——由于保密原因或样本数据加权操作而导致信息数据受到干扰。[②]

实践中的人口普查街区

上面所讲的都是理想情况。那么在本研究的 21 个统计区中，特征、人口普查街区规模以及分布的实际情况是怎样的？它们与人口普查局颁布的指导方针的匹配情况如何？当地人口普查街区委员会是否成功地遵循了人口普查局制定并传达的指导方针？在此，我们将对普查街区的人口规模统计特征进行分析，并评估大都市区的普查街区委员会就上文中的问题所给予的回复，从而对前述问题的实际情况进行深入调查。

附图 B－2 提供了本研究中大都市区内人口普查街区规模的信息。其标准值接近 4000 人，分布图呈现上端集中的倾向，但同时也有一些人口数非常大的普查街区。70% 的普查街区的人口规模都处于人口普查局建议的规模范围（2500～8000 人）内。但是少数人口普查街区（主要位于人口数量减少的旧核心地区）的人数为 0。此外，还有一小部分人口普查街区（0.3%）由于人口规模过小，因此可能受到数据干扰处理。大约有 1/5 的人口普查街区只拥有人口普查局规定的最少人口数。由于 10% 的人口普查街区的人口

---

① U. S. Bureau of the Census, *Census Tract Mannual Supplement* (Washington, D. C.: U. S. Government Printing Office, n. d.), p. 20.

② 加权操作旨在计算样本在完整数据中所占的比重。在人口数量较少的单位（包括部分人口普查区）内，其数据可能与其他实体数据相汇总以便进行加权操作。结果可能导致计数存在轻微偏差，有时甚至可能出现数据异常。《用户指南》（*The User's Guide*）提供了更多详细信息和示例。

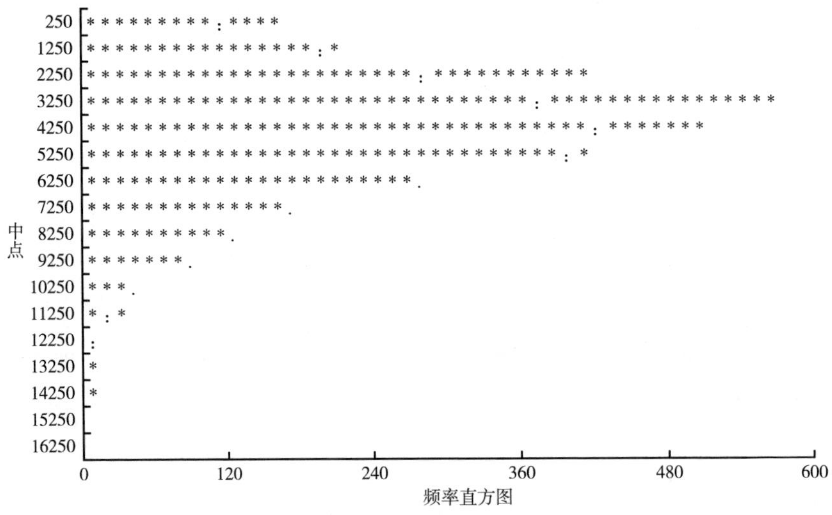

附图 B－2　5995 个人口普查街区的街区文件汇总

数超过了人口普查局建议的最大值（8000 人），并且还有几个普查街区的人口规模特别大，因此在本组中，约 6000 个普查街区的平均人口规模在 4600 人以上。

本书的大多数分析主要以普查街区为观察单位。我们持有一个概念上和理论上的统一观点：普查街区被设计为独一无二的、相对同质的社群。研究一般不选择对不同的人口规模进行加权操作，原因就在于这些人口普查街区应该代表大都市区内的实体——社区和社群。从附图 B－2 中可以看出：大部分人口普查街区分布在一个相当明确的条形区内，因此研究人员对采取该策略应该更有信心。加权差分会导致结果出现极小的变化，以前的一些实证检验也证明了此点。许多隔离公式（最引人注目的是相异指数以及此处使用的熵计算）根据街区规模对地区规模暗中进行加权操作。①

对当地普查街区委员会的调查

此外，通过调查人口普查街区统计委员会和各中心城市的规划委员会，

① 我们在分析中将人口规模较大的普查街区排除在外，但附图 B－2 并未如此。由于数据缺失，人口规模较小的普查街区有可能在本分析中被遗漏。

以掌握负责划分普查街区的行政系统在实践中如何开展工作，以及有多少社区参与了社区统计计划。我们尤其关注人口普查局制定的指导方针是否得到贯彻，以及当地从业者（最广泛利用人口普查小区域数据的人群）如何看待不同统计系统的效用。以下是我们所收集信息的总结。人口普查街区委员会的结构和活动水平看起来似乎因统计区而异。人口普查街区关键人物最常见的附属机构（而且通常是大部分具体工作的开展地点）是一个区域性规划机构。在某些情况下，人口普查街区委员会非常积极，甚至还根据人口普查局的建议，组建附属委员会来对边远地区进行普查分区。但在很多情况下（虽然我们没有开展专门调查），这一工作也可能由一名小职员甚至非职员负责开展。通常情况下，该工作人员参与了以往人口普查的普查分区操作，并且对城市和相关要求都非常熟悉。

通过向关键人物咨询实际的普查街区划分标准，我们获知：几乎每个大都市区都承认，普查分区的“原始资料”是人口普查局发布的《人口普查手册》（*Census Tract Mannual*）及其更新资料。他们的答复还证实了以下情况：根据标准，在划界过程中，物理边界划定优先于政治边界。部分受访者明确提到要使用“生态区”概念作为普查街区的模板。当然，也存在一些值得关注的例外情况。至少在一个统计区内，人们不太了解边界划定的优先顺序。当地希望能够强调政治边界，但发现自己的观点与人口普查局的意见相矛盾。在该城市及其他城市中，划分人口普查街区的目的并未被完整理解，因此当地人口普查街区委员会倾向于划分一套具有实际意义的边界来满足 1980 年人口普查的政治或规划目的。在人口数量稳定并具有城市边界的老地区，普查街区的历史相对较长，且在当地统计地理学中已经有了比较重要的地位。在这种情况下，不需要或不必要再花过多的时间来对边界进行再划分，因此 1980 年人口普查边界划分工作得以快速、顺利地开展。

实际上，人口普查街区的边界稳定性如何？发生了哪些实际变化？人口普查局地理学司（Census Bureau Geography Division）对 1980 年人口普查的 37821 个普查街区（分布在 1970 年人口普查的区域内）就这些方面开展了调查。大约有 1/4 的普查街区经历了某种变化，但其中大部分变化只是由人口增长导致的简单分类；此外，只有不到 5% 的普查街区涉及重新编号。经历了“重要”的分类、修订和合并以及影响人数超过 100 人的普查街区所占比例不足 5% 。[1]

研究中约 3/4 的大都市区以各种形式参与了社区统计计划。社区数量及其平均规模存在较大的分异，而且大都市区内（实际上甚至是城市内）的划分工作并不全面。一般情况下，社区似乎比普查街区更小；但是在主要城市中，社区比普查街区更大。社区边界的划分标准同样存在非常大的分异。有时候使用了并未与普查街区相邻的规划区；在其他情况下，对正式社区及其准合法地位进行了定义。大部分城市承认社区边界的划分并未完全遵循普查街区的边界来操作；一般而言，社区是面积较小的地区，主要根据规划问题及社群团体的地理认知来划界。一名工作人员提供了一个有用的区别标准：普查街区的存在意义是保留长期地理上的可比性，而社区是为了严格的短期规划或社群反馈而予以划分的。有趣的是，在部分城市中，社区是普查街区的集合体或近似集合体。

根据以上分析，我们可以得出一些结论。第一，人口普查局必须将普查街区的目的和效用告诉各相关地区，尤其是新的、不断发展的地区，因为为行政提供便利的边界划分意图对普查街区概念的完整性提出了挑战。这一点特别体现在许多参与划界工作的人员并不理解将最小人口数维持在 2500 人左右这一举措的重要性。第二，一些城市（机构）不太理解与普查街区规模及可比性相关的统计原理。第三，人口普查局的指导方针整体而言比较明确，且修订后的指导方针用户指南有可能成为 1990 年人口普查《地理区域手册》(*Geographic Areas Handbook*) 的一部分。对于正处于发展和重新划界过程中的地区而言，一些关于如何开展小区域人口预测的建议似乎也非常有用。第四，社区统计数据本身可能非常有用，尤其是对计划需求而言，但是社区不能取代普查街区。第五，同质性问题反复出现。通过使用现有数据和统计技术，有可能对普查分区过程中的同质性程度进行定量评估。该评估可能涉及社区的具体定义，正如第一章中所讨论的那样。

普查街区是否就是社区？从理论上讲，它们的许多组织或概念原理是相似的，但是在实际操作中，人口普查街区体系与社区体系相矛盾。一位工作人员表示："大多数普查街区以自己的方式定义社区。"

---

① *Census Tract Comparability Listings*，未出版。本信息根据人口普查局提供给作者的未出版资料编写。

小区域人口普查数据来源

本研究中所使用的人口普查街区人口和住房数据都源自 STF1A 和 STF3A。位于康涅狄格州斯坦福德市的唐纳利营销公司（Donnelley Marketing Company）提供了一份关于 21 个统计区的计算机磁带文件摘录。按照较高地理层级划分的普查街区被再次组合（极少数情况下，受数据干扰对组合过程产生了影响，正如第四章中所述）。地理坐标和普查街区数据（并不是人口普查的产物）购自位于新罕布什尔州汉诺威市的地理数据技术公司（Geographic Data Technology），且与人口和住房信息合并而得。有大量的信息是由人口普查局为郡或市以下的分区提供的。在此，我们将概述获得该资料的方式。以下将分两个部分展开：获取计算机磁带数据（机读形式）以及获取各类纸质报告的数据。关于数据产品的详细讨论请参见专为 1980 年人口普查而制定的《用户指南》（*User's Guide*）。①

纸质报告和机读资料都提供了关于人口普查街区的信息。关于人口普查街区的纸质报告包含在 PHC80 - 2 *Census Tracts* 系列文件中。该报告包含了 1980 年人口普查中大部分人口和住房的统计数据。一些表格展示了完整的统计数据，还有部分表格只展示了样本数据。此外，还包括根据自治区边界划分的普查街区的比例。对于普查街区内具有相当规模的群体，根据种族和西班牙裔分别为其提供基本统计数据。然而，就信息详细程度而言，纸质报告肯定不如计算机磁带文件。

欲查看最完整的人口普查街区信息，请参见汇总磁带文件（STF）系列——专为数据处理而发行的磁带。有四种基本的汇总磁带文件（它们大致对应 1970 年人口普查磁带文件系列的四大“种类”）。STF1 提供了完整统计人口和住房信息的 321 个数据项。STF2 是完整统计数据的详细表格和交叉表格，包含全部人口和住房的 2292 个信息单元格；其中部分单元格为针对普查街区内具有相当规模的种族/西班牙裔群体而单独重新列示的信息。STF3 与 STF1 的样本信息相似，包含 1126 个信息单元格。STF4 为样本数据

① U. S. Bureau of the Census, PHC80 - R1 - A, *Users' Guide* (Washington, D. C.: U. S. Government Printing Office, 1982).

提供了非常详细的信息，它是一个大文件，里面包含成千上万个信息单元格，并且像 STF2 一样，为特定小群体单独重新标识了信息。样本文件 STF3 和 STF4 包含有关收入和劳动参与率的信息，而且有许多其他表格是基于仅在“列出表格”样本中出现的问题。分析人员必须意识到这些磁带文件是根据各州的具体情况而出版的，并且根据地理层级分层排列。对于希望获得大都市区内人口普查街区（或者是街块或自治区）数据文件的人士来说，其不仅必须提取自己感兴趣的、特定地理层级的数据，而且（如果感兴趣的统计区域——例如统计区——跨越了州界）必须合并各州的计算机磁带文件信息。人口普查局的计算机程序以及其他供应商提供的计算机程序一般会进行这类操作。与 STFS 有关的最后一个问题是这些文件一共发行了三个版本，每个版本都有不同的地理重心。如果希望使用人口普查的机读资料，那么用户在获取数据文件前，应先参阅《用户指南》。

人口普查中其他小区域的数据通常不那么全面或长期予以提供。一般来说，街块群和统计地区的数据都可以在计算机磁带文件中找到。尽管街块信息并未包含在样本数据的表格中，但包含于计算机磁带文件中，并且与人口普查街区采用了相同的组织框架。此外，还可提供街块统计数据（按照大都市区和州进行划分）的纸质报告，但是其特征的详细程度有限。最后，《用户指南》完整介绍了可以在哪里找到哪类信息以及信息的形式。但是很明显，在城市分异研究中，普查街区具有许多实用的优点。

参考书目

下列参考书目均为有关居住分异、隔离，以及城市与社区政策的理论研究。

Included here are studies of the theory of residential differentiation, segregation, and urban and neighborhood policy.

Albrecht, Roger S., and James V. Cunningham *A New Public Policy for Neighborhood Preservation.* New York: Praeger, 1979.

Alonso, William *Location and Land Use.* Cambridge, Mass.: Harvard University Press, 1964.

Bell, Colin, and Howard Newby *Community Studies.* New York: Praeger, 1972.

Berger, Benet *Working Class Suburb.* Berkeley: University of California Press, 1971.

Berry, Brian J. L. "Internal Structure of the City." *Law and Contemporary Problems* 30 (Winter 1965):11–119.

______ "Islands of Renewal in Seas of Decay." In Paul Peterson, ed., *The New Urban Reality.* Washington, D.C.: Brookings Institution, 1985.

______**, and Quentin Gillard** *The Changing Shape of Metropolitan America.* Cambridge, Mass.: Ballinger, 1977.

______**, and John Kasarda** *Contemporary Urban Ecology.* New York: Macmillan, 1977.

Bogue, Donald J. "Ecological Community Areas." In Donald J. Bogue and Michael J. White, eds., *Essays in Human Ecology II.* Chicago: Community and Family Study Center, 1984.

Bourne, Larry S., ed. *Internal Structure of the City,* 2nd ed. New York: Oxford University Press, 1982.

Burgess, Ernest W. "The Growth of the City." In R. E. Park and E. W. Burgess, eds., *The City.* Chicago: University of Chicago Press, 1967.

Clark, W. A. V. "Residential Mobility and Neighborhood Change." *Urban Geography* 1 (April–June 1980):95–117.

Clay, Philip L., and Robert M. Hollister *Neighborhood Policy and Planning.* Lexington, Mass.: Lexington Books, 1983.

Committee on National Urban Policy *The Evolution of National Urban Policy 1970–1980.* Washington, D.C.: National Academy of Sciences, 1982.

Crenson, Matthew *Neighborhood Politics.* Cambridge, Mass.: Harvard University Press, 1983.

Danielson, Michael N. *The Politics of Exclusion.* New York: Columbia University Press, 1976.

Downs, Anthony *Neighborhoods and Urban Development.* Washington, D.C.: Brookings Institution, 1981.

Duncan, Otis D., and Beverly Duncan *The Negro Population of Chicago.* Chicago: Aldine, 1965.

Duncan, Otis D., and Stanley Lieberson "Ethnic Segregation and Assimilation." *American Journal of Sociology* 64 (1959):364–374.

Edmonston, Barry *Population Distribution in American Cities.* Lexington, Mass.: Lexington Books, 1975.

Farley, Reynolds "Residential Segregation in Urbanized Areas of the United States." *Demography* 4 (1977):497–518.

Fischer, Claude S. *To Dwell Among Friends.* Chicago: University of Chicago Press, 1982.

Goetz, Rolf, and Kent W. Colton "Dynamics of Neighborhoods: A Fresh Approach to Understanding Housing and Neighborhood Change." *Journal of the American Planning Association* 46 (1980):184–194.

Harris, Chauncy D., and Edward Ullman "The Nature of Cities." *Annals of the American Academy of Political and Social Science* 142 (1945):7–17.

Hatt, Paul "The Concept of Natural Area." *American Sociological Review* 11 (August 1946):423–427.

Hoover, Edgar M., and Raymond E. Vernon *Anatomy of a Metropolis.* New York: Doubleday-Anchor, 1962.

Hoyt, Homer *The Structure and Growth of Residential Neighborhoods in American Cities.* Washington, D.C.: U.S. Government Printing Office, 1939.

Hunter, Albert *Symbolic Communities.* Chicago: University of Chicago Press, 1974.

_____ "The Urban Neighborhood: Its Analytical and Social Contexts." *Urban Affairs Quarterly* 14 (March 1979):267–288.

Jacobs, Jane *The Death and Life of Great American Cities.* New York: Random House, 1961.

Janowitz, Morris *The Community Press in an Urban Setting.* Chicago: University of Chicago Press, 1967.

Kain, John F. "The Journey to Work as a Determinant of Residential Location." In *Essays on Urban Spatial Structure.* Cambridge, Mass.: Ballinger, 1975 (1968).

Kasarda, John D. "The Implications of Contemporary Redistribution Trends for National Urban Policy." *Social Science Quarterly* 61 (December 1980): 373–400.

Keller, Suzanne *The Urban Neighborhood: A Sociological Perspective.* New York: Random House, 1968.

Kornblum, William *Blue Collar Community.* Chicago: University of Chicago Press, 1974.

Kotler, Milton *Neighborhood Government.* New York: Bobbs-Merrill, 1969.

Laska, Shirley, and Daphne Spain, eds. *Back to the City Issues in Neighborhood Renovation.* New York: Pergamon Press, 1980.

Leven, Charles L., ed. *The Mature Metropolis.* Lexington, Mass.: Heath, 1978.

Lieberson, Stanley *A Piece of the Pie.* Berkeley: University of California Press, 1980.

Logan, John R. "Industrialization and the Stratification of Cities in Suburban Regions." *American Journal of Sociology* 82 (September 1976):333–348.

_____**, and Linda Brewster Stearns** "Suburban Racial Segregation as a Nonecological Process." *Social Forces* 60 (September 1981):61–73.

Long, Larry, and Diana DeAre "Repopulating the Countryside: A 1980 Census Trend." *Science* 217 (September 1982):1111–1116.

Massey, Douglas S. "Effects of Socioeconomic Factors on the Residential Segregation of Black and Spanish Americans in U. S. Urbanized Areas." *American Sociological Review* 44 (December 1979):1015–1022.

______, **and Brendan P. Mullan** "Processes of Hispanic and Black Spatial Assimilation." *American Journal of Sociology* 89 (1984):836–873.

Mills, Edwin. S. *Studies in the Structure of the Urban Economy.* Baltimore: Johns Hopkins University Press, 1972.

Murdie, R. A. "Factorial Ecology of Metropolitan Toronto, 1959–61." Research Paper No. 116. Chicago: University of Chicago, Department of Geography Research Series, 1969.

Muth, Richard *Cities and Housing.* Chicago: University of Chicago Press, 1969.

National Academy of Sciences *Rethinking Urban Policy.* Washington, D.C.: National Academy of Sciences, 1983.

National Commission on Neighborhoods *People, Building Neighborhoods.* Final Report to the President and Congress of the United States. Washington D.C.: Superintendent of Documents, 1979.

Noyelle, Thierry J., and Thomas M. Stanback *The Economic Transformation of American Cities.* Totowa, N.J.: Rowman & Allanheld, 1983.

O'Brien, David J. *Neighborhood Organization and Interest-Group Processes.* Princeton, N.J.: Princeton University Press, 1975.

Park, Robert, and Ernest Burgess *The City.* Chicago: University of Chicago Press, 1967.

Rees, Philip H. *Residential Patterns in American Cities.* Research Paper No. 118. Chicago: Department of Geography, University of Chicago, 1979.

Schoenberg, Sandra, and Patricia L. Rosenbaum *Neighborhoods That Work.* New Brunswick, N.J.: Rutgers University Press, 1981.

Segal, David, ed. *The Economics of Neighborhood.* New York: Academic Press, 1979.

Solomon, Arthur P., ed. *The Prospective City.* Cambridge, Mass.: MIT Press, 1980.

Sumka, Howard "Neighborhood Revitalization and Displacement: A Review of the Evidence." *Journal of the American Planning Association* 45 (October 1979):480–487.

Suttles, Gerald D. *The Social Order of the Slum.* Chicago: University of Chicago Press, 1968.

Tiebout, Charles A. "A Pure Theory of Local Public Expenditures." *Journal of Political Economy* 64 (October 1956):416–424.

U. S. Department of Housing and Urban Development *The President's National Urban Policy Report.* Washington, D.C.: Superintendent of Documents, 1983.

U. S. President's Commission *Urban America in the Eighties.* Washington, D.C.: U.S. Government Printing Office, 1981.

van Valey, T. L.; W. C. Roof; and J. E. Wilcox "Trends in Residential Segregation: 1960–1970." *American Journal of Sociology* 82 (January 1977):826–844.

White, Michael J. "Racial and Ethnic Succession in Four Cities." *Urban Affairs Quarterly* 20 (December 1984):165–183.

Yin, Robert K. *Conserving America's Neighborhoods.* New York: Plenum Press, 1982.

人名索引

黑色加粗数字表示该姓名出现于该页的表格或图片中

A

Aaron, Henry 228
Abrahamse, Allan 231
Albrecht, Roger S. 7, 11
Alonso, William 250
Anderson, Theodore R. 112

B

Bailey, Robert, Jr. 4
Barabba, Vincent P. 250
Baroni, Geno 4
Beale, Calvin L. 13, 209, 214
Bell, Colin 4
Bell, Wendell 55
Berger, Bennet 227
Berry, Brian J. L. 56, 109, 112, 159, 165, 210, 213, 219, 244
Birch, David L. 188
Bixhorn, Herbert 54
Blatt, Rachel G. 9
Bogue, Donald J. 7, 18, 37, 54, 112, 210
Boorne, M. L. 112
Bourne, Larry S. 109
Brower, Sidney J. 54
Browne, William P. 13
Burgess, Ernest W. 伯吉斯 2, 7, 109, 110, 236

C

Carter, Donna 171
Carter, Jimmy 卡特 241
Chicago Factbook Consortium 54
Clark, Colin 克拉克 122
Clark, W. A. V. 92
Clay, Philip L. 4, 9
Coale, Ansley J. 251
Colton, Kent W. 12
Committee on National Urban Policy 8
Community and Family Study Center,

University of Chicago 18
Cowgill, Donald O. 74
Crenson, Matthew 5
Cressey, Paul F. 236
Cunningham, James J. 7, 11

D

Dahman, Donald 244
Danielson, Michael N. 241
DeAre, Diana 戴安娜·迪尔 13, 208, 209
Denowitz, Ronald M. 190
Dommel, Paul R. 9
Donnelley Marketing Information Services 114~122
Downs, Anthony 安东尼·唐斯 12, 110, 188, 242, 243
Drain, Whit 54
Duncan, Beverly 74, 76, 190
Duncan, Otis D. 邓肯 74, 76, 190, 212, 213

E

Edmonston, Barry 109
Edwards, Ozzie 190
Egeland, Janice A. 112
Engels, Richard A. 211

F

Farley, Reynolds 95, 239
Forstall, Richard L. 211
Frey, William 13

G

Gans, Herbert, J. 4, 6
Geographic Data Technology 277
Gillard, Quentin 210
Glazer, Nathan 236
Geotz, Rolf 12
Goldscheider, Calvin 75
Goldsmith, Howard 54
Greenberg, Stephanie 74

H

Hadwinger, Don F. 13
Hamm, Bernd 55, 57
Harmon, H. H. 56
Harris, Chauncy 111
Hawkes, Roland 112
Hershberg, Theodore 74, 75, 237
Hodge, David C. 191
Hollingsworth, Leslie J., Jr. 73, 75, 170
Hollister, Robert M. 4, 9
Hoover, Edgar M. 胡弗 12, 188
Horton, Frank E. 56, 112
Hoyt, Homer 105, 111, 159
Hunter, Albert 3, 7

J

Jacobs, Jane 雅各布 6, 8, 23

James, Franklin D. 14
Janowitz, Morris 4, 6
Johnson, James H. 11
Johnston, R. J. 55

K

Kain, John F. 124, 230
Kantrowitz, Norman 74
Kasarda, John 109, 124, 230
Keller, Suzanne 3, 4, 7
Kitagawa, Evelyn M. 6
Kobrin, Frances 75
Kornblum, William 6, 227
Kotler, Milton 4

L

Laska, Shirley 191
Lee, Ann S. 54
Lee, Barret 191
Lieberson, Stanley 74, 88, 103, 171, 236, 237
Long, Larry 拉里·朗 13, 208, 209, 244
Lynch, Kevin 7, 221

M

Marcuse, Peter 12
Mason, Richard O. 250
Massey, Douglas 道格拉斯·梅西 74, 75, 190, 238
Massey, Perry 172
Maurice, Arthur J. 250
McGill Commission 246
McKenzie, Roderick D. 2, 236
Medoff, Peter 12
Mills, Edwin S. 109, 181, 230
Mindlin, Albert 54
Mitchell, James 188
Mitroff, Ian I. 250
Monfort, Franklin W. 172
Morrison, Peter A. 231
Moynihan, Daniel 236
Mullan, Brendan P. 布兰登·P. 穆兰 75, 190, 238
Murdie, R. A. 112, 165, 219
Muth, Richard 109

N

Nathan, Richard P. 250
National Academy of Sciences 美国国家科学院 8, 167, 212, 213, 246
National Commission on Neighborhoods (NCN) 3, 10
Newby, Howard 3
Noyelle, Thierry J. 213

O

O'Brien, David J. 4

P

Park, Robert E, 2, 7, 109, 236
Passel, Jeffrey S. 250, 251
Pereira, Andrea 12
Perry, Clarence A. 6
Peterson, Paul 213, 233
President's Commission for a National Agenda for the Eighties 242

R

Rees, Philips H. 57, 112
Robinson, J. Gregory 250, 251
Roof, W. C. 73, 75, 170
Rosen, Beatrice 54
Rosenbaum, Patricia L. 11

S

Schill, Michael H. 244
Schoenberg, Sandra 11
Seely, John 12
Segal, David 5
Shevky, Ezref 55
Schnore, Leo F. 231
Siegel, Jacob S. 250, 251
Soloman, Arthur P. 14
Sϕrenson, Annemette 74, 75, 170
Spain, Daphne 191
Speare, Alden Jr. 13
Stanback, Thomas M. 213
Starr, Paul 250
Sumka, Howard 191, 244
Suttles, Gerald D. 6, 247

T

Taeuber, Alma F. 73, 170, 172, 191
Taeuber, Karl E. 6, 73, 170, 172, 191
Taylor, Ralph B. 54
Theil, Henri 76
Theodorson, George 55, 57
Tiebout, Charles A. 229
Tierney, Joseph T. 74, 177

U

Ulman, Edward 111
U. S. Bureau of the Census 美国人口普查局 53, 244, 250, 267, 271 ~ 273, 277; *Census of Popu-lation and Housing (1980)* 13, 16, 234, 266, 267; *Census Tract Manual*《人口普查手册》 275; *Census Tract Manual Supplement*《人口普查手册补文件》 271; *Current Population Reports* (1982) 250; *PHC80-R1-A Users' Guide* 277; *Social Indicators for Small Areas* 54; Standard Metropolitan Area, definition of 标准大都市区定义 265; *State and Metro-politan Area Data Book* 14; *Statistical Abstract of the U. S.* 233; Tracts, definition of 街区定义 17

U. S. Department of Housing and Urban Development (HUD): *Annual Report* (1982) 242; Geography Division 人口普查局地理学司 275; *HUD Statistical Yearbook* 9; *National Urban Policy Report*《国家城市政策报告》 8, 10, 242
U. S. General Accounting Office 250

V

Valey, T. L. van 73, 75, 170
Vernon, Raymond E. 弗农 12, 188

W

Webber, Melvin 247
Weber, Adna 1
Weicher, John C. 8
White, Michael J. 7, 8, 18, 73, 99, 101, 113, 125, 135, 171, 190
Wilcox, J. E. 73, 75, 170
William, M. 55
Wilson, James Q. 8, 228
Wolpert, Julian 12

Y

Yin, Robert K. 3
Young, George M. 53

Z

Zelnick, Melvin 251
Zorbaugh, Harvey W. 7, 249

主题索引

A

abandonment 弃置房 187

age: allocation incidence of 年龄：配置率 257, 258, 261, 263, 264; in factorial ecology analysis 因子生态分析法 56, 60; median population 人口中位数 32, 63, 64; segregation by 隔离程度 72, 80, 85, 90, 92; segregation change by 隔离程度变化 176, 178, 179

Allentown, Pennsylvania: allocation incident in 艾伦镇，宾夕法尼亚州：配置率 262, 264; ancestry groups of 世系群体 42, 44 ~ 47, 88; Asian population of 亚裔群体 63 ~ 64, 85; black population of 黑人群体 21, 60, 85 ~ 88, 93, 95, 99, 119, 126, 194, 198; census tracts in 人口普查街区 18; contour analysis of 等高线分析法 131, 134 ~ 136, 140, 141; educational attainment in 受教育程度 63 ~ 64, 69, 193; elderly population of 老年人口 34, 35, 63 ~ 64, 82, 200; ethnic composition of 族群构成 38 ~ 44, 63 ~ 64, 67, 168, 188, 196, 218, 237, 241; ethnic segregation in 族群隔离程度 86, 93, 95, 97; ethnic segregation change in 族群隔离程度变化 170, 172; factorial ecology analysis of 因子生态分析法 63 ~ 64, 70; females in labor force of 女性劳动力 159; high income in 高收入 59, 208; household size in 家户规模 32, 63 ~ 64, 70, 106, 128, 158; housing density in 住房密度 48, 88; life cycle characteristics in 生命周期特征 37, 63 ~ 64, 82, 104, 105, 112, 130, 154, 163, 185, 208; married-couple households in 已婚夫妇家庭家户 63 ~ 64, 96; median household income in 家户收入中位数 25, 26, 63 ~ 64; neighborhood evolution in 社区演变 196, 200, 210; new housing in 新型住房 63 ~ 64, 91, 197; nontradi-tional households in 非传统家庭家户 37; occupational status in 职业地位 28, 63 ~ 64, 74, 80, 101, 124, 160; population change in 人口变化 12, 191;

population density of 人口密度 63～64, 128, 154, 156; population size of 人口规模 17; poverty in 贫困 29, 31, 95, 101, 105; radial distribution in 辐射状分布 122～127, 129; residential mobility in 居住流动性 47, 75, 88; segregation in 隔离程度 77, 80, 82, 85, 90, 92, 96, 99; single-parent households in 单亲家庭家户 63～64, 82, 101; socioeconomic status in 社会经济地位 24, 28, 47, 56, 63～64, 77, 80, 81, 92, 95, 129, 135, 158, 201, 208; Spanish-origin population of 西班牙裔群体 44, 63～64, 72～74, 88, 95, 96, 99; spatial organization of 空间组织 1, 116～121, 130, 158, 161～165, 181～184; substitution incidence in 替代率 253, 255, 256, 258

allocations, census 分配，人口普查 265～270, 274, 275, 276, 277

Amarillo, Texas: allocation incidence in 阿马里洛，得克萨斯州：配置率 265; ancestry groups of 世系群体 44～47, 88; Asian population of 亚裔群体 61～62, 88; black population of 黑人群体 60, 63～64, 85～88, 95, 99, 104, 107, 127, 130, 141, 157, 160, 170, 218, 227; census tracts in 人口普查街区 16; contour analysis of 等高线分析法 131, 160, 168～170, 218; educational attainment in 受教育程度 23, 24, 63～64; elderly population of 老年人口 32, 34, 35, 63～64, 74; ethnic composition of 族群构成 38, 47～51, 60, 63～64, 67, 168, 188, 196, 218, 237, 241; ethnic segregation in 族群隔离程度 85, 96, 99, 101; segregation change in 族群隔离程度变化 177, 178; factorial ecology analysis of 因子生态分析法 54～56, 70; females in labor force of 女性劳动力 38; high income in 高收入 59, 128, 198, 200, 208; household size in 家户规模 32, 33, 51, 57, 60, 63～64, 181, 185; hous-ing density in 住房密度 48, 88; life cycle characteristics in 生命周期特征 3, 37, 63～64, 82, 104, 105, 112, 130, 154, 163, 185, 208; married-couple households in 已婚夫妇家庭家户 63～64, 96; median household income in 家户收入中位数 25, 26, 63～64; neighborhood evolution in 社区演变 196, 200, 201, 210; new housing in 新型住房 63～64, 91, 197; nontraditional households in 非传统家庭家户 35, 37; occupational status in 职业地位 28, 63～64, 74, 80, 101, 124, 160, 184; poverty in 贫困 29, 31, 95, 101, 105; population change in 人口变化 12, 191, 200; population density in 人口密度 63～64, 128, 154, 156, 159; population size of 人口规模 17; radial distribution in 辐射状分布 122～127; residential mobility in 居住流动性 47, 88; segregation in 隔离程度 77, 80, 82, 85, 90, 92, 96, 99; single-parent households in 单亲家庭家户 63～64，82，101；socioecono-mic status in 社会经济地位 24，28，47，56，63～64，77，80，81，92，95，129，135，158，201，208；Spanish-origin population of 西班牙裔群体 44，63～64，72，74，88，95，96，99；spatial organization of 空间组织 116～121，158，161～165，181，184；substitution incidence in 替代率 255，256，258

American Indians：segregation of 美洲印第安人：隔离程度 90，92，113，115，129，130

Anatomy of a Metropolis（Hoover and Vernon）《解剖大都市》（胡弗和弗农） 188

ancestry groups：distribution of 世系群体：分布 42，44～47，62～63，88～89；in factorial ecology analysis 因子生态分析法 56，60，70；segregation by 隔离程度 80，82，85，90，92，96，99，107；segregation change by 隔离程度变化 177

area profiling，*see* profile 区域概况：参见概况

Asian population：in factorial ecology analysis 亚裔群体：因子生态分析法 60，63～64，70～71，108，112，113；segregation of 隔离程度 80，82，85，88，244

Atlanta，Georgia 亚特兰大，乔治亚州 3，215；allocation incidence in 配置率 265；ancestry groups of 世系群体 42～43，44～47，62，88，102，179；Asian population of 亚裔群体 61，63～64，85；black population of 黑人群体 21，60，85～88，93，95，99，119，126，194，198；census tracts in 人口普查街区 18；contour analysis of 等高线分析法 131，160，164～166，169，171；educational attainment in 受教育程度 59～61，67，70，74，197；elderly population of 老年人口 32，34，63～64，74，82，200，205；ethnic composition of 族群构成 18，38，47～48，60～61，63～64，68，71，74，168，188，196，218，237，241；ethnic segregation in 族群隔离程度 88，96，97，98；ethnic segregation change in 族群隔离程度变化 176，177，178；factorial ecology analysis of 因子生态分析法 60，63～64，70，108，112，113；females in labor force of 女性劳动力 38，159；high income in 高收入 59，200，204；household size in 家户规模 32，63～64，67，106，111，128，154，160；housing density in 住房密度 47，48，88，90，109；life cycle characteristics in 生命周期特征 37，63～64，82，104，105，112，130，185，218，238，250；married-couple households in 已婚夫妇家庭家户 59，63～64，95，96；median household inc-ome in 家户收入中位数 19，25，26，62，63～65；neighborhood evolution in 社区演变 195，199，204，209；new housing in 新型住房 62～64，91，

197；nontraditional households in 非传统家庭家户 35，37；occupational status in 职业地位 28，63～64，68，70，74，80，101，124，160，184；population change in 人口变化 200，201；population density of 人口密度 63～65，128，154，156，188；population size of 人口规模 17；poverty in 贫困 22，24，101，105～107，128，130；radial distribution in 辐射状分布 122～127，129；residential mobility in 居住流动性 47，88；segregation in 隔离程度 72，77，80，85，88，90，92～96，99，101，105；segregation change in 隔离程度变化 177～180，187；single-parent households in 单亲家庭家户 63～64，82，95，99；socioeconomic status in 社会经济地位 24，28，47，56，57，63～65，75，77，80，81，92，95，101，123，154，201，208；Spanish-origin population of 西班牙裔群体 44，60，63～64，72，74，85，86，96，99；spatial organization of 空间组织 116～119，130，158，161～165，168，181；spatial organization change in 空间组织变化 185，187，188；substitution incidence in 替代率 256，258，265

B

Baltimore, Maryland 巴尔的摩，马里兰州 7，245

Bangor, Maine 班格尔，缅因州 19，266；allocation incidence in 配置率 258；ancestry groups of 世系群体 39，44～47，88；Asian population of 亚裔群体 63～64，85；black population of 黑人群体 60，63～64，74，93，95，96，99，101，104，107，127；census tracts in 人口普查街区 18；educational attainment in 受教育程度 63～64，74；elderly population of 老年人口 32，63～64，82；ethnic composition of 族群构成 38，47，60，67，168，188，196，218，237；ethnic segregation in 族群隔离程度 86，93，95，97；ethnic segregation change in 族群隔离程度变化 170，172；factorial ecology analysis of 因子生态分析法 63～64，70；females in labor force of 女性劳动力 159；household size in 家户规模 32，63～64，70，106，128，158；housing density in 住房密度 48，88；life cycle characteristics in 生命周期特征 3，37，63～64，82，104，105，112，130；married-couple households in 已婚夫妇家庭家户 59，63～64，95，96；median household income in 家户收入中位数 25，26；new housing in 新型住房 63～64，91；nontraditional households in 非传统家庭家户 35；occupational status in 职业地位 28，63～64，70，74，101，124；population change in 人口变化 12，191；population density of 人口密度 63～64，128；population size of 人口规

模 17；poverty in 贫困 29，31，101，105；radial distribution in 辐射状分布 122～127；residential mobility in 居住流动性 47，88；segregation in 隔离程度 80，85～88，90，92，96，99；single-parent households in 单亲家庭家户 63～64，82，96；socioeconomic status in 社会经济地位 24，28，47，56，57，63～64，71，77，80，95，101，129；Spanish-origin population of 西班牙裔群体 44，60，63～64，88，95，96，99；spatial organization of 空间组织 161～165，168；substitution incidence in 替代率 256，258，265

Beyond the Melting Pot（Glazer and Moynihan）《超越熔炉》（Glazer and Moynihan） 236

Birmingham，Alabama：allocation incidence in 伯明翰，亚拉巴马州：配置率 265；ancestry groups of 世系群体 44～47，62，88；Asian population of 亚裔群体 63～64，85，88；black population of 黑人群体 60，63～64，72，93，95，99，101，104，135，165，199，206；census tracts in 人口普查街区 18；contour analysis of 等高线分析法 131，160，163～165，218；educational attainment in 受教育程度 63～64，74，197；elderly population of 老年人口 32，63～64，82，200，205；ethnic composition of 族群构成 38～44，63～64，67，168，188，196，218，237，241；ethnic segregation in 族群隔离程度 88，96～98；ethnic segregation change in 族群隔离程度变化 176，178；factorial ecology analysis of 因子生态分析法 60，63～64，70；females in labor force of 女性劳动力 38，179，187；high income in 高收入 25，63～64，128，129，166，190；household size in 家户规模 51，70；housing density in 住房密度 47，48；life cycle characteristics in 生命周期特征 37，63～64，82，104，105，112，130，154，163，185，208；married-couple households in 已婚夫妇家庭家户 63～64，96；median household income in 家户收入中位数 19，25，26，63～64；neighborhood evolution in 社区演变 200，201，210；new housing in 新型住房 63～64，91，197；nontraditional households in 非传统家庭家户 37；occupational status in 职业地位 28，29，59，67，68，80，101，124，160；population change in 人口变化 191，200；population density of 人口密度 63～64，128，156；population size of 人口规模 17；poverty in 贫困 29，31，101，105，208；radial distribution in 辐射状分布 122～127；residential mobility in 居住流动性 47，75，88；segregation in 隔离程度 82，88，90，92，96，99，101；single-parent households in 单亲家庭家户 63～64，82，95；socioeconomic status in 社会经济地位 24，28，47，56，57，63～64，67，75，77，92，95，101，104，129，163，201，208；Spanish-origin population of 西班牙裔群

体 44，60，63～64，72，85，95，96，99；spatial organization of 空间组织 161～165，168，186～188，190，205；substitution incidence in 替代率 255，256，258，265

birthplace：allocation incidence of 出生地：配置率 253

black population：as allocation predictor 黑人群体：作为分配预测指标 259；assimiliation of 同化 245；compared with ancestry group distribution 与世系群体分布相对比 44～45，46～47；contour analysis of 等高线分析法 131，137～139，145～147，149，151，152，155，160，218；distribution of 分布 22，46～50，73，74，107～110，129～131；in factorial ecology analysis 因子生态分析法 52，54～56，60，63～64，70，108，112，113；mapping of 图示 108，112，113，117，131；neighborhood evolution by 社区演变 168，169，187，196，200，201，210，221，229；poverty status of 贫困状况 107，128，130；radial distribution of 辐射状分布 127，129；segregation of 隔离程度 72，80，85，88，90，92～96，99，107，113，115，129，130，168，172，173，176，186，236，238～242，244，249；segregation change in 隔离程度变化 177～180，176，179，181～184；spatial organization 空间组织 108，116，130，131，141，158，161～165，168，181，184，186～188，190，205，209～211，217，218，220；spatial organization change in 空间组织变化 185～187；stability of 稳定性 197，200；as substitution predictor 作为替代性预测指标 268～270；suburbanization of 郊区化 210，211，227

block data 街块数据 17，270

block group data 街块群数据 17，270

blue collar workers 蓝领工人 228

Boston，Massachusetts 波士顿，马萨诸塞州 207，259；allocation incidence in 配置率 265；ancestry groups of 世系群体 42，44～47，62，88，102，179，217；Asian population of 亚裔群体 63～64，85，94，99；black population of 黑人群体 60，63～64，72，93，95，99，101，104，135，165，199，206；census tracts in 人口普查街区 18；contour analysis of 等高线分析法 131，160，163～165，218；educational attainment in 受教育程度 63～64，74，197；elderly population of 老年人口 32，63～64，82，200，205；ethnic composition of 族群构成 38～44，63～64，67，168，188，196，218，237，241；ethnic segregation in 族群隔离程度 88，96～98；ethnic segregation change in 族群隔离程度变化 176，178；factorial ecology analysis of 因子生态分析法 60，63～64，70，108，112，216；females in labor force of 女性劳动力 177，179；high income in 高收入 59，200，204；household size in 家户规模 32, 63~64, 67, 106, 126, 128, 158; housing density in 住房密度 47, 48, 88, 90, 109, 166; life cycle characteristics in 生命周期特征 37, 63~64, 82, 104, 105, 112, 130, 154, 163, 185, 208; married-couple households in 已婚夫妇家庭家户 63~64, 96; median household income in 家户收入中位数 19, 25, 26, 63~64; neighborhood evolution in 社区演变 199, 200, 201, 210, 221; new housing in 新型住房 63~65, 91, 197; nontraditional households in 非传统家庭家户 35, 37; occupational status in 职业地位 28, 29, 59, 63~64, 67, 68, 80, 101, 124, 160; population change in 人口变化 191, 200, 201; population density of 人口密度 63~64, 69, 128, 154, 156, 189; population size of 人口规模 17; poverty in 贫困 29, 31, 93, 95, 101, 198; radial distribution in 辐射状分布 119, 122, 127, 129; residential mobility in 居住流动性 47, 88; segregation in 隔离程度 77, 82, 85, 88, 90, 92, 99, 101, 105, 107; segregation change in 隔离程度变化 175, 177, 180, 181; single-parent households in 单亲家庭家户 63~64, 82, 95, 96; socioeconomic status in 社会经济地位 24, 28, 47, 56, 57, 59, 62~65, 92, 95, 101, 104, 109, 135, 158~160, 163, 196, 200, 208; Spanish-origin population of 西班牙裔群体 44, 60, 63~64, 72, 85, 95, 96, 99; spatial organization of 空间组织 130, 131, 161~165, 168, 181, 184, 186~188, 190, 205, 217; spatial organization change in 空间组织变化 187, 188; substitution incidence in 替代率 253, 256, 258

boundaries of neighborhoods 社区的边界 7

boutique zones 精品商业区 223

C

Capital Beltway, Washington, D. C. 首都环线，华盛顿州 232

census data: geographic concepts, *see* census tracts 人口普查数据：地理概念，参见人口普查街区; Standard Metropolitan Statistical Areas (SMSAs) 标准大都市统计区 quality of 人口普查数据的质量 251~257, 260, 261, 263

census taking 人口普查方式的采用 264

Census Tract Committees 人口普查委员会 274~276

Census Tract Key Persons 人口普查关键人物 274

Census Tract Manual《人口普查手册》 271, 275

Census Tract Manual Supplement《人口普查手册补充文件》 272~273

census tracts 人口普查街区 16~18, 173, 199~201, 269~279; advantages of using 使用优势 269~270; criteria for 标准 261，263；data sources for 数据资源 278～280；defined 定义 268～269；mean population in sample areas 样本区的平均人口数 19；number in sample metropolitan areas 样本大都市区的数量 19；vs. other metropolitan subarea types 与其他的大都市分区类型相对比 270～272；population size of 人口规模 272～275；in practice 实践中的 274～278

central business district（CBD）中央商务区 88，109，168，211，273

central business district（CBD）model of urban structure 城市结构的中央商务区模型 109～111

central city population 中心城市的人口 20，21，167，214

central residential development 中心区的住房开发 220

change, *see* neighborhood change 变化，参见社区变化

Chicago, Illinois 芝加哥，伊利诺伊州 6，7，54，206，207，227，232，256；allocation incidence in 配置率 265；ancestry groups of 世系群体 39，42，44～47，62，88，102，179，217，228；Asian population of 亚裔群体 63～64，85，88，94，99；black population of 黑人群体 60，63～64，72，74，85，88，95，96，99，101，104，130，156，163，186，195，199，206；census tracts in 人口普查街区 18；contour analysis of 等高线分析法 131，160，163～165，218；educational attainment in 受教育程度 63～64，67，74，197；elderly population of 老年人口 34，63～64，74，82，200，205；ethnic composition of 族群构成 38，39～44，63～64，67，168，188，196，218，237，241；ethnic segregation in 族群隔离程度 88，96～98；ethnic segregation change in 族群隔离程度变化 175，176，178；factorial ecology analysis of 因子生态分析法 63～64，70，108，112，113，216；females in labor force of 女性劳动力 177，179；high income in 高收入 59，200，204；household size in 家户规模 32，33，63～64，67，70，126，128，158；housing density in 住房密度 47，48，88，90，109；life cycle characteristics in 生命周期特征 37，63～64，82，104，105，112，130，154，163，185，208，218，220，238，242，250；married-couple households in 已婚夫妇家庭家户 59，63～64，95，96；median household income in 家户收入中位数 19，25，26，65，66；neighborhood evolution in 社区演变 200，201，210，221，229；new housing in 新型住房 63～66，90，200，202；nontraditional households in 非传统家庭家户 35，37；occupational status in 职业地位 28，29，63～64，67，70，74，101，124，160，184；population change in 人口变化 191，200；population density of 人口密度 63～65，128，154，156，163，188；population size of 人口规模 17；poverty in 贫困 29～31，93～95，101，105，198；radial distribution in 辐射状分布 122～127，129，165；residential mobility in 居住流动性 47，88；segregation in 隔离程度 77，82，85～88，90，92～96，99，101，105，107，113；segregation change in 隔离程度变化 177，178，180；single-parent households in 单亲家庭家户 63～64，82，95，96；socioeconomic status in 社会经济地位 24，28，47，56，57，59，62～65，67，75，80，81，95，101，104，129，163，201，208；Spanish-origin population of 西班牙裔群体 44，60，63～64，72，74，75，85，86，88，95，96，99；spatial organization of 空间组织 161～165，168，186～188，190，205；spatial organization change in 空间组织变化 185～188；substitution incidence in 替代率 253，255，256，258，265

Chicago Community Area Factbook 《芝加哥社群概况》 58，59，194

child population：contour analysis of 儿童人口：等高线分析法 160，218；in factorial ecology analysis 因子生态分析法 60，63～64，70，108，112；in female-headed households 女性支撑家户 31，36；and labor force participation of females 女性的劳动参与率 38；neighborhood evolution by 社区演变 196，200，201，210，221；and poverty status 贫困状况 93，94；radial distribution of 辐射状分布 129；segregation of 隔离程度 82，85，88；segregation change in 隔离程度变化 180；in single-parent households，*see* single-parent households 单亲家庭家户；spatial organization of 空间组织 131，161，165；spatial organization change in 空间组织变化 187，188；stability of 稳定性 190，195

child-rearing communities 子女抚养型社群 242

children ever born，*see* fertility 已出生的孩子，参见生育率

Civil Rights Act of 民权法案 240

civil rights movement 民权运动 240

clerical workers：segregation change in 办公室职员：隔离程度变化 177，180；spatial organization of 空间组织 158，161～165，168；spatial organization change in 空间组织变化 189

college educated population：segregation change in 大学毕业人群：隔离程度变化 177，180；stability of 稳定性 200；*see also* educational attainment 参见受教育程度

Columbia，Maryland 哥伦比亚，马里兰州 7

community，concept of 社群，概念 1，12

community competition and economic mobility 社群竞争与经济流动性 256～258

Community Development Block Grants 社群

发展项目基金　9，229
community profiles, *see* profiles　社群概况，参见概况
commuting time：radial distribution of　通勤时间：辐射状分布　129
contour analysis　等高线分析法　131，160，218；and change　变化　173，176～182，184，188；concept of　概念　266，267，269，275～277；vs. simple linear model　与简单线性模型相对比　148～157，159～161，184；statistical results　统计结果 148～159，151，152，154，155，157，166，179；of three metropolitan areas　三个大都市统计区　132～148
corridors　走廊地带　232，233，246
craft workers：in factorial economy analysis　手工劳动者：因子生态分析法　63～64，70，108，112；segregation of　隔离程度　85；segregation change in　隔离程度变化　180
Cramer's V　克雷莫 V 值　204～206
crews of vessels：as allocation predictor　生活在贫民窟的打工者：作为分配预测指标　265，266
Cuban-origin population，*see* Spanish-origin population　古巴裔群体，参见西班牙裔群体
deconcentration　分散　217
Denver，Colorado　丹弗，科罗拉多州　218
diffusion　扩散　13～15，209～212
displacement　被取代　212
dissimilarity indexes：defined　相异指数：定义　76，77；for ethnicity　族群　92～95，99，102，106～109，111，112；for ethnic segregation change　族群隔离程度变化　173～177；for household type by race　不同种族的家户类型　99～102；for housing　住房　92，104～109；for life cycle characteristics　生命周期特征　82，84，104；for poverty status by race　不同种族的贫困状况　97～99；for segregation change　隔离程度变化　175～183；for socioeconomic status　社会经济地位　67～71，77，80；distance quartile　距离四分位环　121
diversity，*see also* segregation，地区差异，参见隔离程度　85，252
divorced population：segregation of　离异人口：隔离程度　85；segregation change in　隔离程度变化　180
downgrading stage of neighborhoods evolution　社区演变的下坡阶段　192
Dutch-ancestry population　荷兰世系群体　44，46，48

D

Dallas，Texas　达拉斯，得克萨斯州　232
decentralization　分散化　9，178

E

ecological approach　生态方法　5
economic mobility and community competition

经济流动性与社群竞争　250～252
economic trends　经济趋势　238～239，249
educational attainment　受教育程度　23；allocation incidence of　配置率　259；as allocation predictor　作为分配预测指标　264；contour analysis of　等高线分析法　131，159～161，163～164，166～167；in factorial ecology analysis　因子生态分析法　60，63～64，70，108，112，113，216；neighborhood evolution by　社区演变　190，196，200，201；radial distribution of　辐射状分布　129；segregation by　隔离程度　72～77，80，82，99，101，105；segregation change by　隔离程度变化　177，178，180；spatial organization by　空间组织　188；spatial organization change by　空间组织变化　188；stability of　稳定性　197，200；as substitution predictor　作为替代性预测指标　266，267
elderly population　老年人口　205；contour analysis of　等高线分析法　160，218；distribution of　分布　32，34，36；in factorial ecology analysis　因子生态分析法　60，63～64，70，108，112；neighborhood evolution by　社区演变　187～190，196，200，201，210；radial distribution of　辐射状分布　129；segregation of　隔离程度　80，85～88；segregation change in　隔离程度变化　177，180；spatial organization of　空间组织　130；spatial organization change in 空间组织变化　188；stability of　稳定性　197，200
elementary school attain-ment：segregation change by　小学学历：隔离程度变化　180；*see also* educational attainment　参见受教育程度
elite enclaves　精英聚居地　226，227
employment sites　就业场所　220，233
English-ancestry population：distribution of　英国世系群体：分布　42，44，46，50；segregation of　隔离程度　90，92，105，107，244
entropy statistic（H）　熵值　77，97～100，106，176，178，179
epicenters　中心地带　230～233，247
errors，census　误差，人口普查　258，260
ethnic composition：contour analysis of　族群构成：等高线分析法　131，152～154，160～162，164，165；distribution of　分布　38～40，42，44，46～50，54；in factorial ecology analysis 因子生态分析法　52，54～56，60，70，108，112；mapping of　……的图示　120～123，120，121，122；melting-pot concept　熔炉的概念　239～240，257～258；and neighborhood attachment　社区依附理论　245；neighborhood evolution by　社区演变　187～190，196，200，201，210；spatial organization of　空间组织　108，116，130，131，141，158，161～165，168，181，184，186～188，190，205，209～211，217，218，220，249；

spatial organization change in 空间组织变化 186～187，188

ethnic segregation 族群隔离程度 79，211，217，218，242～243，253；change in 变化 166，170，172，173，176，182，184～188，190；dissimilarity indexes for 相异指数 85，86，88，90，93～96，94，99；entropy statistic for 统计熵值 99，104；in factorial ecology analysis 因子生态分析法 52，54～56，60，70，108，112；national trends in 国家趋势 234；and neighborhood attachment 社区依附理论 240；and public policy 公共政策 236，248

ethnic transformation 族群转变 234

exposure index 暴露指数 172

F

factorial ecology analysis 因子生态分析法 54～56，108，112，113，216，217～218；concept of 概念 52～54；and model profile 模型概况 65～67，70；of sample metropolitan areas 样本大都市统计区 60～63，63～64，67，69，73

family status，*see* life cycle characteristics 家庭状况，参见生命周期特征

farm workers：segregation of 农民 隔离程度 80

female-headed households：children in 女性支撑家户：儿童 31，32；neighborhood evolution by 社区演变 201，210，221；and poverty 贫困 26，31

female population：in labor force，*see* labor force participation of females 女性人口：劳动力，参见女性的劳动参与率；as substitution predictor 作为替代性预测指标 262

fertility：in factorial ecology analysis 生育率：因子生态分析法 60，70，108；radial distribution of 辐射状分布 129，165

Flint，Michigan：allocation incidence in 弗林特，密歇根州：配置率 262；ancestry groups of 世系群体 44～47，62～63，88；Asian population of 亚裔群体 63～64，88；black population of 黑人群体 60，63～64，85，96，99，101，107，116～119，126，127，130，135，141，148，156，173，185，198，206；census tracts in 人口普查街区 27；contour analysis of 等高线分析法 14，131，160，218；educational attainment in 受教育程度 63～64，74，193；elderly population of 老年人口 32，63～64，74，200，205；ethnic composition of 族群构成 38，47，60～64，67，120～121，124，130，145，168，188，196，218，237，241；ethnic segregation in 族群隔离程度 88，95，98，101；ethnic segregation change in 族群隔离程度变化 171，172，174；factorial ecology analysis of 因子生态分析法 63～64，69，74；females in labor force of 女性劳动力

38；high income in 高收入 57，198，208；household size in 家户规模 33，63～64，76，84，111，113，119，126，128，141，154，160，163；housing density in 住房密度 48，88；life cycle characteristics in 生命周期特征 37，63～64，74，82，85，89，104，105，112，130，154，163，185，208；mapping of social characteristics in 社会特征图示 111，113，114，116，120～122，128；married-couple households in 已婚夫妇家庭家户 59，63～64，69，96；median household income in 家户收入中位数 25，26，63～64，69；neighborhood evolution in 社区演变 196，200，210；new housing in 新型住房 233；nontraditional households in 非传统家庭家户 35；occupational status in 职业地位 28，63～64，67，68，70，74，80，101，124，132，160，184；population change in 人口变化 12，20；population density of 人口密度 63～64，128，135，141，156，181；population size of 人口规模 17；poverty in 贫困 26，29，101，105，198；radial distribution in 辐射状分布 122～127；residential mobility in 居住流动性 47，88，92；segregation in 隔离程度 77，82，88，90，92，99，101，105，107；segregation change in 隔离程度变化 177，178，180，183，184；single-parent households in 单亲家庭家户 63～64，82，95；socioeconomic status in 社会经济地位 24，28，30，31，33，35，63～64，75，77，80，81，92，95，101，104，123，135，141，154，189，196，200，208；Spanish-origin population of 西班牙裔群体 44，60，63～64，85，95，96，99，101；spatial organization of 空间组织 108，111，130，131，141，158，161～165，168，181，184，186～188；spatial organization change in 空间组织变化 186，187；substitution incidence in 替代率 255，256，265

foreign-born population：as allocation predictor 外籍群体：作为分配预测指标 270，271；contour analysis of 等高线分析法 131，139，160，218；radial distribution of 辐射状分布 127，129；segregation of 隔离程度 88，101，105，107，244～246；segregation change in 隔离程度变化 177，180，184；spatial organization of 空间组织 130，131，141，158，165，168；spatial organization change in 空间组织变化 189；stability of 稳定性 197，200

Framingham，Massachusetts 弗雷明汉，马萨诸塞州 232

French-ancestry population：distribution of 法国世系群体：分布 40，42，44，46；in factorial ecology analysis 因子生态分析法 60，70；segregation of 隔离程度 80，82，101，105，107，113，115，129，130，168，172，173，176，178～181，186，198，199，206，208，

212, 215, 217, 218, 236, 238 ~ 242, 244, 249, 259; segregation change in 隔离程度变化 180

G

gentrification 中产阶层化 13, 184, 192, 196, 208 ~ 209, 211, 245 ~ 246

Geographic Areas Handbook《地图指南》 282

geographic concepts, *see* census tracts 地理概念, 参见人口普查街区 266, 267; Standard Metropolitan statistical Area (SMSAs) 标准大都市统计区

German-ancestry population: distribution of 德国世系群体: 分布 38, 40, 42; in factorial ecology analysis 因子生态分析法 56, 60, 70; segregation of 隔离程度 85, 88, 101, 105, 107

government: and neighborhood change 政府社区变化 168; public sector controls 公共部门控制 228 ~ 229; *see also* public policy 参见公共政策 46, 48

Greek-ancestry population: distribution of 希腊世系群体: 分布 235 ~ 237

group-quarters population: as allocation predictor 集体宿舍人群: 作为分配预测指标 270, 271; in factorial analysis 因子分析法 52, 54, 56; segregation of 隔离程度 85, 88, 105, 107, 113; as substitution predictor 作为替代性预测指标 270

growth tracts 人口增长型街区 284

H

hierarchy of differentiation 分异的等级 225

high-density housing: distribution of 高密度住房: 分布 54, 60; in factorial ecology analysis 因子生态分析法 52, 54 ~ 56, 60, 70, 108, 112, 113, 216, 217

high income: and elite enclaves 高收入: 精英聚居地 226 ~ 227; in factorial ecology analysis 因子生态分析法 60; neighborhood evolution by 社区演变 200; radial distribution of 辐射状分布 127, 129; stability of 稳定性 197, 200

high-rise buildings: segregation by 高层建筑: 隔离程度 104, 106, 72 ~ 77, 80 ~ 82, 85 ~ 88, 90, 92 ~ 96, 99, 101 ~ 106, 107, 113, 115, 129, 130, 168, 172, 173, 176, 178 ~ 181, 186, 198, 199, 206, 208, 212, 215, 217, 218, 236, 238 ~ 242, 244, 249, 259

high school attainment: segregation change by 高中学历: 隔离程度变化 177, 180; *see also* educational attainment 参见受教育程度

highways 高速公路 229 ~ 232

Hispanic population, *see* Spanish-origin population 西班牙裔群体, 参见西班牙裔群体 60

home mortgage subsidies 住房按揭补贴

230～233

home ownership: contour analysis of 房屋所有权：等高线分析法 131, 160; segregation by 隔离程度 90, 92; spatial organization of 空间组织 161, 165; spatial organization change in 空间组织变化 184; as substitution predictor 作为替代性预测指标 273

home value, *see* housing value 房价

homogeneity, neighborhood 同质性，社区 5, 7

hospitals 医院 229

household change 家户变化 196, 204～205, 205～206

household income, *see* income, household 家户收入，参见收入，家户 24～27, 50, 128, 129, 131, 159, 187, 226, 227, 255

household size: contour analysis of 家户规模：等高线分析法 131, 141, 142～143, 160, 161, 166, 167, 171, 172, 174; distribution of 分布 34～36, 38, 40, 42, 276; in factorial ecology analysis 因子生态分析法 54, 56～57, 60, 70, 108, 112, 113, 216, 217; mapping of ……的图示 115～116, 117, 117～118, 118, 119; national trends in 国家趋势 234; neighborhood evolution by 社区演变 196; radial distribution of 辐射状分布 119, 122～127, 129; segregation by 隔离程度 85, 90, 96, 99; segregation change by 隔离程度变化 176, 177, 180; spatial organization of 空间组织 108, 116, 130, 131, 141, 158, 161～165, 168, 181, 184, 186～188, 190, 205, 209～211, 217, 218, 220, 249; spatial organization change in 空间组织变化 189; U. S. vs. census tract 美国 vs. 普查街区

household type: nontraditional 房屋类型非传统型 30～34, 35; segregation by 隔离程度 85, 88, 92～96, 99, 101, 105, 107, 113, 115; *see also* married-couple households 参见已婚夫妇家户; single-parent households 单亲家庭家户; single-person households 单身家户

housing: in factorial ecology analysis 住房：因子生态分析法 52, 54～56, 60; segregation by 隔离程度 85～88, 90, 101～105, 107; substitution of 替代率 253, 255, 265; *see also* housing age 参见房龄; housing density 住房密度; housing vacancy 住房空置; housing value 房价; plumbing deficiency 管道缺陷

Housing Act of 1937 1937 年的房屋法案 9

Housing Act of 1949 1949 年的房屋法案 9

housing age: contour analysis of 房龄：等高线分析法 131, 160, 172, 174, 218; radial distribution of 辐射状分布 122～127, 129; segregation by 隔离程度 99, 101, 105, 107; segregation change by 隔离程度变化 180; spatial

organization change by 空间组织变化 190
housing density: in factorial ecology analysis 住房密度: 因子生态分析法 54, 56, 60, 70; radial distribution of 辐射状分布 127, 129; segregation by 隔离程度 77, 80 ~ 82, 101, 105, 206; segregation change by 隔离程度变化 180, 182; spatial organization of 空间组织 108, 130, 131
housing quality, *see* plumbing deficiency 住房质量, 参见管道缺陷
housing vacancy: contour analysis of 住房空置: 等高线分析法 160, 218; radial distribution of 辐射状分布 127; spatial organization of 空间组织 186; as substitution predictor 作为替代性预测指标 271
housing value: contour analysis of 房价: 等高线分析法 160, 161 ~ 162; in factorial ecology analysis 因子生态分析法 52, 54, 56, 60; radial distribution of 辐射状分布 127, 129; segregation by 隔离程度 77, 80 ~ 82, 105, 107; segregation change by 隔离程度变化 177, 180, 183; spatial organization change by 空间组织变化 188
Huston, Texas 休斯敦, 得克萨斯州 214, 222
Hungarian-ancestry population: distribution of 匈牙利世系群体: 分布 42, 44

I

immigration 移民 13, 14, 15
imputation, census 估算, 人口普查 253, 254, 263, 264, 268, 271
income, household: allocation incidence of 收入, 家户: 配置率 253, 256; contour analysis of 等高线分析法 131, 160, 161, 162; in factorial ecology analysis 因子生态分析法 56, 60; high, *see* high income 高, 参见高收入; median, *see* median household income 中位数, 参见家户收入中位数; and neighborhood attachment 社区依附理论 249; neighborhood evolution by 社区演变 190, 196; radial distribution of 辐射状分布 127, 129; segregation by 隔离程度 77, 80 ~ 82, 99, 101, 107, 113, 244; segregation change by 隔离程度变化 180; spatial organization of 空间组织 130, 131 ~ 133, 141, 165, 168; spatial organization change in 空间组织变化 187
Indianapolis, Indiana: allocation incidence in 印第安纳波利斯, 印第安纳州: 配置率 265; ancestry groups of 世系群体 42, 44 ~ 47; Asian population of 亚裔群体 61 ~ 65, 85, 88; black population of 黑人群体 21, 60, 72, 85 ~ 88, 93, 95, 96, 101 ~ 104, 107, 130, 135, 156, 163, 165, 185, 195, 198; census tracts in 人口普查街区 27; contour analysis of 等高线分析法 131, 141, 143, 160, 163, 218; educational attainment in 受教育程度 59 ~ 61, 67, 69, 195, 197; elderly po-

pulation of 老年人口 32, 34 ~ 35, 82, 200, 205; ethnic composition of 族群构成 21, 38, 47, 60, 67, 132, 168, 188, 196, 218, 237, 241; ethnic segregation in 族群隔离程度 82, 96, 98, 101; ethnic segregation change in 族群隔离程度变化 176, 177, 178; factorial ecology analysis of 因子生态分析法 52, 54 ~ 56, 60, 70; females in labor force of 女性劳动力 38; high income in 高收入 59, 204, 208; household change in 家户变化 193 household size in 家户规模 33, 51, 67 ~ 70, 106, 111, 125, 126, 128, 135, 141, 154, 185, 194; housing density in 住房密度 48, 88; life cycle characteristics in 生命周期特征 37, 82, 104, 105, 112, 130, 154, 163, 185, 208, 218, 220, 238; married-couple households in 已婚夫妇家庭家户 59 ~ 61, 96; median household income in 家户收入中位数 21, 25, 26, 53, 55 ~ 56, 138; neighborhood evolution in 社区演变 187 ~ 190, 196, 200, 201, 210; new housing in 新型住房 60 ~ 61, 88, 201; nontraditional households in 非传统家庭家户 37; occupational status in 职业地位 28, 29, 59, 67, 70, 74, 80, 101, 124, 160, 184; population change in 人口变化 12, 20; population density of 人口密度 47, 48, 69, 123, 156, 184; population size of 人口规模 7, 17; poverty in 贫困 29, 31, 95, 101, 193, 198, 208, 212; radial distribution in 辐射状分布 122 ~ 127, 129, 165; residential mobility in 居住流动性 47, 88; segregation in 隔离程度 77, 82, 85, 88, 92, 96, 99; segregation change in 隔离程度变化 177, 178, 179, 181, 182; single-parent households in 单亲家庭家户 60, 82, 95; socioeconomic status in 社会经济地位 24, 28, 47, 56, 57, 59 ~ 62, 65, 67 ~ 71, 75, 77, 80, 81, 92, 95, 101, 104 ~ 109, 111, 112, 123, 129, 135, 192, 196, 208; Spanish-origin population of 西班牙裔群体 21, 44, 60, 72, 75, 85, 86, 88, 99; spatial organization of 空间组织 108, 116, 130, 131, 141, 158, 161 ~ 165, 168; spatial organization change in 空间组织变化 186, 187; substitution incidence in 替代率 253, 255, 256, 258, 265

institutional anchors 机构支持 228

Irish-ancestry population: distribution of 爱尔兰世系群体：分布 40, 42, 44; in factorial ecology analysis 因子生态分析法 52, 54, 60; segregation of 隔离程度 105, 107, 244; segregation change in 隔离程度变化 180

Italian-ancestry population: distribution of 意大利世系群体：分布 36, 42, 44; in factorial ecology analysis 因子生态分析法 56, 60, 70; segregation of 隔离程度 101, 107, 206, 244; segregation change in 隔离程度变化 180

J

Johnson Freeway, Texas 约翰逊高速公路，得克萨斯州 211

K

Kansas City, Missouri 堪萨斯州，密苏里州 231

L

laborers: contour analysis of 劳动工人：等高线分析法 131, 160, 218; spatial organization change in 空间组织变化 187
labor force participation of females 女性的劳动参与率 38; contour analysis of 等高线分析法 160, 163 ~ 165; in factorial ecology analysis 因子生态分析法 52, 54, 56, 60, 70, 108; national trend in 国家趋势 234; radial distri-bution of 辐射状分布 129; segregation of 隔离程度 77, 88; segregation change in 隔离程度变化 177, 180; spatial organization of 空间组织 131, 158, 161 ~ 165; spatial organization change in 空间组织变化 187
labor force status, *see* labor force participation of females 劳动力状况，参见女性的劳动参与率; unemployed population 失业人群
Levittown, Pennsylvania 莱维敦，宾夕法尼亚州 6
Lexington, kentucky 列克星敦，肯塔基州 214; allocation incidence in 配置率 265; ancestry groups of 世系群体 44 ~ 47, 62, 88; Asian population of 亚裔群体 61 ~ 62, 85; black population of 黑人群体 21, 60, 72, 74, 85 ~ 88, 93, 95, 96, 99, 101 ~ 104, 127, 165, 211; census tracts in 人口普查街区 27; contour analysis of 等高线分析法 131, 132, 155, 160, 218; educational attainment in 受教育程度 59 ~ 61, 70, 197, 217; elderly population of 老年人口 34, 35, 74, 82, 200 ~ 205; ethnic composition of 族群构成 38, 47, 60, 67, 168, 188, 196, 218, 237, 241; ethnic segregation in 族群隔离程度 84, 93, 95, 98; ethnic segregation change in 族群隔离程度变化 175; factorial ecology analysis of 因子生态分析法 54 ~ 56, 70; females in labor force of 女性劳动力 38; high income in 高收入 59, 204, 206; household size in 家户规模 32, 51, 57, 67 ~ 70, 128, 158; housing density in 住房密度 48, 88; life cycle characteristics in 生命周期特征 37, 82, 104, 105, 112, 130, 154, 163, 185, 208, 218; married-couple house-holds in 已婚夫妇家庭家户 59, 96; median household income in 家户收入中

位数 25, 26, 63 ~ 64; neighborhood evolution in 社区演变 190, 196, 200, 201, 210; new housing in 新型住房 89, 233; nontraditional households in 非传统家庭家户 35 ~ 37; occupational status in 职业地位 28, 59, 67, 70, 80, 101, 160; population change in 人口变化 12, 21; population density of 人口密度 65 ~ 69, 123, 156; population size of 人口规模 17; poverty in 贫困 29, 31, 95, 101, 107; radial distribution in 辐射状分布 122 ~ 127, 129; residential mobility in 居住流动性 47, 88; segregation in 隔离程度 77, 82, 85, 88, 90, 92, 96; segregation change in 隔离程度变化 177, 180; single-parent households in 单亲家庭家户 63 ~ 64, 82, 95, 99; socioeconomic status in 社会经济地位 24, 28, 47, 56, 57, 59 ~ 62, 70, 92, 95, 123, 154, 196, 201; Spanish-origin population of 西班牙裔群体 44, 60, 72, 74, 85, 86, 95; spatial organization of 空间组织 130, 131, 141, 158, 161 ~ 165, 168, 181; substitution incidence in 替代率 253, 255, 256

life cycle characteristics: contour analysis of 生命周期特征：等高线分析法 131, 140, 145 ~ 147, 157, 160, 218; distribution of 分布 34 ~ 36, 38, 39, 40, 42; in factorial ecology analysis 因子生态分析法 52, 54 ~ 56, 60, 70, 108, 216, 217; mapping of ……的图示 114 ~ 115, 117, 117 ~ 118; national trends in 国家趋势 234; and neighborhood attachment 社区依附理论 249; neighborhood evolution by 社区演变 187 ~ 190, 196, 200, 210; segreg-ation by 隔离程度 80 ~ 82, 85 ~ 88, 92 ~ 96, 101 ~ 105, 107, 113, 115, 208, 259; segregation change by 隔离程度变化 177, 178, 180; spatial organization of 空间组织 108, 116, 130, 131, 141, 158, 161 ~ 165, 168, 181, 184, 186 ~ 188, 190, 205, 209 ~ 211, 217, 218, 220, 249; spatial organization change in 空间组织变化 186 ~ 187, 188

linear model of distance from central business district 距中央商务区距离的线性模型 156 ~ 157, 159, 160, 160 ~ 162, 163 ~ 164, 166, 188, 189

Los Angeles, California 洛杉矶，加利福尼亚州 213, 214, 222

M

managers: distribution of 管理人员：分布 22 ~ 29, 32; radial distribution of 辐射状分布 122 ~ 127, 129; segregation of 隔离程度 80, 82, 85, 88

manufacturing: suburbanization of 制造业：郊区化 230 ~ 232

mapping of social characteristics 社会特征的图示 113 ~ 123; *see also* contour analysis 参见等高线分析法 131,

160，218；radial distribution 辐射状分布

marital status：allocation incidence of 婚姻状况：配置率 258；segregation by 隔离程度 82，85，88，96，99，101，105；segregation change by 隔离程度变化 180

married-couple households：in factorial ecology analysis 已婚夫妇家庭家户：因子生态分析法 52，54～56，60，61，62，70，108，112，113；segregation by 隔离程度 98，101；segregation change by 隔离程度变化 180

median household income：defined 家户收入中位数：定义 25；distribution of 分布 19，22～29，32，34～36，38～40；in factorial ecology analysis 因子生态分析法 52，54～56，60，70；U. S. vs. census tract 美国 VS 普查街区 25，26

melting-pot concept 熔炉概念 244～245，252～253

metropolis 大都市；emerging form of 浮现形式 224～240

metropolitan areas（sample） 大都市区（样本） 19；basic characteristic of 基本特征 18，19；list of 列表 65；national trends in social structure 社会结构的国家趋势 238～240；neighborhoods in context of ……背景下的社区 13～16；*see also* names of sample metropolitan areas 参见样本大都市统计区的名称

metropolitan structure 大都市结构 214，250；central business district 中央商务区 211，220～222，225，273；corridors 走廊地带 232，233，246；defined 定义 212；diffused middle class 扩散的中产阶层 233～235；elite enclaves 精英聚居地 226，227；employment sites 就业场所 220，233；epicenters 中心地带 230～233，247；hierarchy of differentiation 分异的等级 229；institutional anchors 机构支持 228；metropolitan system 大都市系统 210～215；and neighborhood concept 社区概念 220～221；population diffusion 人口扩散 213～217；poverty pockets 贫困人口 236，262；and public policy 公共政策 248；public sector controls 公共部门控制 228；revised model of 修正模型 221～224，227；and transportation 交通运输 164，165，226，268；zone of stagnation 过渡带 224～225；*see also* factorial ecology analysis 参见因子生态分析法；segregation 隔离程度；spatial organization 空间组织

metropolitan system 大都市系统 210～215

Mexican-origin population，*see* Spanish-origin population 墨西哥裔群体，参见西班牙裔群体

middle class，diffused 中产阶层，扩散 227

Model Cities Program 示范性城市项目 10

multifamily dwellings: contour analysis of 多户型住房：等高线分析法 160; radial distribution of 辐射状分布 129

multiple nuclei model of urban structure 城市结构的多核心模型 110，112，121，137，162，163，164，166，191，120

multistory dwellings: spatial organization change by 多层住房：空间组织变化 189

multivariate analysis, *see* factorial ecology analysis 多变量分析法，参见因子生态分析法

museums 博物馆 223

N

National Neighborhood Policy Act of 1977 1977 年国家社区政策法案 10

nativity: segregation by 出生地：隔离程度 85，88，105；segregation change by 隔离程度变化 180；*see also* foreign-born population 参见外籍群体

neighborhood attachment 社区依附理论 249

neighborhood change 社区变化 170～175；agents of 节点 160，213；neighborhood evolution, *see* neighborhood evolution 社区演变，参见社区演变；segregation 隔离程度 172，173，176，178～181，186，198；spatial organiz-ation 空间组织 168，181，184，186～188，190

neighborhood evolution 社区演变 168，188～210；and absolute vs. relative comparisons 绝对 vs. 相对比较 200～201；in four Indianapolis neighborhoods 四个印第安纳波利斯社区 194～198，196；gentrification 中产阶层化 11，188，192，206～208，229，245；mod-els of 模型 189～191；research parad-igms 研究范式 190；by ring，依据同心圆划分 196～199，201～204，210；stab-ility of characteristics 特征的稳定性 197～200

neighborhood externality 社区的外部性 4

neighborhood planning 社区规划 4

neighborhood profiles, *see* profiles 社区概况，参见概况

Neighborhood Reinvestment Corporation Act of 1979 1979 年的社区再投资共同法案 10

neighborhood revitalization 社区转型 10，11；*see also* gentrification 参见中产阶层化

neighborhoods 社区 1～19，233～250；change in, *see* neighborhood change 变化，参见社区变化；and community concept 社群概念 4，6；concepts of ……的概念 2～6，228～230；as focus of policy 作为政策的焦点 9～14；homogeneity of 同质性 3，5～7；metropolitan areas, *see* metropolitan areas (sample) 大都市区，参见大都市区（样本）；in metropolitan context 大都市背景下 13；national trends in social structure of 社会特征的国家趋势 239～241; size and boundaries of 规模和边界 4～5, 220; statistical 统计的 42, 80; *see also* metropolitan structure 参见大都市结构

Neighborhood Self Help Development Act of 1979 1979年的社区自助法案 10

neighborhood stability 社区稳定性 190～208, 206

neighborhood stage theory 社区阶段理论 189, 190, 196, 200

neighborhood statistics 社区统计 16～17

Neighborhood Statistics Program (NSP) 社区统计项目 17, 280～282, 284, 286

Newark, New Jersey: allocation incidence in 纽瓦克, 新泽西州: 配置率 265; ancestry groups of 世系群体 42, 44～47, 62, 88; Asian population of 亚裔群体 63～64, 85, 88; black population of 黑人群体 60, 72, 74, 85～88, 93, 95, 96, 99, 101～104, 107, 126, 127, 160, 199, 206; census tracts in 人口普查街区 16～18; contour analysis of 等高线分析法 131, 160, 218; educational attainment in 受教育程度 67, 70, 81, 163, 197; elderly population of 老年人口 32, 63～64, 74, 82, 160; ethnic composition of 族群构成 38, 43, 45, 47, 60, 67, 130, 131, 157, 168, 188, 196, 218, 237, 241; ethnic segregation in 族群隔离程度 84, 93, 95, 98; ethnic segregation change in 族群隔离程度变化 175～177; factorial ecology analysis of 因子生态分析法 60, 63～64, 70, 108, 112, 113; females in labor force of 女性劳动力 38, 159; high income in 高收入 59, 198, 200; household size in 家户规模 32, 57, 60, 67～70, 106, 125, 158; housing density in 住房密度 47, 48, 88, 90, 109; life cycle characteristics in 生命周期特征 37, 82, 104, 105, 112, 130, 154, 163, 185, 208, 218, 220, 238, 242; married-couple households in 已婚夫妇家庭家户 59, 63～64, 95, 96; median household income in 家户收入中位数 21, 25, 26, 63～65; neighborhood evolution in 社区演变 196, 200, 201, 210, 221; new housing in 新型住房 63～64, 66, 89, 201; nontraditional households in 非传统家庭家户 35～37, 82; occupational status in 职业地位 28, 29, 59, 67, 70, 74, 101, 124, 160; population change in 人口变化 12, 191, 200; population density of 人口密度 62, 65～69, 111, 189; population size of 人口规模 17; poverty in 贫困 22, 24, 26, 93～95, 101, 105～107, 128; radial distribution in 辐射状分布 119, 122～127, 129; residential mobility in 居住流动性 47, 88; segregation in 隔离程度 72～77, 85～88, 90, 92～96, 99, 101～105,

107, 113, 115, 129; segregation change in 隔离程度变化 177～181; single-parent households in 单亲家庭家户 60, 82, 95, 96, 99, 101; socioeconomic status in 社会经济地位 24, 28, 47, 56, 57, 59～62, 65, 67～71, 75, 77, 80, 81, 92, 95, 101, 104～109, 176, 184, 187; Spanish-origin population of 西班牙裔群体 44, 60, 72, 75, 85, 88, 95, 96, 99; spatial organization of 空间组织 130, 131, 141, 158, 161～165, 168; substitution incidence in 替代率 253, 255, 256

New Bedford, Massachusetts: allocation incidence in 新贝德福德，马萨诸塞州：配置率 265; ancestry groups of 世系群体 42, 44～47, 62, 88; Asian population of 亚裔群体 61, 85; black population of 黑人群体 60, 72, 74, 85～88, 93, 95, 96, 99, 101～104, 107, 116～119, 126, 127; census tracts in 人口普查街区 27; contour analysis of 等高线分析法 131, 160, 167, 218; educational attainment in 受教育程度 59～61, 70, 80, 81, 128, 129, 163, 197; elderly population of 老年人口 32, 34, 82, 160, 200; ethnic composition of 族群构成 38, 47～50, 60, 67, 168, 188, 196, 218, 237, 241; ethnic segregation in 族群隔离程度 83, 93, 95, 98; ethnic segregation change in 族群隔离程度变化 175; factorial ecology analysis of 因子生态分析法 54～56, 70; females in labor force of 女性劳动力 38; high income in 高收入 59, 204, 208; household size in 家户规模 32, 33, 67～70, 106, 128, 155; housing density in 住房密度 48, 88, 90; life cycle characteristics in 生命周期特征 3, 37, 82, 104, 105, 112, 130, 154, 163, 185, 208; married-couple households in 已婚夫妇家庭家户 59, 95; median household income in 家户收入中位数 25, 26, 63～64; neighborhood evolution in 社区演变 196, 200, 210; new housing in 新型住房 63～64, 88, 233; nontraditional households in 非传统家庭家户 35～37; occupational status in 职业地位 28, 67, 68, 74, 80, 101, 124; population change in 人口变化 12, 22; population density of 人口密度 24, 116, 154; population size of 人口规模 17; poverty in 贫困 24, 26, 93, 95, 101; radial distribution in 辐射状分布 119, 122～127, 129, 165; residential mobility in 居住流动性 47, 88; segregation in 隔离程度 72～77, 80～82, 85～88, 90, 92～96, 99, 101～105, 107; segregation change in 隔离程度变化 177, 180; single-parent households in 单亲家庭家户 60, 82, 95; socioeconomic status in 社会经济地位 24, 28, 47, 56, 57, 59～62,

80, 81, 92, 95, 101, 123, 129, 154, 200, 208; Spanish-origin population of 西班牙裔群体 44, 60, 63 ~ 64, 85, 95, 96, 100; spatial organization of 空间组织 130, 141, 158, 161 ~ 165, 168, 181, 184, 186 ~ 188; substitution incidence in 替代率 255, 256, 258 ~ 265

New Haven, Connecticut: allocation incidence in 纽黑文，康涅狄格州 配置率 259; ancestry groups of 世系群体 39, 42, 44 ~ 47, 62, 88; Asian population of 亚裔群体 61, 85; black population of 黑人群体 60, 72, 74, 85 ~ 88, 93, 95, 96, 99, 101 ~ 104, 107, 156, 157, 160, 199, 206; census tracts in 人口普查街区 8, 27; contour analysis of 等高线分析法 131, 160, 161, 162, 218; educational attainment in 受教育程度 59 ~ 61, 197, 217; elderly population of 老年人口 32, 34, 82, 160; ethnic composition of 族群构成 38, 47, 60, 67, 71, 126, 127, 168, 188, 196, 218, 237, 241; ethnic segregation in 族群隔离程度 84, 93, 95, 98; ethnic segregation change in 族群隔离程度变化 175, 177; factorial ecology analysis of 因子生态分析法 60, 70; females in labor force of 女性劳动力 38; high income in 高收入 59, 197, 204; household size in 家户规模 32, 57, 67 ~ 70, 106, 125, 158; housing density in 住房密度 47, 88, 90; life cycle characteristics in 生命周期特征 37, 82, 104, 105, 112, 130, 154, 163, 185, 208; married-couple households in 已婚夫妇家庭家户 59, 95; median household income in 家户收入中位数 25, 26, 63 ~ 64; neighborhood evolution in 社区演变 168, 169, 187 ~ 190, 196, 200, 201; new housing in 新型住房 63 ~ 64, 88, 233; nontraditional households in 非传统家庭家户 35 ~ 37; occupational status in 职业地位 28, 29, 59, 67, 74, 80, 101, 124; population change in 人口变化 12, 191; population density of 人口密度 65 ~ 69, 122, 156; population size of 人口规模 17; poverty in 贫困 26, 29 ~ 31, 93, 95, 105; radial distribution in 辐射状分布 122 ~ 127, 129; residential mobility in 居住流动性 47, 75, 88; segregation in 隔离程度 72 ~ 77, 80 ~ 82, 85 ~ 88, 90, 92 ~ 96, 99, 101 ~ 105, 107; segregation change in 隔离程度变化 177, 180, 182; single-parent households in 单亲家庭家户 60, 82, 99; socioeconomic status in 社会经济地位 24, 28, 47, 56, 57, 59 ~ 62, 65, 77, 80, 81, 123, 158, 196, 200, 208; Spanish-origin population of 西班牙裔群体 44, 60, 72, 75, 86, 95, 96, 99; spatial organization of 空间组织 116, 131, 141, 158, 161 ~ 165, 168; substitution incidence in 替代率 253, 255, 265

new housing: in factorial ecology analysis 新型住房：因子生态分析法 54 ~ 56, 60; radial distribution of 辐射状分布 127, 129; segregation by 隔离程度 88, 90; segregation change by 隔离程度变化 180; stability of 稳定性 197, 200

New Orleans, Louisiana: allocation incidence in 新奥尔良，路易斯安那州：配置率 262; ancestry groups of 世系群体 42, 44 ~ 47, 62, 88, 102, 179; Asian population of 亚裔群体 61, 85, 88, 94, 99; black population of 黑人群体 60, 72, 74, 85 ~ 88, 93, 95, 96, 126, 160, 186, 199, 206; census tracts in 人口普查街区 8, 27; contour analysis of 等高线分析法 131, 160, 162, 218; educational attainment in 受教育程度 59 ~ 61, 67, 70, 197; elderly population of 老年人口 34, 35, 74, 82, 200, 205; ethnic composition of 族群构成 38, 47, 60, 67, 70, 71, 72, 75, 168, 188, 196, 218, 237, 241; ethnic segregation in 族群隔离程度 84, 93, 95, 98; ethnic segregation change in 族群隔离程度变化 175, 176, 177; factorial ecology analysis of 因子生态分析法 52, 54 ~ 56, 60, 70, 108; females in labor force of 女性劳动力 38, 159; high income in 高收入 59, 198, 200; household size in 家户规模 32, 67 ~ 70, 106, 111, 128, 201; housing density in 住房密度 47, 48, 88, 90; life cycle characteristics in 生命周期特征 3, 37, 82, 104, 105, 112, 130, 154, 163, 185, 208, 218, 220, 238; married-couple households in 已婚夫妇家庭家户 59, 95, 96; median household income in 家户收入中位数 25, 26, 63 ~ 64, 68; neighborhood evolution in 社区演变 200, 201, 210; new housing in 新型住房 63 ~ 64, 68, 80, 233; nontraditional households in 非传统家户 30, 31, 32; occupational status in 职业地位 28, 29, 59, 67, 68, 80, 101, 124, 160; population change in 人口变化 12, 15; population density of 人口密度 65 ~ 69, 111, 113, 116, 120; popul-ation size of 人口规模 17; poverty in 贫困 22, 24, 26, 29 ~ 31, 93 ~ 95, 101; radial distribution in 辐射状分布 122 ~ 127; residential mobility in 居住流动性 47, 75, 88; segregation in 隔离程度 72 ~ 77, 80 ~ 82, 85 ~ 88, 90, 92 ~ 96, 99, 101 ~ 105, 107, 113, 115, 129; segregation change in 隔离程度变化 177 ~ 180; single-parent households in 单亲家庭家户 60, 82, 95, 96; socioeconomic status in 社会经济地位 24, 28, 47, 56, 57, 59 ~ 62, 65, 67 ~ 71, 75, 77, 80, 81, 92, 95, 101, 104 ~ 109, 111, 135, 141, 154,

158～160，163，165，176，184，187，189～192，196，200，201，208，217～221，237，238，240，245，249，250，260，262，269；Spanish-origin population of 西班牙裔群体 44，60，63～64，72，74，75，85，95，96，99；spatial organization of 空间组织 161～165，168，181，184，186～188；spatial organization change in 空间组织变化 185，187，188；substitution incidence in 替代率 253，255，256，258～265

New York City，New York 纽约城，纽约州 68，75，214，215，224，230～235

nonfamily households：segregation by 单身家户：隔离程度 80，82，92，96；segregation change by 隔离程度变化 180

nonmetropolitan growth rate 非大都市的增长率 11

nonmetropolitan turnaround 非大都市转向 210～211

nontraditional family households 非传统家庭家户 35～37，82

Norwegian-ancestry population：distribution of 挪威世系群体：分布 46、50；*see also* Scandinavian-ancestry population 参见斯堪的纳维亚世系群体

nuclear families 核心家庭 235

nucleation model，*see* multiple nuclei model of urban structure 核心模型，参见城市结构的多核心模型

O

occupational status 职业地位 28；allocation incidence of 配置率 265；contour analysis of 等高线分析法 131，133，160，161，218；distribution of 分布 22，29，32；in factorial ecology analysis 因子生态分析法 54～56，60，63～64，70，108，112，113，216，217；mapping of ……的图示 114，115，116，117；radial distribution of 辐射状分布 119，122～127，129，130～131；segregation by 隔离程度 72，77，80，82，101，105，107；segregation change by 隔离程度变化 177，180，182；spatial organization of 空间组织 108，116，130，131，141，158，161～165，168，181，184，186～188，190，205，209～211，217，218，220，249；spatial organization change in 空间组织变化 185～187，187，190

operative workers：radial distribution of 技术工人：辐射状分布 129，segregation of 隔离程度 72，77，80，82；segregation change in 隔离程度变化 180

owner-occupied dwellings radial distribution of 自有住房：辐射状分布 129；as substitution predictor 作为替代性预测指标 266

P

Paramus, New Jersey　帕拉默斯，新泽西州　235

Philadelphia, Pennsylvania　费城，宾夕法尼亚州　214，246

plumbing deficiency: in contour analysis　管道缺陷：等高线分析法　159，187；in factorial ecology analysis　因子生态分析法　60，70，108；radial distribution of　辐射状分布　129；spatial organization of　空间组织　190

Polish-ancestry population: distribution of　波兰世系群体：分布　36，38，40，42；in factorial ecology analysis　因子生态分析法　60，70，108；segregation of　隔离程度　101，105，249；segregation change in　隔离程度变化　180

population density: contour analysis of　人口密度：等高线分析法　65～69，129，135，136，141，151～154，156～159，163，164；distribution of　分布　44，46～50；in factorial ecology analysis　因子生态分析法　60，63～64，70，108，112；radial distribution of　辐射状分布　119，122～127，129，165；spatial organization of　空间组织　108，116，130，131，141，158，161～165，168，181，184，186～188，190，205，209～211，217，218，220，249；spatial organization change in　空间组织变化　184～185，186，187，200

population diffusion　人口扩散　10～12，214～218

population distribution: diffusion　人口分布：扩散　13～15，209～212；immigration　移民　13，15，22；regional redistribution　地区再分布　13，15，22；*see also* population density　参见人口密度；population size　人口规模

population mobility, *see* residential mobility　人口流动性，参见居住流动性

population size: change in　人口规模：变化　17，18，28，32，197，199，201，203，210；recommended for census tracts　人口普查街区的建议　284；segregation by　隔离程度　101～105；as substitution predictor　作为替代性预测指标　266

population substitution　人口替代　256，261，262，266，272

Portuguese-ancestry population: distribution of　葡萄牙世系群体：分布　46，50

poverty pockets　贫困人口　262

poverty status　贫困状况　244；as allocation predictor　作为分配预测指标　266；distribution of　分布　29，32，34；neighborhood evolution by　社区演变　187，190，196，200，201，210；radial distribution of　辐射状分布　127，129；segregation by　隔离程度　85～88，90，92～96，99，101～105，107；segregation change by　隔离程度变化　177，180；stability of　稳定性　195，197，200

President's National Urban Policy Report《总统的国家城市政策报告》 247

principle components analysis 主成分分析法 61

private market rehabilitation 私有市场的复兴 11

processing errors 操作误差 260

professional workers: contour analysis of 专业技术人员：等高线分析法 136，141，154，155，158，159，163；distribution of 分布 22，29，32；segregation of 隔离程度 80，82，85，88；segregation change in 隔离程度变化 180；spatial organization change in 空间组织变化 187，190

profiles 概况 65～69；concept of 概念 52；and factorial ecology analysis，*see* factorial ecology analysis；methodological issues in 因子生态分析法，参见因子生态分析法；方法论问题 54～56；model 模型 75，88；of sample metropolitan areas 样本大都市区 60，63～64，67，69，70

public housing projects 公共住房项目 232

public policy 公共政策 248；economic mobility and community competition 经济流动性和社群竞争 251～253；neighborhood as focus of 社区作为……的焦点 5～10；people vs. place issue 人口 VS 土地问题 237，247～251；and segregation 隔离程度 72～77，80～82

public sector controls 公共部门控制 228

Puerto Rican population，*see* Spanish-origin population 波多黎各裔群体，参见西班牙裔群体

R

race: allocation incidence of 种族：配置率 265；as allocation predictor 作为分配预测指标 266，267

racial composition，*see* ethnic composition 种族构成，参见族群构成

racial segregation，*see* ethnic segregation 种族隔离，参见族群隔离

racial succession 种族演替 191

racial distribution of social characteristics 社会特征的种族分布 124～133，126～130

regional redistribution 地区再分布 10，12，13

rehabilitation，private market 复原，私有市场 11

renewal stage of neighborhood evolution 社区演变的更新阶段 287，288

rent level: contour analysis of 租金水平：等高线分析法 164，178，131，160；in factorial ecology analysis 因子生态分析法 60，70，108，112；radial distribution of 辐射状分布 127，129；segregation by 隔离程度 72～77，80～82，85，105，107；segregation change by 隔离程度变化 180；spatial organ-ization of 空间组织 130，131，

141, 158, 161~165, 186~188; spatial organization change by 空间组织变化 190

residential development in central business district 中央商务区的住房开发 226

residential differentiation 居住分异 216, 220

residential mobility 居住流动性 28; as allocation predictor 作为分配预测指标; contour analysis of 等高线分析法 131, 160, 218; distribution of 分布 46, 50, 54; and economic development 经济发展 246; in factorial ecology analysis 因子生态分析法 60, 70; radial distribution of 辐射状分布 129; segregation by 隔离程度 88, 92~96, 99, 101~105; segregation change by 隔离程度变化 180; spatial organization of 空间组织 130, 158, 161~165; spatial organization change in 空间组织变化 178

residential structure models 居住结构模型 108~113, 109

retail industry: central business district 零售产业: 中央商务区 211; suburbanization of 郊区化 13, 126, 129, 206, 210, 211, 227, 230~232

rural population 乡村人口 204

S

St. Louis, Missouri 圣路易斯, 密苏里州 246, 259; allocation incidence in 配置率 265; ancestry groups of 世系群体 42, 44~47, 62, 88, 102, 179, 217; Asian population of 亚裔群体 63~64, 85, 88; black population of 黑人群体 63~64, 72, 74, 85, 88, 93, 95, 96, 99, 101, 104, 107, 126, 157, 186, 199, 206; census tracts in 人口普查街区 18; contour analysis of 等高线分析法 131, 160, 218; educational attainment in 受教育程度 63~64, 67, 80, 197; elderly population of 老年人口 34, 63~64, 74, 82, 200, 205; ethnic composition of 族群构成 38, 44~47, 60, 63~64, 67, 168, 188, 196, 218, 237, 241; ethnic segregation in 族群隔离程度 89, 97, 98, 101; ethnic segregation change in 族群隔离程度变化 176, 178; factorial ecology analysis of 因子生态分析法 60, 63~64, 70, 108, 112, 113; females in labor force of 女性劳动力 38, 159; high income in 高收入 59, 200, 204; household size in 家户规模 33, 63~64, 67, 70, 106, 128, 135, 158; housing density in 住房密度 48, 88, 90, 109; life cycle characteristics in 生命周期特征 37, 63~64, 82, 104, 105, 112, 130, 154, 163, 185, 208, 218, 220, 238; married-couple households in 已婚夫妇家庭家户 59, 63~64, 95, 96; median household income in 家户收入中位数 25, 26, 63~66; neighborhood evolution in 社区演变 200, 201, 210; new housing in

新型住房 63～64，65，90，200；nontraditional households in 非传统家户 36；occupational status in 职业地位 28，63～64，70，74，80，101，124，160，184；population change in 人口变化 12，191，200；population density of 人口密度 63～64，65，128，154，188；population size of 人口规模 17；poverty in 贫困 26，29，31，101，105，198；radial distribution in 辐射状分布 122～127，129；residential mobility in 居住流动性 47，88；segregation in 隔离程度 77，80，82，88，90，92，96；segregation change in 隔离程度变化 177，178，180；single-parent households in 单亲家庭家户 60，63～64，99；socioeconomic status in 社会经济地位 24，28，47，56，57，63～64，65，67，71，75，77，80，81，92，95，101，104，109；Spanish-origin population of 西班牙裔群体 44，60，63～64，72，74，75，85，86，88，95，96，99；spatial organization of 空间组织 161～165，168，186～188，190，205；spatial organization change in 空间组织变化 188，189；substitution incidence in 替代率 256，258，265

Salt Lake City，Utah：allocation incidence in 盐湖城，犹他州：配置率 265；ancestry groups of 世系群体 39，42，44～47，62，88；Asian population of 亚裔群体 63～64，85；black population of 黑人群体 60，63～64，72，74，85，88，93，95，96，99，101，104，107，163，195，198，199，206；census tracts in 人口普查街区 18；contour analysis of 等高线分析法 131，160，164～166，169，171；educational attainment in 受教育程度 63～64，74；elderly population of 老年人口 34，63～64，82，200，205；ethnic composition of 族群构成 38，44～47，60，63～64，67，168，188，196，218，237，241；ethnic segregation in 族群隔离程度 89，97，98，101；ethnic segregation change in 族群隔离程度变化 176，178；factorial ecology analysis of 因子生态分析法 63～64，70；females in labor force of 女性劳动力 159；high income in 高收入 59，200，204；household size in 家户规模 32，33，51，63～64，70，106，126，128，158；housing density in 住房密度 48，88；life cycle characteristics in 生命周期特征 37，63～64，82，104，105，112，130，154，163，185，208，218，220，238；married-couple households in 已婚夫妇家庭家户 63～64，96；household income in 家户收入 24，27，63～64；neighborhood evolution in 社区演变 190，196，200，201，210；new housing in 新型住房 63～64，90，200；nontraditional households in 非传统家庭家户 35，37；occupational status in 职业地位 28，63～64，74，80，101，124，160；

population change in 人口变化 12, 191, 200; population density of 人口密度 63 ~ 64, 128, 154, 156; population size of 人口规模 17; poverty in 贫困 29, 31, 95, 101, 198; radial distribution in 辐射状分布 122 ~ 127, 129, 165; residential mobility in 居住流动性 47, 88; segregation in 隔离程度 82, 85 ~ 88, 92, 96, 99; segregation change in 隔离程度变化 177, 180; single-parent households in 单亲家庭家户 63 ~ 64, 82, 96; socioeconomic status in 社会经济地位 24, 28, 47, 56, 57, 63 ~ 64, 75, 80, 81, 92, 95, 129, 158, 201, 208; Spanish-origin population of 西班牙裔群体 44, 60, 63 ~ 64, 85, 95, 96, 99; spatial organization of 空间组织 161 ~ 165, 168, 186 ~ 188, 190, 205, 209 ~ 211; substitution incidence in 替代率 253, 255, 256, 258, 265

San Antonio, Texas 圣安东尼奥，得克萨斯州 141, 172, 211; allocation incidence in 配置率 265; ancestry groups of 世系群体 42, 44 ~ 47, 62, 88; Asian population of 亚裔群体 63 ~ 64, 88; black population of 黑人群体 60, 63 ~ 64, 72, 74, 85, 88, 99, 101, 104, 126, 130, 148, 156, 163, 199, 206; census tracts in 人口普查街区 18; contour analysis of 等高线分析法 131, 139, 142, 143, 144, 147, 150, 160, 164 ~ 166, 169, 171; educational attainment in 受教育程度 63 ~ 64, 74; elderly population of 老年人口 35, 63 ~ 64, 82, 200 ~ 205; ethnic composition of 族群构成 38, 44 ~ 47, 60, 63 ~ 64, 67, 168, 188, 196, 218, 237, 241; ethnic segregation in 族群隔离程度 89, 97 ~ 98, 101; ethnic segregation change in 族群隔离程度变化 176, 178; factorial ecology analysis of 因子生态分析法 63 ~ 64, 70, 108; females in labor force of 女性劳动力 159; high income in 高收入 59, 200, 204; household size in 家户规模 33, 63 ~ 64, 70, 106, 125, 128, 141, 154, 158; housing density in 住房密度 48, 88; life cycle characteristics in 生命周期特征 37, 63 ~ 64, 82, 104, 105, 112, 130, 154, 163, 185, 208, 218; mapping of social characteristics in 社会特征的图示 114, 115, 118, 121; married-couple households in 已婚夫妇家庭家户 63 ~ 64, 96; median household income in 家户收入中位数 25, 26, 63 ~ 64; neighborhood evolution in 社区演变 201, 210; new housing in 新型住房 63 ~ 64, 90, 200; nontraditional households in 非传统家户 36; occupational status in 职业地位 28, 29, 59, 63 ~ 64, 67, 68, 70, 74, 101, 124, 160; population change in 人口变化 12, 191; population density of 人口密度 63 ~ 64, 128, 135, 136, 151, 156 ~ 159; population size of

人口规模 17; poverty in 贫困 26, 29, 31, 93, 95, 101, 198; radial distribution in 辐射状分布 122～127; residential mobility in 居住流动性 47, 88, 92; segregation in 隔离程度 77, 80, 82, 85, 90, 92, 96, 99, 101; segregation change in 隔离程度变化 177, 180; single-parent households in 单亲家庭家户 63～64, 82, 95; socioeconomic status in 社会经济地位 24, 28, 47, 56, 57, 59, 62, 63～64, 65, 67, 75, 80, 81, 95, 101, 104, 129, 163, 201, 208; Spanish-origin population of 西班牙裔群体 44, 60, 63～64, 85, 95, 96, 99, 101, 105; spatial organization of 空间组织 108, 116, 130, 131, 141, 158, 161～165, 168, 181, 184, 186～188, 190, 205, 209, 211, 217, 218, 220; substitution incidence in 替代率 253, 255, 256, 258, 265

San Diego, California: allocation incidence in 圣地亚哥，加利福尼亚州：配置率 265; ancestry groups of 世系群体 44～47, 62, 88; Asian population of 亚裔群体 63～64, 85, 88; black population of 黑人群体 60, 63～64, 72, 74, 85, 93, 99, 101, 104, 130, 163, 199, 206; census tracts in 人口普查街区 18; contour analysis of 等高线分析法 160, 163～165, 169, 170; educational attainment in 受教育程度 63～64, 67, 70, 197; elderly population of 老年人口 34, 35, 63～64, 74, 82, 200, 205; ethnic composition of 族群构成 38, 44～47, 60, 63～64, 67, 168, 188, 196, 218, 237, 241; ethnic segregation in 族群隔离程度 89, 97, 98, 101; ethnic segregation change in 族群隔离程度变化 176, 177, 178; factorial ecology analysis of 因子生态分析法 63～64, 70, 108, 112; females in labor force of 女性劳动力 159, 177; high income in 高收入 59, 200, 204; household size in 家户规模 33, 63～64, 67, 70, 106, 128, 158; housing density in 住房密度 47, 48, 88, 90; life cycle characteristics in 生命周期特征 3, 37, 63～64, 82, 104, 105, 112, 130, 154, 163, 185, 208, 218, 220, 238, 242, 250; married-couple households in 已婚夫妇家庭家户 63～64, 95, 96; median household income in 家户收入中位数 25, 26, 63～64, 65; neighborhood evolution in 社区演变 200, 201, 210; new housing in 新型住房 63～64, 65, 90, 200; nontraditional households in 非传统家庭家户 37; occupational status in 职业地位 28, 63～64, 70, 74, 80, 101, 124, 160; population change in 人口变化 12, 191, 200; population density of 人口密度 63～64, 65, 128, 154, 156, 159; population size of 人口规模 17; poverty in 贫困 29, 31, 93, 95,

101, 198; radial distribution in 辐射状分布 122 ~ 127; residential mobility in 居住流动性 47, 88, 92; segregation in 隔离程度 77, 80, 82, 85, 88, 90, 92, 96, 99, 101; segregation change in 隔离程度变化 177, 178, 180; single-parent households in 单亲家庭家户 63 ~ 64, 82, 95, 101; socioeconomic status in 社会经济地位 24, 28, 47, 56, 57, 63 ~ 64, 67, 75, 81, 95, 101, 104, 129, 163, 201, 208; Spanish-origin population of 西班牙裔群体 44, 60, 63 ~ 64, 72, 85, 95, 96, 99, 101; spatial organization of 空间组织 161 ~ 165, 168, 181, 184, 186 ~ 188; substitution incidence in 替代率 256, 258, 265

San Francisco, California 旧金山，加利福尼亚州 214, 222, 223

Scandinavian-ancestry population: distribution of 斯堪的纳维亚世系群体：分布 46, 50; in factorial ecology analysis 因子生态分析法 56, 60, 70

Schaumberg, Illinois 绍姆堡，伊利诺伊州 232

Scottish-ancestry population: distribution of 苏格兰世系人群：分布 46, 50

Seattle, Washington: allocation incidence in 西雅图，华盛顿州：配置率 265; ancestry groups of 世系群体 42, 44 ~ 47, 62, 88, 102; Asian population of 亚裔群体 63 ~ 64, 85, 88; black population of 黑人群体 60, 63 ~ 64, 72, 74, 85, 88, 99, 101, 104, 130, 163, 186, 199, 206; census tracts in 人口普查街区 18; contour analysis of 等高线分析法 131, 133, 160, 163 ~ 165, 169, 170; educational attainment in 受教育程度 63 ~ 64, 67, 81, 197; elderly population of 老年人口 35, 63 ~ 64, 74, 82, 200, 205; ethnic composition of 族群构成 38, 44 ~ 47, 60, 63 ~ 64, 67, 168, 188, 196, 218, 237, 241; ethnic segregation in 族群隔离程度 89, 97, 98, 101; ethnic segregation change in 族群隔离程度变化 176, 177, 178; factorial ecology analysis of 因子生态分析法 60, 63 ~ 64, 70, 108, 112, 113; females in labor force of 女性劳动力 38, 159; high income in 高收入 128, 129, 166; household size in 家户规模 33, 63 ~ 64, 67, 70, 106, 128, 158; housing density in 住房密度 47, 48, 88, 90, 109; life cycle characteristics in 生命周期特征 37, 63 ~ 64, 82, 104, 105, 112, 130, 154, 163, 185, 208, 218, 220, 238, 242; married-couple households in 已婚夫妇家庭家户 63 ~ 64, 96; median household income in 家户收入中位数 19, 25, 26, 62, 63 ~ 64, 65; neighborhood evolution in 社区演变 200, 201, 210; new housing in 新型住房 63 ~ 64, 65, 90, 200; nontraditional households in 非传统家庭家户 35, 37; occupational status in

职业地位 28，63～64，67，68，70，74，80，101，124，160，184；population change in 人口变化 12，191；population density of 人口密度 63～64，65，128，154，188；population size of 人口规模 17；poverty in 贫困 29，31，95，101，198；radial distribution in 辐射状分布 122～127；residential mobility in 居住流动性 47，88；segregation in 隔离程度 77，80，82，85，92～96，99；segregation change in 隔离程度变化 177，178，179，180，181；single-parent households in 单亲家庭家户 63～64，82，95，96；socioeconomic status in 社会经济地位 24，28，47，56，57，59，62，63～64，65，67，75，80，81，95，101，104，129，163，201，208；Spanish-origin population of 西班牙裔群体 44，60，63～64，85，95，96，99，101；spatial organization of 空间组织 161～165，168，181，184，186～188；spatial organization change in 空间组织变化 187，188；substitution incidence in 替代率 255，256，258，265

sectoral model of urban structure 城市结构的扇形模型 109，110，113，123，133，137，161，162，164，165，168，192，224

segregation 隔离 75～77，80～82，85，88，90，94～96，99，101～105，107，108，225～227，250；by ancestry group 世系群体 42，44，47，62，88，102，240，244；of blacks 黑人 61，74，83～88，92～97，93，95，98，99，100，101，103，104，233，237～238，242，246；dissimilarity indexes for，*see* dissimilarity indexes；entropy statistic for 相异指数，参见相异指数；熵值 77，99，102，103，117；of foreign-born population 外籍群体 87，103，104，128，238，239；by household type 家户类型 81，82，93～97，95，98，99；by housing 住房 92，104～109，111，113，158～160；by income level 收入水平 79，80～89，99，100，104，105，241；by life cycle characteristics 生命周期特征 3，37，82，104，105，112，130，154，250；methodological issues in 方法论问题 73；by population size 人口规模 272～275；by poverty status 贫困状况 93，94，107，128，130，177；research on 基于……的研究 75～76；by socioeconomic status 社会经济地位 67～71，80，81，92，95，101，104，109，111，112，217～221；of Spanish-origin population 西班牙裔群体 74，85，86，88，95，96，99，101～105，107，130，141，160，163，165，173

segregation change 隔离程度变化 177～180，200

separated population：segregation of 分离的人群：隔离程度 82；segregation change in 隔离程度变化 180

service workers：in factorial ecology analysis 服务人员：因子生态分析法 56，60；

segregation of 隔离程度 82; segregation change in 隔离程度变化 177, 180
settlement system 居住系统 1
sex: allocation incidence in 性别：配置率 265; segregation by 隔离程度 80, 82, 101, 105
Sheboygan, Wisconsin 希博伊根，威斯康星州 19, 267; allocation incidence in 配置率 265; ancestry groups of 世系群体 42, 44 ~ 47, 62, 88; Asian population of 亚裔群体 63 ~ 64, 85; black population of 黑人群体 60, 63 ~ 64, 72, 74, 85, 95, 96, 99, 127; census tracts in 人口普查街区 18; educational attainment in 受教育程度 63 ~ 64, 70; elderly population of 老年人口 35, 63 ~ 64, 82; ethnic composition of 族群构成 38, 44 ~ 47, 60, 63 ~ 64, 67, 168, 188, 196, 218, 237, 241; ethnic segregation in 族群隔离程度 89, 97, 98, 101; ethnic segregation change in 族群隔离程度变化 176, 178; factorial ecology analysis of 因子生态分析法 63 ~ 64, 70, 108; females in labor force of 女性劳动力 159; household size in 家户规模 33, 63 ~ 64, 70, 106, 128; housing density in 住房密度 48, 88; life cycle characteristics in 生命周期特征 37, 63 ~ 64, 82, 104, 105, 112, 130, 154; married-couple households in 已婚夫妇家庭家户 63 ~ 64, 96; median household income in 家户收入中位数 19, 25, 26; new housing in 新型住房 90; nontraditional households in 非传统家庭家户 37; occupational status in 职业地位 28, 63 ~ 64, 70, 74, 101, 124; population change in 人口变化 12, 191; population density in 人口密度 63 ~ 64, 128; population size of 人口规模 17; poverty in 贫困 29, 31, 93, 95; radial distribution in 辐射状分布 122 ~ 127; residential mobility in 居住流动性 47, 88; segregation in 隔离程度 77, 80, 85, 88, 92, 96, 99; segregation change in 隔离程度变化 177, 180; single-parent households in 单亲家庭家户 63 ~ 64, 82, 96; socioeconomic status in 社会经济地位 24, 28, 47, 56, 57, 63 ~ 64, 71, 77, 81, 92, 95; Spanish-origin population of 西班牙裔群体 44, 60, 63 ~ 64, 86, 95, 96, 99; spatial organization of 空间组织 161 ~ 165, 168; substitution incidence in 替代率 253, 255, 256, 258, 265;
shopping areas 购物区域 223
Silicon Valley, California 硅谷，加利福尼亚州 236
single-family dwellings: distribution of 单户型住房：分布 44; radial distribution of 辐射状分布 127, 129; segregation change by 隔离程度变化 177, 180
single-parent households: distribution of 单亲家庭家户：分布 34, 36, 38; in

factorial ecology analysis 因子生态分析法 63～64，70，108；radial distribution of 辐射状分布 127，129；segregation by 隔离程度 80，82，90，92，96，99；segregation change by 隔离程度变化 180

single-parent households：in factorial ecology analysis 单亲家庭家户：因子生态分析法 60，82；radial distribution of 辐射状分布 129；segregation by 隔离程度 82，181；segregation change by 隔离程度变化 180

slum clearance 贫民窟拆迁 229

social area analysis 社会区域分析法 52，55

social fabric 社会结构 11

social structure，national trends in，socioeconomic status：allocation incidence of 社会结构，国家趋势，社会经济地位：配置率 265；as allocation predictor 作为分配预测指标 261；contour analysis of 等高线分析法 138，142，143，145，146，147，148，160～163，165～166，168～169；distribution of 分布 22～29，32，34，36，38～40；in factorial ecology analysis 因子生态分析法 54～56，60，70，108，112，113，216，217；mapping of……的图示 114，115，116，117；neighborhood evolution by 社区演变 169，187～190，196，200，201，210，221；segregation by 隔离程度 80～82，85，88，92～96，99，101，105，107，113，115，238～242；segregation change by 隔离程度变化 177，178，180；spatial organization by 空间组织 108，116，130，131，141，158，161～165，168，181，184，186～188，190，205，209～211，217，218，220，249；spatial organization change by 空间组织变化 185～186，185，190；substitution incidence of 替代率 265；as substitution predictor 作为替代性预测指标 270，271

sociospatial contours，*see* contour analysis 社会空间等高线图，参见等高线分析法

southern metropolitan areas：as allocation predictor 南部的大都市区：作为分配预测指标 270，271

Spanish-origin population：allocation incidence of 西班牙裔群体：配置率 264，265；compared with ancestry group distribution 与世系群体的分布相比较 44～47；contour analysis of 等高线分析法 67，131，160，166，167，218；distribution of 分布 19，42，44，46～50；in factorial ecology analysis 因子生态分析法 60，63～64，70，108，112，113；poverty status of 贫困状况 93，94，107；radial distribution of 辐射状分布 129；segregation of 隔离程度 72，82，85～88，90，92～96，99，101～105，107，113，115，129，130，168，172，244，249；segregation change in 隔离程度变化 175，177～180；spatial organization of 空间组织 131，158，161，165，168，181；spatial organization change in 空间组织变化 190

spatial assimilation 空间同化理论 245 ~ 247, 253
spatial organization 空间组织 161 ~ 165, 209 ~ 211, 217; change in 变化 173, 176 ~ 182, 184 ~ 188, 201, 203 ~ 210; contour analysis, *see* contour analysis; mapping of social characteristics 等高线分析法, 参见等高线分析法; 社会特征的图示 131, 160; neighborhood evolution by ring 随环推移发生的社区演变 202 ~ 211, 204 ~ 206, 211; radial distribution of social characteristics 社会特征的辐射状分布 123 ~ 132, 125 ~ 129; residential structure models 居住结构模型 108 ~ 113, 109; simplicity vs. complexity of models 简单化 VS 复杂化模型 164 ~ 167, 166
split tracts 被细化的人口普查街区 279, 282
stage theory 阶段理论 186 ~ 187, 193, 197, 208
stagnation, zone of 过渡带 224, 225
Stamford, Connecticut 斯坦福, 康涅狄格州 232
Standard Metropolitan Statistical Areas (SMSAs) 标准大都市统计区 15, 19, 172, 269 ~ 277; *see also* metropolitan areas (sample) 参见大都市区 (样本)
statistical neighborhoods 统计社区 7 ~ 18, 14 ~ 16
Stockton, California: allocation incidence in 斯托克顿, 加利福尼亚州: 配置率 265; ancestry groups of 世系群体 44 ~ 47, 88; Asian population of 亚裔群体 63 ~ 64, 85; black population of 黑人群体 60, 63 ~ 64, 72, 74, 93, 95, 96, 99, 119, 126, 127, 141, 148, 156, 163, 199, 206; census tracts in 人口普查街区 18; contour analysis of 等高线分析法 131, 140, 143, 144, 145, 148, 151, 155, 158 ~ 160, 218; educational attainment in 受教育程度 63 ~ 64, 70, 197; elderly population of 老年人口 35, 63 ~ 64, 82, 200, 205; ethnic composition of 族群构成 38, 44 ~ 47, 60, 63 ~ 64, 67, 168, 188, 196, 218, 237, 241; ethnic segregation in 族群隔离程度 89, 95, 97, 99; ethnic segregation change in 族群隔离程度变化 176, 178; factorial ecology analysis of 因子生态分析法 63 ~ 64, 70; females in labor force of 女性劳动力 38; high income in 高收入 59, 200, 204; household size in 家户规模 33, 63 ~ 64, 70, 106, 119, 128, 141, 154, 160; housing density in 住房密度 48, 88; life cycle characteristics in 生命周期特征 37, 63 ~ 64, 82, 104, 105, 112, 130, 154, 163, 185, 208, 218, 220; mapping of social characteristics in 社会特征的图示 113, 115, 118, 120, 121; married-couple households in 已婚夫妇家庭家户 63 ~ 64, 96; median household income in 家户收入中位数 25, 26, 63 ~ 64; neighborhood evolution in 社区演变

200，201，210；new housing in 新型住房 63～64，200；nontraditional households in 非传统家庭家户 37；occupational status in 职业地位 28，63～64，67，68，70，74，80，101，124，160，184；population change in 人口变化 12，191，200；popula-tion density of 人口密度 63～64，128，135，136，156；population size of 人口规模 17；poverty in 贫困 29，31，93，95，198；radial distribution in 辐射状分布 122～127，129；residential mobility in 居住流动性 47，88；segregation in 隔离程度 80，82，85～88，92，96，99；segregation change in 隔离程度变化 177，180；single-parent households in 单亲家庭家户 63～64，82，96；socioeconomic status in 社会经济地位 24，28，47，56，57，63～64，65，80，81，92，95，129，135，141，158，201，208；Spanish-origin population of 西班牙裔群体 44，60，63～64，85，95，96，99；spatial organization of 空间组织 108，116，130，131，141，158，161～165，168，181，184，186～188，190，205，209，211，217，218，220，249；substitution incidence in 替代率 256，258，265

substitutions，census 被取代，人口普查街区 212，262～273，265，266，269，270

suburbanization 郊区化 13，126，129，206，210，211；of blacks 黑人的 234，243，248；of manufacturing 制造业的 232；of retail industry 零售产业的 232

suburb communities 郊区社群 227～229

succession models 演替模型 188，189

Summary Tape File（STF）series 汇总磁带文件（STF）系列 18，256，278

support workers：radial distribution of 辅助人员：辐射状分布 122～127；segregation of 隔离程度 80；

Swedish-ancestry population：distribution of 瑞典世系群体：分布 44，46；*see also* Scandinavian-ancestry population 参见斯堪的纳维亚世系群体

T

technology：and neighborhood change 技术：社区变化 168，177

thinning stage of neighborhood evolution 社区演变的细化阶段 186

transition stage of neighborhood evolution 社区演变的转型阶段 186；transportation 交通运输 164，206～207，233，235，252～253

triage for neighborhoods 社区分类 12

U

Ukrainian-ancestry population：distribution of 乌克兰世系群体：分布 44，46

undercounts，census 漏统计，人口普查 264，265

unemployed population: as allocation predictor 失业人群：作为分配预测指标 270; in factorial ecology analysis 因子生态分析法 60, 70, 108; segregation of 隔离程度 80, 82
univariate distribution 单变量分布 20~51; ethnic composition 族群构成 38, 44~47; housing 住房 47~49, 51, 53; life cycle characteristics 生命周期特征 37, 82, 104, 105; population density 人口密度 47, 48; population mobility 人口流动性 52, 54, 161; socioeco-nomic status 社会经济地位 28, 47, 56, 57, 59~62
universities 大学 229
Urban America in the Eighties《八十年代的美国城市》 246
Urban Development Action Grants 城市发展行动基金 9, 229
urbanization 城市化 213, 226
urbanization stage of neighborhood evolution 社区演变的城市化阶段 186
Urbanized Areas 已完成城市化地区 274
urban renewal 城市复兴 8~10, 230~231, 250
urban residential structure models 城市居住结构模型 109~114, 110; *see also* spatial organization 参见空间组织
urban tract percentage: as allocation predictor 城市普查区的比例：作为分配预测指标 266; as substitution predictor 作为替代性预测指标 265, 266, 267, 268, 269
urban waterfront development 城市海滨开发 225
Users' Guide《使用指南》 280, 285, 286

W

Washington D. C. 华盛顿州 131, 271
white collar workers: distribution of 白领工人：分布 22~29, 32; in factorial ecology analysis 因子生态分析法 52, 54~56, 60, 70, 108, 112, 113; mapping of 图示 108, 112, 113, 117; radial distribution of 辐射状分布 122~127, 129; segregation of 隔离 80, 82; spatial organization of 空间组织 108, 116, 130, 131, 141, 158, 161~165, 168, 181, 184, 186~188, 190, 205, 209
windowed population: segregation of 丧偶女性群体：隔离 82; segregation change in 隔离变化 175
women in labor force, *see* labor force participation of females 女性劳动力，参见女性的劳动参与率

Z

zonal model of urban structure 城市结构的同心圆模型 109~111, 110, 124, 160~163, 162, 164, 165, 166~169, 188, 220
zone of stagnation 过渡带 224, 225

后　记

城市作为人类文明的一种样式，一方面越来越为人们熟悉和接纳，另一方面，又不断对人类文明提出新的挑战。在我国，城市发展问题日益凸显。我们仅用三十年的时间就走过了西方发达国家上百年时间才走完的城市化历程。这种压缩式发展随着快速全球化将西方国家在不同发展阶段出现的城市社会问题在中国也集中地表现出来。当前，因城市化、工业化和全球化而引发的各种“城市病”，成为阻碍我国城市可持续协调发展的重要问题，这些问题包括城市社会不平等、人口老龄化、社会区隔/社会偏见与社会歧视、社会失序等。因此，如何从社会政策、公共政策上保证改革开放的成果为大多数社会成员所分享，减少社会不平等，缓解人口老龄化问题，消解社会区隔，减缓社会压力，寻求有效的社会治理之道，成为近年来我国社会学学者普遍关心的问题。

“他山之石，可以攻玉”。组织译介国外社会学关于城市研究经典著作的初衷就是想在理论研究、经验研究和政策研究等方面为解决我国在城市化进程中出现的主要问题提供一些借鉴，通过不同实践的比较分析，在学术上探究如何推进我国城市发展的理论解释，在实践中探索如何破解我国城市发展问题的有效途径。因此，这套丛书不仅包括城市理论的著作，还包括不同层面和视角的经验研究，这些经验研究涉猎的现实问题在我国城市也不同程度或以不同的方式存在着。我们希冀这套丛书能够对城市研究的进一步深入开展有所帮助。

本套丛书翻译工作是上海大学基层治理创新研究中心一项重要的科研任务，李友梅教授负责总体策划，组织实施等具体工作由张海东教授负责。参加翻译的主要人员为该中心各主要合作单位的年轻学者，他们英文功底好，大都有海外留学经历和很好的专业素养，在该领域有较好的研究基础。感谢他们辛苦的工作。同时，还要感谢的是社会科学文献出版社的编辑杨桂凤老师，她为本套丛书的出版做了大量的工作。可以说，这项工作的圆满完成汇聚了集体的智慧和力量，是一项协同创新的有益尝试。

图书在版编目(CIP)数据

美国社区与居住分异 / （美）迈克尔·J. 怀特（Michael J. White）著；王晓楠，傅晓莲译. --北京：社会科学文献出版社，2017.9

（城市研究·经典译丛）

书名原文：American Neighborhoods and Residential Differentiation

ISBN 978-7-5097-9571-2

Ⅰ.①美… Ⅱ.①迈… ②王… ③傅… Ⅲ.①城市-社区-研究-美国 Ⅳ.①D771.283

中国版本图书馆 CIP 数据核字（2016）第 193295 号

·城市研究·经典译丛·

美国社区与居住分异

著　者 / ［美］迈克尔·J. 怀特（Michael J. White）

译　者 / 王晓楠　傅晓莲

出 版 人 / 谢寿光

项目统筹 / 杨桂凤

责任编辑 / 杨桂凤　王　莉

出　版 / 社会科学文献出版社·社会学编辑部（010）59367159

地址：北京市北三环中路甲 29 号院华龙大厦　邮编：100029

网址：www.ssap.com.cn

发　行 / 市场营销中心（010）59367081　59367018

印　装 / 三河市尚艺印装有限公司

规　格 / 开 本：787mm × 1092mm　1/16

印 张：22.25　字 数：362 千字

版　次 / 2017 年 9 月第 1 版　2017 年 9 月第 1 次印刷

书　号 / ISBN 978-7-5097-9571-2

著作权合同登记号 / 图字 01-2016-2830 号

定　价 / 89.00 元